# ARZNEIMITTEL- UND APOTHEKENRECHT der Deutschen Demokratischen Republik

## Gesetzessammlung mit Kommentar

13. Lieferung

Herausgegeben von

OPhR Prof. Dr. sc. nat. JOACHIM RICHTER
OPhR Prof. Dr. sc. phil. Dr. rer. nat. HANS-JOACHIM SEIDLEIN
OPhR Dr. rer. nat. MANFRED BÖHM
Diplom-Jurist HANS GEORG KEUNE
Diplom-Jurist OPhR Dr. Dr. EGBERT GUEINZIUS

AKADEMIE-VERLAG · BERLIN 1985

Erschienen im Akademie-Verlag · Berlin, DDR - 1086 Berlin, Leipziger Straße 3—4

Lizenznummer: 202 · 100/461/85
Printed in the German Democratic Republic
Gesamtherstellung: VEB Druckhaus „Maxim Gorki“, 7400 Altenburg
LSV 2097, 2887
Bestellnummer: 763 381 7 (3069/13)
04000

**Benutzerhinweis zum Arzneimittel- und Apothekenrecht der DDR**
**— Gesetzessammlung mit Kommentar —**
**13. Lieferung**

(Redaktionsschluß für die in die 13. Lieferung aufgenommenen Rechtsvorschriften: 30. 6. 1983).

Die 13. Lieferung ist nach Entfernen der nachstehend aufgeführten Seiten wie folgt einzuordnen:

| Zu entfernen | | Einzuordnende Teile der 13. Lieferung | |
|---|---|---|---|
| | | Ergänzungsinhaltsverzeichnis für die 13. Lieferung S. 1—2 | |
| | | A **30** 45 | S. 1—14 |
| | | B **05** 65 | S. 1—2 |
| | | B **06** 31 Lit. | S. 1—11 |
| | | B **06** 32 | S. 1—8 |
| | | B **06** 33 | S. 1—10 |
| | | B **07** 10 | S. 1—2 |
| C **01** 02 | S. 31 u. 32 (Grundwerk) | C **01** 02 | S. 31—32 |
| C **01** 03 | S. 7—8 (Grundwerk) | C **01** 03 | S. 7—8 |
| C **02 03** 05 | S. 1—2 (2. Lieferung) | C **02 03** 05 | S. 1—7 |
| | | C **03 01** 60 | S. 1—2 |
| C **03 02** 06 | S. 1—2 (9. Lieferung) | C **03 02** 06 | S. 1—5 |
| | | C **04 02** 75 | S. 1—4 |
| | | C **05 07** 51 | S. 1 |
| | | C **05 08** 22 | S. 1 |
| | | C **05 08** 70 | S. 1 |
| C **06 01** 09 | S. 1—2 (6. Lieferung) | C **06 01** 09 | S. 1—2 |
| C **06 01** 20 | S. 5—10 (2. Lieferung) | C **06 01** 20 | S. 5—9 |
| C **06 03** 03 | S. 1—5 (2. Lieferung) | C **06 03** 02 | S. 1—10 |
| | | C **06 09** 04 | S. 1 |
| | | C **06 09** 04 01 | S. 1—4 |
| C **06 09** 21 01 | S. 1—5 (8. Lieferung) | C **06 09** 21 01 | S. 1—7 |

| | | | |
|---|---|---|---|
| | | **C 06 09** 69 09 | S. 1—3 |
| | | **C 06 90** 90 | S. 1 |
| | | **C 09** 02 Lit. | S. 1—4 |
| **C 09** 04 | S. 1—5 (5. Lieferung) | **C 09** 04 | S. 1—5 |
| | | **D 01** 81 | S. 1—2 |
| | | **D 04** 85 | S. 1—2 |
| **E 01** 02 | S. 1—2<br>S. 9—18 (8. Lieferung) | **E 01** 02 | S. 1—2<br>S. 9—10 |
| | | **E 01** 03 | S. 1—13 |
| | | **F 02** 08 | S. 1—3 |
| | | **G 06** 01 | S. 1—3 |
| **G 07 01** 40 | S. 1—7 (7. Lieferung) | **G 06** 21 | S. 1—5 |
| **G 07 01** 45 | S. 1—6 (7. Lieferung) | **G 07 01** 45 | S. 1—4 |
| | | **G 07 05** 11 | S. 1—6 |
| **G 07 06** 02 | S. 1—6 (7. Lieferung) | **G 13** 00 | S. 1—14 |
| | | **G 13** 01 | S. 1—26 |
| | | **H 02** 24 | S. 1—3 |
| | | **H 02** 25 | S. 1—7 |
| | | **H 02** 26 | S. 1—8 |
| | | **H 02** 28 | S. 1—5 |
| | | **H 02** 29 | S. 1—8 |
| | | **H 02** 30 | S. 1—6 |
| | | **H 02** 35 | S. 1—5 |
| | | **H 02** 40 | S. 1—18 |
| | | **H 02** 55 | S. 1—3 |
| | | **H 02** 70 | S. 1—3 |
| | | **H 02** 75 | S. 1—9 |
| | | **H 02** 77 | S. 1—4 |
| Sachregister | S. 1—45 (7. Lieferung) | Sachregister | S. 1—88 |
| Ergänzungssachregister | 1—5 | | |
| Ergänzung | S. 1—10 (8. Lieferung)<br>S. 1—10 (9. Lieferung)<br>S. 1—7 (10. Lieferung)<br>S. 1—10 (11. Lieferung)<br>S. 1—8 (12. Lieferung) | | |

## Ergänzungsinhaltsverzeichnis für die 13. Lieferung

— Kurztitel —

# Richtlinie für die Materialwirtschaft in Einrichtungen des Gesundheits- und Sozialwesens

vom 1. September 1982
(VuM MfGe Nr. 7 S. 89)

Die Aufgaben des Gesundheits- und Sozialwesens in den kommenden Jahren bestehen insbesondere darin, die Qualität und Wirksamkeit der medizinischen und sozialen Betreuung weiter zu erhöhen. Hierzu sind die zur Verfügung stehenden Fonds entsprechend den volkswirtschaftlichen Erfordernissen effektiver zu nutzen und die materialwirtschaftlichen Prozesse in den Einrichtungen rationeller zu gestalten.
Im Einvernehmen mit dem Minister der Finanzen wird folgende Richtlinie erlassen:

1. Geltungsbereich
Diese Richtlinie gilt für örtlich geleitete staatliche Einrichtungen des Gesundheits- und Sozialwesens und unterstellte Einrichtungen des Ministeriums für Gesundheitswesen (im folgenden Einrichtungen genannt).

2. Grundsätze

2.1. Die materialwirtschaftliche Versorgung ist entsprechend den höheren Anforderungen so zu organisieren, daß sie die Leistungsprozesse der medizinischen und sozialen Betreuung sowie die Aufgaben der Forschung im Rahmen der materiellen, personellen und finanziellen Fonds allseitig und kontinuierlich unterstützt und zur Verbesserung des Verhältnisses von Aufwand und Ergebnis beiträgt.

2.2. Die materialwirtschaftlichen Prozesse sind so zu gestalten, daß
- der Bedarf an spezifischem und unspezifischem Material der Leistungsbereiche (Verbraucherstellen) in volkswirtschaftlich begründetem Umfang termingerecht gesichert wird,
- die Bestimmungen der Hygiene, des Gesundheits- und Arbeitsschutzes sowie des Brandschutzes eingehalten werden,
- jeder Mitarbeiter mit den ihm anvertrauten Erzeugnissen sorgsam umgeht, sich für die zweckmäßige Verwendung von Verbrauchsmaterialien persönlich einsetzt und eine hohe Auslastung der Grund- und Arbeitsmittel bzw. eine kooperative Nutzung anstrebt.

2.3. Schrittweise sind im Rahmen der sozialistischen Rationalisierung und der territorialen Bedingungen materialwirtschaftliche Prozesse, insbesondere die Planung des Materialbedarfs, die Beschaffung, die Disposition und die Reservehaltung, zu zentralisieren.
Zur Qualifizierung der Planungs- und Abrechnungsprozesse sind bei vorhandenen

technischen Voraussetzungen Projekte der elektronischen Datenverarbeitung nachzunutzen.

2.4. Schwerpunkte für den sozialistischen Wettbewerb auf dem Gebiet der Materialwirtschaft bestehen insbesondere darin,

- die bedarfsgerechte Planung,
- die Materialbeschaffung unter Einbeziehung aller vorhandenen Reserven (kooperative Nutzung, Materialbörsen),
- die Bestandshaltung im Umfang bestätigter Normen und Richtwerte,
- sowie die volkswirtschaftlich gerechtfertigte Verwendung der Erzeugnisse nach dem Prinzip der sozialistischen Sparsamkeit und nach bestätigten einrichtungsspezifischen Verbrauchsrichtwerten

zu gewährleisten; dazu ist der Leistungsvergleich gleichartiger Einrichtungen zu organisieren.

3. Aufgaben auf dem Gebiet der Materialwirtschaft

Zur Sicherung der materiell-technischen Voraussetzungen für die medizinische und soziale Betreuung der Bürger[1]) sowie für die Forschung sind folgende Aufgaben auf dem Gebiet der Materialwirtschaft zu erfüllen:

- lang-, mittel- und kurzfristige Planung des Materialbedarfs,
- Abschluß von Liefer- und Leistungsverträgen zur Materialbeschaffung im Rahmen der volkswirtschaftlichen Kennziffern und des Haushaltsplanes der Einrichtung,
- Vertragsbearbeitung und -überwachung sowie Geltendmachung der Rechte bei nicht vertragsgemäßer Erfüllung von Liefer- und Leistungsverträgen,
- Organisierung einer rationellen Lagerwirtschaft,
- Erfassung und Kontrolle der Materialein- und -ausgänge,
- Rechnungsbearbeitung im Zusammenwirken mit dem Leiter für Haushaltswirtschaft sowie bei Grund- und Arbeitsmitteln mit dem Verantwortlichen für Grundfondsökonomie,
- Erfassung und Rückführung von Leihverpackungen und Leergut,
- operativer Materialeinkauf,
- Inventarisierung und Nachweisführung,
- Gewährleistung eines rationellen innerbetrieblichen Materialtransportes (Hol- und Bringedienst) zu den Leistungsbereichen,
- Gewährleistung von Ordnung und Sicherheit im Umgang mit Material nach geltenden Rechtsvorschriften,
- Durchführung von Iventuren,
- Prüfung von Qualitätsverlusten, Aussonderung von Material, Umsetzung nicht zu nutzender Erzeugnisse,
- Erfassung, Ablieferung und Rückführung von Sekundärrohstoffen,

— Analyse der Materialversorgung und des Materialverbrauchs nach Leistungsbereichen, insbesondere auf der Grundlage bestätigter einrichtungsspezifischer Normen und Richtwerte
  - Normen und Richtwerte für die zentrale Bestandshaltung,
  - Normen und Richtwerte für die Grundausstattung der Leistungsbereiche,
  - Verbrauchsrichtwerte für ausgewählte Materialarten.

4. Verantwortung für die materialwirtschaftlichen Prozesse

4.1. Die Verantwortung für den rationellen Einsatz der Fonds trägt der Leiter der Einrichtung.

4.2. In seinem Auftrag hat der Ökonomische Direktor/Leiter alle materialwirtschaftlichen Prozesse zu leiten. Die anfallenden Aufgaben nimmt die Abteilung/das Arbeitsgebiet Wirtschaftliche Versorgung wahr.
Entsprechende Funktionsmerkmale für Mitarbeiter sind vom Ökonomischen Direktor/Leiter nach der Charakteristik des RKV festzulegen.

4.3. In Krankenhäusern der Gruppe C, die nach der Richtlinie über die Aufgaben und Struktur der Arbeitsgebiete, Abteilungen und Bereiche Technik in Krankenhäusern[2]) nach Zustimmung des Ministeriums für Gesundheitswesen einen Bereich Technik gebildet haben, leitet der Technische Direktor für ausgewählte Erzeugnisse die materialwirtschaftlichen Prozesse.

4.4. Für Arzneimittel, den Arzneimitteln gleichgestellte Erzeugnisse, Suchtmittel, Gifte und Edelmetalle kann vom Leiter der Einrichtung die Verantwortung anderen, in gesonderten Rechtsvorschriften benannten leitenden Mitarbeitern übertragen werden.

4.5. Die Leiter der Leistungsbereiche sowie die Verantwortlichen für die Forschung sind im Rahmen ihrer Aufgaben für die Funktionsfähigkeit und Vollständigkeit des Inventars und für die effektive Nutzung aller Grund- und Arbeitsmittel sowie Verbrauchsmaterialien verantwortlich.

4.6. Die materialwirtschaftlichen Prozesse sind in der Einrichtung so zu leiten und zu organisieren, daß insbesondere bei den Leistungsbereichen der medizinischen und sozialen Betreuung ein minimaler Verwaltungsaufwand entsteht.

5. Planung des Materialbedarfs

5.1. Die Planung des Materialbedarfs ist termingerecht auf der Grundlage
— der staatlichen Vorgaben und Aufgabenstellungen sowie
— der einrichtungsspezifischen Entwicklung der Leistungsprozesse (z. B. veränderte Diagnostik- und Behandlungsmethoden)

unter Berücksichtigung vorhandener Bestände nach der für den Planungszeitraum gültigen Planungsordnung[3]), [4]) vorzunehmen.

Der Leiter der Einrichtung und der Ökonomische Direktor/Leiter sowie die Leiter aller Leistungsbereiche haben zu sichern, daß dabei von den Prinzipien der sozialistischen Sparsamkeit und der Nutzung aller Möglichkeiten der Importablösung ausgegangen wird.

5.2. Entsprechend dem Grundsatz der Einheit von materieller und finanzieller Planung dürfen die finanziellen Kennziffern des Haushaltsplanes nur in der Höhe eingesetzt werden, wie materielle Anteile zur Verfügung stehen.

5.3. Die Bedarfsanmeldungen für Arbeitsmittel sind von den Leistungsbereichen auf Listen (Anlage 1) und für Grundmittel auf Anträgen (Anlage 2) vorzunehmen.
Für Grundmittel und Verbrauchsmaterialien, die für themengebundene Aufgaben der Forschung benötigt werden, gelten zusätzliche Regelungen.

5.4. Nach Prüfung durch den Ökonomischen Direktor/Leiter und Zustimmung durch den Leiter der Einrichtung sind Bedarfsanmeldungen

- bei Erzeugnisse, für welche die Zentralstelle für materielle Fonds (ZmF) die Fondsverantwortung[5]) wahrnimmt (Fondsträger 3300), dem Apothekenwesen des Kreises/Bezirkes,
- bei allen anderen bilanzierungspflichtigen Erzeugnissen der Örtlichen Versorgungswirtschaft des Rates des Kreises/Bezirkes (Fondsträger 810051)

zu übergeben.

5.5. Für ausgewählte Verbrauchsmaterialien sind Verbrauchsrichtwerte entsprechend der Methodischen Richtlinie vom 10. März 1978[6]) zu erarbeiten, nach Bestätigung anzuwenden und jährlich zu präzisieren.

5.6. Die Planung der Grund- und Arbeitsmittel sowie der Verbrauchsmaterialien ist mit dem Leiter für Haushaltswirtschaft abzustimmen. Hierfür sind die Erzeugnisse und der sich daraus ergebende finanzielle Bedarf entsprechend der Systematik des Staatshaushaltes nach Sachkonten zusammenzufassen. Nach der Planbestätigung sind die Leiter der Leistungsbereiche über die mögliche Realisierung ihrer Bedarfsanmeldung zu informieren.

6. Materialbeschaffung und Versorgung der Leistungsbereiche

6.1. Für die in der Planungsordnung ausgewiesenen Bilanzpositionen sind Bilanzanmeldungen termingerecht vorzunehmen.
Für diese, wie auch für die nichtbilanzierungspflichtigen Materialien sind Vertragsangebote zu unterbreiten und nach den Lieferrhythmen Bestellungen aufzugeben.
Der Ökonomische Direktor/Leiter schließt in der Regel Wirtschaftsverträge[7]) ab.
Der Leiter der Abteilung Wirtschaftliche Versorgung und der Leiter des Bereiches Technik können für Vertragsabschlüsse bis zu einer festzulegenden begrenzten finanziellen Höhe berechtigt werden. Diese Festlegung ist personen- und funktionsgebunden[8]).

6.2. Die Einrichtung erhält auf der Grundlage ihrer Planung für die Bilanzpositionen von den Fondsträgern[9]) nach der Planungsordnung Bilanzanteile für das jeweilige Planjahr.
Die Wirtschaftsverträge sind auf der Basis der Bilanzanteile zu präzisieren und mit diesen in Übereinstimmung zu bringen.
Der Leiter für Haushaltswirtschaft kontrolliert, daß nur Lieferverträge abgeschlossen werden, für die finanzielle Mittel geplant sind, bzw. für die bei langfristigen Vertragsbeziehungen die Haushaltsmittelplanung im entsprechenden Planungszeitraum vorgesehen ist und daß sie den bestätigten Normen und Richtwerten entsprechen.

6.3. Über den Stand der Auftragsbestätigung und die Erfüllung der Liefer- und Leistungsverpflichtungen der Produktions- und Handelsbetriebe ist ein ständiger Nachweis zu führen.
Die Herausbildung langfristiger und stabiler Vertragsbeziehungen ist anzustreben.

6.4. Der Beschaffungsprozeß ist so zu organisieren, daß die Materialien rechtzeitig und im notwendigen Umfang zur Verfügung stehen. Dabei ist die volkswirtschaftlich effektivste Form der Belieferung sowohl mengenmäßig als auch transportseitig zu sichern.
Ist die Abnahme solcher Mindestmengen, die den Jahresbedarf der Einrichtung (bei ausgewählten Artikeln den 2-Jahres-Bedarf) überschreiten, im Interesse der Sicherung der Aufgaben der Einrichtung unumgänglich, so sind die überzähligen Erzeugnisse anderen Einrichtungen zur Verfügung zu stellen.

6.5. Der Ökonomische Direktor/Leiter sichert, daß beim Kauf von Industriewaren des Bevölkerungsbedarfes die Rechtsvorschriften[10]) eingehalten werden. Der Leiter für Haushaltswirtschaft übt hierüber die Kontrolle aus.

6.6. Die Versorgung der Leistungsbereiche ist mit Materialanforderungsbelegen auf Grund der Erzeugnisübersichten oder durch bestellose Belieferung über den Hol- und Bringedienst für ausgewählte Erzeugnisse auf der Grundlage bestätigter Richtwerte vorzunehmen.

## 7. Bestandshaltung

7.1. Der Ökonomische Direktor/Leiter ist verpflichtet, die Bestandshaltung so zu organisieren, daß nach dem Prinzip der sozialistischen Sparsamkeit mit geringstem personellen, materiellen und finanziellen Aufwand die kontinuierliche und termingerechte Versorgung der Leistungsbereiche gewährleistet wird.
Für die Bestandshaltung ist eine betriebliche Lagerordnung zu erarbeiten, die insbesondere Festlegungen zur

— Ordnung und Sicherheit,
— Schaffung und Einhaltung von Lagerbedingungen bezogen auf Erzeugnisse und Ausstattungen,

— Einhaltung einrichtungs- und erzeugnisspezifischer hygienischer Erfordernisse sowie gesetzlicher Bestimmungen des Gesundheits- und Arbeitsschutzes sowie des Brandschutzes,
— regelmäßige Belehrung der Mitarbeiter

beinhaltet.

7.2. Die Einrichtung von Materiallagern wird vom Ökonomischen Direktor/Leiter verfügt. Eine aktuelle Übersicht über alle vorhandenen Materiallager ist zu führen. Der Sicherheits- und der Brandschutzinspektor führen regelmäßig Kontrollen durch.

7.3. Die Anzahl der Lager einer Einrichtung hängt von dem benötigten Materialsortiment, dem Umfang der Materialvorräte und den baulichen Bedingungen einschließlich der Konzentration der Gebäude ab.
Die Zentralisierung von Materialbeständen ist entsprechend den einrichtungsspezifischen Gegebenheiten

— für alle oder ausgewählte Materialarten,
— in Verantwortung einzelner Leistungsbereiche für solche Materialarten, für die sie Hauptverbraucher sind.

zu realisieren.
Gleichzeitig sind die im Territorium bestehenden Möglichkeiten der Zentralisierung zur gemeinsamen rationellen Nutzung von Materiallagern für mehrere Einrichtungen zu prüfen und wahrzunehmen.

7.4. Für zentrale und Zwischenlager sind Lagerverantwortliche zu benennen. Die Verantwortung und die Aufgaben sind in Funktionsplänen festzulegen.

7.5. In der zentralen Bestandshaltung und in den Leistungsbereichen sind in der Regel nur solche Bestände an Verbrauchsmaterial gerechtfertigt, die dem durchschnittlichen Quartalsverbrauch entsprechen. Bestandsnormen und -richtwerte sind zu erarbeiten, dabei sind die Festlegungen der „Methodischen Richtlinie ...“ zu beachten.
Bei zwingenden medizinischen und betrieblichen Erfordernissen sind zur Sicherung der medizinischen und sozialen Betreuung begründete höhere Bestände an ausgewählten Verbrauchsmaterialien zulässig.
Mindestens vierteljährliche Lieferzyklen sind im Rahmen der abzuschließenden Wirtschaftsverträge zu gewährleisten. Längere Lieferzeiten sind nur in Ausnahmefällen zu vereinbaren.
Der Wert der Lebensmittelbestände (ohne Einkellerungskartoffeln) sollte im Jahresdurchschnitt 5% der hierfür geplanten Haushaltsmittel nicht überschreiten.

7.6. Für die Anforderung von Verbrauchsmaterial und für die Entnahme aus dem Bestand der Leistungsbereiche ist vom zuständigen Leiter ein Verantwortlicher zu benennen.

8. Erfassung der Bestände und der Bestandsentwicklung sowie die Nachweisführung

8.1. Die Erfassung der Materialzu- und -abgänge und der Bestände sowie die Nachweisführung sind nach den Rechtsvorschriften[11]) für alle zentralen und Zwischenlager vorzunehmen (Anlage 3). Für die Materialabgänge sind kontrollfähige Nachweise zu führen, die von den Verantwortlichen der Leistungsbereiche in der Regel abzuzeichnen sind.

8.2. Die Leistungsbereiche sind über den Materialverbrauch bezogen auf Kapazitäten bzw. Leistungen quartalsweise zu informieren.

8.3. Die Belege über Zu- und Abgänge von Erzeugnissen sind nach den Rechtsvorschriften[11]) aufzubewahren.
Für die ordnungsgemäße Durchführung dieser Aufgaben sind die für die jeweiligen zentralen oder Zwischenlager zuständigen Leiter verantwortlich.

8.4. Die Entwicklung der Materialbestände, die Einhaltung der Bestandsnormen sowie -richtwerte und die verlustlose Lagerung der Erzeugnisse sind vom Lagerverantwortlichen nach den in der Lagerordnung festgelegten Terminen zu kontrollieren. Die Kontrollergebnisse sind schriftlich festzulegen.

8.5. In Auswertung der Kontrollen sind vom jeweils verantwortlichen Leiter des zentralen oder Zwischenlagers in Abstimmung mit dem Ökonomischen Direktor/Leiter Maßnahmen zur Beseitigung festgestellter Mängel einschließlich des Abbaus von Überplanbeständen einzuleiten. Bei Differenzen (Verluste, Überlagerungen, sonstige Schäden) sind die disziplinarische und arbeitsrechtliche materielle Verantwortlichkeit zu prüfen und entsprechende Maßnahmen zu veranlassen.

8.6. Protokolle über die Aussonderung nicht mehr gebrauchsfähiger Grund- und Arbeitsmittel sowie Verbrauchsmaterialien sind vom Ökonomischen Direktor/Leiter und Leiter für Haushaltswirtschaft nach Prüfung durch Sachkundige bzw. nach Vorlage von Gutachten zu bestätigen.

8.7. Sekundärrohstoffe sind nach der Rahmenordnung vom 1. April 1982[12]) zu erfassen und abzuliefern.

8.8. Bei operativen Kontrollen in den Leistungsbereichen durch Mitarbeiter der Abteilung/des Arbeitsgebietes Wirtschaftliche Versorgung ist die Einhaltung der Materialbestände entsprechend den Normen und den Richtwerten in Abstimmung mit den zuständigen Leitern zu überprüfen. Die Prüfungen sind aktenkundig zu machen und durch den Ökonomischen Direktor/Leiter auszuwerten.

8.9. Über die Kontrollergebnisse der Bestände und der Bestandentwicklung sind der Leiter der Einrichtung und die Abt. Gesundheits- und Sozialwesen des zuständigen örtlichen Rates bzw. das Ministerium für Gesundheitswesen halbjährlich zu informieren.

9. Materialinventur

9.1. Die Inventuren über den Bestand an Grund- und Arbeitsmitteln sowie Verbrauchsmaterialien sind auf der Grundlage der Rechtsvorschriften[13]) durchzuführen.

9.2. Der Leiter der Einrichtung ist verantwortlich für die ordnungsgemäße Vorbereitung, Durchführung und Auswertung der Inventuren. Bei Verstößen gegen Ordnung und Sicherheit sind die erforderlichen Maßnahmen durchzuführen, um den gesetzlichen Zustand wiederherzustellen und künftige Rechtsverletzungen zu vermeiden.

9.3. Bei Inventurdifferenzen ist nach der Anweisung des Ministers für Gesundheitswesen[14]) zu verfahren.

9.4. Der Leiter der Einrichtung kann den Ökonomischen Direktor/Leiter mit der Wahrnehmung von Aufgaben der Inventur beauftragen.

10. Schlußbestimmungen

10.1. Für Arzneimittel, den Arzneimitteln gleichgestellte Erzeugnisse, Suchtmittel, Gifte und Edelmetalle gilt diese Richtlinie nur in Verbindung mit den erlassenen speziellen Rechtsvorschriften.

10.2. Im Rahmen der Festlegungen dieser Richtlinie ist vom Ökonomischen Direktor/Leiter eine einrichtungsspezifische Ordnung für die Materialwirtschaft zu erarbeiten und vom Leiter der Einrichtung zu erlassen. Vorhandene Ordnungen sind anzupassen.

10.3. Über die Erfüllung der Aufgaben der Materialwiertschaft ist einmal jährlich in der Dienstbesprechung des Leiters der Einrichtung zu beraten.

10.4. Diese Richtlinie tritt mit ihrer Veröffentlichung in Kraft.

## Anlage 1

### Liste für die Planung von inventarisierungspflichtigen und nichtinventarisierungspflichtigen Arbeitsmitteln (Muster)

| lfd. Nr. | ELN-Nr. | Erzeugnis | Stück | Preis | Ersatz-/Neubeschaffung | Bemerkungen (Abmessung, Typ u. a.) |
|---|---|---|---|---|---|---|
| 0 | 1 | 2 | 3 | 4 | 5 | 6 |

. . . . . . . . . . . . . . . . . . . . . . . . . . . . . . . . .

Datum Unterschrift

**Anmerkung:**

Die Angaben der Ziffern 1 bis 4 und 6 sind aus der Richtlinie für die Bedarfsanmeldung beim Fondsträger 3300 für die jeweiligen Planjahre bzw. für die übrigen Erzeugnisse, — vorrangig des Fondsträgers 810051 —, aus den Anordnungen über die Nomenklaturen für die Planung, Bilanzierung und Abrechnung von Material-, Ausrüstungs- und Konsumgütern zur Ausarbeitung und Durchführung der Volkswirtschaftspläne im Einvernehmen mit der Abteilung Örtliche Versorgungswirtschaft des zuständigen örtlichen Rates zu entnehmen.

Diese Liste ist in Zusammenarbeit mit der Abteilung/dem Arbeitsgebiet Wirtschaftliche Versorgung vollständig auszufüllen.

## Anlage 2

## Anmeldung für die Beschaffung von Grundmitteln für das Planjahr ... (Muster)

(Investitionsantrag für Geräte, Einrichtungsgegenstände, Instrumente u. a. im Einzelwert über 500. — M)

Einrichtung: Leistungsbereich:

1. Angaben zum Erzeugnis
1.1. Bezeichnung des Erzeugnisses:
1.2. Typ:
1.3. ELN-Nr.:
1.4. Anzahl:
1.5. Preis: (insgesamt:
1.6. Hersteller/Lieferer:
1.7. Liefertermin:

2. Begründung der Bedarfsanmeldung (volkswirtschaftliche Notwendigkeit):

2.1. bei Ersatzinvestition
Ersatz für: Nr. der Nachweiskarte der Gerätekartei:
Einschätzung des technischen Zustandes (Baujahr, Nutzungsdauer u. a.)

2.2. bei Neuinvestition
Grundlage des Antrages (Beschluß, Auflage u. a.):

2.3. Angaben über vorhandene gleichartige Geräte in der Einrichtung
Typ Anzahl Standort Auslastung (h/a)

2.4. Angaben über die Verbesserung der medizinischen Betreuung und der zu erwartenden Effektivität:

2.5. Angaben über Prüfung von Möglichkeiten, ob das beantragte Erzeugnis nicht durch

Umsetzung von ungenutzten Grundmitteln beschafft bzw. ob die beabsichtigte Zielstellung nicht durch Kooperation mit anderen Einrichtungen erreicht werden kann:

3. Angaben über Arbeitskräfte

3.1. Ist die personelle Bedienung des Erzeugnisses
mit vorhandenen Arbeitskräften möglich? ja/nein
mit zusätzlichen Arbeitskräften erforderlich? (Anzahl ... VbE)

3.2. Wie wird der Arbeitskräftebedarf abgedeckt?

3.3. Ist eine zusätzliche Qualifizierung der Arbeitskräfte nötig (wenn ja, in welcher Form und in welchem Zeitraum)?

3.4. Ergeben sich Möglichkeiten, Arbeitskräfte bzw. Arbeitszeit einzusparen?

4. Bauliche und energetische Maßnahmen

4.1. Beschreibung des Standortes:

4.2. Darlegung der bautechnischen und energetischen Voraussetzungen und erforderliche Maßnahmen:

4.3. Voraussichtlicher Aufwand (in TM): TM als Folgeinvestition/ Werterhaltung/Eigenleistung
zur Bilanzierung anzumelden (Termin: )

4.4. Termin für das Bauprojekt:
Termin für das technische Projekt:
Termin für die Bau-/Montagefreiheit:
Termin für die Inbetriebnahme:

Datum und Unterschrift des Antragstellers

Stellungnahme des Leiters der Abteilung Kader (zu Ziffer 3):
Stellungnahme des Leiters der Abteilung Technik (zu Ziffer 4):
Stellungnahme der Gerätekommission (zu Ziffer 1 und 2):
Entscheidung des Leiters der Einrichtung:

Datum: Ärztlicher Direktor: Ökonomischer Direktor:

## Anlage 3

### Arbeitsvorgänge bei Materialzu- und -abgängen sowie bei der Bestandshaltung

1. Die Mitarbeiter der Materialwirtschaft gewährleisten die ordnungsgemäße Abwicklung der Abnahme, der Ausgabe und der Nachweisführung der Erzeugnisse. Sie haben

1.1. bei Eingang der Erzeugnisse
- Bestätigungsvermerke auf den Begleitpapieren (Lieferscheinen, Rechnungen u. a.) vorzunehmen,
- die Begleitpapiere laufend zu numerieren (jahrgangsweise), mit Bearbeitungs-

vermerken und Weitergabedaten zu versehen und mit ihren wesentlichen Daten (Lieferbetrieb, Eingangsdaten der Papiere und der Erzeugnisse bzw. der Teillieferungen, Angabe über Leihverpackungen u. a.), in ein Lagerbuch oder Wareneingangsbuch einzutragen,

- die Qualität und Quantität ggf. unter Hinzuziehung geeigneter Fachkräfte zu überprüfen; ergeben sich hierbei Abweichungen von den vertraglichen Vereinbarungen oder zu den Begleitpapieren, sind sofort schriftliche Reklamationen bei den Vertragspartnern durch den Leiter der Abteilung/des Arbeitsgebietes Wirtschaftliche Versorgung zu veranlassen,
- die Zugänge in die Lagerkartei, getrennt nach Grundmitteln, Arbeitsmitteln und Verbrauchsmaterialien unter Verwendung der geltenden Einheitsvordrucke, einzutragen.
  Die Lagerkarteikarten sind mit ELN-Nummern und mit Durchschnittspreisen zu versehen und nach Erzeugnisgruppen sowie nach dem Sachkontenrahmen zu führen; darüber hinaus sind Bestandsnormen und -richtwerte einzutragen.
- die eingehenden Rechnungen zu überprüfen, „sachlich richtig" zu zeichnen bzw. bei Direktbelieferungen vom Leiter des Leistungsbereiches zeichnen zu lassen und die Originalrechnungen dem Leiter für Haushaltswirtschaft zur Prüfung und zur Anweisung zu übergeben.
  Rechnungen über Grundmittel oder inventarisierungspflichtige Arbeitsmittel sind vor Anweisung dem Verantwortlichen für Grundfondsökonomie zu übergeben, der die Eintragung unter Angabe des künftigen Einsatzortes (Leistungsbereiches u. a.) in die Karteien für Grundmittel und Arbeitsmittel vornimmt sowie die Aufnahme in die Inventarverzeichnisse veranlaßt.
  Diese Rechnungsbearbeitung ist terminlich so zu organisieren, daß die vereinbarten Zahlungsfristen eingehalten werden,
- sie in übersichtlicher Form an den vorgesehenen (möglichst beschilderten) Abstellplätzen (Schränke, Regale, Freiflächen u. a. unter Berücksichtigung der Bestimmungen der betrieblichen Lagerordnung zu lagern,
- Grund- und Arbeitsmittel als Volkseigentum zu kennzeichnen,
- die rückgabepflichtigen Verpackungen[15]) (Leihverpackungen) mit Daten des Einganges und Ausganges, der Arten und Menge, der Lieferer fortlaufend in einem Buch aufzuzeichnen, zwischenzulagern und fristgemäß an den Lieferbetrieb zurückzusenden; die zu gewährenden Vergütungen für die Rückgabe sind im Einvernehmen mit dem Leiter für Haushaltswirtschaft zu vereinnahmen; sonstiges Verpackungsmaterial ist zwischenzulagern und als Sekundärrohstoff nach den geltenden Rechtsvorschriften zu verwenden.

1.2. die Ausgabe der Erzeugnisse
nach Materialanforderungsbelegen oder für ausgewählte Erzeugnisse (auf der Grundlage bestätigter Richtwerte) im Rahmen der bestellosen Belieferung vorzunehmen,

- auf den Lagerkarteikarten mit dem Datum des Abganges, die Menge/Stückzahl der Erzeugnisse, die neuen Bestände sowie die Leistungsbereiche als Empfänger bzw. Hinweise auf fortlaufend numerierte Verteilerlisten zu vermerken; Materialrückgaben sind sinngemäß zu behandeln,
- für Grund- und Arbeitsmittel sowie inventarisierungspflichtige Erzeugnisse den Empfang quittieren zu lassen,
- für Dritte

  mit Lieferscheinen und Rechnungen vorzunehmen und die Durchschriften dem Leiter für Haushaltswirtschaft zur Einziehung der Einnahmen zuzustellen; die Abgabe ist nur mit Zustimmung des Ökonomischen Direktors/Leiters zulässig.

2. Der Abrechnungs- und Kontrollprozeß über die materialwirtschaftlichen Vorgänge ist im Rahmen der Ordnung über die Rechnungsführung und Statistik in den staatlichen Organen und staatlichen Einrichtungen durchzuführen.
   Insbesondere sind quartalsweise Analysen über
   - die Bestandsentwicklung und
   - den Verbrauch nach Leistungsbereichen

   zu erarbeiten.

3. Die anfallenden Verwaltungsaufgaben sind auf ein Mindestmaß zu beschränken. Die Nachweisführung ist termingerecht und lückenlos, jedoch nicht beispielsweise durch Doppelführung von Karteien, vorzunehmen.

---

[1]) Informationen vom 2. Februar 1973 über Materialwirtschaft im Gesundheits- und Sozialwesen (Verf. u. Mitt. Nr. 7 S. 72)

[2]) Richtlinie vom 24. Januar 1982 über die Aufgaben und Struktur der Arbeitsgebiete, Abteilungen und Bereiche Technik in Krankenhäusern (Verf. u. Mitt. Nr. 3 S. 36)

[3]) Anordnung vom 28. November 1979 über die Ordnung der Planung der Volkswirtschaft der DDR 1981 bis 1985, Teile A, G und M (GBl. SDr. Nr. 1020 A, G und M)
Anordnung vom 30. April 1981 über die Ergänzung der Ordnung der Planung der Volkswirtschaft der DDR 1981 bis 1985 (GBl. I Nr. 14 S. 149)
Anordnung Nr. 2 vom 29. Januar 1982 über die Ergänzung der Ordnung der Planung der Volkswirtschaft der DDR 1981 bis 1985 (GBl. I Nr. 5 S. 109)
Anordnung Nr. 3 vom 19. April 1982 über die Ergänzung der Ordnung der Planung der Volkswirtschaft der DDR 1981 bis 1985 (GBl. Nr. 18 S. 365)
Anordnung Nr. 3 vom 19. April 1982 über die Ergänzung der Ordnung der Planung der Volkswirtschaft der DDR 1981 bis 1985, Teil M Planung der Materialökonomie, Material-, Ausrüstungs- und Konsumgüterbilanzierung (GBl. SDr. 1020 1 m)

[4]) Verordnung vom 15. November 1979 über die Material-, Ausrüstungs- und Konsumgüterbilanzierung — Bilanzierungsverordnung (GBl. I Nr. 1 1980 S. 1); s. J 02 02 Kom.
Anordnung vom 30. März 1980 über die Nomenklatur für die Planung, Bilanzierung und Abrechnung von Material, Ausrüstungen und Konsumgütern zur Ausarbeitung und Durchführung der Jahresvolkswirtschaftspläne — Bilanzverzeichnis Band 1 und 2 (GBl. SDr. Nr. 688/11)
Anordnung Nr. 2 vom 22. Juli 1980 über die Nomenklatur für die Planung, Bilanzierung und Abrech-

nung von Material, Ausrüstungen und Konsumgütern zur Ausarbeitung und Durchführung der Jahresvolkswirtschaftspläne — Bilanzverzeichnis — (GBl. I Nr. 23 S. 229)

Anordnung Nr. 3 vom 27. Januar 1981 über die Nomenklatur für die Planung, Bilanzierung und Abrechnung von Material, Ausrüstungen und Konsumgütern zur Ausarbeitung und Durchführung der Jahresvolkswirtschaftspläne — Bilanzverzeichnis — (GBl. I Nr. 6 S. 70)

[5]) Anweisung vom 12. Januar 1981 über Bildung und Aufgaben der Zentralstelle für materielle Fonds beim Ministerium für Gesundheitswesen (Verf. u. Mitt. Nr. 1 S. 5); s. C 07 40.

Ergänzende methodische Hinweise vom 27. Januar 1981 für die Ausarbeitung und Einreichung des Fünfjahrplanes und der Jahresvolkswirtschaftspläne 1981 bis 1985 der Räte der Bezirke, Abteilung Gesundheits- und Sozialwesen, an das Ministerium für Gesundheitswesen (Ministerium für Gesundheitswesen)

Methodische Richtlinie vom 10. Dezember 1980 zur Planung des materiell-technischen Bedarfes an ausgewählten Erzeugnissen bzw. Erzeugnisgruppen für das Gesundheitswesen der DDR (Ministerium für Gesundheitswesen)

[6]) Methodische Richtlinie (Nr. 1) vom 10. März 1978 für die Erarbeitung von Richtwerten für ausgewählte Verbrauchsmaterialien in Einrichtungen des Gesundheits- und Sozialwesens (Verf. u. Mitt. Nr. 4 S. 28); s. C **04 02 70**

Methodische Richtlinie Nr. 2 vom 20. Dezember 1979 für die Erarbeitung von Richtwerten für ausgewählte Verbrauchsmaterialien in Einrichtungen des Gesundheits- und Sozialwesens (Verf. u. Mitt. Nr. 11980 S. 6)

[7]) Gesetz vom 25. März 1982 über das Vertragssystem in der sozialistischen Wirtschaft — Vertragsgesetz — (GBl. I Nr. 14 S. 293); s. J **02** 03

Zweite Durchführungsverordnung vom 25. März 1982 zum Vertragsgesetz — Wirtschaftsverträge über Investitionen und über die Instandsetzung von Grundmitteln — (GBl. I Nr. 16 S. 329)

Dritte Durchführungsverordnung vom 25. März 1982 zum Vertragsgesetz — Wirtschaftsverträge über den Export und den Import — (GBl. I Nr. 16 S. 333)

Vierte Durchführungsverordnung vom 25. März 1982 zum Vertragsgesetz — Wirtschaftsverträge zur Versorgung der Bevölkerung — (GBl. I Nr. 16 S. 339)

Fünfte Durchführungsverordnung vom 25. März 1982 zum Vertragsgesetz — Vertragsstrafen — (GBl. I Nr. 16 S. 342)

[8]) Anweisung Nr. 2/76 vom 8. Januar 1976 zur straffen Durchsetzung der Kassenordnung des Staatshaushaltsplanes (Ministerium der Finanzen)

[9]) Anordnung vom 8. November 1978, Anordnung Nr. 2 vom 27. April 1979, Anordnung Nr. 3 vom 29. November 1979 und Anordnung Nr. 4 vom 11. September 1980 über die Schlüsselsystematik der Staatsorgane, wirtschaftsleitende Organe, Versorgungsbereiche und Fondsträger sowie der Bezirke (GBl. SDr. Nr. 1000, 1000/1, 1000/2, 1000/3)

[10]) Anordnung vom 1. November 1971 über den Bezug von Industriewaren des Bevölkerungsbedarfs und die Inanspruchnahme von Leistungen durch gesellschaftliche Bedarfsträger (GBl. II Nr. 77 S. 678)

Hinweis vom 19. Dezember 1974 über den Bezug von Industriewaren in Einrichtungen des Gesundheits- und Sozialwesens (Verf. u. Mitt. Nr. 3/1975 S. 16)

[11]) Zweite Durchführungsbestimmung vom 28. August 1978 zum Gesetz über die Staatshaushaltsordnung der DDR — Ordnung über die Rechnungsführung und Statistik in den staatlichen Organen und staatlichen Einrichtungen (GBl. I Nr. 30 S. 333)

[12]) Rahmenordnung vom 1. April 1982 für die Organisation und Leitung der Sekundärrohstofferfassung im Gesundheits- und Sozialwesen (Verf. u. Mitt. Nr. 3 S. 40); s. A **30** 50

Anordnung vom 6. August 1982 über die Rücklieferung ind Wiederverwendung von Verpackungsmitteln aus Wellpappe und Vollpappe im Verkehr mit Arzneimitteln und medizintechnischen Erzeugnissen (GBl. I Nr. 32 S. 571); s. C **06 07 06** 01

[13]) Anordnung vom 8. Februar 1974 über die Durchführung von Inventuren im Bereich der staatlichen Organe und staatlichen Einrichtungen (GBl. I Nr. 9 S. 79); s. B 05 65

[14]) Anweisung vom 1. September 1982 über die Behandlung von Inventurdifferenzen in Einrichtungen des Gesundheits- und Sozialwesens (Verf. u. Mitt. Nr. 7 (S. 94)

[15]) Anordnung vom 10. Dezember 1974 über den Umlauf von Leihverpackung — Leihverpackungsanordnung — (GBl. I Nr. 1/1974 S. 7); s. C 06 07 05

# Anweisung über die Behandlung von Inventurdifferenzen in Einrichtungen des Gesundheits- und Sozialwesens

vom 1. September 1982
(VuM MfGe Nr. 7 S. 94)

Zur Erhöhung von Ordnung und Disziplin im Umgang mit Volkseigentum und zur Verwirklichung einer straffen Materialökonomie wird entsprechend § 10 Abs. 2 der Anordnung vom 8. Februar 1974 über die Durchführung von Inventuren im Bereich der staatlichen Organe und Einrichtungen (GBl. I Nr. 9 S. 79) sowie der in den §§ 12 und 13 der Zweiten Durchführungsbestimmung vom 28. August 1978 zum Gesetz über die Staatshaushaltsordnung der DDR (GBl. I Nr. 30 S. 333) getroffenen Festlegungen im Einvernehmen mit dem Minister der Finanzen folgendes angewiesen:

1. **Geltungsbereich**

1.1. Diese Anweisung gilt für örtlich geleitete staatliche Einrichtungen des Gesundheits- und Sozialwesens und unterstellte Einrichtungen des Ministeriums für Gesundheitswesen.

1.2. Sie gilt insbesondere für Inventurdifferenzen bei

- Grund- und inventarisierungspflichtigen Arbeitsmitteln,
- themengebundenen Grundmitteln,
- Beständen an Arbeitsmitteln,
- Bibliotheksbeständen,
- Beständen an Spielzeug- und Beschäftigungsmaterial,
- Beständen an spezifischen und übrigem Verbrauchsmaterial,
- Beständen an Nahrungs- und Genußmitteln,
- Wäsche,
- Arbeits-, Arbeitsschutz, Dienst- und Hygienebekleidung,
- Werkzeugen.

2. **Auswertung der Inventur**

2.1. Die durch Stichtags- und permanente Inventuren aufgenommenen Bestände sind vorrangig auf solche Positionen zu überprüfen, bei denen Mengenabweichungen zwischen dem Soll- und Istbestand festgestellt wurden.

2.2. Bei den im Ergebnis der Inventur festgestellten Abweichungen sind die Ursachen in bezug auf Fehlbestände und Ungesetzlichkeiten gründlich zu untersuchen und umgehend zu klären. Dabei ist zwischen Buchungs- und Bestandsdifferenzen wie folgt zu unterscheiden:

— Buchungsdifferenzen sind Abweichungen in der Belegerfassung, Rechenfehler, Fehler in der Karteiführung u. ä. Sie sind nach Feststellung der Ursachen auf den zutreffenden Konten- und Bestandsnachweisen zu berichtigen.

— Bestandsdifferenzen sind Fehlbestände und Inventurminusdifferenzen, die durch Verletzungen von Rechtsvorschriften und anderen verbindlichen Festlegungen entstanden sind.

2.3. Buchungs- und Bestandsdifferenzen sind für alle Erzeugnisse vollständig zu erfassen und im Inventurprotokoll exakt nachzuweisen.

2.4. Die Inventurprotokolle haben konkrete Schlußfolgerungen und terminlich gebundene Maßnahmen zu enthalten, um künftig Inventurdifferenzen auszuschließen. Die Protokolle sind vom Inventurleiter zu unterzeichnen, vom Leiter für Haushaltswirtschaft zu prüfen und zu unterzeichnen sowie vom Leiter der staatlichen Einrichtung zu bestätigen.

## 3. Gewährleistung der Ordnungsmäßigkeit

3.1. Jedes Inventurprotokoll ist vom Leiter der Einrichtung gründlich und kurzfristig auszuwerten. Den Ursachen für Fehlbestände bzw. Verletzungen von Rechtsvorschriften und anderer Festlegungen ist konsequent nachzugehen. Es ist eine lückenlose Aufklärung herbeizuführen.
Bei schuldhaft verursachten Rechtsverletzungen sind durch den zuständigen staatlichen Leiter des Leistungsbereiches die disziplinarische und arbeitsrechtlich materielle Verantwortlichkeit zu prüfen und entsprechende Maßnahmen einzuleiten.

3.2. Jedes Inventurprotokoll ist vom Leiter der Einrichtung der Abteilung Gesundheits- und Sozialwesen des zuständigen örtlichen Rates zu übergeben.
Inventurplusdifferenzen sind als Materialzugang zu erfassen. Bei Inventurminusdifferenzen ist zusätzlich ein Antrag auf Berechtigung zur Ausbuchung zu stellen.

3.3. Die Leiter der Abteilungen Gesundheits- und Sozialwesen der örtlichen Räte sind ermächtigt, für Einrichtungen ihres Verantwortungsbereiches bei Antragstellung, nach Durchführung von Überprüfungen und weiteren Kontrollmaßnahmen über die Herstellung der Ordnungsmäßigkeit in der Bewirtschaftung der materiellen und finanziellen Fonds die Genehmigung zur Ausbuchung der Inventurminusdifferenzen zu erteilen.
Die Leiter der dem Ministerium für Gesundheitswesen unterstellten Einrichtungen übergeben Inventurprotokolle und Anträge auf Berechtigung zur Ausbuchung von Inventurminusdifferenzen der Hauptabteilung Ökonomie und Planung des Ministeriums für Gesundheitswesen zur Entscheidung.

## 4. Schlußbestimmung

Diese Anweisung tritt mit ihrer Veröffentlichung in Kraft.

# Weitere Ausgestaltung des Schutzes vor übertragbaren Krankheiten beim Menschen

*Dr. Joachim* MANDEL, *Leiter der Rechtsabteilung, und Brigitte* SCHAUSS,
*wiss. Mitarbeiterin im Ministerium für Gesundheitswesen*
*Dr. Norbert* KÖNIG, *Berlin*
(Neue Justiz S. 113 (1983))

Die im Rahmen des umfassenden Gesundheitsschutzes in der DDR erzielten Ergebnisse zeigen sich auch in der Verhütung und Bekämpfung übertragbarer Krankheiten. Die Lösung dieser Aufgabe steht in untrennbarem Zusammenhang mit einem Grundprinzip der sozialistischen Gesundheitspolitik: der Prophylaxe mit ihrer erklärten Zielstellung, Krankheiten zu verhüten und ihre Ausbreitung zu verhindern. Diesem Anliegen schenkt unser Staat stets große Aufmerksamkeit, wie der Erlaß des Gesetzes zur Verhütung und Bekämpfung übertragbarer Krankheiten beim Menschen vom 3. Dezember 1982 (GBl. I Nr. 40 S. 631) und der 1. und 2. Durchführungsbestimmung zu diesem Gesetz vom 20. Januar 1983 (GBl. I Nr. 4 S. 29 und 33) erneut beweist.

## Verwirklichung gesundheitspolitischer Ziele

Das am 1. März 1983 mit seiner 1. und 2. DB in Kraft getretene Gesetz ist eine Rechtsvorschrift von hohem gesundheitspolitischem Rang. Es löst das Gesetz vom 20. Dezember 1965 (GBl. I 1966 Nr. 3 S. 29) ab, das sich in der Praxis bewährt hat. Die mit diesem Gesetz gesammelten besten Erkenntnisse und Erfahrungen wurden entsprechend dem Stand unserer gesellschaftlichen Entwicklung in der Neuregelung rechtlich weiter ausgestaltet.

Wenn in der DDR in den letzten Jahrzehnten bei der Zurückdrängung übertragbarer Krankheiten beachtliche Ergebnisse erzielt wurden, die weltweite Anerkennung gefunden haben, dann ist dies auch mit auf die konsequente Anwendung des Gesetzes vom 20. Dezember 1965 und anderer damit zusammenhängender Rechtsvorschriften zurückzuführen.

Von den anderen Rechtsvorschriften, die auch mit dem neuen Gesetz vom 3. Dezember 1982 eng verzahnt sind, sei hier beispielhaft die VO über die Staatliche Hygieneinspektion vom 11. Dezember 1975 (GBl. I 1976 Nr. 2 S. 17) genannt. Der Zusammenhang zwischen beiden Rechtsvorschriften ist nahezu untrennbar, weil die rechtliche Stellung, das Aufgabenfeld und die Befugnisse dieses staatlichen Kontrollorgans weitgehend vom Inhalt des Gesetzes über die Verhütung und Bekämpfung übertragbarer Krankheiten beim Menschen bestimmt werden.

Auch die Verzahnung dieses Gesetzes mit dem Landeskulturgesetz vom 14. Mai 1970 (GBl. I Nr. 12 S. 67) ist offensichtlich. Enge Berührungen hat es auch mit anderen Rechtsvorschriften, so z. B. der VO über die Erhöhung der Verantwortung der Räte der Städte und Gemeinden für Ordnung, Sauberkeit und Hygiene im Territorium vom 19. Februar

1969 (GBl. II Nr. 22 S. 149) oder dem Lebensmittelgesetz vom 30. November 1962 (GBl. I Nr. 12 S. 111) mit seinen verbindlichen Verhaltensanforderungen an alle, die an der Ernährung der Bevölkerung beteiligt sind.

### Orientierungsmaßstäbe des neuen Gesetzes

Die an vielen Stellen des neuen Gesetzes ablesbare Kontinuität zum Gesetz vom 20. Dezember 1965 stellt eine solide Ausgangsposition für die schöpferische Weiterentwicklung derjenigen gesetzgeberischen Maßnahmen dar, die sich in den neuen Bestimmungen, widerspiegeln. Dabei beansprucht das wiederholt unterstrichene Prinzip der Prophylaxe einen deutlichen Vorrang. Das Gesetz hebt vor allem das Kriterium der „Gestaltung gesundheitsfördernder Arbeits- und Lebensbedingungen" heraus — unbestreitbar ein Anliegen, das Aktivitäten etwa auf dem Gebiet des Infektionsschutzes weit überschreitet.
Aus einer solchen Orientierung erwächst den staatlichen Organen, Kombinaten, wirtschaftsleitenden Organen, Betrieben, Genossenschaften, Einrichtungen, gesellschaftlichen Organisationen und Bürgern eine hohe Verantwortung. Die Betonung des Prinzips des eigenverantwortlichen Handelns findet hier seine Fortsetzung. Dieser schon in der VO über die Staatliche Hygieneinspektion fixierte Grundsatz bewährt sich täglich aufs Neue. So arbeiten z. B. in den Betrieben spezielle Hygieneaktivs, die sich um eine konsequente Verwirklichung der Aufgaben zur Verhütung und Bekämpfung übertragbarer Krankheiten vom Blickpunkt unmißverständlich formulierter hygienischer Anforderungen kümmern. Und wenn das Gesetz von der Notwendigkeit der „Festigung hygienischer Verhaltensweisen aller Bürger" ausgeht (§ 5 Abs. 2)[1]), so rückt es auch von dieser Seite der Eigenverantwortung her sein gesamtgesellschaftliches Anliegen in das Zentrum der Aufmerksamkeit.
Diese in den Rang von Verhaltensanforderungen gehobenen ideologischen Komponenten des Gesetzes finden ihre organische Weiterführung in einer Reihe materiell determinierter Aussagen, die wie folgt zu umreißen sind:

1. Der entscheidende Orientierungsmaßstab für die Verhütung und Bekämpfung übertragbarer Krankheiten ist die Anwendung der neuesten wissenschaftlichen Erkenntnisse. Um diesen Anspruch durchzusetzen, bedarf es des engen Zusammenwirkens aller Verantwortlichen mit den medizinischen Einrichtungen, insbesondere mit der Staatlichen Hygieneinspektion. Daraus resultiert zugleich die Festlegung, daß Ärzte und andere Mitarbeiter des Gesundheitswesens (mittlere medizinische Fachschulkader, Biologen und andere Hochschulkader, die in Einrichtungen des Gesundheitswesens tätig sind) an der zielgerichteten Aufklärung und Gesundheitserziehung der Bürger zur Festigung hygienischer Verhaltensweisen maßgeblich mitwirken (§ 5 Abs. 2).

2. Daß das Kriterium „wissenschaftlicher Erkenntnisstand" für das Gesetz selbst ein Motiv für die Erweiterung seines Gegenstandes ist, wird am § 23 deutlich, der im Zusammenhang mit dem generellen Anliegen des Gesetzes sich auch auf die Sicherheits- und Überwachungs-

maßnahmen bezieht, die bei Arbeiten mit Krankheitserregern, zur gezielten genetischen Veränderung von Mikroorganismen oder zur Bildung und Verwendung neuartiger Kombinationen von Nukleinsäure-Molekülen notwendig sind.

3. Die Pflichten, die beim Auftreten einer übertragbaren Krankheit im Interesse sofortiger medizinischer Betreuung und der Verhinderung der Gefahr einer Weiterverbreitung erfüllt werden müssen, sind — je nachdem, ob vom Gesetz der erkrankte oder krankheitsverdächtige Bürger, der Arzt oder die verantwortlichen Leiter von Einrichtungen und Laboratorien, von Kinderkrippen, Kindergärten, Schulen, Heimen, Internaten usw. angesprochen sind — unterschiedlich ausgestaltet. Die Darstellung der insoweit differenzierten Pflichten und Verhaltensanforderungen ist übersichtlich, verständlich und folgt dem Grundsatz, die Handhabbarkeit des Gesetzes zu gewährleisten.

4. Die Liste der übertragbaren Krankheiten, für die eine Meldepflicht besteht, wird nach wissenschaftlichen Kriterien aufgestellt. Auf der Grundlage der neuesten wissenschaftlichen Erkenntnisse kann der Minister für Gesundheitswesen diese Liste (Anlage zur 1. DB) präzisieren.

5. Soweit im Zusammenhang mit der Verhütung und Bekämpfung übertragbarer Krankheiten arbeitsrechtliche Regelungen von Bedeutung sind, wurden sie den Bestimmungen des AGB entsprechend ausgestaltet. Das bezieht sich vor allem auf die Übertragung einer anderen Arbeit, wenn ein Werktätiger wegen einer meldepflichtigen übertragbaren Krankheit seine Tätigkeit nicht mehr weiter ausüben kann. In das Gesetz übernommen ist die Regelung, daß Werktätige, die durch ärztlich angeordnete Schutzmaßnahmen daran gehindert sind, ihre berufliche Tätigkeit am vereinbarten Arbeitsort auszuüben, verpflichtet sind, eine andere Arbeit am selben oder an einem anderen Ort zu leisten (§ 16 Abs. 2 und 4).

### Erhöhung der staatlichen Verantwortung für die Verhütung und Bekämpfung übertragbarer Krankheiten

Das Gesetz ist von dem Grundgedanken durchdrungen, die staatliche Verantwortung für die Verhütung und Bekämpfung übertragbarer Krankheiten weiter zu erhöhen (§§ 9ff.). Dabei ist die konsequente Betonung des bewährten zentralistischen Prinzips hervorzuheben, nach dem die staatliche Verantwortung die Aufgaben des Ministers für Gesundheitswesen ebenso umfaßt wie die Aktivitäten der Staatlichen Hygieneinspektion der Räte der Bezirke und Kreise und die Festlegungen der Leiter der Betriebe.
Die Verantwortung des Ministers für Gesundheitswesen konzentriert sich auf die Schwerpunkte. Das sind sowohl medizinrelevante als auch von organisatorischen Prämissen bestimmte Maßnahmen, wie sie z. B. für die Durchführung von Schutzimpfungen und anderen Schutzanwendungen notwendig sind. Zu diesen Aufgaben gehören auch die Bestimmung des Kreises der übertragbaren und ihnen gleichgestellten Krankheiten, für die im Interesse aller Bürger eine Meldepflicht begründet werden muß[2]), die Festlegung der Kriterien für die Einweisung in ein Krankenhaus bei Vorliegen übertragbarer Krankheiten

und die Entscheidung über spezifische Maßnahmen zur Desinfektion, zur Sterilisation medizinischer Gegenstände u. a. m.
Der Minister für Gesundheitswesen hat schließlich solche Maßnahmen zu koordinieren, die zum Schutz vor übertragbaren Krankheiten im internationalen Verkehr erforderlich sind.[3])
In diesem Zusammenhang ist auch die Funktion des Ministers für Gesundheitswesen als Vorsitzender der Zentralen Kommission des Ministerrates zur Verhütung und Bekämpfung von Epidemien zu erwähnen — eine Funktion, die für die Abwehr allgemeiner Infektionsgefahren und für die Beseitigung von Folgeerscheinungen von großer Bedeutung ist.
Die Unaufschiebbarkeit vieler Verhütungs- und Bekämpfungsmaßnahmen erfordert schnelles Reagieren. Zur Koordinierung der erforderlichen Aktivitäten bestehen bei den Räten der Bezirke und Kreise entsprechende Kommissionen, deren Arbeitsgrundsätze der Minister für Gesundheitswesen bestimmt. Die Bezirks- bzw. Kreisärzte leiten diese Kommissionen. Damit ist gewährleistet, daß zentrale Festlegungen und Entscheidungen unter Berücksichtigung der territorialen Bedingungen rasch umgesetzt werden können. Dem dient z. B., daß die Räte der Bezirke und Kreise einen territorialen Plan zur Bekämpfung von Epidemien zu beschließen haben (§ 13). Die staatsrechtliche Grundlage dieser vorausschauenden Arbeit enthalten übrigens die §§ 33 Abs. 4, 47 Abs. 3 GöV, die die Räte der Bezirke bzw. Kreise verpflichten, den Schutz der Bürger vor übertragbaren Krankheiten zu gewährleisten.
Besonderes Augenmerk auf angemessene Vorbeugungsmaßnahmen haben die Minister und Leiter solcher zentraler staatlicher Organe zu legen, zu deren Verantwortungsbereich Betriebe gehören, in denen die Beachtung der Schutzprinzipien besonders wichtig ist, z. B. in Lebensmittelbetrieben. § 14 des Gesetzes fordert den Erlaß von Rahmen-Hygieneordnungen und darauf basierende betriebliche Ordnungen. Diese Ordnungen müssen z. B. vorsehen, daß die Werktätigen regelmäßig über ihre Pflichten belehrt und ihnen die erforderlichen Kenntnisse vermittelt werden.
Daß die Staatlichen Hygieneinspektionen bei der Bekämpfung und Verhütung derartiger Krankheiten einen zentralen Platz einnehmen, gehört zu den gesicherten Erkenntnissen der vergangenen Jahre. Das Gesetz beschränkt sich auf einen globalen Hinweis, weil die Einzelheiten über ihre Stellung und Aufgaben in der VO über die Staatliche Hygieneinspektion niedergelegt sind. Es macht jedoch an verschiedenen Stellen die detaillierte Verantwortung der Inspektionen für die Lösung zahlreicher Aufgaben deutlich (vgl. z. B. §§ 14 Abs. 2, 15 Abs. 2 und 3, 16 Abs. 2).

### Strikte Beachtung von Verhaltensanforderungen

Das Anliegen des Gesetzes besteht darin, durch geeignete Vorbeugungsmaßnahmen das Entstehen übertragbarer Krankheiten weitgehend auszuschließen. Dabei kommt es auf das Verhalten jedes Bürgers an. Einerseits geht es um die Verhütung schlechthin, andererseits müssen alle Bestrebungen darauf gerichtet sein, für den Fall des Auftretens einer übertragbaren Krankheit ihre Weiterverbreitung zu verhindern. Deshalb bestimmt § 15, daß sich jeder Bürger, der weiß, daß er an einer meldepflichtigen übertragbaren Krankheit erkrankt ist, unverzüglich ärztlich untersuchen lassen muß. Die Durchsetzung dieser Forderung kann ggf. erzwungen werden (vgl. § 36 Abs. 1). Der Bürger ist verpflichtet, sich medizinisch betreuen zu lassen und auch der Einweisung in ein Krankenhaus Folge zu leisten. Diese Verpflichtung besteht auch, wenn lediglich der Verdacht besteht, ansteckend oder angesteckt zu sein (§ 15 Abs. 1). Schon die Vermutung, daß eine solche Krankheit vorliegen könnte, begründet eine Meldepflicht gegenüber einem Arzt oder der Staatlichen Hygieneinspektion.

Der erfolgreichen Vorbeugung dient auch die Regelung, daß bereits die Kenntnisnahme von Tatsachen, die das Entstehen übertragbarer Krankheiten begünstigen könnten, das Recht und die Pflicht begründen, die Staatliche Hygieneinspektion zu informieren (§ 15 Abs. 3).

Die strikte Befolgung ärztlicher Anordnungen ist für die Verhütung und Bekämpfung derartiger Krankheiten von außerordentlicher Bedeutung. Deshalb modifiziert das Gesetz den Grundsatz, daß jede ärztliche Betreuungsmaßnahme der Zustimmung des Patienten bedarf. In den im Gesetz bezeichneten Fällen muß im übergeordneten gesellschaftlichen Interesse dieses Persönlichkeitsrecht zurückstehen. Die Kontinuität ärztlicher Betreuung verlangt die strikte Erfüllung der Pflicht der betroffenen Bürger, einen Wechsel ihres Aufenthaltsorts, ihrer Wohnung, ihrer Ausbildungsstelle, ihres Arbeitsplatzes unverzüglich der Staatlichen Hygieneinspektion mitzuteilen, wenn sie von ihrem behandelnden Arzt dazu verpflichtet worden sind (§ 16 Abs. 2). Es handelt sich dabei um Rechtspflichten, deren Nichteinhaltung mit einem Verweis oder einer Ordnungsstrafe von 10 bis 500 M belegt werden kann (§ 40 Abs. 1 Ziff. 3).

Demselben Anliegen dient die Verpflichtung, daß Bürger mit einer übertragbaren Krankheit eine berufliche Tätigkeit nur ausüben dürfen, wenn eine ärztliche Unbedenklichkeitserklärung vorliegt. Das gilt auch bei einem Krankheitsverdacht und dann, wenn der betreffende Bürger als ansteckend angesehen werden muß oder verdächtig ist, angesteckt zu sein. Der Sinn der geforderten Unbedenklichkeitsbescheinigung liegt dabei darin, das Risiko genau abzuwägen, das bei der Weiterführung der beruflichen Tätigkeit gegeben ist (§ 16 Abs. 3). Auch hier können Ordnungsstrafen verhängt werden, wenn sich der betreffende Bürger über diese Pflichten hinwegsetzt.

Ist eine Erkrankung oder ein Krankheitsverdacht mit Ansteckungsgefahr diagnostiziert worden und liegt trotzdem Arbeitsfähigkeit vor, kann dem Werktätigen eine andere zumutbare Arbeit, bei der die Gefahr einer Weiterverbreitung der Krankheit nicht besteht, bis zur Dauer von 6 Monaten übertragen werden. Das gilt auch für Werktätige, die als ansteckend angesehen werden müssen oder verdächtig sind, angesteckt zu sein.

Wird dagegen die dauernde Untauglichkeit für eine weitere Ausübung der bisherigen Tätigkeit ärztlich festgestellt, ist dem Werktätigen eine andere Arbeit im Betrieb oder — wenn dies nicht möglich ist — in einem anderen Betrieb anzubieten (§ 17).

Die Übertragung einer anderen Arbeit — auch an einem anderen Ort — ist ebenfalls zulässig, wenn wegen Quarantäne- und Absonderungsmaßnahmen, die mit Tätigkeits-, Ausbildungs-, Verkehrsbeschränkungen und Einschränkungen im persönlichen Verhalten verbunden sind (§ 8 Abs. 2), die bisherige Tätigkeit (zeitweise) nicht ausgeübt werden kann (§ 16 Abs. 4). In diesen Fällen finden die Bestimmungen der §§ 84 und 88 bis 90 AGB Anwendung.

**Zahlung von Entschädigungen**

Daß bei den Verhütungs- und Bekämpfungsmaßnahmen Schutzimpfungen und andere Schutzanwendungen, die eine Immunisierung des menschlichen Körpers bewirken, einen festen Platz einnehmen, ergibt sich bereits daraus, daß in der DDR jährlich davon mehr als 10 Millionen durchgeführt werden.
Einige Schutzimpfungen (gegen Tuberkulose, Kinderlähmung, Diphtherie u. a.) sind im Interesse einer wirksamen Vorbeugung obligatorisch. Andere (z. B. gegen Grippe) werden dagegen auf freiwilliger Basis durchgeführt. Dabei setzt sich immer mehr die Erkenntnis durch, daß Schutzimpfungen hervorragend geeignet sind, Krankheiten vorzubeugen.
Schutzimpfungen sind für die Bürger weitgehend risikofrei. Verwendet werden nur staatlich geprüfte und zugelassene Impfstoffe. Besonderes Augenmerk gilt dem speziell ausgebildeten Personal, den vorgeschriebenen Impfverfahren und Impftechniken, dem Impfinstrumentarium sowie den hygienischen Voraussetzungen in den Räumen, in denen Schutzimpfungen durchgeführt werden. Diese Forderungen enthält die 2. DB vom 20. Januar 1983, auf die in § 18 Abs. 1 verwiesen wird. Es ist erklärtes Anliegen dieser DB, das Risiko für die Bürger auf ein Minimum zu reduzieren.
Doch selbst beim Einsatz einwandfreier Impfstoffe und gewissenhafter ärztlicher Tätigkeit sind gesundheitliche Beeinträchtigungen der Bürger leider nicht völlig auszuschließen. Ihnen hierbei die erforderliche materielle Unterstützung zu geben und eventuelle Schäden auszugleichen ist Anliegen der 2. DB. Ausgehend vom bereits 1949 begründeten Prinzip einer objektiven Haftung für Schäden aus Schutzimpfungen[4]), das auch das Leitmotiv späterer Regelungen war, unterscheidet die 2. DB des jetzt geltenden Gesetzes bei atypischen Verläufen von Schutzimpfungen zwischen dem Eintritt von Gesundheitsschäden und vorübergehenden Beeinträchtigungen des Gesundheitszustandes. In § 8 der 2. DB werden beide Begriffe definiert: es muß entweder ein zeitweiliger oder dauernder Schaden festgestellt sein oder eine geringe Beeinträchtigung der Körperfunktionen, die nicht länger als 14 Tage andauert, vorliegen.
Die Haftung besteht objektiv, also unabhängig von einer eventuellen Pflichtverletzung. Der Kausalzusammenhang muß nicht mit letzter Sicherheit nachgewiesen werden. Es genügt die Wahrscheinlichkeit, daß die Schäden durch die Vorbehandlung, den Eingriff, die Nachbehandlung oder die Impfstoffe bzw. andere angewandte Arzneimittel verursacht wurden. Selbst wenn Ungewißheit über die Ursache des Gesundheitsschadens besteht, weil entweder der Sachverhalt retrospektiv nicht mehr aufgeklärt werden kann und damit im

Zusammenhang stehende Untersuchungen nicht mehr durchgeführt werden können oder weil der wissenschaftliche Erkenntnisstand nicht mit hinreichender Sicherheit Auskunft über die ursächlichen Zusammenhänge zu geben vermag, ist es gleichwohl möglich, einen Gesundheitsschaden als Folge der Schutzimpfung anzuerkennen.
Ist ein Zusammenhang mit der Schutzimpfung anzunehmen, dann wird bei vorübergehender Beeinträchtigung der Arbeitsfähigkeit von der Sozialversicherung bis zur Wiederherstellung der Arbeitsfähigkeit Krankengeld für Sozialpflichtversicherte gezahlt, auch wenn kein Gesundheitsschaden i. S. der 2. DB eingetreten ist. Dabei wird die Bezugsdauer des Krankengeldes nicht auf die in § 25 SVO bestimmte Dauer von 6 Wochen jährlich angerechnet.
Bei einem Gesundheitsschaden umfaßt die Entschädigung die für die Heilung erforderlichen Aufwendungen, das entgangene oder noch entgehende Arbeitseinkommen oder eine sonstige Einkommensminderung. Sie umfaßt auch erhöhte Aufwendungen, die durch vorübergehende oder dauernde Behinderung des Geschädigten entstehen, und weitere Nachteile, die durch den Gesundheitsschaden verursacht worden sind. Dazu gehört z. B. auch die Minderung des Rentenanspruchs des Bürgers, der die Pflege eines geschädigten Kindes übernimmt.
Im übrigen entspricht die Entschädigungsregelung § 338 ZGB. Darüber hinausgehend ist jedoch zu beachten, daß Erziehungsberechtigte, die wegen Übernahme der Pflege ihres impfgeschädigten Kindes, das nicht älter als 14 Jahre ist, vorübergehend ihre Berufstätigkeit nicht ausüben können, für die Dauer der Pflege einen Anspruch auf Entschädigung in Höhe von 90 Prozent ihres monatlichen Nettodurchschnittsverdienstes haben.
Ein eingetretener Gesundheitsschaden ist bei der Kreis-Hygieneinspektion geltend zu machen. Die Entscheidung über seine Anerkennung trifft eine Kommission bei der Bezirks-Hygieneinspektion. Sie bedarf hinsichtlich des festgestellten Sachverhalts der Bestätigung durch das Ministerium für Gesundheitswesen.
Gegen die Entscheidung der Kommission, die innerhalb von 6 Monaten nach Einleitung des Verfahrens schriftlich zu treffen ist, kann innerhalb eines Monats Beschwerde eingelegt werden, über die innerhalb einer Frist von weiteren 3 Monaten zu entscheiden ist. Entspricht die Kommission der Beschwerde nicht, ist die Entscheidung innerhalb einer Woche dem Ministerium für Gesundheitswesen mit einer Stellungnahme zuzuleiten. Die endgültige Entscheidung trifft spätestens nach 3 Monaten eine bei der Staatlichen Hygieneinspektion des Ministeriums zu bildende Kommission.
Wird im Entschädigungsverfahren ein Gesundheitsschaden oder ein Todesfall als Folge einer Schutzimpfung anerkannt, wird die Höhe des Schadens und die sich danach bemessende Entschädigung von der Staatlichen Versicherung festgestellt, die auch die Entschädigungsbeträge auszahlt. Ist der Geschädigte mit der Höhe der von der Versicherung festgesetzten Entschädigungsbeträge nicht einverstanden, kann er vor der Zivilkammer des Kreisgerichts Klage gegen die Staatliche Versicherung erheben.
In § 18 Abs. 3 sieht das Gesetz eine Entschädigung auch für nicht in Volkseigentum stehende Gegenstände vor, die im Ergebnis einer Desinfektion, bei der Bekämpfung von

Gesundheitsschädlingen oder bei anderen angeordneten Verhütungs- und Bekämpfungsmaßnahmen vernichtet oder wertgemindert worden sind. Darunter fallen auch solche Gegenstände, die ganz oder teilweise ihren Verwendungszweck nicht mehr erfüllen.
Wurde ein Schaden rechtswidrig durch einen Mitarbeiter der Staatlichen Hygieneinspektion verursacht, bestimmt sich die Verantwortung nach dem Staatshaftungsgesetz vom 12. Mai 1969 (GBl. I Nr. 5 S. 34). Der Schadenersatzantrag ist an die Staatliche Hygieneinspektion zu richten.
In anderen Fällen richtet sich der Umfang der Entschädigung bis zum Erlaß einer speziellen Rechtsvorschrift nach den Prinzipien über die erweiterte Verantwortlichkeit für Schadenszufügung gemäß §§ 343, 344 ZGB. Die Gewährung der Entschädigung — ein entsprechender Antrag ist an die Staatliche Hygieneinspektion zu richten — resultiert aus der Erkenntnis, daß die Durchführung von Schutzmaßnahmen dem unbedingten Primat des Gesundheitsschutzes der Bevölkerung dient. Dadurch eintretende nachteilige Auswirkungen auf Sachen sind in Kauf zu nehmen. In einigen Fällen müssen Sachen sogar bewußt vernichtet werden, weil sie als Infektionsquellen eine Gefahr für Leben und Gesundheit darstellen können. Dem Bürger soll aber daraus kein Schaden an seinem persönlichen Eigentum entstehen.

**Gesetzliche Zwangsmaßnahmen**

Das Gesetz geht davon aus, daß seine Adressaten eigenverantwortlich ihre Aufgaben bei der Verhütung bzw. Bekämpfung übertragbarer Krankheiten wahrnehmen. Dessen ungeachtet müssen aber doch in Fällen, in denen der konkreten Verantwortung nicht entsprochen wird, wirksame Mittel zur Verwirklichung der als notwendig erkannten Maßnahmen bereitstehen. Die Umsetzung dieser Maßnahmen kann erzwungen werden, u. a. auch durch die Festsetzung von Zwangsgeld.
Folgende Maßnahmen sind gemäß § 36 Abs. 1 zwangsweise durchsetzbar:

1. Die Verpflichtung eines Bürgers, der weiß, daß er an einer meldepflichtigen übertragbaren Krankheit erkrankt ist oder daß er krankheitsverdächtig, ansteckend oder verdächtig ist, angesteckt zu sein, sich unverzüglich ärztlich untersuchen und ggf. medizinisch betreuen und in ein Krankenhaus einweisen zu lassen (§ 15 Abs. 1). Kommt der betreffende Bürger trotz aller Überzeugungsmaßnahmen nicht zur notwendigen Einsicht, kann die zuständige Staatliche Hygieneinspektion die erforderlichen Maßnahmen erzwingen.

2. Die Durchführung der von der Staatlichen Hygieneinspektion veranlaßten Schutzmaßnahmen, z. B. Desinfektionsmaßnahmen in Räumen, um die Gefahr der Weiterverbreitung einer übertragbaren Krankheit zu verhindern (§ 32 Abs. 1 Buchst. a).
Die Staatliche Hygieneinspektion kann nach der 1. DB zum Gesetz gegenüber Bürgern auch spezielle Schutzmaßnahmen anordnen. Das sind beispielsweise

— Absonderungsmaßnahmen, die u. a. darin bestehen können, daß der Bürger bestimmte Tätigkeiten nicht ausüben darf, sein Aufenthalt auf die Nutzung bestimmter Räume beschränkt wird oder ihm untersagt wird, bestimmte Orte zu verlassen;

- Quarantänemaßnahmen, die eine Art qualifizierte (strenge) Absonderung darstellen, insbesondere bei Pest, virusbedingtem haemorhagischem Fieber, Fleckfieber und Rückfallfieber;
- die Krankenhauseinweisung;
- regelmäßige Gesundheitskontrollen.

Zwangsgeld kann gegenüber Betrieben und Bürgern festgesetzt werden, wenn sie entgegen Aufforderungen der Staatlichen Hygieneinspektion notwendige Schutzmaßnahmen nicht veranlaßt bzw. vorgenommen haben, um die Weiterverbreitung übertragbarer Krankheiten zu verhüten, oder wenn sie erteilten Auflagen zur Sicherung hygienischer Bedingungen und zur Beseitigung festgestellter Mängel innerhalb hierfür angemessener Fristen nicht nachgekommen sind.
Zur Festsetzung eines solchen Zwangsgeldes, das gegenüber Betrieben bis zu 50000 M und gegenüber Bürgern bis zu 5000 M betragen darf, sind der Leiter der Staatlichen Hygieneinspektion des Ministeriums für Gesundheitswesen und die Leiter der Bezirks- und Kreis-Hygieneinspektionen befugt (§ 36 Abs. 2).
Der Festsetzung von Zwangsgeld muß immer eine Androhung vorausgehen. Diese ist schriftlich abzufassen; sie muß die Handlung, die durchgeführt werden soll, genau bezeichnen (einschließlich der Frist, die dem Verantwortlichen dafür gesetzt wird). Außerdem ist die Höhe des Zwangsgeldes anzugeben.
Wird eine angeordnete Schutzmaßnahme nicht durchgeführt oder einer Auflage nicht entsprochen, kann das Zwangsgeld erneut festgesetzt werden. Es ist erneut anzudrohen.
Der betroffene Bürger oder Betrieb kann innerhalb einer Frist von 2 Wochen Beschwerde gegen den Festsetzungsbescheid einlegen (§ 37). Die Drei-Tage-Frist für die Zahlung des Zwangsgeldes (§ 36 Abs. 4) ist einzuhalten, da die Beschwerde nach § 37 Abs. 4 keine aufschiebende Wirkung hat.
Das Zwangsgeld ist nach der VO über die Vollstreckung wegen Geldforderungen der Staatsorgane und staatlichen Einrichtungen vom 6. Dezember 1968 (GBl. II 1969 Nr. 6 S. 61) vollstreckbar. Das trifft auch für die Kosten zu, die infolge einer von der Staatlichen Hygieneinspektion veranlaßten Maßnahme entstehen, weil der Verantwortliche diese Maßnahme nicht durchgeführt hat.

### Strafrechtliche und ordnungsstrafrechtliche Maßnahmen

Außer den spezifischen verwaltungsrechtlichen Mitteln zur Durchsetzung notwendiger Verhütungs- und Bekämpfungsmaßnahmen sieht das Gesetz in den Fällen, in denen die Verletzung von Pflichten eine Gefahr für Leben und Gesundheit zur Folge haben kann, Straf- bzw. Ordnungsstrafmaßnahmen vor (§§ 38ff.). Dabei konnten die Straftatbestände erheblich reduziert werden, weil — wie die Praxis zeigt — Strafmaßnahmen auf Ausnahmefälle beschränkt bleiben können und Betriebe, andere Einrichtungen und Bürger in aller Regel verantwortungsbewußt handeln. Die Straftatbestände wurden synchron zu den Bestimmungen des StGB gestaltet, insb. zu § 114 StGB (fahrlässige Tötung) und § 192 StGB (Gemeingefahr). Damit ordnen sich die Spezialtatbestände organisch in die entsprechenden Bestimmungen des StGB ein.

Im Zentrum der Straftatbestände (§§ 38, 39) steht die Verletzung solcher Pflichten, die die Entstehung einer Gefahr für Leben und Gesundheit zur Folge haben. Es sind vor allem Pflichten, die in Bestimmungen über die Sterilisation, die Desinfektion und die Bekämpfung von Gesundheitsschädlingen sowie über Schutzimpfungen und andere Schutzanwendungen enthalten sind. Werden diese Vorschriften **vorsätzlich** verletzt und wird dadurch **fahrlässig** eine unmittelbare Gefahr für Leben oder Gesundheit von Menschen verursacht, kann eine Freiheitsstrafe bis zu zwei Jahren ausgesprochen werden. Höher mußte der Strafrahmen (Freiheitsstrafe bis zu 5 Jahren) für diejenigen Fälle festgesetzt werden, in denen die genannten Pflichten vorsätzlich verletzt wurden.

Einer weitgehenden strafrechtlichen Differenzierung mußten solche Fälle unterliegen, in denen die fahrlässige Pflichtverletzung zu einem erheblichen Gesundheitsschaden oder sogar zum Tod eines Menschen geführt hat (§ 38 Abs. 3). Erklärlich auch, daß dann, wenn mehrere Menschen getötet werden oder die Handlung auf einer rücksichtslosen Verletzung der Bestimmungen des Gesetzes beruht, schärfere Strafsanktionen erforderlich sind. Ein Vergleich mit § 114 StGB zeigt den synchron gestalteten Strafrahmen.

Im Interesse einer weitgehenden Verhütung von Gefahren für Leben und Gesundheit ist die Einhaltung einer Reihe grundlegender Pflichten unerläßlich. Ordnungsstrafmaßnahmen können bei Verletzung bestimmter Pflichten ausgesprochen werden, um einen nachhaltigen erzieherischen Einfluß auszuüben. Die ordnungsstrafrechtliche Verantwortlichkeit umfaßt daher Pflichtverletzungen bei

— der Erfüllung von Auflagen zur Sicherung hygienischer Bedingungen oder zur Beseitigung festgestellter Mängel (gemäß § 36 ist parallel hierzu auch die Festsetzung von Zwangsgeld möglich);
— der Einleitung von Schutzmaßnahmen und zur Beseitigung von Infektionsgefahrenquellen sowie zur Information der Staatlichen Hygieneinspektion durch Leiter staatlicher Organe oder Betriebe;
— der Erfüllung der Meldepflicht von Bürgern mit einer übertragbaren Krankheit gegenüber der Staatlichen Hygieneinspektion;
— der Meldung eines Wechsels des Aufenthaltsorts, der Wohnung, der Ausbildungsstelle, des Arbeitsplatzes usw.;
— der Erfüllung der Meldepflicht behandelnder Ärzte gegenüber der Staatlichen Hygieneinspektion (u. U. auch gegenüber der Verkehrshygieneinspektion des Medizinischen Dienstes des Verkehrswesens);
— der Information über wesentliche Ergebnisse im Zusammenhang mit der Feststellung von Ansteckungsquellen durch Ärzte und zur Übersendung von Unterlagen über die Untersuchung, von ärztlichen Befunden und Ergebnissen der medizinischen Betreuung an die Hygieneinspektion;

— der Befolgung ärztlicher Festlegungen durch Bürger, die betreut werden oder speziellen Schutzmaßnahmen unterliegen;
— der Teilnahme an Pflichtschutzimpfungen;
— der Unterstützung von Verhütungs- und Bekämpfungsmaßnahmen, die die Staatliche Hygieneinspektion eingeleitet hat, und von Schutzmaßnahmen, die eine Weiterverbreitung übertragbarer Krankheiten verhüten sollen.

Sind die Auswirkungen einer solchen Pflichtverletzung erheblich (Verursachung eines größeren Schadens, grobe Mißachtung gesellschaftlicher Interessen oder erhebliche Beeinträchtigung der staatlichen oder öffentlichen Ordnung), kann die Ordnungsstrafe bis zu 1 000 M betragen. Ist dagegen die Pflichtverletzung als „geringfügig" anzusehen, kann es der Ordnungsstrafbefugte — der Kreis- und Bezirksarzt bzw. der Leiter der zuständigen Staatlichen Hygieneinspektion — bei einer Verwarnung mit Ordnungsgeld (1 bis 20 M) bewenden lassen.

[1]) Alle Paragraphen ohne nähere Angaben beziehen sich auf das Gesetz vom 3. Dezember 1982.

[2]) Einzelheiten dazu enthält die Anlage 1 zur 1. DB vom 20. Januar 1983 (GBl. I Nr. 4 S. 29).

[3]) Dabei berücksichtigt der Minister auch die Internationalen Gesundheitsvorschriften der WHO; vgl. Bekanntmachung vom 21. Februar 1975 (GBl. II Nr. 5 S. 93).

[4]) Vgl. z. B. die seinerzeitige AO zur Durchführung von Schutzimpfungen vom 1. Juni 1949 (ZVOBl. I Nr. 51 S. 446) und die 2. DB dazu vom 20. Februar 1951 (GBl. Nr. 23 S. 133).

## Erste Durchführungsbestimmung zum Gesetz zur Verhütung und Bekämpfung übertragbarer Krankheiten beim Menschen — Meldepflichtige übertragbare Krankheiten und spezielle Schutzmaßnahmen —

vom 20. Januar 1983
(GBl. I Nr. 4 S. 29)

— Auszug —

Auf Grund des § 41 des Gesetzes vom 3. Dezember 1982 zur Verhütung und Bekämpfung übertragbarer Krankheiten beim Menschen (GBl. I Nr. 40 S. 631) wird im Einvernehmen mit den Leitern der zuständigen zentralen staatlichen Organe folgendes bestimmt:

### Zu § 9 Abs. 1 Buchstaben b und c und § 25 des Gesetzes:

#### § 1 Meldepflichtige übertragbare Krankheiten

(1) Unter Berücksichtigung der Erfordernisse wirksamer Verhütungs- und Bekämpfungsmaßnahmen bestehen die in dieser Durchführungsbestimmung und in der Anlage enthaltenen Meldepflichten für übertragbare und ihnen gleichgestellte Krankheiten.
(2) Bestätigt sich im Ergebnis weiterführender medizinischer Untersuchungen das Vorliegen einer meldepflichtigen übertragbaren Krankheit gemäß Abs. 1 nicht, ist dies der zuständigen Kreis-Hygieneinspektion unverzüglich mitzuteilen.

### Zu den §§ 31 bis 33 des Gesetzes:

#### § 2 Festlegung spezieller Schutzmaßnahmen

(1) Zur Verhütung der Weiterverbreitung übertragbarer Krankheiten können für Personen, die krankheitsverdächtig, ansteckend oder verdächtig, angesteckt zu sein, sind, folgende spezielle Schutzmaßnahmen ärztlich angeordnet werden:

a) Quarantäne
b) Krankenhauseinweisung
c) Absonderung
d) Gesundheitskontrolle.

(2) Bei der Anordnung der Schutzmaßnahmen gemäß Abs. 1 ist unter Abwägung aller Umstände sorgfältig zu prüfen, welche Maßnahmen notwendig sind.
(3) Der behandelnde Arzt hat die von ihm angeordneten Schutzmaßnahmen binnen 24 Stunden schriftlich oder fernmündlich der Kreis-Hygieneinspektion zur Bestätigung zu melden.

## § 3 Quarantäne

(1) Quarantäne ist bei der den Internationalen Gesundheitsvorschriften[00]) unterliegenden Pest, bei virusbedingtem haemorrhagischem Fieber (Lassa-, Marburg-, Ebolafieber) sowie bei Fleckfieber und Rückfallfieber bis zur durchgeführten Schlußdesinfektion bzw. Entwesung anzuordnen. Die Anordnung wird durch die Bezirks-Hygieneinspektion getroffen. In Häfen, Flughäfen und im Berieb des öffentlichen Fernverkehrs wird sie durch die Verkehrshygieneinspektion getroffen. Sie ist der Staatlichen Hygieneinspektion des Ministeriums für Gesundheitswesen unverzüglich zur Bestätigung zu melden.
(2) Die Staatliche Hygieneinspektion des Ministeriums für Gesundheitswesen kann bei epidemiologischer Notwendigkeit Quarantäne für weitere nicht im Abs. 1 genannte Krankheiten anordnen.
(3) Die in Quarantäne genommenen Personen dürfen nur die ihnen zugewiesenen Räume benutzen. Diese Räume dürfen von anderen Personen nur mit besonderer Erlaubnis betreten werden. Für die in Quarantäne genommenen Personen wird die Art und Weise des Kontaktes mit der Außenwelt entsprechend den Besonderheiten der Krankheit von dem für die Quarantäne verantwortlichen Arzt festgelegt.
(4) Quarantäne kann auch für Territorien, Städte, Gemeinden, Betriebe, Grundstücke, Wohnungen, Transportmittel, Gegenstände usw. festgelegt werden. Die Quarantäne ist in geeigneter Weise kenntlich zu machen.
(5) Die Einhaltung der Quarantäne wird durch die Kreis-Hygieneinspektion überwacht.

## § 4 Krankenhauseinweisung

(1) der behandelnde Arzt hat über die Notwendigkeit der Krankenhauseinweisung aus klinischer Indikation zu entscheiden.
(2) Zur Verhütung der Weiterverbreitung sind Kranke oder krankheitsverdächtige Personen bei folgenden übertragbaren Krankheiten unverzüglich in eine Infektionsklinik bzw. in ein anderes geeignetes Krankenhaus einzuweisen:

- Anthrax (Milzbrand)
- Cholera
- Diphtherie
- Fleckfieber
- Gelbfieber
- Haemorrhagisches Fieber, virusbedingt
- Lepra
- Malleus (Rotz)
- Meningokokkenmeningitis
- Paratyphus A, B, C
- Pest
- Pockenähnliche Erkrankungen
- Poliomyelitis (inkl. poliomyelitisähnlicher Erkrankungen)

— Rückfallfieber
— Tollwut (Rabies)
— Typhus abdominalis.

(3) Ferner sind in eine Infektionsklinik bzw. in ein anderes geeignetes Krankenhaus Personen einzuweisen, die an folgenden übertragbaren Krankheiten erkrankt sind:

— Mikrosporie (M. audouinii)
— Ornithose
— Q-Fieber
— Shigellose
— Tuberkulose, ansteckungsfähige
— Virushepatits.

(4) Die Aufnahme in ein Krankenhaus, die Verlegung oder Entlassung von Personen, bei denen eine meldepflichtige übertragbare Krankheit vorliegt oder bei Aufnahme bestanden hat, ist innerhalb von 24 Stunden an die zuständige Kreis-Hygieneinspektion zu melden. Verantwortlich für die Meldung ist der ärztliche Leiter der betreffenden Einrichtung.

(5) Bei den im Abs. 3 genannten Erkrankungen kann im Einzelfall mit Erlaubnis des Leiters der Kreis-Hygieneinspektion, bei Erkrankung an einer Tuberkulose mit Erlaubnis des Leiters der Poliklinischen Abteilung für Lungenkrankheiten und Tuberkulose, die Krankenhauseinweisung unterbleiben, wenn die häuslichen Verhältnisse eine Behandlung, Betreuung und Absonderung ohne Gefahr der Weiterverbreitung zulassen und der häuslichen Behandlung keine anderen rechtlichen Regelungen entgegenstehen. Bei einzelnen Krankheiten und für bestimmte Personengruppen kann unter Berücksichtigung der territorialen Bedingungen die Krankenhauseinweisung generell unterbleiben, wenn der Leiter der Bezirks-Hygieneinspektion die Erlaubnis erteilt. Die Erlaubnis ist zeitlich zu befristen.

(6) Für andere als die in den Absätzen 2 und 3 genannten übertragbaren Krankheiten oder Krankheiten, bei denen der Verdacht der Übertragbarkeit besteht, kann bei einer hohen Gefährdung für den Erkrankten oder andere Personen durch den Leiter der Kreis-Hygieneinspektion im Einzelfall die Krankenhauseinweisung festgelegt werden. Der Leiter der Bezirks-Hygieneinspektion kann zeitlich befristet die Krankenhauseinweisung für bestimmte nicht in den Absätzen 2 und 3 genannte übertragbare Krankheiten oder Krankheiten, bei denen der Verdacht der Übertragbarkeit besteht, festlegen.

### § 5 Absonderung

(1) Die Absonderung kann in Tätigkeits-, Ausbildungs-, Verkehrs- und Verhaltensbeschränkungen für Personen bestehen, die krankheitsverdächtig, ansteckend oder verdächtig, angesteckt zu sein, sind. Die Absonderung wird nach der Art der Erkrankung und der epidemiologischen Lage und der Gefährdung anderer Personen zeitlich befristet festgelegt.

(2) Die Wohnung bzw. die Gemeinschaftsunterkunft des bzw. der Abgesonderten kann durch die Kreis-Hygieneinspektion in geeigneter Weise kenntlich gemacht werden.
(3) Bis zur Aufhebung der Absonderung unterliegen die Wohnung bzw. die Gemeinschaftsunterkunft, die mit dem Ansteckenden in Berührung gelangten Sachen sowie Personen, die verdächtig sind, angesteckt zu sein, entsprechend den Festlegungen des Leiters der Kreis-Hygieneinspektion den Vorschriften für die laufende und die Schlußdesinfektion.
(4) Die Ausübung bestimmter Berufe oder Tätigkeiten sowie die Teilnahme an einer bestimmten Ausbildung kann Personen, die ansteckend oder verdächtig, angesteckt zu sein, sind, für die Dauer der Absonderung untersagt werden, wenn durch die besondere Art der Tätigkeit oder des Verhaltens die Gefahr der Weiterverbreitung einer übertragbaren Krankheit möglich erscheint.
(5) Den Personen, die ansteckend oder verdächtig, angesteckt zu sein, sind, kann der Aufenthalt an bestimmten Orten oder in bestimmten Gebäuden, die Benutzung öffentlicher Verkehrsmittel oder Einrichtungen oder der unmittelbare Kontakt mit bestimmten Personen oder Tieren untersagt werden.

### § 6 Leistungen der Sozialversicherung

Spezielle Schutzmaßnahmen gemäß den §§ 3 bis 5, die mit angeordnetem Fernbleiben vom Arbeitsplatz bzw. von der Berufsausbildung verbunden sind, gelten hinsichtlich der Leistungen der Sozialversicherung als Quarantäne, solange der Werktätige nicht erkrankt ist und deshalb keine ärztlich bescheinigte Arbeitsunfähigkeit besteht.

### § 7 Gesundheitskontrolle

Die Gesundheitskontrolle für Personen, die ansteckend oder verdächtig, angesteckt zu sein, sind, wird vom Leiter der Kreis-Hygieneinspektion festgelegt, im Falle einer Tuberkulose vom Leiter der Poliklinischen Abteilung für Lungenkrankheiten und Tuberkulose. Die Gesundheitskontrolle kann in regelmäßigen Temperaturkontrollen, in körperlichen Untersuchungen oder in der Untersuchung von Ausscheidungen, Blut und Gallensaft bestehen, wobei Art und Umfang durch die Besonderheiten der Krankheit und die epidemiologischen Umstände bestimmt werden.

### § 8 Schlußbestimmung

Diese Durchführungsbestimmung tritt am 1. März 1983 in Kraft.

## Anlage

zu vorstehender Erster Durchführungsbestimmung

## Meldepflichten für übertragbare und ihnen gleichgestellte Krankheiten

1. Einzelfallmeldungen durch untersuchende bzw. behandelnde Ärzte (§ 25 Abs. 1 Buchst. a des Gesetzes) an die zuständige Kreis-Hygieneinspektion[0])

| IKK-N. 9. Rev. 1975 | Krankheiten |
|---|---|
| 006 | Amoebiasis(Amoebenruhr) |
| 022 | Anthrax (Milzbrand) |
| 123 | Bandwurmbefall[1] (Zestodeninfektion) |
| 005.1 | Botulismus |
| 023 | Brucellose |
| 001 | Cholera |
| 061 | Denguefieber |
| 110 | Dermatophytie, spezielle Formen |
| | – Favus durch Trich. Schönleinii |
| | – Mikrosporie durch M. canis u. M. audouinii |
| | – Trichophytie durch Trich. verrucosum |
| 009.3 | Diarrhoe[2]) (Durchfall), vermutlich infektösen Ursprungs |
| 032 | Diphtherie |
| 008.0 | E-coli Enteritis[3] |
| 323 | Enzephalitis[1]) |
| 080 | Fleckfieber, epidemisches |
| 040.0 | Gasbrand (Gasödem) |
| 060 | Gelbfieber |
| | Geschlechtskrankheiten[4] |
| | Haemorrhagisches Fieber[5], virusbedingt |
| 077.1 | Keratokonjunktivitis, epidemische |
| 033 | Keuchhusten[1] |
| | Lebensmittelvergiftung[6] |
| 030 | Lepra |
| 100 | Leptospirose |
| 027.0 | Listeriose |
| 771.2 | – angeborene Listeriose |
| 084 | Malaria |
| 024 | Malleus (Rotz) |
| 055 | Masern (Morbilli) |
| | Meningitis[7] |
| 036 | – Meningokokkenmeningitis[7 1] |
| 320 | – andere bakterielle Meningitiden[7 2] |
| | – abakterielle Meningitiden[7 3] |
| 075 | Mononukleose, infektiöse (Pfeiffer'-Drüsenfieber) |
| 072 | Mumps |
| 073 | Ornithose, inkl. Psittakose |
| 002.1 – 002.9 | Paratyphus A, B, C[3] |
| 020 | Pest |
| 051 | Pockenähnliche Erkrankungen |
| 045 | Poliomyelitis, akute (inkl. poliomyelitisähnlicher Erkrankungen) |
| 136.3 | Pneumozystose (interstitielle plasmazelluläre Pneumonie) |
| | Pedikulose (Läusebefall) |
| | – Kopfläuse |
| | – Kleiderläuse |
| 083.0 | Q-Fieber |

| IKK-Nr. 9 Rev. 1975 | Krankheiten |
|---|---|
| 087 | Rückfallfieber |
| 056 | Röteln (Rubeola), |
| 771.0 | — angeborene Röteln |
| 003 | Salmonelleninfektionen[3] (Typhus u. Paratyphus siehe dort) |
| 034.1 | Scharlach (Scarlatina) |
| 004 | Shigellose[3] (bakterielle Ruhr) |
| | Skabies (Krätze) |
| 046.2 | Subakute sklerosierende Panenzephalitis (siehe Enzephalitis) |
| 037 | Tetanus (Wundstarrkrampf) |
| 071 | Tollwut (Rabies), inkl. Tollwutexposition |
| 130 | Toxoplasmose |
| 771.2 | — angeborene Toxoplasmose |
| 076 | Trachom |
| 124 | Trichonose |
| | Tuberkulose[8] |
| 021 | Tularämie |
| 002.0 | Typhus abdominalis[3] |
| 070 | Virushepatitis |
| | — Hepatitis A |
| | — Hepatitis B |
| | — Hepatitis non A non B |
| | — nicht näher bezeichnet |
| 036.3 | Waterhouse-Friderichsen-Syndrom (siehe Meningokokkenmeningitis) |
| 771.1 | Zytomegalie, angeborene |

2. Wochenmeldung durch den behandelnden Arzt an die zuständige Kreis-Hygieneinspektion
   Zu melden ist durch den behandelnden Arzt als Wochenmeldung
   - die Gesamtzahl der akuten respiratorischen Erkrankungen (IKK-Schlüsselnummern 460—466 und 480—487) nach Altersgruppen
   - die Gesamtzahl der Diarrhoen (Durchfall), vermutlich infektösen Ursprungs, nach Altersgruppen.

   Die Meldungen sind nach folgenden Altersgruppen aufzuschlüsseln:

   0 bis unter 1
   1 bis unter 7
   7 bis unter 17
   17 bis unter 60
   60 und darüber.

3. Meldungen durch Leiter von Einrichtungen und Laboratorien, die eine mikro-

biologische und parasitologische Diagnostik durchführen, an die zuständige Kreis-Hygieneinspektion (§ 25 Abs. 1 Buchst. b des Gesetzes)

3.1. Zu melden ist der direkte oder indirekte Nachweis bzw. die mikrobiologische Verdachtsdiagnose nachfolgend genannter Erreger

| | telefonisch (sofort) | schriftlich |
|---|---|---|
| | direkter Nachweis von Erregern oder Erregertoxinen bzw. mikrobiologische Verdachtsdiagnose | direkter/indirekter Nachweis |
| Adenoviren | | × |
| Arboviren | | × |
| Campylobacter jejuni/coli | ×[2]) | × |
| Coronaviren | | × |
| Coxsackieviren | | × |
| Echoviren | | × |
| E. coli als Enteritiserreger | ×[2]) | × |
| Herpesviren | | × |
| Influenzaviren | × | × |
| Legionella pneumophila | × | × |
| Mykoplasma pneumoniae | | × |
| Orthopoxviren | × | × |
| Parainfluenzaviren | | × |
| Rotaviren | ×[2]) | × |
| RS-Viren | | × |
| Salmonellen | ×[2]) | × |
| Shigellen | × | × |
| Staphylococcus aureus (toxinbildend) bei Lebensmittelvergiftungen | × | × |
| Yersinia enterocolitica | ×[2]) | × |

3.2. Über die Festlegung im Abschn. 3.1. hinaus ist durch das Labor

— die mikrobiologische Verdachtsdiagnose,
— der direkte bzw. indirekte Nachweis von Erregern,
— der Nachweis von Erregertoxinen

der im Abschn. 1 genannten Krankheiten schriftlich zu melden. Eine telefonische Sofortmeldung durch das Labor ist bei den Krankheiten zu erstatten, für die auch eine telefonische Sofortmeldung durch untersuchende und behandelnde Ärzte gefordert wird.

4. Die Leiter pathologisch-anatomischer und röntgenologischer Einrichtungen (§ 25 Abs. 1 Buchst. b des Gesetzes) melden jede Feststellung, die auf das Vorliegen einer im Abschn. 1 genannten Krankheit bzw. einer durch die im Abschn. 3.1. genannten Erreger hervorgerufenen Krankheit schließen läßt, an die zuständige Kreis-Hygieneinspektion.

5. Die mit der Pflege oder mit der gesundheitlichen Betreuung von Personen Beschäftigten, die Leiter von Kinderkrippen, Kindergärten, Schulen, Heimen, Internaten, Lagern, Lehrlingswohnheimen und anderen Gemeinschaftseinrichtungen (§ 25 Abs. 1 Buchstaben c und d des Gesetzes) melden die unter Abschn. 1 genannten Verdachts-, Erkrankungs- und Todesfälle übertragbarer Krankheiten an die zuständige Kreis-Hygieneinspektion. Die an Bord von Schiffen, Flugzeugen oder in sonstigen öffentlichen Verkehrsmitteln jeweils Verantwortlichen und die Leiter von Reisegruppen (§ 25 Abs. 1 Buchstaben e und f des Gesetzes) richten die Meldung an die zuständige Verkehrshygieneinspektion des Medizinischen Dienstes des Verkehrswesens der DDR.

---

[00]) Z. Z. gültige Fassung in der Bekanntmachung vom 21. Februar 1975 über die Internationalen Gesundheitsvorschriften (1969), angenommen von der 22. Weltgesundheitsversammlung 1969, mit den auf der 26. Weltgesundheitsversammlung 1973 beschlossenen Abänderungen (GBl. II Nr. 5 S. 93)

[0]) Nicht wiedergegeben sind hier die Anlässe (Verdacht, Erkrankung, Tod, Ausscheidung) und Arten (telefonisch, schriftlich) der vorgeschriebenen Meldungen.

[1]) Eine erfaßte Ätiologie ist anzugeben.

[2]) Diese Einzelmeldung betrifft Kinder und Beschäftigte aus Kindereinrichtungen und Beschäftigte aus Lebensmittelbetrieben gemäß der Anlage zur Sechsten Durchführungsbestimmung vom 17. Oktober 1979 zum Lebensmittelgesetz — Hygienische Voraussetzungen für die Tätigkeit im Lebensmittelverkehr — (GBl. I Nr. 40 S. 387). Eine schriftliche Meldung durch den behandelnden bzw. betreuenden Arzt ist nicht erforderlich.

[3]) Die bakteriologisch/serologisch bestätigte und klinisch-epidemiologische Diagnose ist getrennt anzugeben.

[4]) Es gilt die Verordnung vom 23. Februar 1961 zur Verhütung und Bekämpfung der Geschlechtskrankheiten (GBl. II Nr. 17 S. 85).

[5]) Z. B. 065 durch Arthropoden übertragen, 078.7 und 078.8 (Lassa-, Marburg-, Ebolafieber)

[6]) Eine erfaßte Ätiologie ist anzugeben, z. B. 005 bakterielle, 988 toxische (inkl. Pilze) und 989.

[7]) Eine erfaßte Ätiologie ist anzugeben.

[7.1]) und andere durch Meningokokken bedingte Erkrankungen

[7.2]) exkl. 013.0 tuberkulöse Meningitis

[7.3]) z. B. 047 Enteroviren, 049 sonstige Viren, 072.1 Mumpsmeningitis

[8]) Es gilt die Verordnung vom 26. Oktober 1961 zur Verhütung und Bekämpfung der Tuberkulose (GBl. II Nr. 80 S. 509).

[9]) Bei Nachweis von $HB_S$-Ag ist eine diagnostische Abklärung der Infektiosität einzuleiten.

# Zweite Durchführungsbestimmung zum Gesetz zur Verhütung und Bekämpfung übertragbarer Krankheiten beim Menschen — Schutzimpfungen und andere Schutzanwendungen —

vom 20. Januar 1983
(GBl. I Nr. 4 S. 33)

Auf Grund des § 41 des Gesetzes vom 3. Dezember 1982 zur Verhütung und Bekämpfung übertragbarer Krankheiten beim Menschen (GBl. I Nr. 40 S. 631) wird zu § 9 Abs. 1 Buchst. a und § 18 Absätze 1 und 2 im Einvernehmen mit den Leitern der zuständigen zentralen staatlichen Organe und in Übereinstimmung mit dem Bundesvorstand des Freien Deutschen Gewerkschaftsbundes folgendes bestimmt:

## Staatliche Verantwortung für Schutzimpfungen und andere Schutzanwendungen

### § 1

Das Ministerium für Gesundheitswesen und die Abteilungen Gesundheits- und Sozialwesen der örtlichen Räte sind für die Organisation der Durchführung von Schutzimpfungen und anderen Schutzanwendungen (nachfolgend Schutzimpfungen genannt) verantwortlich. Der Staatlichen Hygieneinspektion obliegt die Anleitung ind Kontrolle der Durchführung der Schutzimpfungen.

### § 2

Der Kreisarzt ist für die Organisation und Durchführung von Schutzimpfungen im Rahmen der medizinischen Grundbetreuung verantwortlich. Er trägt insbesondere dafür Sorge, daß

a) die Leiter der Gesundheitseinrichtungen ihrer Verantwortung für die Durchführung von Schutzimpfungen im Betreuungsbereich gerecht werden,
b) die erforderlichen Ärzte mit Impfberechtigung, Impfschwestern und weiteres Personal zu ihrer Unterstützung zur Verfügung stehen und zur gewissenhaften Durchführung der Schutzimpfungen verpflichtet werden,
c) die Schutzimpfungen entsprechend den festgelegten Terminen vorbereitet, durchgeführt und abgerechnet werden,
d) die Impftermine in geeigneter Weise bekanntgegeben werden und die Impfpflichtigen eine Benachrichtigung erhalten,
e) bei der Durchführung von Schutzimpfungen außerhalb von Gesundheitseinrichtungen die Impfräume den hygienischen Anforderungen genügen sowie Impfstoffe und andere

Arzneimittel für Schutzimpfungen, das Impfinstrumentarium und das medizinische Verbrauchsmaterial sowie die erforderlichen Materialien für die Dokumentation der Schutzimpfung beschafft und termingemäß bereitgestellt werden.

§ 3

(1) Die Leiter der Gesundheitseinrichtungen sind verantwortlich für

a) die Gewährleistung der hygienischen Voraussetzungen in den Räumen, in denen die Schutzimpfungen durchgeführt werden,

b) die Beschaffung der Impfstoffe und anderen Arzneimittel für Schutzimpfungen unter Beachtung der Vorschriften für den Umgang mit diesen, insbesondere der Gewährleistung der Kühlkette,

c) die Bekanntmachung der Impftermine und die Benachrichtigung der Impfpflichtigen sowie die Festlegung von Wiederholungsterminen,

d) die vollständige Erfassung der Impfpflichtigen, der Geimpften und die Führung der Impfdokumentation,

e) die termingerechte Abrechnung der durchgeführten Schutzimpfungen bei der zuständigen Kreis-Hygieneinspektion.

(2) Besondere Zuständigkeiten für die Organisation und Durchführung der Schutzimpfungen regelt der Minister für Gesundheitswesen.

§ 4

(1) Die Staatliche Hygieneinspektion ist für die Anleitung und Kontrolle der Durchführung von Schutzimpfungen sowie für die Bereitstellung der Impfstoffe verantwortlich.

(2) Die Leiter der Kreis-Hygieneinspektionen kontrollieren die Arbeit der Impfärzte und der anderen impfberechtigten Mitarbeiter.

(3) Der Leiter der Kreis-Hygieneinspektion bzw. ein von ihm beauftragter Mitarbeiter überprüft mindestens einmal jährlich in den Gesundheitseinrichtungen die Einhaltung der Rechtsvorschriften über den Umgang mit Impfstoffen und anderen Arzneimitteln für Schutzimpfungen.

(4) Die Leiter der Kreis-Hygieneinspektionen sichern die statistische Erfassung der Schutzimpfungen in der zentralen Impfkartei und werten die Schutzimpfungen im Kreis aus. Die Erfassung der BCG-Impfung wird mit den Leitern der Poliklinischen Abteilungen für Lungenkrankheiten und Tuberkulose abgestimmt. Bei Wohnungswechsel eines impfpflichtigen Bürgers ist die Impfdokumentation an die Kreis-Hygieneinspektion, in deren Bereich der neue Wohnort liegt, abzugeben.

§ 5

(1) Das Ministerium für Gesundheitswesen beauftragt unterstellte Einrichtungen mit der Durchführung von Lehrgängen

a) für Ärzte, die für die Fortbildung von Impfärzten im Bezirk verantwortlich sind,

b) für Schwestern und Fürsorgerinnen, die fachspezifisch zu Impfschwestern und -fürsorgerinnen weitergebildet werden.

(2) Die Bezirks-Hygieneinspektionen sind in Zusammenarbeit mit den Bezirksakademien für das Gesundheits- und Sozialwesen für die Durchführung von Lehrgängen

a) für Ärzte zum Erwerb der Impfberechtigung,
b) für Impfschwestern und -fürsorgerinnen zur arbeitsplatzbezogenen Fortbildung verantwortlich.

### Durchführung der Schutzimpfungen

### § 6

(1) Schutzimpfungen dürfen grundsätzlich nur von Impfärzten durchgeführt werden. Als Impfarzt kann nur tätig sein, wer im Besitz einer gültigen Impfberechtigung ist. Die Impfberechtigung wird durch die erfolgreiche Teilnahme an einem Impflehrgang erworben. Sie wird vom Kreisarzt erteilt und ist für 3 Jahre gültig.
(2) Der Minister für Gesundheitswesen kann festlegen, unter welchen Voraussetzungen andere Ärzte und medizinische Fachschulkader mit der Durchführung bestimmter Schutzimpfungen beauftragt werden können. Impfschwestern haben im Abstand von 3 Jahren den Nachweis der arbeitsplatzbezogenen Fortbildung zu erbringen.
(3) Geräte zur nadellosen Injektion von Impfstoffen können von entsprechend ausgebildeten medizinischen Fachschulkadern bedient werden, wenn die Aufsicht durch einen Impfarzt gewährleistet ist.
(4) Die Verabreichung von Impfstoffen zur oralen Immunisierung kann durch den Impfarzt medizinischen Fachschulkadern übertragen werden.
(5) Die Durchführung von Schutzimpfungen durch die in den Absätzen 1 bis 4 genannten Ärzte und anderen medizinischen Fachschulkader ist Teil der beruflichen Tätigkeit. In eigener Praxis niedergelassene Ärzte und andere außerhalb einer staatlichen Gesundheitseinrichtung tätige Personen führen diese Aufgabe im Auftrag des Kreisarztes oder einer beauftragten staatlichen Gesundheitseinrichtung durch.

### § 7

(1) Dem Impfarzt obliegt insbesondere:

a) die Kontrolle des hygienischen Zustandes der Räume, des Impfinstrumentariums und des medizinischen Verbrauchsmaterials sowie die Einhaltung der vorgeschriebenen Sterilisationsverfahren,
b) die Aufsicht über das Impfpersonal und die ehrenamtlichen Helfer sowie deren fachkundige Anleitung, Belehrung und Befragung nach Gründen, die eine Mitwirkung an der Impfung ausschließen können,
c) die Überprüfung des ordnungsgemäßen Transports der Impfstoffe und anderen Arznei-

mittel für Schutzimpfungen von der örtlichen Auslieferungsstelle in die Impfräume sowie deren sachgerechter Aufbewahrung und äußerlich einwandfreien Beschaffenheit[2]),

d) die Verantwortung dafür, daß nicht mehr benötigte bzw. verfallene Impfstoffe und andere Arzneimittel für Schutzimpfungen der Kreis-Hygieneinspektion zurückgegeben werden; die Kreis-Hygieneinspektion entscheidet in Abstimmung mit der Bezirks-Hygieneinspektion über die weitere Verwendung,

e) die Entscheidung über die Impffähigkeit und über die zeitweilige Zurückstellung bzw. dauernde Befreiung von der Schutzimpfung,

f) die Vornahme der Schutzimpfung unter sorgfältiger Beachtung der für die jeweilige Schutzimpfung getroffenen Festlegungen,

g) die Belehrung des Geimpften bzw. seines Erziehungsberechtigten über die Verhaltensweise nach der Schutzimpfung und die Notwendigkeit, einen Arzt, möglichst den Impfarzt, bei ungewöhnlichem Impfverlauf unverzüglich zu benachrichtigen,

h) die Beratung des Geimpften bzw. seines Erziehungsberechtigten bei Krankheitserscheinungen nach einer Schutzimpfung, die Einleitung der erforderlichen Maßnahmen zur Klärung eines möglichen Zusammenhangs zwischen der Schutzimpfung und den aufgetretenen Krankheitserscheinungen und die unverzügliche Meldung an die zuständige Kreis-Hygieneinspektion,

i) die Sicherstellung der betreffenden Chargen des Impfstoffs bzw. anderen Arzneimittels für die Schutzimpfung, falls ihre Unverträglichkeit als Ursache der Krankheitserscheinungen in Betracht zu ziehen ist,

k) die Verantwortung für die schriftliche Erfassung der Bürger, die sich der Schutzimpfung unterzogen haben, in einer Impfliste, die Bestätigung der durchgeführten Schutzimpfungen bzw. Dokumentation der zeitweiligen bzw. dauernden Befreiung von der Schutzimpfung im Impf- und/oder Sozialversicherungsausweis und in anderweitig vorgesehenen Dokumentationen.

l) die Verantwortung für das Führen einer Dokumentation über Empfang, Lagerung, Verbrauch, Vernichtung oder Rückgabe sowie Hersteller und Chargennummer der Impfstoffe und anderen Arzneimittel für Schutzimpfungen.

(2) Bei der BCG-Schutzimpfung obliegt die im Abs. 1 genannte Verantwortung dem Leiter der zuständigen Poliklinischen Abteilung für Lungenkrankheiten und Tuberkulose. Die Verantwortung für die unmittelbare Durchführung der Impfung obliegt der BCG-Impfschwester bzw. -fürsorgerin.

### § 8 Atypische Verläufe von Schutzimpfungen

(1) Atypische Verläufe von Schutzimpfungen sind:

— der Gesundheitsschaden und
— die vorübergehende Beeinträchtigung des Gesundheitszustandes.

(2) Gesundheitsschäden im Sinne des § 18 Abs. 1 des Gesetzes sind die das übliche Ausmaß einer Impfreaktion deutlich überschreitenden zeitweiligen oder dauernden Schäden des menschlichen Körpers. Diese Schäden müssen mit Wahrscheinlichkeit durch die angeordnete Vorbehandlung, den Eingriff, die Nachbehandlung bei Schutzimpfungen, die Impfstoffe bzw. die anderen angewandten Arzneimittel oder durch eine Übertragung von Impferregern auf eine andere als die geimpfte Person verursacht worden sein.
(3) Besteht Ungewißheit über die Ursache des Gesundheitsschadens oder des Todesfalles, weil der wissenschaftliche Erkenntnisstand noch nicht ausreichend ist bzw. weil bestimmte Sachverhalte nachträglich nicht mehr aufgeklärt oder Untersuchungen nicht durchgeführt werden können und ist nur deshalb die Wahrscheinlichkeit eines Zusammenhangs mit einer Schutzimpfung nicht gegeben, kann der Gesundheitsschaden als Folge der Schutzimpfung anerkannt werden.
(4) Eine vorübergehende Beeinträchtigung des Gesundheitszustandes liegt vor, wenn das übliche Ausmaß einer Impfreaktion zwar überschritten ist und die Beeinträchtigung mit Wahrscheinlichkeit durch die angeordnete Vorbehandlung, den Eingriff, die Nachbehandlung bei Schutzimpfungen, die angewandten Arzneimittel oder durch eine Übertragung von Impferregern auf einen anderen als den Geimpften verursacht wurde, die Beeinträchtigung der Körperfunktion jedoch gering ist, nicht länger als 14 Tage andauert und eine gute Prognose besteht.

### § 9 Maßnahmen bei atypischen Verläufen von Schutzimpfungen

(1) Bei atypischem Verlauf der Schutzimpfung sowie jeder Erkrankung und jedem Todesfall, bei denen ein Zusammenhang mit der Schutzimpfung nicht ausgeschlossen werden kann, hat der Leiter der Kreis-Hygieneinspektion festzustellen,

a) welcher Art der vermutete atypische Verlauf einer Schutzimpfung ist,
b) ob die Beschwerden durch die Schutzimpfung verursacht wurden,
c) ob die Beschwerden durch den Geimpften oder seinen Erziehungsberechtigten oder einen Dritten allein oder mitverschuldet wurden,
d) ob eine mit unmittelbaren Maßnahmen der Schutzimpfungen beauftragte Fachkraft die ihr hierbei obliegende Pflicht verletzt hat,
e) ob bei der Durchführung der Schutzimpfung die Forderungen gemäß § 7 Abs. 1 Buchst. c eingehalten wurden,
f) was zur Klärung des ursächlichen Zusammenhangs und gegebenenfalls zur Behebung des Schadens unternommen wurde.

(2) Falls eine Unverträglichkeit des Impfstoffs oder des anderen Arzneimittels zur Schutzimpfung vermutet wird, hat der Leiter der Kreis-Hygieneinspektion eine Meldung an das Staatliche Kontrollinstitut für Seren und Impfstoffe und die Einsendung von Proben des beanstandeten Arzneimittels zu veranlassen.
(3) Der Kreisarzt hat zu veranlassen,

a) daß alle den modernen wissenschaftlichen Erkenntnissen entsprechenden und zur Verfügung stehenden diagnostischen Möglichkeiten zur Klärung der Ursache der Erkrankung genutzt werden,
b) daß dem Geschädigten die notwendige medizinische Betreuung zuteil wird,
c) daß mit dem Geschädigten bzw. seinem Erziehungsberechtigten umgehend eine Rücksprache geführt wird, in der die veranlaßten Maßnahmen erläutert werden,
d) daß dem Geschädigten die notwendige Nachsorge zuteil wird und für seine umfassende medizinische und soziale Rehabilitation oder bevorzugte Unterbringung in einem Pflegeheim gesorgt wird,
e) daß im Todesfall, sofern ein Zusammenhang mit einer durchgeführten Schutzimpfung vermutet werden kann, eine Leichenöffnung in einer dafür vom Bezirksarzt festgelegten Einrichtung durchgeführt wird.

### § 10 Krankengeld

(1) Bescheinigt der behandelnde Arzt eine nach der Schutzimpfung eingetretene Arbeitsunfähigkeit, für die gemäß § 18 Abs. 2 des Gesetzes Anspruch auf Krankengeld besteht, so hat er neben der Angabe der Diagnose-Nummer und der Krankheitsbezeichnung auf der „Ärztlichen Bescheinigung über Arbeitsbefreiung bei Arbeitsunfähigkeit" zu vermerken: „nach Schutzimpfung gegen...". Er hat die Kreis-Hygieneinspektion gemäß § 25 Abs. 1 des Gesetzes unverzüglich zu benachrichtigen[3]).
(2) Dauert die vorübergehende Arbeitsunfähigkeit länger als 14 Kalendertage und wird weiterhin ein Zusammenhang mit der Schutzimpfung angenommen, so bescheinigt der Leiter der Kreis-Hygieneinspektion dem erkrankten Bürger, daß ein Krankengeldanspruch nach § 18 Abs. 2 des Gesetzes weiterhin besteht.
(3) Der Krankengeldanspruch gemäß § 18 Abs. 2 des Gesetzes endet mit der Wiederherstellung der Arbeitsfähigkeit, spätestens mit Abschluß des Verfahrens über die Anerkennung des Gesundheitsschadens als Folge der Schutzimpfung.
(4) Das gemäß § 18 Abs. 2 des Gesetzes gewährte Krankengeld wird auf die Bezugsdauer des Krankengeldes bei Arbeitsunfähigkeit wegen Krankheit, Arbeitsunfall und Berufskrankheit nicht angerechnet.

### Entschädigung
### § 11

(1) Bei Gesundheitsschäden umfaßt die Entschädigung die für die Heilung erforderlichen Aufwendungen, das entgangene oder noch entgehende Arbeitseinkommen oder eine sonstige entsprechende Einkommensminderung. Sie umfaßt auch erhöhte Aufwendungen, die durch vorübergehende oder dauernde Behinderung des Geschädigten entstehen, und weitere Nachteile, die durch den Gesundheitsschaden verursacht worden sind. Dazu gehört auch die Minderung des Rentenanspruchs der Person, die die Pflege eines geschädigten Kindes übernimmt.

(2) Führt der Gesundheitsschaden zur ständigen Einkommensminderung oder zu dauernden erhöhten Aufwendungen, ist dem Geschädigten eine Geldrente zu zahlen. Anstelle einer Geldrente kann die Zahlung einer einmaligen Abfindung schriftlich vereinbart werden.
(3) Kann der Geschädigte wegen des Gesundheitsschadens nur in beschränktem Umfang am gesellschaftlichen Leben teilnehmen, ist ihm ein angemessener Ausgleich zu zahlen. Ein solcher Ausgleich ist auch dann zu zahlen, wenn durch den Gesundheitsschaden das Wohlbefinden des Geschädigten erheblich oder längere Zeit beeinträchtigt wird.
(4) Tritt infolge des Gesundheitsschadens der Tod ein, umfaßt die Entschädigung auch die Kosten einer vorangegangenen ärztlichen Behandlung und der Bestattung. War der Verstorbene anderen Bürgern gesetzlich zum Unterhalt verpflichtet oder wäre eine solche Verpflichtung in absehbarer Zeit eingetreten, ist der durch den Verlust des Unterhaltsanspruchs entstandene Schaden zu ersetzen.
(5) Die Verpflichtung zur Entschädigung ist in dem Umfang ausgeschlossen, in dem der Geschädigte es unterläßt, den Schaden abzuwenden oder zu mindern.

## § 12

(1) Wird ein Kind, welches das 14. Lebensjahr noch nicht vollendet hat, infolge einer Schutzimpfung in seiner Gesundheit vorübergehend beeinträchtigt, und bedarf es aus diesem Grunde häuslicher Pflege, hat der Erziehungsberechtigte, der wegen der Übernahme der Pflege des Kindes vorübergehend seine Berufstätigkeit nicht ausüben kann, für die Dauer der Pflege einen Anspruch auf eine Entschädigung in Höhe von 90% seines monatlichen Nettodurchschnittsverdienstes.
(2) Sind die Voraussetzungen für die Einleitung eines Entschädigungsverfahrens nach § 14 Abs. 3 gegeben, ist die Entschädigung nach Abs. 1 bis zum Abschluß dieses Verfahrens weiter zu gewähren.
(3) Bei einer vorübergehenden Beeinträchtigung des Gesundheitszustandes infolge einer Schutzimpfung bestehen über die im Abs. 1 und im § 10 Abs. 1 aufgeführten Zahlungen hinaus keine weiteren Entschädigungsansprüche. In begründeten Ausnahmefällen kann jedoch eine weitergehende Entschädigung durch die Kreisdirektion der Staatlichen Versicherung der DDR gewährt werden.
(4) Die Entschädigung gemäß Abs. 1 wird durch die Kreisdirektion der Staatlichen Versicherung der DDR, in deren Bereich der Erziehungsberechtigte seinen Wohnsitz hat, gezahlt.

## § 13

(1) Die erforderlichen finanziellen Mittel für die Entschädigungen werden aus dem Staatshaushalt zur Verfügung gestellt.
(2) Erhalten Geschädigte oder deren unterhaltsberechtigte Hinterbliebene Leistungen der Sozialversicherung, Versorgungen, die anstelle von Renten der Sozialversicherung gezahlt

werden, sowie zusätzliche Versorgungen, werden diese auf die Entschädigung angerechnet. Leistungen der Betriebe werden ebenfalls angerechnet.

(3) Die Bestimmungen des § 18 des Gesetzes und dieser Durchführungsbestimmung schließen eine weitergehende Schadenersatzpflicht nach anderen Rechtsvorschriften nicht aus.

**Entschädigungsverfahren**

§ 14

(1) Entschädigungsansprüche nach den §§ 11 Absätze 1 bis 4 und 12 Absätze 1 und 3 Satz 2 sind bei der für den Wohnsitz des Geschädigten zuständigen Kreis-Hygieneinspektion geltend zu machen.

(2) Im Falle des § 12 Absätze 1 und 3 Satz 2 bestätigt der Leiter der Kreis-Hygieneinspektion den Sachverhalt und leitet den Entschädigungsantrag an die Kreisdirektion der Staatlichen Versicherung der DDR weiter.

(3) Besteht die Beeinträchtigung des Gesundheitszustandes länger als 14 Kalendertage, ist ein Gesundheitsschaden infolge der Schutzimpfung anzunehmen. In einem solchen Fall hat der Leiter der Kreis-Hygieneinspektion das Verfahren auf Anerkennung eines Gesundheitsschadens oder Todesfalles als Folge einer Schutzimpfung einzuleiten. Er hat das Verfahren auch ohne Antrag des Geschädigten bzw. seines Erziehungsberechtigten unverzüglich einzuleiten, wenn er Kenntnis von einem solchen Schaden erhält. In Ausnahmefällen kann der Leiter der Kreis-Hygieneinspektion in Abstimmung mit dem Leiter der Bezirks-Hygieneinspektion und der Kreisdirektion der Staatlichen Versicherung der DDR von der Einleitung eines Verfahrens zur Anerkennung eines Gesundheitsschadens absehen, wenn mit einer vollständigen Wiederherstellung der Gesundheit spätestens nach Ablauf eines weiteren Monats zu rechnen ist.

§ 15

(1) Über die Anerkennung eines Gesundheitsschadens oder eines Todesfalles als Folge einer Schutzimpfung entscheidet eine Kommission.

(2) Die Kommission besteht bei der Bezirks-Hygieneinspektion, ihr gehören insbesondere an:

a) der Leiter der Bezirks-Hygieneinspektion,
b) der Leiter der für den Wohnsitz des Geschädigten zuständigen Kreis-Hygieneinspektion,
c) ein erfahrener Impfarzt,
d) ein in der klinischen Begutachtung solcher Fälle erfahrener Facharzt,
e) ein im Begutachtungswesen erfahrener Beauftragter des Bezirksgutachters.

(3) Die Entscheidung der Kommission soll innerhalb von 6 Monaten nach Einleiten des Verfahrens schriftlich getroffen werden. Sie ist zu begründen und dem Ministerium für Gesundheitswesen, Staatliche Hygieneinspektion, zur Bestätigung hinsichtlich des sich aus der Entscheidung ergebenden Sachverhaltes einzureichen. Nach der Bestätigung ist die Entscheidung mit einer Rechtsmittelbelehrung zu versehen und dem Geschädigten bzw. dem Erziehungsberechtigten durch den Leiter der zuständigen Kreis-Hygieneinspektion auszuhändigen oder zuzusenden.

(4) Gegen die Entscheidung der Kommission kann innerhalb 1 Monats nach Zugang beim Leiter der zuständigen Bezirks-Hygieneinspektion Beschwerde eingelegt werden. Über die Beschwerde hat die Kommission innerhalb von 3 Monaten zu entscheiden. Gibt die Kommission der Beschwerde statt, ist die Entscheidung innerhalb 1 Woche dem Ministerium für Gesundheitswesen, Staatliche Hygieneinspektion, zur Kenntnis zu geben. Gibt die Kommission der Beschwerde nicht statt, so hat sie diese mit ihrer Stellungnahme dem Ministerium für Gesundheitswesen innerhalb 1 Woche zuzuleiten. Eine bei der Staatlichen Hygieneinspektion des Ministeriums für Gesundheitswesen zu bildende Kommission entscheidet binnen weiterer 3 Monate endgültig.

(5) Kann in Ausnahmefällen eine Entscheidung innerhalb der Frist nicht getroffen werden, ist rechtzeitig ein Zwischenbescheid unter Angabe der Gründe sowie des voraussichtlichen Abschlußtermins zu geben.

(6) Die Entscheidung über die Beschwerde ist schriftlich zu treffen, zu begründen und dem Einreicher der Beschwerde auszuhändigen oder zuzusenden.

## § 16

(1) Nach Anerkennung des Gesundheitsschadens oder des Todesfalles als Folge der Schutzimpfung wird die Höhe des eingetretenen materiellen Schadens und der Entschädigung durch die Staatliche Versicherung der DDR festgestellt. Diese nimmt auch die Auszahlung der Entschädigung vor.

(2) Für Streitfälle über die Höhe der Entschädigung sind die Gerichte zuständig.

## § 17

(1) Die Verjährungsfrist für Ansprüche nach § 18 Abs. 1 des Gesetzes und nach dieser Durchführungsbestimmung beträgt 2 Jahre. Die Frist beginnt mit dem Ablauf des Jahres, in dem der Geschädigte bzw. die Erziehungsberechtigten oder die Hinterbliebenen Kenntnis vom Schaden und seiner Ursache erlangten.

(2) Die Verjährung ist gehemmt von der Antragstellung bis zur Entscheidung über den Antrag und solange Verhandlungen zwischen dem Geschädigten und der Staatlichen Versicherung der DDR geführt werden.

### § 18 Schlußbestimmung

Diese Durchführungsbestimmung tritt am 1. März 1983 in Kraft.

---

[1]) Erste Durchführungsbestimmung vom 20. Januar 1983 (GBl. I Nr. 4 S. 29)

[2]) Siehe auch Anweisung vom 5. Februar 1981 über den Umgang mit Arzneimitteln in Gesundheitseinrichtungen — Arzneimittelordnung — (Verfügungen und Mitteilungen des Ministeriums für Gesundheitswesen Nr. 1 S. 1).

[3]) Vordruck-Nr. 8795 VV Freiberg

## Anordnung über den Nothilfepaß

vom 18. Februar 1983
(GBl. I Nr. 9 S. 95)

Zur Erhöhung der Qualität erster medizinischer Betreuungsmaßnahmen bei akuten Erkrankungen und Unfällen wird im Einvernehmen mit den Leitern der zuständigen zentralen Staatsorgane und in Übereinstimmung mit dem Bundesvorstand des Freien Deutschen Gewerkschaftsbundes folgendes angeordnet:

### § 1

(1) Für alle Bürger der Deutschen Demokratischen Republik wird ein Nothilfepaß eingeführt.

(2) Ausländer mit ständigem Wohnsitz in der Deutschen Demokratischen Republik können ebenfalls einen Nothilfepaß erhalten.

(3) Der Nothilfepaß enthält Angaben, die bei akuten Erkrankungen und Unfällen für die qualifizierte Durchführung erster dringlicher medizinischer Betreuungsmaßnahmen von besonderer Bedeutung sind.

### § 2

(1) Der Nothilfepaß wird in der Regel erstmalig anläßlich der Tetanusschutzimpfung im 16. Lebensjahr ausgestellt. Die Ausstellung ist für den Bürger unentgeltlich.

(2) Der Nothilfepaß wird ausgestellt durch

- vom Kreisarzt beauftragte Einrichtungen des Gesundheitswesens anläßlich medizinischer Betreuungsmaßnahmen für den Bürger
- Einrichtungen des Blutspende- und Transfusionswesens
- Kreis-Hygieneinspektionen.

(3) Bei Verlust des Nothilfepasses erfolgt die Neuausstellung durch die im Abs. 2 genannten Einrichtungen.

(4) Weitere Festlegungen zur Ausstellung des Nothilfepasses werden durch den Minister für Gesundheitswesen getroffen.

### § 3

(1) In den Nothilfepaß sind einzutragen:

- Blutgruppe
- Tetanusimpfdaten
- Wesentliche Daten für erste dringliche medizinische Betreuungsmaßnahmen:

- Diabetiker
- Bluter (Haemophilie)
- Herzschrittmacherträger
- Dialysepatient
- Anfallsleidender
- Antikoagulantientherapie
- Allergiebereitschaft gegen ..............
- Transplantatträger.

(2) Weitere Festlegungen trifft der Minister für Gesundheitswesen.

§ 4

(1) Die Angaben entsprechend § 3 Abs. 1 werden in den Einrichtungen des Gesundheitswesens eingetragen, in denen der Bürger medizinisch betreut wird.
(2) Eintragungen in den Nothilfepaß sind in jedem Fall durch ärztliche Unterschrift zu bestätigen.

§ 5

(1) Die Eintragungen der Blutgruppe dürfen nur vorgenommen werden von
— Einrichtungen des Blutspende- und Transfusionswesens
— Einrichtungen des Gesundheitswesens, die regelmäßig prätransfusionelle blutgruppenserologische Untersuchungen durchführen und die vom Bezirks- bzw. Kreisarzt damit beauftragt werden.

(2) Die Dokumentation der Blutformel erfolgt nach Doppelbestimmung aus Blutproben, die von getrennten Blutentnahmen stammen müssen.

§ 6

Ärzte, die in Ausübung ihres Dienstes oder bei sonstigen Anlässen Bürgern bei lebensbedrohlichen Erkrankungen oder Unfällen erste medizinische Hilfe leisten, sind verpflichtet, Eintragungen im Nothilfepaß in ihr therapeutisches Handeln einzubeziehen.

§ 7

(1) Bürger der Deutschen Demokratischen Republik, die im Besitz eines Nothilfepasses sind, haben dafür Sorge zu tragen, daß die entsprechenden Eintragungen durch die im § 2 Abs. 2 genannten Gesundheitseinrichtungen vorgenommen bzw. aktualisiert werden.
(2) Sind medizinische Daten in anderen Ausweisen und medizinischen Dokumentationen vermerkt, können diese in den Nothilfepaß durch die im § 2 Abs. 2 genannten Gesundheitseinrichtungen übertragen werden.

§ 8

Diese Anordnung tritt mit ihrer Veröffentlichung in Kraft.

## Anlage 5

Zu § 23 Abs. 3 Buchst. a vorstehender Erster Durchführungsbestimmung[19])

## Anlage 6

zu § 35 Abs. 2 vorstehender Erster Durchführungsbestimmung

### Sonderausweis Nr.

Herr/Frau/Fräulein . . . . . . . . . . . . . . . . . . .
(Name)

. . . . . . . . . . . . . . . . . . . . . . . . . . . . . . . . . . . . . . . . . .
(Dienststellung) (Dienststelle)

ist berechtigt, ständige Kontrollen in den Arzneimittelbetrieben, Versorgungseinrichtungen, Einrichtungen des Gesundheitswesens, Einrichtungen des Veterinärwesens und sonstigen mit dem Verkehr von Arzneimitteln befaßten Einrichtungen durchzuführen. Im Rahmen der Überprüfung ist es dem Kontrollbeauftragten gemäß § 30 des Arzneimittelgesetzes vom 5. Mai 1964 (GBl. I S. 101)[5]) zu gestatten, die betrieblichen Einrichtungen zu besichtigen, Einsicht in betriebliche Unterlagen zu nehmen, zweckdienliche Auskünfte zu verlangen, unentgeltliche Proben zu nehmen sowie die Erfüllung von Maßnahmen gemäß § 29 Absätze 1 und 2 in Verbindung mit § 30 Abs. 3 des Arzneimittelgesetzes[5]) zu verfügen.

Der Sonderausweis ist bis zum . . . . . . . . gültig.

. . . . . . . . . . . . . . . . . . . . . . . . . . . . . . . . . . . . . . . .
(Datum) (Unterschrift des Leiters der Dienststelle)

Verlängerungsvermerk:

---

[1]) § 20 Abs. 4 i. d. F. der 4. DB, die am 1. 4. 1968 in Kraft trat.

[2]) Durch das Neufassungsgesetz, das am 1. 7. 1971 in Kraft trat, wurde § 36 aufgehoben.

[3]) Durch die 12. DB zum AMG, abgedruckt unter C 01 13, die am 1. 7. 1976 in Kraft trat, wurden § 8 und § 17 Absätze 2 bis 5 und 7 sowie Anl. 2 zu § 17 Abs. 3 mit Ausnahme der Bestimmungen für Arzneimittel zur Anwendung in der Veterinärmedizin aufgehoben; nach der Verfügung des Ministers für Land-, Forst- und Nahrungsgüterwirtschaft zur klinischen Prüfung von Arzneimitteln zur Anwendung in der Veterinärmedizin (abgedruckt unter C 02 03 05) sind nicht mehr anzuwenden § 8 Abs. 1 Buchst. f und Abs. 5, § 17 Abs. 1 Buchst. k und Abs. 3 sowie Abschnitt IV — klinische Gutachten — der Anlage 2 zur 1. DB zum AMG.

[4]) Durch die AO vom 14. 10. 1976, abgedruckt unter C 05 05 20, die am 1. 1. 1977 in Kraft trat, wurde § 9 aufgehoben.

[5]) Abgedruckt unter C **01** 01

[6]) Jetzt: Facharzt für Hygiene oder Facharzt für Mikrobiologie. Nach der inzwischen eingetretenen Weiterentwicklung im Facharztwesen kommen hierfür jetzt auch Ärzte anderer Fachrichtungen in Betracht, über deren Zulassung im Einzelfalle auf der Grundlage des Abs. 6 entschieden werden muß.

[7]) Jetzt: Minister für Land-, Forst- und Nahrungsgüterwirtschaft.

[8]) Jetzt: Ministerium für Land-, Forst- und Nahrungsgüterwirtschaft.

[9]) Jetzt: Plan „Wissenschaft und Technik".

[10]) Jetzt: Institut für Arzneimittelwesen der DDR.

[11]) Jetzt: Arzneibuch der DDR; s. hierzu AO über das Arzneibuch der DDR, abgedruckt unter C **05 05** 02

[12]) Verzeichnis der Gemeinden der DDR, Staatsverlag der DDR.

[13]) Jetzt: Suchtmittelgesetz vom 19. 12. 1973 (GBl. I Nr. 58 S. 572), in Kraft getreten am 1. 1. 1974.

[14]) Jetzt: Produktionsleitung für Landwirtschaft und Nahrungsgüterwirtschaft des Rates des Bezirkes.

[15]) Gegenstandslos infolge der Neufassung des § 31 AMG, abgedruckt unter C **01** 01, durch das Neufassungsgesetz vom 24. 6. 1971 (GBl. I Nr. 3 S. 49), das am 1. 7. 1971 in Kraft trat.

[16]) Abgedruckt unter C **06 10** 01

[17]) Spezialgeschäfte und andere Verkaufsstellen zum Vorrätighalten und zur Abgabe von nichtrezeptpflichtigen Arzneimitteln zur Schwangerschaftsverhütung sind Drogerien und Geschäfte, die sanitärhygienische Erzeugnisse führen.

[18]) Jetzt: Produktionsleitung für Landwirtschaft und Nahrungsgüterwirtschaft des Rates des Kreises.

[19]) Gegenstandslos infolge Zeitablaufs.

[20]) Jetzt: Institut für Apothekenwesen.

[21]) Jetzt: Nachweisbuch für Verfügungen, Bestell-Nr. 9610 des Vordruckverlags Freiberg, Außenstelle Dresden.

[22]) Jetzt: Beratungsbüro beim Ministerium für Gesundheitswesen für Arzneimittel und medizintechnische Erzeugnisse (Import). (S. hierzu AO über das Beratungsbüro, abgedruckt unter C **06 09** 01 und das Statut des Beratungsbüros, abgedruckt unter C **06 09** 02.

[23]) Jetzt: Verwarnung mit Ordnungsgeld.

[24]) Wegen der inzwischen eingetretenen Änderungen überholt und nicht mit abgedruckt.

[25]) In der Regel sind die jetzt gültigen Ausgaben heranzuziehen.

**Bei Gesundheitspflegemitteln zur Anwendung am Tier:**

An das
Sekretariat der Sektion Veterinärmedizin
des Zentralen Gutachterausschusses für Arzneimittelverkehr im Staatlichen Veterinärmedizinischen Prüfungsinstitut
Berlin N 4[13])
Hannoversche Str. 27

Name und Anschrift des Antragstellers

. . . . . . . ., den . . . . . .

**Antrag auf Eintragung in das Verzeichnis der Gesundheitspflegemittel**

Betr.: . . . . . . . . . . . . . . . . . . . . . . . . . . . . . . . . . . . .
(vorgesehener Name des Gesundheitspflegemittels)

Zusammensetzung[14]) . . . . . . . . . . . . . . . . . . . . . . . . . . . .

Bezug der Bestandteile[15]) . . . . . . . . . . . . . . . . . . . . . . . . .

Anwendungsgebiete: . . . . . . . . . . . . . . . . . . . . . . . . . . . .

Dosierung: . . . . . . . . . . . . . . . . . . . . . . . . . . . . . . . . .

Haltbarkeit: . . . . . . . . . . . . . . . . . . . . . . . . . . . . . . . .

Packungsgrößen: . . . . . . . . . . . . . . . . . . . . . . . . . . . . . .

Preise: . . . . . . . . . . . . . . genehmigt/beantragt am . . . . . . . . . . . . .

. . . . . . . . . . . . . . . . . . . . . . . . . ., den . . . . . 19 . . . . . .

. . . . . . . . . . . . . . . .
Unterschrift des Betriebes

## Anlage

zu § 6 Abs. 1 Buchstaben b und c vorstehender Zweiter Durchführungsbestimmung[4])

Augenwasser, vegetabilisches
Badesalze oder Badezusätze mit arzneilich wirksamen Bestandteilen
mit den Kennbuchstaben A—D
Borsäuresalbe
Chlorofilin-Dragees
Kampferspiritus
Parodontal F

Pelose-Heilschlamm
Sachsen-Fango-Heilschlamm
Sachsen-Fango-Kompressen
Schwefel-Lösung
Schwefel-Tinktur
Sulfachin
Viatlon

---

[1]) § 8 Abs. 1 i. d. F. der Anpassungsordnung, die am 1. 7. 1968 in Kraft trat.

[2]) § 5 Abs. 8 und § 8 Abs. 2 i. d. F. der 8. DB, die am 22. 10. 1971 in Kraft trat.

[3]) § 6 und Anlage zu § 6 Abs. 1 Buchstaben b und c i. d. F. der 11. DB, die am 19. 4. 1974 in Kraft trat, sowie der Verfügung Nr. 23/82 des IFAR vom 31. 3. 1982.

[4]) Abgedruckt unter C 01 01

[5]) Jetzt: Minister für Land-, Forst- und Nahrungsgüterwirtschaft.

[6]) Jetzt: Ministerium für Land-, Forst- und Nahrungsgüterwirtschaft.

[7]) Verzeichnis der Gemeinden der DDR, Staatsverlag der DDR.

[8]) Bestellnummern werden durch das Zentrale Warenkontor — Großhandel Waren täglicher Bedarf — vergeben.

[9]) Die Erweiterung der Kennzeichnung entsprechend § 5 Abs. 8 i. d. F. der 8. DB hatte gemäß § 3 Abs. 2 der 8. DB schrittweise zu erfolgen und war bis zum 30. 6. 1972 abzuschließen.

[a]) Gegenstandslos durch Zeitablauf.

[10]) Aufgehoben durch AO Nr. 3 vom 29. 3. 1967 über das Verzeichnis der Gesundheitspflegemittel (GBl. II S. 271). Die AO gilt gegenwärtig i. d. F. der AO Nr. 4 vom 3. 4. 1969 (GBl. II Nr. 34 S. 231; Ber. Nr. 37 S. 234).

[11]) Jetzt: Institut für Arzneimittelwesen der DDR

[12]) Jetzt: 1120 Berlin

[13]) Jetzt: 1040 Berlin

[14]) Nach Mengeneinheiten, aich bei Hilfsstoffen wie Füllmassen, Farbstoffen, Lösungsvermittlern usw.

[15]) E = Eigenherstellung
B = Bezug innerhalb der DDR
I = Import

# Verfügung des Ministers für Land-, Forst- und Nahrungsgüterwirtschaft zur klinischen Prüfung von Arzneimitteln zur Anwendung in der Veterinärmedizin

vom 31. März 1983[1])

In Durchführung des § 14 des Arzneimittelgesetzes vom 5. Mai 1964 (GBl. I Nr. 7 S. 101) in Verbindung mit § 8 der Ersten Durchführungsbestimmung vom 15. Mai 1964 zum Arzneimittelgesetz (GBl. II Nr. 56 S. 485) und mit § 20 der Siebenten Durchführungsbestimmung vom 16. Dezember 1969 zum Arzneimittelgesetz — Staatliche Prüfung von Seren, Impfstoffen und anderen Arzneimitteln — (GBl. II 1970 Nr. 6 S. 27) wird im Einvernehmen mit den Leitern der zuständigen zentralen Staatsorgane folgendes verfügt:

## 1. Geltungsbereich

1.1. Diese Verfügung gilt für

a) volkseigene Kombinate, Betriebe und Einrichtungen, in denen Arzneimittel zur Anwendung am Tier entwickelt werden (nachfolgend Tierarzneimittelentwickler genannt),

b) volkseigene Kombinate, Betriebe und Einrichtungen, sowie Genossenschaften soweit durch sie oder in ihnen die klinische Prüfung von Arzneimitteln zur Anwendung am Tier vorgenommen wird (nachfolgend Tierarzneimittelprüfer genannt).

1.2. Arzneimittel zur Anwendung am Tier im Sinne dieser Verfügung sind Arzneimittel entsprechend § 2 des Arzneimittelgesetzes und diesen gemäß § 3 Abs. 1. Buchstaben a, b, d und e des Arzneimittelgesetzes gleichgestellte Stoffe und Zubereitungen zur Anwendung in der Veterinärmedizin (nachfolgend Tierarzneimittel genannt).

1.3. Die Festlegungen dieser Verfügung gelten auch

a) für registrierte Tierarzneimittel mit bisher nicht geprüften Dosierungen, Anwendungsarten, Verfahren, Arzneiformen und Kombinationen;

b) für registrierte Tierarzneimittel mit bisher nicht zugelassenen Indikationen;

c) für im Ausland bereits im Verkehr befindliche und zum Import in die DDR vorgesehene Tierarzneimittel, sofern die vorliegenden Ergebnisse der klinischen Prüfung derselben nicht oder nur teilweise den Anforderungen entsprechen.

## 2. Klinische Prüfung von Tierarzneimitteln

2.1. Entsprechend dem Stand der Forschungs- und Entwicklungsarbeiten erfolgt die klinische Prüfung von Tierarzneimitteln in einem Stufenprogramm. Die 3 Prüfungsstufen unterscheiden sich nach dem Umfang der klinischen Prüfung, der Zahl der einbezogenen Tierbestände und Versuchstiere sowie der Einbeziehung von Tierproduktionsanlagen, der Landwirtschaftlichen Produktionsgenossenschaften und Volkseigenen Gütern.
Der Direktor des Staatlichen veterinärmedizinischen Prüfungsinstituts beim Ministerium für Land-, Forst- und Nahrungsgüterwirtschaft ist berechtigt, Abweichungen von diesem Stufenprogramm festzulegen, wobei die Prüfungsstufe 3 Grundlage für die staatliche Registrierung bleibt.

### 2.1.1. Prüfungsstufe 1

2.1.1.1. Aufgabenstellung

Bestätigung der Wirksamkeit des Tierarzneimittels, sofern kein Modell für den experimentellen Wirksamkeitsnachweis vorhanden ist; Prüfung der allgemeinen und lokalen Verträglichkeit der empfohlenen Dosis und Applikationsart, Prüfung der Zubereitung auf Eignung (Anwendbarkeit), Stellungnahme zu Vorschlägen für den Gesundheits- und Arbeitsschutz, Beurteilung der Resorption, Einschätzung der therapeutischen Breite und von Nebenwirkungen sowie erste Angaben zur Kontraindikation, Einschätzung des Einsatzrisikos.

2.1.1.2. Vorbedingungen

Die Sicherheit des Tierarzneimittels, bei Lebendimpfstoffen des Produktionsstammes, ist auf der Grundlage der Entwicklungsarbeiten oder durch einen bestandsspezifischen Einsatz oder durch pharmakologische Begutachtung vorher zu bestimmen und unter Praxisbedingungen klinisch an der für den Einsatz vorgesehenen Tierart zu überprüfen.
Hierzu sind Ergebnisse mit hinreichenden Aussagen zur Sicherheit und zur Toxizität sowie Hinweise zur Wirksamkeit des Tierarzneimittels (Nachweis der Sicherheit an der Tierart, bei der das Arzneimittel zur Anwendung kommen soll und an mindestens einer Versuchstierart wie Meerschweinchen, weiße Ratten o. ä.) bzw. Unterlagen zur Identität und Stabilität des verwendeten Impfstammes bei Lebendimpfstoffen vorzuweisen.

2.1.1.3. Durchführung

Die Prüfung ist auf 1 bis 3 Tierbestände und die Anzahl der Versuchstiere auf ein notwendiges Mindestmaß, das noch statistisch gesicherte Aussagen gestattet, zu beschränken.

### 2.1.2. Prüfungsstufe 2

2.1.2.1. Aufgabenstellung

Bestätigung der Sicherheit und Aussagen zur Wirksamkeit von Tierarzneimitteln, bei denen kein Modell für den experimentellen Wirksamkeitsnachweis an der für den Einsatz vorgesehenen Tierart vorhanden ist;
Prüfung der Zubereitung auf Eignung (Anwendbarkeit), Beurteilung der Abpackung und Abpackungsgröße, Aussagen zur therapeutischen Breite, zu Nebenwirkungen und Kontraindikationen, Beurteilung der Ergebnisse im Vergleich zu unbehandelten Versuchstieren (Kontrolltiere) Aussagen zur Kombinationsfähigkeit mit anderen Tierarzneimitteln und mit Futtermitteln, Angaben zum Risiko.

2.1.2.2. Vorbedingungen

a) Die Sicherheit wurde im Rahmen der Entwicklungsarbeiten durch ein pharmakologisches Gutachten oder durch klinische Prüfung nach Prüfungsstufe 1 nachgewiesen.
b) Das Herstellungsverfahren entspricht dem späteren Produktionsverfahren oder kommt diesem nahe (Technikums- oder Pilotproduktion).

Hierzu sind Ergebnisse der Prüfung nach Prüfungsstufe 1 oder gesicherte Ergebnisse zur Sicherheit aus Forschung und Entwicklung als Gutachten, bei Lebendimpfstoffen gesicherte Ergebnisse zur Stabilität des Impfstammes als Gutachten;
Hinweise zur Wirksamkeit; Hinweise zum Ausschluß von Lebensmittelkontaminationen, die Stellungnahme des zuständigen Organs des jeweiligen späteren Herstellers zur Überführbarkeit des Tierarzneimittels in die Produktion und die Stellungnahme des jeweiligen späteren Herstellers zur vorgesehenen Produktionstechnologie und zur Produktionskapazität vorzuweisen.

2.1.2.3. Durchführung

Die Prüfung ist in Tierbeständen mit geringer Tierkonzentration durchzuführen

### 2.1.3. Prüfungsstufe 3

2.1.3.1. Aufgabenstellung

Bestätigung der Sicherheit und der Wirksamkeit des Tierarzneimittels als Grundlage der Entscheidungsfindung für die Eintragung in das Arzneimittelregister der Deutschen Demokratischen Republik;
Aussagen zur Eignung der Zubereitung für alle vorgesehenen Anwendungsgebiete;
Beurteilung der Abpackung und Abpackungsgröße;

Angaben zur Durchführbarkeit des Gesundheits- und Arbeitsschutzes;
Beurteilung der ökonomischen Effektivität der Anwendung;
Aussagen zur Karenzzeitregelung unter Produktionsbedingungen;
Angaben zu Nebenwirkungen (Häufigkeit, Symptome).

2.1.3.2. Vorbedingungen

a) Nachweis der Sicherheit und der Wirksamkeit im Rahmen der Entwicklungsarbeiten durch ein pharmakologisches Gutachten und/oder durch klinische Prüfungsstufe 1 und 2

b) Die für die Prüfung vorgesehenen Versuchsmuster werden von dem für die planmäßige Produktion des Tierarzneimittels vorgesehenen Hersteller nach dem endgültigen Herstellungsverfahren oder unter produktionsnahen Bedingungen produziert

c) Die für die Prüfung vorgesehenen Muster sind endgültig pharmazeutisch begutachtet.
Hierzu sind statistisch bewiesene Aussagen zur Sicherheit (Ergebnisse der Prüfung nach Stufe 1 und/oder 2) aus Forschung und Entwicklung als Gutachten, bei Lebendimpfstoffen gesicherte Ergebnisse zur Stabilität des Impfstammes als Gutachten, gesicherte Aussagen zur Wirksamkeit als Gutachten, gesicherte Karenzzeitregelungen als Gutachten und gesicherte Regelungen über den Gesundheits- und Arbeitsschutz vorzuweisen.

2.1.3.3. Durchführung

Die Prüfung muß alle Produktionsstufen und Haltungsbedingungen umfassen, in denen das Tierarzneimittel eingesetzt werden soll. Soll der Einsatz in Tierproduktionsanlagen erfolgen, sind mindestens 2 solcher Anlagen in die Prüfung einzubeziehen.

2.2. Die klinische Prüfung der Tierarzneimittel in den Prüfungsstufen 1 bis 3 ist in solchen Tierbeständen durchzuführen, in denen der Hygienestatus, der epizootiologische Status und das klinische Geschehen, einschließlich der dazugehörigen Dokumentation gesicherte Aussagen zum Prüfergebnis erwarten lassen. Bei grundsätzlicher Änderung dieser Bedingungen und auftretenden Nebenwirkungen ist die klinische Prüfung abzubrechen und in einem anderen geeigneten Tierbestand neu aufzunehmen.
Der Tierarzneimittelprüfer hat erforderlichenfalls eine wirksame veterinärhygienische Absicherung des Tierbestandes, in dem die klinische Prüfung vorgenommen wird, in Zusammenarbeit mit dem zuständigen Bezirkstierarzt oder Kreistierarzt zu gewährleisten.

2.3. Für die Genehmigung einer klinischen Prüfung von Tierarzneimitteln müssen folgende Unterlagen gegeben sein und bei Beantragung der Prüfung gegenüber dem Zentralen Gutachterausschuß für Arzneimittelverkehr — Sektion Veterinärmedizin — und dem Staatlichen Veterinärmedizinischen Prüfungsinstitut beim Ministerium für Land-, Forst- und Nahrungsgüterwirtschaft schriftlich nachgewiesen werden;

a) pharmakologisches und immunbiologisches Gutachten,
b) pharmazeutisches Gutachten,
c) staatliche Freigabe der für die Prüfung vorgesehenen Versuchsmuster, bei Immunpräparaten nach vorhergehender staatlicher Prüfung,
d) Entwurf einer Gütevorschrift und einer Herstellungsvorschrift entsprechend dem jeweiligen Entwicklungsstand und der Prüfungsstufe,
e) detaillierter Prüfungsplan,
f) Festlegungen über die erforderlichen Vorkehrungen hinsichtlich des Gesundheits- und Arbeitsschutzes (ggf. arbeitsmedizinisches Gutachten); Veterinärhygienische Absicherungsmaßnahmen und, falls erforderlich einzuhaltende Karenzzeiten,
g) Zustimmung des Bezirkstierarztes zur klinischen Prüfung; die Zustimmung bezieht sich auf den Inhalt des Prüfungsplanes sowie die sachlichen und personellen Voraussetzungen zur klinischen Prüfung von Tierarzneimitteln aus territorialer Sicht.

## 3. Verantwortlichkeit

3.1. Die Tierarzneimittelentwickler sind für die Organisation, Überwachung und Auswertung der klinischen Prüfung von Tierarzneimitteln verantwortlich. Dazu beauftragen sie einen Leiter der klinischen Prüfung

3.2. Der Leiter der klinischen Prüfung ist verantwortlich für

a) die Auswahl der Arzneimittelprüfer und der Tierbestände, in denen die klinische Prüfung von Tierarzneimitteln durchgeführt wird,
b) die Ausarbeitung des Prüfplanes in Abstimmung mit dem Verantwortlichen für die Durchführung der Prüfung (nachfolgend Prüfungsverantwortlicher genannt),
c) die Festlegung der notwendigen Kontroll- und Sicherheitsmaßnahmen mit dem Prüfungsverantwortlichen,
d) die Anleitung des oder der Prüfungsverantwortlichen,
e) die Durchführung von Kontrollen zur ordnungsgemäßen Prüfung der Tierarzneimittel
f) die Information des Zentralen Gutachterausschusses für Arzneimittelverkehr — Sektion Veterinärmedizin — über Beobachtungen, die eine Änderung des Prüfungsplanes oder Abbruch der klinischen Prüfung erforderlich machen.

3.3. Von den Tierarzneimittelprüfern sind zur Durchführung der klinischen Prüfung von Tierarzneimitteln in Abstimmung mit dem Tierarzneimittelentwickler Prüfungsverantwortliche zu beauftragen.

Als Prüfungsverantwortliche für die Prüfungsstufen 1 und 2 sind Tierärzte, als Prüfungsverantwortliche für die Prüfung nach Prüfungsstufe 3 sind Fachtierärzte oder Tierärzte mit Spezialausbildung (z. B. Endokrinologie, Immunbiologie, Parasitologie oder Fischkrankheiten) zu beauftragen. Die Prüfungsverantwortlichen können weitere Tierärzte sowie Hoch- und Fachschulkader aus der Tierproduktion in die Prüfung einbeziehen.

3.4. Der Prüfungsverantwortliche ist verantwortlich für

a) die Durchführung der Prüfung der Tierarzneimittel entsprechend dem Prüfungsplan,
b) die Gewährleistung der notwendigen Kontroll- und Sicherheitsmaßnahmen in dem Tierbestand, in dem die klinische Prüfung durchgeführt wird,
c) die Information des Leiters der klinischen Prüfung über Beobachtungen, die eine Änderung des Prüfungsplanes und/oder den Abbruch der Prüfung erforderlich machen,
d) die Einzelbefunderhebung, Befundzusammenstellung und Erstellung des klinischen Gutachtens sowie die Einschätzung der Effektivität, der Anwendbarkeit und des ökonomischen Nutzens des Einsatzes des Tierarzneimittels,
e) die Erstellung eines Gutachtens, das unterschriftlich zu bestätigen ist.

## 4. Klinische Gutachten

Die klinischen Gutachten der Prüfungsverantwortlichen gemäß Ziff. 3.4. Buchst. d) sind vom Leiter der klinischen Prüfung auszuwerten und in Form eines zusammenfassenden Prüfungsberichtes darzustellen. Dieser Bericht ist dem Zentralen Gutachterausschuß für Arzneimittelverkehr — Sektion Veterinärmedizin — zusammen mit den Gutachten der Prüfungsverantwortlichen gemäß Ziff. 3.4. Buchst. e zuzuleiten.

## 5. Vertragsbeziehungen

Über die Durchführung der klinischen Prüfung von Tierarzneimitteln ist zwischen dem Tierarzneimittelentwickler als Verantwortlichen für die klinische Prüfung von Tierarzneimitteln und dem Tierarzneimittelprüfer ein Vertrag abzuschließen. Dieser Vertrag muß Festlegungen zu den Pflichten beider Partner bei der Durchführung und Auswertung der klinischen Prüfung von Tierarzneimitteln und zur materiellen Verantwortlichkeit enthalten.

## 6. Antragstellung zur Registrierung

Bei der Antragstellung auf Eintragung des Tierarzneimittels in das Tierarzneimittelregister der Deutschen Demokratischen Republik ist durch den Tierarzneimittelentwickler neben den Prüfungsberichten und sonstigen gemäß Arzneimittelgesetz beizubringenden Unterlagen eine Einschätzung der ökonomischen Effektivität (einschließlich Arbeitsproduktivität und Verbesserung der Anwendbarkeit in Hinsicht auf den Gesundheits- und Arbeitsschutz) im Vergleich zu vorhandenen Tierarzneimitteln sowie eine wissenschaftlich begründete Einsatzkonzeption für das entwickelte Tierarzneimittel als Grundlage für staatliche Prophylaxe — und Bekämpfungsmaßnahmen vorzulegen. Diese Einsatzkonzeption ist mit dem Leit-Bezirksinstitut für Veterinärwesen und ggf. mit bestehenden oder zu bildenden Expertengruppen (z. B. Arbeitsgruppen der Forschungskooperationsgemeinschaft) abzustimmen.

## 7. Schlußbestimmungen

7.1. Diese Verfügung tritt am 31. März 1983 in Kraft.

7.2. Gleichzeitig tritt die Richtlinie Nr. 2 vom 28. Januar 1971 zur Anwendung des Arzneimittelgesetzes — Pharmakologisch — klinische Vorprüfung an Tieren — (Verfügungen und Mitteilungen des Rates für landwirtschaftliche Produktion und Nahrungsgüterwirtschaft der Deutschen Demokratischen Republik Nr. 3/1971 S. 38) außer Kraft.
Ab gleichen Zeitpunkt sind für den Geltungsbereich dieser Verfügung § 8 Abs. 1 Buchst. f und Abs. 5, § 17 Abs. 1 Buchst. k und Abs. 3 sowie Abschn. IV — klinische Gutachten — der Anlage 2 der Ersten Durchführungsbestimmung vom 15. Mai 1964 zum Arzneimittelgesetz (GBl. II Nr. 56 S. 485) nicht mehr anzuwenden.

---

[1]) Die Verfügung wurde den in Betracht kommenden Einrichtungen direkt zugestellt.

# Anweisung über Maßnahmen der Überwachung und Sicherung bei Implantaten

vom 21. April 1983
(VuM MfGe Nr. 4 S. 29)

Zur Anwendung von Maßnahmen der Überwachung und Sicherung gemäß § 29 Abs. 4 des Arzneimittelgesetzes vom 5. 5. 1964 (GBl. I Nr. 7 S. 101) auf Implantate[1]) wird im Einvernehmen mit dem Minister für Hoch- und Fachschulwesen folgendes angewiesen:

1. Die Leiter von stationären Gesundheitseinrichtungen im Verantwortungsbereich des Ministeriums für Gesundheitswesen und des Ministeriums für Hoch- und Fachschulwesen, in denen Implantationen durchgeführt werden, sind dafür verantwortlich, daß für die Träger von Implantaten (Anlage) eine vollständige und stets verfügbare Dokumentation geführt wird. Sie hat insbesondere folgende Angaben zu enthalten:

   — Name, Geburtsdatum und Anschrift der Patienten
   — Typ, Art und Größenbezeichnung des Implantats
   — Name und Anschrift des Herstellerbetriebes
   — Datum der Herstellung des Implantats (Charge, Serien-Nr.)
   — Datum der Implantation
   — gegebenenfalls Datum und Grund der Explantation.

   Bei nicht in der Anlage aufgeführten, aber speziell deklarierten Implantaten können, sofern das im Einzelfall als notwendig erachtet wird, ebenfalls entsprechende Angaben dokumentiert werden.

2. Nach Implantationen eingetretene Zwischenfälle oder Hinweise, die eine zielgerichtete Beobachtung bzw. einen ärztlichen Eingriff erforderlich machen, sind durch die Leiter der betroffenen Gesundheitseinrichtungen umgehend dem Institut für Arzneimittelwesen der DDR[2]) zu melden. Sofern Herzschrittmacher oder deren Elektroden (aus Eigenproduktion oder Import) Anlaß zu einer Meldung geben, ist gleichzeitig (durchschriftlich) der VEB Transformatoren- und Röntgenwerk „Hermann Matern", Betrieb Ultraschalltechnik Halle[3]), in Kenntnis zu setzen. Mit der Meldung sind die Daten der Dokumentationen mitzuteilen. Im Falle der Meldung über Telefon oder Telex sind diese schriftlich nachzureichen.

3. Unabhängig von der Meldung gemäß Ziff. 2 hat der behandelnde Arzt zu prüfen und zu entscheiden, welche Sofortmaßnahmen zum Schutz bzw. zur Rettung des oder der Patienten erforderlich und welche therapeutischen Maßnahmen unverzüglich einzuleiten sind.

4. Diese Anweisung tritt mit ihrer Veröffentlichung in Kraft.

## Anlage

zu Ziff. 1 vorstehender Anweisung

### Liste der Implantate, für deren Träger eine Dokumentation gemäß Ziff. 1 zu führen ist:

- Herzschrittmacher und andere zur Implantation bestimmte elektrische/elektronische Stimulatoren und Reizstromgeräte einschließlich der zugehörigen Elektroden
- Dauerelektroden (z. B. für elektromechanische Prothesen, knochenwachstumsstimulierende Elektroden)
- Herzklappen
- Bypass-Materialien
- Gelenkendoprothesen
- liquorableitende Ventilsysteme
- Clips, sofern dauernd im Körper verbleibend (z. B. Aneurisma-Clips, Tubenverschluß)
- Intraokularlinsen
- Silastik- und Keramikprothesen für Hals-Nasen-Ohrenheilkunde
- im Gewebe selbsthärtende Plaste (z. B. Palacos, Ethibloc)
- sonstige endovaskulär verbleibende Plaste und Elaste (z. B. abwerfbare Ballonkatheter)

---

[1]) Implantate sind als zum dauernden Verbleib im Körper bestimmte medizinische Gegenstände den Arzneimitteln gleichgestellte Erzeugnisse gemäß § 3 Abs. 1 Buchst. a des Arzneimittelgesetzes.

[2]) 1120 Berlin, Große Seestr. 4 (Tel. 3 65 42 66, Telex 114597)

[3]) 4020 Halle, Merseburger Str. 15a (UST Halle) (Tel. 4 11 38, Telex 4293)

# Richtlinie zur Bedarfsplanung und zum Einsatz materieller Mittel für edelmetallhaltige Erzeugnisse in der Stomatologie

vom 1. April 1983
(VuM MfGe Nr. 4 S. 31)

Auf der Grundlage der §§ 2 und 11 des Gesetzes vom 12. Juli 1973 über den Verkehr mit Edelmetallen, Edelsteinen und Perlen sowie Erzeugnissen aus Edelmetallen, Edelsteinen und Perlen — Edelmetallgesetz — (GBl. I Nr. 33 S. 338) ist es erforderlich, die notwendigen Festlegungen für den sparsamen Umgang und den effektiven Einsatz von edelmetallhaltigen Erzeugnissen in der Stomatologie zu treffen. Ausgehend von der Anordnung vom 30. Oktober 1981 über die Planung, Bereitstellung und Rückgewinnung von Edelmetallen (GBl. I Nr. 33 S. 296) werden zur Vervollkommnung der Bedarfsplanung, Bestandshaltung und Umverteilung von edelmetallhaltigen Erzeugnissen in der Stomatologie im Einvernehmen mit den Leitern der zuständigen zentralen Staatsorgane nachfolgende Festlegungen getroffen:

1. Bedarfsplanung von edelmetallhaltigen Erzeugnissen in der Stomatologie (Anlage 1)

1.1. Zur Bedarfsplanung sind die Bedarfsträgergruppen

- Räte der Bezirke für die örtlich geleiteten Einrichtungen des Gesundheitswesens;
- Ministerium für Hoch- und Fachschulwesen für die Medizinischen Akademien und für die Bereiche Medizin der Universitäten;
- Zentrale Leitung des Medizinischen Dienstes des Verkehrswesens der DDR für die ihr unterstellten Gesundheitseinrichtungen;
- Zentrale Leitung des Sportmedizinischen Dienstes der DDR für die ihr nach- bzw. zugeordneten Gesundheitseinrichtungen;
- Gesundheitswesen Wismut,
- Gewerkschaft Gesundheitswesen, Zentrale der Abrechnungsstellen Ärzte und Zahnärzte, für den Bereich der in eigener Praxis niedergelassenen Zahnärzte (außer Berlin);
- FDGB-Bezirksvorstand Berlin, Verwaltung der Sozialversicherung, Referat Ärzte und Zahnärzte, für den Bereich der in eigener Praxis niedergelassenen Zahnärzte in Berlin;
- verschiedene Verbraucher (7700)

und die Bedarfsträger, d. h. die dem Ministerium für Gesundheitswesen direkt nachgeordneten Gesundheitseinrichtungen und Betriebe einschließlich des Staatlichen Versorgungskontors für Pharmazie und Medizintechnik verpflichtet. Sie melden bis zum 1. Juli des dem Planjahr vorausgehenden Jahres für das folgende Planjahr die benötigten Mengen der Legierungen (Goplat, Sipal, Sident) ohne Unterteilung in Handelsformen an die Zentralstelle für materielle Fonds beim Ministerium für Gesundheitswesen, 1055 Berlin, Greifswalder Str. 225, (nachstehend ZmF genannt) bei gleichzeitiger Angabe des voraussichtlichen Bestandes zu Beginn des Planjahres. Der Bedarf an Dentargam ist durch die Einrichtungen der Bedarfsträgergruppen bzw. durch die Bedarfsträger direkt bei den zuständigen Versorgungsdepots zu bestellen.

1.2. Die ZmF nennt den Bedarfsträgergruppen und den Bedarfsträgern bis zum 1. September Orientierungskennziffern für das folgende Planjahr.

1.3. Durch die Bedarfsträgergruppen und die Bedarfsträger ist im Rahmen der ausgereichten Orientierungskennziffern pro Jahr der präzisierte Quartalsbedarf auf Vordruck 1910 für das

I. Quartal bis 15. Oktober des Vorjahres,
II. Quartal bis 15. Januar des laufenden Jahres,
III. Quartal bis 15. April des laufenden Jahres,
IV. Quartal bis 15.Juli des laufenden Jahres

an die ZmF einzureichen.
Zur Ausfüllung dieses Formblattes werden durch die ZmF gesonderte Hinweise übergeben.

1.4. Die ZmF ist verpflichtet, bis 4 Wochen vor Quartalsbeginn Bilanzanteile pro Quartal an die Bedarfsträgergruppen und die Bedarfsträger zu übergeben.
Auf der Grundlage der von der ZmF übergebenen Bilanzanteile pro Quartal sind von den Einrichtungen der Bedarfsträgergruppen und von den Bedarfsträgern Verträge direkt mit dem VEB Münze, spätestens 14 Tage vor Quartalsbeginn, abzuschließen (Formblatt Anlage 2). Durch die Bedarfsträgergruppen ist dem VEB Münze 3 Wochen vor Quartalsbeginn als Grundlage dazu eine Aufteilung auf die Einrichtungen innerhalb der Bedarfsträgergruppe zu übergeben.
Die Bezirke geben außer den Einrichtungen auch die Aufteilung auf die Kreise bekannt.

1.5. Für die Bedarfsplanung und Abrechnung innerhalb der Bedarfsträgergruppen ist das als Anlage 3 beigefügte Formblatt zu verwenden, das dem jeweils übergeordneten Organ zu übergeben ist.

1.6. Zum vierteljährlichen Nachweis der Kennziffern der verbraucherseitigen Materialbewegung auf Formblatt 146-1 entsprechend den Richtlinien zur Materialberichterstattung — Kennziffern der verbraucherseitigen Materialbewegung einschließlich Edelmetalle — gegenüber der jeweils zuständigen Kreisstelle der Staatlichen Zentralverwaltung für Statistik sind die unter Ziff. 1.1. genannten Bedarfsträgergruppen und die dem Ministerium für Gesundheitswesen direkt nachgeordneten Bedarfsträger für Edelmetalle mit Ausnahme der verschiedenen Verbraucher (7700) verpflichtet. Die Abrechnung ist in Reinmetallen vorzunehmen. Speziell für diese Berichterstattung werden gesonderte Betriebsnummern übergeben.

2. Bestandshaltung und Umverteilung von edelmetallhaltigen Erzeugnissen in der Stomatologie.

2.1. Zur Gewährleistung eines rationellen Einsatzes wird festgelegt, daß in den Einrichtungen der Bedarfsträgergruppen und bei den Bedarfsträgern der Vorrat (Gesamtvorrat ohne angearbeitetes Material, Abfälle und Gekrätze) 120 Kalendertage, bezogen auf die Orientierungskennziffern lt. Ziff. 1.2. nicht übersteigen darf[1]).

2.2. Wird dieser Vorrat überschritten, sind die Bedarfsanmeldungen für das Folgequartal zu reduzieren.

2.3. Die Bedarfsträgergruppen entscheiden über die Verteilung von Beständen innerhalb ihres Verantwortungsbereiches. Bei Veränderungen von Bilanzanteilen gegenüber den Einrichtungen der Bedarfsträgergruppen oder bei der Rückgabe von Bilanzanteilen an die ZmF sind bereits bestehende Verträge durch die Einrichtungen der Bedarfsträgergruppen mit den Lieferern aufzuheben bzw. zu korrigieren. Durch die Bedarfsträger ist sinngemäß zu verfahren.

2.4. Entsprechend Abschnitt I § 4 Abs. 1 der Ersten Durchführungsbestimmung zum Edelmetallgesetz sind quartalsweise körperliche Inventuren durchzuführen. Sie sind unabhängig von der Verpflichtung zur ständigen Überwachung der Vorräte in den Einrichtungen der Bedarfsträgergruppen und bei den Bedarfsträgern vorzunehmen. Die angearbeiteten Materialien sind gesondert zu erfassen, ebenso der Rücklauf bei Umtausch von Goplat.

3. Gewährleistung von Ordnung und Sicherheit

Bei der Planung, dem Bezug, der Lagerung, Nachweisführung und Kontrolle von edelmetallhaltigen Erzeugnissen in der Stomatologie sind die Festlegungen folgender Rechtsvorschriften strikt einzuhalten:

- Gesetz vom 12. 7. 1973 über den Verkehr mit Edelmetallen, Edelsteinen und Perlen sowie Erzeugnissen aus Edelmetallen, Edelsteinen und Perlen — Edelmetallgesetz — (GBl. I Nr. 33 S. 338),

— Erste Durchführungsbestimmung vom 12. 7. 1973 zum Edelmetallgesetz (GBl. I Nr. 33 S. 340),
— Anweisung vom 18. 6. 1975 über die Verwaltung und Verarbeitung von Edelmetallen in der stomatologischen Betreuung (Verf. u. Mitt. Nr. 13 S. 86),
— Anordnung vom 10. 10. 1981 über die Planung, Bereitstellung und Rückgewinnung von Edelmetallen (GBl. I Nr. 33 S. 386),
— Anweisung vom 7. 8. 1981 über die Rückführung von Sipal und Dentargam (Verf. u. Mitt. Nr. 6 S. 78),
— Anordnung vom 29. 6. 1982 über den Transport und die Lagerung von Edelmetallen, Edelsteinen und Perlen sowie Erzeugnissen aus Edelmetallen, Edelsteinen und Perlen (GBl. I Nr. 29 S. 541).

4. Schlußbestimmungen

4.1. Diese Richtlinie tritt am 1. Juli 1983 in Kraft.
Bis zu diesem Zeitpunkt haben die Leiter der Bedarfsträgergruppen bzw. der Bedarfsträger die entsprechenden Voraussetzungen zur ordnungsgemäßen Durchführung der Festlegungen dieser Richtlinie zu schaffen.

4.2. Gleichzeitig treten die Hinweise vom 3. 2. 1981 für den Einsatz materieller und finanzieller Mittel für Gold und andere edelmetallhaltige Erzeugnisse des Bereiches Stomatologie (Verf. u. Mitt. Nr. 2 S. 18) außer Kraft.

## Anlage 1

zu Ziff. 1 vorstehender Richtlinie

## Nomenklatur edelmetallhaltiger Erzeugnisse in der Stomatologie

**Goplat**

Guß Goplat III 183
Blech Goplat IV 184
Blech Goplat IIa 187
Draht Goplat 01 188
Guß Goplat I 201
Blech Goplat II C 202
Guß Goplat II G 202
Blech Goplat II B 203
Lot Goplat 7551
Lot Goplat 7552
Guß Goplat II B 203
Stahlgoldlot

**Sipal**

Sipalblech 301/2
Sipalguß 302
Sipalblech 306
Sipalguß 306
Sipaldraht 400
Sipallot 3051
Sipallot 3052
Wurzelstifte (Sipal)

**Sident**

Sidentguß 870
Sidentdraht 870
Sidentlot I/8051
Sidentlot II/8052
Stahlsilberlot

**Sena**

Senaguß I 65
Senaguß II 40

**Platinfolie**

**Dentargam**

## Anlage 2

zu Ziff. 1.4. vorstehender Richtlinie

## Formblatt für die Quartalsbestellung der Einrichtungen der Bedarfsträgergruppen und Bedarfsträger gegenüber dem VEB Münze der DDR

| Name der Einrichtung mit genauer Versand-anschrift u. Postleitzahl Einricht.-Nr. | Für Lastschrift-einzug a) Konto-Nr. b) Code-Nr. | Quartalsmenge | Bezirk: Spezifikation nach Legierung in a) Best.-Nr. b) Form c) Menge | Kreis: Bearbeitungs-vermerke (nur für VEB Münze der DDR) |
|---|---|---|---|---|

| Datum: Stempel d. Einrichtung Unterschrift des Verwaltungsleiters | abgeforderte Menge ... | | Warenbereitstellung soll erfolgen durch: | |
|---|---|---|---|---|

## Anlage 3

zu Ziff. 1.5. vorstehender Richtlinie

## Bedarf und Bestand an edelmetallhaltigen Erzeugnissen in der Stomatologie (Material aus Staatsfonds)

Einrichtung:

| 1 | 2 | 3 | 4 | 5 | 6 |
|---|---|---|---|---|---|
| Legierung | Jahresbedarf | Bedarf Quartal | Zulässiger Höchstvorrat | Ist-Vorrat 31. 3., 30. 6., 30. 9., 31. 12. — unverarbeite-tes Material — | voraussichtl. Vor-rat zu Beginn des Planzeitraumes — unverarbeite-tes Material — |
| **Goplat** | | | | | |
| Guß Goplat III 183 | | | | | |
| Blech Goplat IV 184 | | | | | |
| Blech Goplat IIa 187 | | | | | |
| Draht Goplat 01 188 | | | | | |
| Guß Goplat I 201 | | | | | |
| Blech Goplat II C 202 | | | | | |
| Guß Goplat II G 202 | | | | | |
| Blech Goplat II B 203 | | | | | |

**Goplat**

Lot Goplat 7551
Lot Goplat 7552
Guß Goplat II B 203
Stahlgoldlot

Goplat gesamt

**Sipal**

Sipalblech 301/2
Sipalguß 302
Sipalblech 306
Sipalguß 306
Sipaldraht 400
Sipallot 3051
Sipallot 3052
Wurzelstifte (Sipal)

Sipal gesamt

**Sident**

Sidentguß 870
Sidentdraht 870
Sidentlot I/8051
Sidentlot II/8052
Stahlsilberlot

Senaguß I 65
Senaguß II 40

Sident gesamt

**Reinmetall**

Platinfolie

Ort, Datum Unterschrift

**Erläuterungen**

- Die Mengen sind grundsätzlich in g mit einer Dezimale anzugeben,
- zulässiger Höchstvorrat = Jahresbedarf (Plan): 3,
- Ist-Vorrat: unverarbeitetes, noch nicht zur Verarbeitung ausgegebenes Material,
- voraus. Vorrat: unverarbeitetes, noch nicht zur Verarbeitung ausgegebenes Material zum Stichtag.

[1]) Für den Bestand von Dentargam in den Versorgungsdepots für Pharmazie und Medizintechnik werden 45 Richttage festgelegt.

# Richtlinie zur weiteren Verbesserung der Nutzung wertintensiver Medizintechnik

vom 22. November 1982
(VuM MfGe 1983 Nr. 1 S. 4)

Um die betreuungswirksame Nutzung wertintensiver Medizintechnik und anderer technischer Anlagen weiter zu verbessern, wird im Einvernehmen mit den Leitern der zuständigen zentralen Staatsorgane und in Übereinstimmung mit dem Präsidenten der Akademie der Wissenschaften der DDR auf der Grundlage der Rechtsvorschriften über den Handel mit beweglichen Grundmitteln und Vorräten[1]) folgende Richtlinie erlassen:

1.

(1) Diese Richtlinie gilt für alle zentral- und örtlich geleiteten Einrichtungen des Gesundheits- und Sozialwesens (nachstehend Einrichtungen genannt) im Verantwortungsbereich

— des Ministeriums für Gesundheitswesen
— des Ministeriums für Hoch- und Fachschulwesen
— des Ministeriums für Verkehrswesen
— des Staatssekretariats für Körperkultur und Sport
— des Gesundheitswesens Wismut und
— der Akademie der Wissenschaften der DDR,

in denen sich ungenutzte bewegliche Grundmittel befinden.

(2) Ungenutzte bewegliche Grundmittel im Sinne dieser Richtlinie sind medizintechnische Ausrüstungen und andere technische Anlagen der in der Nomenklatur aufgeführten ELN-Gruppen (Anlage) mit einem Bruttowert ab 500 M[2]), die in den Einrichtungen

— nicht genutzt werden oder
— innerhalb von 3 Monaten nach Abnahme vom Lieferer noch nicht in Nutzung genommen sind.

2.

(1) Die Leiter der Einrichtungen sind dafür verantwortlich, daß ungenutzte bewegliche Grundmittel gemäß Ziff. 1 Abs. 2 unverzüglich zu erfassen und innerhalb von 4 Wochen nach der Erfassung nach folgender Güteklassifizierung zu melden sind:

Güteklasse I — neue und neuwertige Grundmittel
Güteklasse II — benutzte Grundmittel, sofort einsatzfähig
Güteklasse III — benutzte Grundmittel, bedingt einsatzfähig, Teilreparatur erforderlich

Güteklasse IV — benutzte Grundmittel, bedingt einsatzfähig, Generalreparatur erforderlich

Güteklasse V — benutzte Grundmittel zur Teilverwertung

Bei den Güteklassen IV und V ist ein technisches Gutachten beizufügen.

(2) Die Meldungen gemäß Abs. 1 sind im Verantwortungsbereich des Ministeriums für Gesundheitswesen

- von den Einrichtungen, die den Räten der Gemeinden, Städte oder Kreise unterstehen, an den zuständigen Kreisarzt
- von den Einrichtungen, die den Räten der Bezirke oder dem Ministerium für Gesundheitswesen unterstehen an den zuständigen Bezirksarzt

zu richten.

(3) Einrichtungen, die nicht zum Verantwortungsbereich des Ministeriums für Gesundheitswesen gehören, haben die Meldungen gemäß Abs. 1 an das nach der jeweiligen bereichsspezifischen Regelung festgelegte Organ zu richten.

3.

(1) Die Organe gemäß Ziff. 2 Abs. 3, die Kreisärzte und die Bezirksärzte haben über

- die erforderlichen Maßnahmen zur Nutzung oder
- die kooperative Nutzung durch mehrere Einrichtungen, nach Abstimmung auch durch Einrichtungen mehrerer Verantwortungsbereiche, oder
- die Umsetzung innerhalb des eigenen Verantwortungsbereiches

der ihnen gemäß Ziff. 2 gemeldeten ungenutzten beweglichen Grundmittel zu entscheiden. Sie sind verpflichtet, die ihnen vorliegenden Übersichten (Gerätekarteien u. ä.) in bezug auf den Nutzungsgrad der Ausrüstungen und Anlagen zu prüfen und über deren weitere Nutzung die erforderlichen Entscheidungen zu treffen.

(2) Wenn die Überprüfung der Nutzungsmöglichkeiten im eigenen Verantwortungsbereich zu keinem Ergebnis geführt hat, ist die Meldung von den Organen gemäß Ziff. 2 Abs. 3 und den Kreisärzten an den für das betreffende Territorium zuständigen Bezirksarzt weiterzugeben.

(3) Der Bezirksarzt hat über die Weitergabe der Meldung eines ungenutzten beweglichen Grundmittels zur zentralen Vermittlung (Ziff. 4) durch die betreffende Einrichtung zu entscheiden, wenn die Überprüfung der Nutzungsmöglichkeiten gemäß Abs. 1 auch aus der Sicht des Bezirkes zu keinem Ergebnis geführt hat.

(4) Die Kreisärzte und Bezirksärzte haben in den Einrichtungen die Erfassung und Meldung ungenutzter beweglicher Grundmittel sowie die Durchführung der Maßnahmen, die auf Grund der von ihnen über die weitere Nutzung getroffenen Entscheidungen gemäß den Absätzen 1 und 2 erforderlich werden, zu kontrollieren. Für die Einrichtungen, die nicht zum Verantwortungsbereich des Ministeriums für Gesundheitswesen gehören, ist diese Kontrolle von den für diese Einrichtungen zuständigen Organen durchzuführen.

4.

Der Zentralstelle für materielle Fonds beim Ministerium für Gesundheitswesen (nachstehend ZmF genannt) wird die Verantwortung für die zentrale Vermittlung der ungenutzten beweglichen Grundmittel gemäß Ziff. 1 Abs. 2 übertragen. Sie hat zu gewährleisten, daß die Einrichtungen über die nach dieser Richtlinie gegebenen Möglichkeiten der Vermittlung bzw. Umsetzung ungenutzter beweglicher Grundmittel ausreichend informiert werden.

5.

(1) Die Leiter der Einrichtungen sind verpflichtet, nach der Entscheidung des Bezirksarztes über die Weitergabe zur zentralen Vermittlung das betreffende ungenutzte bewegliche Grundmittel der ZmF, Abt. Unspezifische Erzeugnisse, 1500 Potsdam, Yorkstraße 7, unter Verwendung des Vordrucks „F 30a — Bindendes Angebot über Grundmittel" (Bestell-Nr. 50/059a, VV Halle) anzubieten.
(2) Die Vermittlungsfrist beträgt 6 Monate, beginnend mit dem Eingang des Angebots bei der ZmF. Die ZmF ist verpflichtet, innerhalb der Vermittlungsfrist alle Möglichkeiten eines rationellen und effektiven Wiedereinsatzes des Grundmittels zu prüfen. Durch die ZmF ist die Bekanntgabe vorliegender Vermittlungsangebote mindestens vierteljährlich zu organisieren.
(3) Die Vermittlung ist durchgeführt, wenn der Abnehmer von der ZmF den Schlußschein erhalten hat. Die Einrichtung ist nur dann berechtigt, das betreffende Grundmittel an den Abnehmer abzugeben, wenn dieser den Schlußschein vorlegt.
(4) Konnte innerhalb der Vermittlungsfrist gemäß Abs. 2 das angebotene Grundmittel nicht vermittelt werden, erhält die Einrichtung ihr Angebot von der ZmF zurück (Ablehnung) bzw. ein Angebot auf Verlängerung der Vermittlungsfrist um weitere 6 Monate. Die Vermittlungsfrist kann auch auf Antrag der Einrichtung um 6 Monate verlängert werden.
(5) Die Verschrottung eines ungenutzten beweglichen Grundmittels gemäß Ziff. 1 Abs. 2 darf nur nach der durch die ZmF mitgeteilten Ablehnung des Angebotes durch die Einrichtung in eigener Verantwortung durchgeführt werden[3]).
(6) Für die Vermittlung ungenutzter beweglicher Grundmittel wird ein Vermittlungsentgelt nicht erhoben. Die Abgabe/Übernahme der vermittelten Grundmittel zwischen den Einrichtungen wird unentgeltlich durch Umsetzung vorgenommen, in allen übrigen Fällen durch Verkauf und Ankauf.

6.

(1) Diese Richtlinie tritt mit ihrer Veröffentlichung in Kraft.
(2) Gleichzeitig tritt die Richtlinie vom 9. Januar 1975 über die Vermittlung ungenutzter beweglicher Grundmittel im Gesundheits- und Sozialwesen (Verf. u. Mitt. Nr. 5 S. 25) außer Kraft.

## Anlage

zu Ziff. 1 Abs. 2 vorstehender Richtlinie

### Nomenklatur der in die Vermittlungstätigkeit einbezogenen ELN-Gruppen

| ELN-Nr. | Bezeichnung |
|---|---|
| 136 81 000 | Diagnostische Röntgeneinrichtungen |
| 136 82 000 | Therapeutische Röntgeneinrichtungen |
| 136 84 000 | Kernstrahlungs- und Teilchenbeschleuniger-Einrichtungen |
| 136 85 000 | Medizinische Infrarotlicht- und Ultraviolettbestrahlungseinrichtungen |
| 136 86 000 | Medizinisch-elektronische Meß- und Registriereinrichtungen und -geräte |
| 136 87 000 | Reiz-, Reizstrom- und Iontophoreseeinrichtungen, medizinische Ultraschalleinrichtungen, Elektrochirurgie-, Kurz- und Mikrowellen- und Dezimetertherapieeinrichtungen |
| 138 55 000 | Physikalisch-optische Meßgeräte |
| 138 56 000 | Mikroskope |
| 938 80 000 | Erzeugnisse der Medizintechnik (ohne 138 87 000 Atemschutz- und Atmungsgeräte) |
| 138 88 000 | Geräte der optischen Medizintechnik |
| 138 72 000 | Radiometrische Geräte und Einrichtungen |
| 138 90 000 | Laborgeräte und -einrichtungen |
| 133 58 400 | Großküchenmaschinen (elektrisch betrieben) |
| 139 45 000 | Großkocheinrichtungen |
| 131 17 000 | Apparate für Wasseraufbereitungsanlagen sowie spezielle Geräte für Betrieb und Instandhaltung von Wasserversorgungs- und Wasserbehandlungsanlagen |

---

[1]) Insbesondere Verordnung vom 29. 4. 1966 über den Handel mit beweglichen Grundmitteln und Vorräten (GBl. II Nr. 51 S. 309) in der Fassung der Dritten Verordnung vom 6. 3. 1973 (GBl. I Nr. 16 S. 145)

[2]) Davon ausgenommen sind die Grundmittel, die in den nicht dem Ministerium für Gesundheitswesen unterstehenden Verantwortungsbereichen, z. B. in der Akademie der Wissenschaften der DDR, für nichtmedizinische Zwecke erworben wurden.

[3]) Rahmenordnung vom 1. 4. 1982 für die Organisation und Leitung der Sekundärrohstofferfassung im Gesundheits- und Sozialwesen (Verf. u. Mitt. Nr. 3 S. 40); abgedruckt unter A **30** 50.

## Information Nr. 8/83 für Bezirksapotheker aus dem Institut für Arzneimittelwesen der DDR

vom 12. August 1983
— Auszug —

### Betr.: Aufbewahrung und Transport von Ethanol

(Es) ... wird zusammenfassend bekanntgegeben, daß

- Ethanol AB-DDR
- kampfervergälltes Ethanol AB-DDR
- benzinvergälltes Ethanol AB-DDR
- Ethanol-Wasser-Mischungen AB-DDR

bis zu 12 Monaten in

- verzinkten Gefäßen
- verzinnten Gefäßen (Salzkottener Kannen)
- Aluminiumgefäßen (Milchkannen)[1]
- Blechkannen mit Polyethylen-Einsatz 30 Liter

aufbewahrt bzw. transportiert werden dürfen.[2]

---

[1] Verschlußelemente gleichfalls aus Aluminium. Teilweise werden Milchkannen mit Gummikappen geliefert, die zur Ethanolaufbewahrung nicht geeignet sind, aber verwendet werden dürfen, wenn sie mit Aluminiumfolie unterlegt werden.

[2] Zu beachten sind

- TGL 30335/01 und /02, Anlagen und Einrichtungen zum Lagern, Umfüllen und Mischen brennbarer Flüssigkeiten/Begriffe und sicherheitstechnische Forderungen
- Transportordnung für gefährliche Güter (TOG), zu beziehen über das Tarifamt der Deutschen Reichsbahn, 1020 Berlin, Alexanderplatz 5.

## Verlängerung der Verwendbarkeitsdauer von Arzneifertigwaren

(Auszug aus dem Protokoll der Beratung mit den für die Qualitätssicherung Verantwortlichen der Bezirke vom 7. und 8. Dezember 1982 (Ilmenau))

Eine Verlängerung der Verwendbarkeitsdauer von Arzneifertigwaren in bezirklicher Verantwortung ohne Untersuchung im IFAR kann erfolgen, wenn

- Verlängerungsbescheide des IFAR für gleich alte oder ältere Chargen vorliegen
- kleinere Bestände vorhanden sind, die eine Prüfung im IFAR nicht rechtfertigen
- die Garantie für sachgerechte Lagerung übernommen werden kann
- die Arzneimittel äußerlich einwandfrei sind.

Im Zweifelsfall ist eine Verlängerung der Verwendbarkeitsdauer zu unterlassen.
Die weiterhin für verwendbar eingeschätzten Arzneimittel sind ordnungsgemäß zu kennzeichnen, zu dokumentieren und wertmäßig in die Abrechnung gegenüber dem IFAR einzubeziehen.

## Information Nr. 4/83 für Bezirksapotheker aus dem Institut für Arzneimittelwesen der DDR

vom 14. April 1983
— Auszug —

### Betr.: Verwendbarkeitsverlängerung von medizintechnischem Verbrauchsmaterial

Anträge auf Verwendbarkeitsverlängerung von medizintechnischem Verbrauchsmaterial müssen folgende Angaben enthalten:

— Erzeugnisbezeichnung
— Hersteller des Erzeugnisses
— Chargennummern der Lagerbestände[1])
— Umfang der Lagerbestände
— Versicherung, daß eine vorschriftsmäßige Lagerung erfolgt ist

Muster sind entsprechend dem Schlüssel $0{,}4\sqrt{n}$ beizufügen (mindestens 5, maximal 10 je Charge)

Ausnahmen:

— Kanülen und Spritzen grundsätzlich 30 Stück je Charge
— Blutübertragungs- und Infusionsgeräte grundsätzlich 10 Stück je Charge

Hinweise:

— Die Einsendungen sollten mit einem Beauftragten des Bezirksapothekers abgestimmt werden.
— Für Versorgungsdepots für Pharmazie und Medizintechnik gelten bezüglich der Antragstellung auf Verwendbarkeitsverlängerung spezielle Regelungen (Vereinbarung vom 1. September 1979 zwischen SVPM und IFAR).
— Die Untersuchungen durch das IFAR sind gebührenpflichtig.

---

[1]) In dieser Information sind auch die Kodierungen der Chargenkennzeichnungen einer Reihe ausländischer Herstellerbetriebe von medizintechnischem Verbrauchsmaterial entschlüsselt.

## Anordnung über die Sterilisation auf dem Gebiet der Humanmedizin

vom 6. Juni 1979
(GBl. I Nr. 18 S. 159)

Zur Sicherung der ordnungsgemäßen Bereitstellung von sterilen Gegenständen, Stoffen und Zubereitungen für medizinische Eingriffe am Menschen wird im Einvernehmen mit dem Minister für Hoch- und Fachschulwesen folgendes angeordnet:

### § 1 Grundsätze

(1) Diese Anordnung gilt für alle Einrichtungen des Gesundheits- und Sozialwesens, des Krankentransportes sowie der Gesundheitspflege und der Kosmetik, in denen Eingriffe durchgeführt werden, für die Sterilität erforderlich ist.

(2) Die Sterilisation umfaßt die Vorbereitung des Sterilisiergutes[1]), die Durchführung und Überwachung der Sterilisation, die Entfernung von Rückständen und die Sterilhaltung des Gutes bis zu seiner Anwendung.

(3) Als steril dürfen Gegenstände, Stoffe und Zubereitungen nur bezeichnet werden, wenn sie frei von lebensfähigen Formen von Mikroorganismen sind, die unter den im Arzneibuch der Deutschen Demokratischen Republik[2]) angegebenen Prüfbedingungen nachgewiesen werden können.

(4) Für die ordnungsgemäße Sterilisation ist der Leiter der Einrichtung verantwortlich. Er kann die Verantwortung für die Einhaltung der Maßnahmen auf nachgeordnete Leiter übertragen.

(5) Die mit der Leitung, Durchführung, Prüfung oder laufenden Kontrolle der Sterilisation beauftragten Mitarbeiter sind verpflichtet, ihre im Rahmen einer medizinischen, zahnmedizinischen, veterinärmedizinischen, biologischen oder pharmazeutischen Hochschul-, Fachschul- oder Facharbeiterausbildung erworbenen Kenntnisse über Sterilisation auf einem den aktuellen Erkenntnissen entsprechenden Stand zu halten. Der Leiter der Einrichtung übt hierüber die Kontrolle aus.

(6) Die Bezirks- und Betriebsakademien (Kreisbildungsstätten) des Gesundheits- und Sozialwesens unterstützen die Weiterbildung auf dem Gebiet der Sterilisation.

(7) Der Leiter und der Stellvertreter einer zentralen Sterilgutversorgung müssen einen Qualifikationsnachweis besitzen. Einzelheiten regelt der Minister für Gesundheitswesen durch Anweisung.

## § 2 Verfahren zur Sterilisation

(1) Die Sterilisation erfolgt nach den im Arzneibuch der Deutschen Demokratischen Republik angegebenen Bestimmungen über die Ausführung der Sterilisation.
(2) Sterilisations- und deren Überwachungsverfahren, die im Arzneibuch der Deutschen Demokratischen Republik nicht genannt sind, dürfen nur dann angewendet werden, wenn der Minister für Gesundheitswesen die Anwendungsbedingungen und -begrenzungen sowie die Art und Zeitabstände der Prüfung und laufenden Kontrolle festgelegt hat*).
(3) Chemische Verfahren mit keimtötenden Gasen oder Flüssigkeiten sind vorrangig zur Sterilisation von hitzelabilen Stoffen, Gegenständen und Zubereitungen, die bei einmaliger oder wiederholter thermischer Belastung so verändert werden, daß ihre Funktionsfähigkeit, Wirksamkeit oder Verträglichkeit beeinträchtigt ist, anzuwenden.
(4) Von mehreren möglichen Verfahren sind diejenigen zu bevorzugen, die eine sichere und schonende Sterilisation des Sterilisiergutes in rekontaminationssicherer Endverpackung gewährleisten und ein von Rückständen freies Sterilgut liefern.

## § 3 Vorbereitung des Sterilisiergutes

(1) Die Vorbereitung des Gutes zur Sterilisation besteht im Prinzip aus folgenden, nach Möglichkeit zu kombinierenden, Arbeitsschritten:

— Desinfektion (thermisch oder chemisch)
— Reinigung
— Spülung
— Trocknung
— Prüfung auf Funktionsfähigkeit
— bedarfsgerechte Unterteilung und Verpackung
— Kennzeichnung.

(2) Die Rückführung gebrauchten Gutes zur Sterilisation hat so zu erfolgen, daß Erreger von übertragbaren Krankheiten und von Hospitalinfektionen nicht verbreitet werden können.

## § 4 Verpackung des Sterilisiergutes

(1) Die Sterilisation der einzelnen Sterilisiergüter muß, sofern das Sterilgut nicht unmittelbar nach der Sterilisation verwendet wird, in rekontaminationssicherer Verpackung einzeln oder in Sterilisiergutsortimenten (Sets) erfolgen.
(2) Wird das Sterilgut nicht im eigenen Verantwortungsbereich alsbald verwendet, so ist es zusätzlich zu der im Abs. 1 genannten Verpackung mit einer Schutzverpackung zu versehen, zu transportieren und aufzubewahren. Die Schutzverpackung ist mitzusterili-

sieren; sie soll das Sterilgut in seiner Verpackung vor mechanischer Beschädigung, Nässe und Staub schützen.

(3) Textilien sind als Verpackungsmaterial im Sinne des Abs. 1 nur in mindestens 4facher Lage für kurzfristige Aufbewahrung ohne mechanische Beanspruchung zulässig.

*) Gemäß Entscheidung des MfGe vom 10. Juni 1983 HA III/3/Wa erteilt entsprechende Ausnahmegenehmigungen unter Einbeziehung des Referenzlaboratoriums für Sterilisation im Forschungsinstitut für Hygiene und Mikrobiologie Bad Elster das Institut für Arzneimittelwesen der DDR.

3.3. Der Leiter der Einrichtung hat zu sichern, daß das Stationspersonal darüber belehrt wird, daß Fremdkörper, wie Instrumente, Ampullen, Schreibutensilien, Thermometer, keinesfalls in die Säcke gelangen dürfen.
3.4. Das Verschließen der Wäschesäcke in Infektions- und Kindereinrichtungen darf erst nach Ablegen der im Patientenzimmer getragenen Überkleidung und nach Händedesinfektion erfolgen.
3.5. Auf den Stationen bzw. in den Einrichtungen müssen geeignete, transportgünstig gelegene Schmutzwäscheräume für die Lagerung der Wäschesäcke vorhanden sein.
3.6. Verantwortlich für die ordnungsgemäße Verfahrensweise ist die Stationsschwester.

## Anlage 2

zu vorstehender Anweisung i. d. F. der

### Anweisung Nr. 2 über die Durchführung und Überwachung der Desinfektionswaschverfahren in den Wäschereien des Gesundheits- und Sozialwesens

vom 15. Dezember 1982
(VuM MfGe Nr. 1 (1983) S. 1)

Desinfektionswaschverfahren

I. Thermodesinfektionswaschverfahren (TD-Verfahren)

**a) für Trommelwaschmaschinen:**

| Arbeitsgang | Zeit (min) | Temp. (°C) | Flotte | Wasch- und Waschhilfsmittelzusätze je kg Trockenwäsche | |
|---|---|---|---|---|---|
| Vorwäsche | 10 | 35 | 1:6 | Fedapon<br>oder Siliron sapon | 15—20 g<br>20—25 g |
| Flotte nicht ablassen, sondern aufheizen auf 85—90 °C und weiterwaschen unter Zusatz von: | | | | | |
| Desinfektion | 15 | 85—90 | 1:6 | Fedapon SH oder<br>Siliron R 90 | 15—20 g |
| Flotte ablassen und zwischenspülen | | | | | |
| Zwischenspülen (1—2mal) | 3 | warm | 1:6 | | |
| Klarwäsche | 15 | 85—90 | 1:5 | Fedapon SR oder<br>Siliron RE 120 | 15—20 g |
| 1. Spülgang | 4 | heiß | 1:5 | | |
| 2. Spülgang | 3 | warm | 1:6 | | |
| 3. Spülgang | 3 | kalt | 1:7 | | |
| 4. Spülgang | 3 | kalt | 1:7 | Neutrastat | 6—8 g |
| 5. Spülgang | 3 | kalt | 1:9 | | |

**b) für Waschschleudermaschinen:**

| Arbeitsgang | Zeit (min) | Temp. (°C) | Flotte | Wasch- und Waschhilfsmittelzusätze je kg Trockenwäsche | |
|---|---|---|---|---|---|
| Vorwäsche | 10 | 35 | 1:4,7 | Fedapon oder<br>Siliron sapon | 15–20 g<br>20–25 g |
| Flotte nicht ablassen, sondern aufheizen auf 85–90 °C und weiterwaschen unter Zusatz von: | | | | | |
| Desinfektion | 15 | 85–90 | 1:6,1 | Fedapon SH oder<br>Siliron R 90 | 15–20 g |
| Flotte ablassen, zwischenschleudern und zwischenspülen | | | | | |
| Zwischenspülen (1–2mal) | 3 | warm | 1:6,1 | | |
| Klarwäsche | 15 | 85–90 | 1:4,7 | Fedapon SR oder<br>Siliron RE 120 | 15–20 g |
| Zwischenschleudern | | | | | |
| 1. Spülgang | 4 | heiß | 1:6,1 | | |
| Zwischenschleudern | | | | | |
| 2. Spülgang | 4 | kalt | 1:6,1 | Neutrastat | 6–8 g |
| Zwischenschleudern | | | | | |
| 3. Spülgang | 3 | kalt | 1:6,1 | | |
| Endschleudern | 12 | | | | |

II. Chemothermodesinfektionswaschverfahren (CTD-Verfahren)

1. CTD-Verfahren (Zweilaugendesinfektionswaschverfahren)

**a) für Trommelwaschmaschinen:**

| Arbeitsgang | Zeit (min) | Temp. (°C) | Flotte | Wasch- und Waschhilfsmittelzusätze je kg Trockenwäsche | |
|---|---|---|---|---|---|
| Vorwäsche | 10 | 35–40 | 1:6 | Siliron sapon oder<br>Fedapon<br>Fesia-form | 25 g<br>10 g<br>18 g |
| Nach Beendigung der Vorwäsche Flotte nicht ablassen, sondern aufheizen auf 50 °C und weiterwaschen. | | | | | |
| Desinfektion | 20 | 50 | | | |
| Flotte ablassen und zwischenspülen | | | | | |
| Zwischenspülen (1–2mal) | 3 | warm | 1:6 | | |
| Klarwäsche | 15 | 80–85 | 1:5 | Siliron RE 120 oder<br>Fedapon SR | 15–20 g |
| 1. Spülgang | 4 | heiß | 1:5 | | |
| 2. Spülgang | 3 | warm | 1:6 | | |
| 3. Spülgang | 3 | kalt | 1:7 | | |
| 4. Spülgang | 3 | kalt | 1:7 | Neutrastat | 6–8 g |
| 5. Spülgang | 3 | kalt | 1:9 | | |

**b) für Waschschleudermaschinen:**

| Arbeitsgang | Zeit (min) | Temp. (°C) | Flotte | Wasch- und Waschhilfsmittelzusätze je kg Trockenwäsche | |
|---|---|---|---|---|---|
| Vorwäsche | 10 | 35–40 | 1:6,1 | Siliron sapon oder | 25 g |
| | | | | Fedapon | 10 g |
| | | | | Fesia-form | 18 g |
| Nach Beendigung der Vorwäsche Flotte nicht ablassen, sondern aufheizen auf 50 °C und weiterwaschen. | | | | | |
| Desinfektion | 20 | 50 | | | |
| Flotte ablassen, zwischenschleudern und zwischenspülen | | | | | |
| Zwischenschleudern und Zwischenspülen (1–2mal) | 3 | warm | 1:6,1 | | |
| Klarwäsche | 15 | 80–85 | 1:4,7 | Siliron RE 120 oder Fedapon SR | 15–20 g |
| Zwischenschleudern | | | | | |
| 1. Spülgang | 4 | heiß | 1:6,1 | | |
| Zwischenschleudern | | | | | |
| 2. Spülgang | 4 | kalt | 1:6,1 | Neutrastat | 6–8 g |
| Zwischenschleudern | | | | | |
| 3. Spülgang | 3 | kalt | 1:6,1 | | |
| Endschleudern | 12 | | | | |

2. CTD-Verfahren (Zweilaugendesinfektionswaschverfahren)

**a) für Trommelwaschmaschinen:**

| Arbeitsgang | Zeit (min) | Temp. (°C) | Flotte | Wasch- und Waschhilfsmittelzusätze je kg Trockenwäsche | |
|---|---|---|---|---|---|
| Vorwäsche | 5 | 35 | 1:6 | Desipon | 25 g |
| Nach Beendigung der Vorwäsche Flotte nicht ablassen, sondern aufheizen auf 60 °C und weiterwaschen | | | | | |
| Desinfektion | 15 | 60 | | | |
| Flotte ablassen und zwischenspülen | | | | | |
| Zwischenspülen (1–2mal) | 3 | warm | 1:6 | | |
| Klarwäsche | 12 | 80–85 | 1:5 | Fedapon SR oder Siliron RE 120 | 15–20 g |
| 1. Spülgang | 4 | heiß | 1:5 | | |
| 2. Spülgang | 3 | warm | 1:6 | | |
| 3. Spülgang | 3 | kalt | 1:7 | | |
| 4. Spülgang | 3 | kalt | 1:7 | Neutrastat | 6–8 g |
| 5. Spülgang | 3 | kalt | 1:9 | | |

**b) für Waschschleudermaschinen:**

| Arbeitsgang | Zeit (min) | Temp. (°C) | Flotte | Wasch- und Waschhilfsmittelzusätze je kg Trockenwäsche | |
|---|---|---|---|---|---|
| Vorwäsche | 5 | 35 | 1:6,1 | Desipon | 25 g |
| Nach Beendigung der Vorwäsche Flotte nicht ablassen, sondern aufheizen auf 60 °C und weiterwaschen | | | | | |
| Desinfektion | 15 | 60 | | | |
| Flotte ablassen, zwischenschleudern und zwischenspülen | | | | | |
| Zwischenschleudern und Zwischenspülen (1–2mal) | 3 | warm | 1:6,1 | | |
| Klarwäsche | 12 | 80–85 | 1:4,7 | Fedapon SR oder Siliron RE 120 | 15–20 g |
| Zwischenschleudern 1. Spülgang | 4 | heiß | 1:6,1 | | |
| Zwischenschleudern 2. Spülgang | 4 | kalt | 1:6,1 | Neutrastat | 6–8 g |
| Zwischenschleudern 3. Spülgang | 3 | kalt | 1:6,1 | | |
| Endschleudern | 12 | | | | |

3. CTD-Verfahren (Einlaugen-Aufstockdesinfektionswaschverfahren)
Das Verfahren ist nicht geeignet für Blut-, Kot- und Salbenwäsche.

**a) für Trommelwaschmaschinen:**

| Arbeitsgang | Zeit (min) | Temp. (°C) | Flotte | Wasch- und Waschhilfsmittelzusätze je kg Trockenwäsche | |
|---|---|---|---|---|---|
| Vorwäsche | 10 | 40 | 1:5 | Desipon<br>Fedapon SR oder Siliron RE 120 | 4 g<br>6 g |
| Nach Beendigung der Vorwäsche Flotte nicht ablassen, sondern mit Waschmittel aufstocken und aufheizen auf 80–85 °C und weiterwaschen | | | | | |
| Klarwäsche und Desinfektion | 20 | 80–85 | 1:5 | Desipon<br>Fedapon SR oder Siliron RE 120 | 4 g<br>6 g |
| 1. Spülgang | 4 | heiß | 1:5 | | |
| 2. Spülgang | 3 | warm | 1:6 | | |
| 3. Spülgang | 3 | kalt | 1:7 | | |
| 4. Spülgang | 3 | kalt | 1:7 | Neutrastat | 6–8 g |
| 5. Spülgang | 3 | kalt | 1:9 | | |

**b) für Waschschleudermaschinen:**

| Arbeitsgang | Zeit (min) | Temp. (°C) | Flotte | Wasch- und Waschhilfsmittelzusätze je kg Trockenwäsche | |
|---|---|---|---|---|---|
| Vorwäsche | 10 | 40 | 1:4,7 | Desipon | 4 g |
| | | | | Fedapon SR oder | |
| | | | | Siliron RE 120 | 6 g |
| Nach Beendigung der Vorwäsche Flotte nicht ablassen, mit Waschmittel aufstocken, aufheizen auf 80—85 °C und weiterwaschen | | | | | |
| Klarwäsche | 20 | 80—85 | 1:6,1 | Desipon | 4 g |
| | | | | Fedapon SR oder | |
| | | | | Siliron RE 120 | 6 g |
| Zwischenschleudern | | | | | |
| 1. Spülgang | 4 | heiß | 1:6,1 | | |
| Zwischenschleudern | | | | | |
| 2. Spülgang | 4 | kalt | 1:6,1 | Neutrastat | 6—8 g |
| Zwischenschleudern | | | | | |
| 3. Spülgang | 3 | kalt | 1:6,1 | | |
| Endschleudern | 12 | | | | |

III. Allgemeine Vorschriften für die Durchführung von Desinfektionswaschverfahren

1. Die Waschmaschinen dürfen erst nach vollständiger Entladung neu gefüllt werden. Die Wäschesäcke sind ungeöffnet in die Waschmaschine einzulegen.
2. Sämtliche Waschzeiten gelten vom Erreichen der vorgeschriebenen Temperatur an.
3. Vor der Vorwaschstufe ist ein 3 Minuten langer Sacklösevorgang durchzuführen.
4. Höhere Einsatzmengen in den Angaben für die Wasch- und Waschhilfsmittel gelten für stärkere Verschmutzungsgrade der Wäsche.

# Erste Durchführungsbestimmung zur Verordnung über das Meßwesen

vom 14. Januar 1983
(GBl. I Nr. 5 S. 45)

Auf Grund des § 15 der Verordnung vom 26. November 1981 über das Meßwesen (GBl. I Nr. 37 S. 429) wird folgendes bestimmt:

## Zu § 4 Abs. 1 Ziff. 4 der Verordnung:

### § 1 Metrologische Begutachtung[1])

(1) Das Amt für Standardisierung, Meßwesen und Warenprüfung erteilt auf Antrag metrologische Gutachten,

1. wenn sie zur Durchführung von Vertragsschiedsverfahren, die die metrologischen Eigenschaften und den Einsatz von Meßmitteln betreffen, erforderlich sind,
2. in Vorbereitung von Meßmittelimporten,
3. wenn dies mit anderen staatlichen Organen vereinbart ist.

(2) Zur metrologischen Begutachtung sind dem Amt für Standardisierung, Meßwesen und Warenprüfung entsprechende Dokumentationen und erforderlichenfalls Muster vorzulegen.

## Zu § 4 Abs. 2 Ziff. 2 der Verordnung:

### § 2 Zulassungspflicht für Meßmittelbauarten

(1) Die Bauarten der Meßmittel unterliegen der Zulassungspflicht, wenn

1. die Meßmittel nach § 3 Abs. 1 geeicht sein müssen,
2. die Zulassung in zwei- oder mehrseitigen internationalen Vereinbarungen über den Meßmittelexport und -import gefordert wird,
3. die Meßmittel beim An- und Verkauf von Waren angewendet werden und nicht der Eichpflicht unterliegen.

(2) Das Amt für Standardisierung, Meßwesen und Warenprüfung kann abweichend von den Festlegungen des Abs. 1 die Zulassungspflicht für Meßmittelbauarten einschränken bzw. erweitern.

(3) Bauarten von Baugruppen, Zusatzeinrichtungen und Hilfseinrichtungen, die zu einer Meßeinrichtung kombiniert werden können, können gesondert zugelassen werden.

(4) Die Zulassung ist beim Amt für Standardisierung, Meßwesen und Warenprüfung zu beantragen.

**Eichpflicht für Meßmittel**

**§ 3**

(1) Meßmittel, die in der Liste der eichpflichtigen Meßmittel (nachstehend als Meßmittelliste bezeichnet) enthalten sind und für die dort angegebenen Einsatzzwecke angewendet werden, müssen geeicht sein (Eichpflicht).
(2) Die Meßmittelliste ist Anlage dieser Durchführungsbestimmung.

**§ 4**

(1) Die in der Meßmittelliste festgelegten Eichfristen beginnen mit Ablauf des Kalenderjahres, in dem die Eichung vorgenommen worden ist, sofern dafür mit der Beurkundung der Eichung keine anderen Regelungen getroffen werden.
(2) Das Amt für Standardisierung, Meßwesen und Warenprüfung kann in Abstimmung mit den zuständigen zentralen Staatsorganen oder wirtschaftsleitenden Organen für einzelne Meßmittelarten eine Eichfrist festlegen, die von den Festlegungen in der Meßmittelliste abweicht.

**§ 5**

(1) Eichpflichtige Meßmittel, für die in der Meßmittelliste eine Eichfrist festgelegt ist, sind zur Nacheichung anzumelden, wenn die Eichfrist im darauffolgenden Kalenderjahr abläuft.
(2) Ergänzungen und Änderungen der Meßmittelliste werden vom Präsidenten des Amtes für Standardisierung, Meßwesen und Warenprüfung im Gesetzblatt Sonderdruck ST bekanntgegeben.

## Zu § 6 Abs. 2 der Verordnung:

**§ 6 Weitergabe der Maßeinheiten**

(1) Die Weitergabe der Maßeinheiten hat auf der Grundlage von Prüfschemata[2]) zu erfolgen.
(2) In den Prüfschemata der Wirtschaftseinheiten sind die Reihenfolge, das Verfahren und die Genauigkeit der Weitergabe der Einheit von den Hauptnormalen der Wirtschaftseinheiten, gegebenenfalls unter Zwischenschaltung von nachgeordneten Normalen, auf die Arbeitsmeßmittel festzulegen. Die Prüfschemata sind nach Standard[3]) durch die Wirtschaftseinheiten zu erarbeiten und von deren Leitern zu bestätigen. Vor der Bestätigung

ist die Zustimmung des Amtes für Standardisierung, Meßwesen und Warenprüfung einzuholen.
(3) Der Vergleich

1. der nachgeordneten Normale mit den Hauptnormalen,
2. der Arbeitsmeßmittel mit den Hauptnormalen oder mit den Normalen, die diesen nachgeordnet sind,

hat nach Standards oder Vorschriften über das Meßwesen zu erfolgen.

## Zu § 6 Abs. 2 Ziff. 7 der Verordnung:

### § 7 Mengentoleranzen bei Fertigpackungen

(1) Das Amt für Standardisierung, Meßwesen und Warenprüfung ist berechtigt, die Einhaltung der Mengentoleranzen[4]) bei Fertigpackungen in Wirtschaftseinheiten zu kontrollieren und zu diesem Zweck Proben zu nehmen.
(2) Ersatzansprüche für Proben, die durch die Kontrolle unbrauchbar geworden sind, können gegen das Amt für Standardisierung, Meßwesen und Warenprüfung nicht geltend gemacht werden.

## Zu § 9 Abs. 1 der Verordnung:

### § 8 Import von Meßmitteln

(1) Der jeweilige Importbetrieb hat dem Amt für Standardisierung, Meßwesen und Warenprüfung entsprechende Dokumentationen vorzulegen.
(2) Die Entscheidung darüber, ob die für den Import vorgesehenen Meßmittel den staatlichen Standards der DDR entsprechen, trifft das Amt für Standardisierung, Meßwesen und Warenprüfung.
(3) Ist eine Entscheidung auf Grund der vorgelegten Dokumentationen nicht möglich, so ist eine metrologische Begutachtung erforderlich.
(4) Die Festlegungen der Absätze 1 bis 3 gelten nicht für die bewaffneten Organe.

### § 9

(1) Diese Durchführungsbestimmung tritt am 1. März 1983 in Kraft.
(2) Gleichzeitig tritt die Anordnung vom 10. Juni 1977 über die Liste der eichpflichtigen Meßgeräte (GBl. I Nr. 19 S. 252) außer Kraft.

## Anlage

zu § 3 vorstehender Durchführungsbestimmung

## Liste der eichpflichtigen Meßmittel (Meßmittelliste)

**1. Meßmittel zur Verwendung als Hauptnormale**

| Lfd. Nr. | Meßmittel | Genauigkeit | Eichfrist (in Jahren) | Bemerkungen |
|---|---|---|---|---|
| 1 | 2 | 3 | 4 | 5 |
| 1 | Parallelendmaße | bis Referenznormale der 4. Ordnung nach TGL 31543/28 | 2 | |
| 2 | Strichmaße | bis Referenznormale der 4. Ordnung nach TGL 31543/28 | 2<br>5 | nach Ersteichung<br>nach Nacheichung |
| 3 | Meßdorne, Meßdrähte, Meßstifte | bis Referenznormale der 2. Ordnung | 2 | |
| 4 | Gewindeprüf- und Einstelldorne | | | |
| 5 | Einstellringe | bis Referenznormale der 3. Ordnung | 2 | |
| 6 | Meßbänder nach TGL 13621/01 | $u \leqq 50\,\mu m + 5 \cdot 10^{-5} \cdot 1$ | 3 | |
| 7 | Feinzeiger | Klasse 0,2 oder besser | 3 | |
| 8 | Koordinatenmeßgeräte | Klasse 4 oder besser | 3 | |
| 9 | Zweiflankenwälzverkörperungen (m = 3 mm) | | 3 | |
| 10 | Normalmeßeinrichtungen zur Prüfung von Meßmitteln für die Ermittlung des Volumens oder der Masse von strömenden Flüssigkeiten und Gasen sowie des Volumens ruhender Flüssigkeiten | Klasse 1,0 oder besser | 2 | |
| 11 | Normalmeßeinrichtungen zur Prüfung von Volumen- oder Massestrommeßmitteln für Flüssigkeiten und Gase | Klasse 1,6 oder besser | 2 | |
| 12 | Winkelmaßverkörperungen außer Spiegelpolygonen | bis Referenznormale der 4. Ordnung nach TGL 31543/29 | 2 | |
| 13 | 90°-Winkel bis 1 000 mm | | 3 | |
| | — Prüfstand für 90°-Winkel | $u \leqq 15\,\mu m/m$ | | |
| | — Prüfstand für Haarwinkel | $u \leqq 1\,\mu m/m$ | | |
| | — 90°-Winkel aus Hartgestein | $u \leqq 5\,\mu m/m$ | | |

(Fortsetzung)

| Lfd. Nr. | Meßmittel | Genauigkeit | Eichfrist (in Jahren) | Bemerkungen |
|---|---|---|---|---|
| 1 | 2 | 3 | 4 | 5 |
| 14 | Spiegelpolygone | bis Referenznormale der 2. Ordnung nach TGL 31543/29 | 3 | |
| 15 | Meßmittel für Zeit und/oder Frequenz | Referenznormale nach TGL 31543/03 | 2 | |
| 16 | Wägestücke | | | |
| | – bis 50 kg | Referenznormale | | |
| | | – der Ordnung 1a und 1 | 4 | |
| | | – der Ordnung 2 und 3 | 2 | |
| | | – der Ordnung 4 und 5 | 1 | |
| | | nach TGL 31543/30 | | |
| | – über 50 kg | bis Referenznormale der 3. Ordnung nach TGL 31543/30 | 1 | |
| | – Eichfahrzeuge 10 bis 150 t | als Referenznormale der 3. Ordnung nach TGL 31543/30 | 1 | |
| 17 | Normalwaagen | Referenznormale | | |
| | | – der Ordnung 0 bis 2 | 1 | |
| | | – der Ordnung 3 und 4 | 2 | |
| | | nach TGL 31543/30 | | |
| 18 | Schwingungsmeßmittel | bis Referenznormale der 2. Ordnung nach TGL 31543/23 | 2 | |
| 19 | Satz Aräometer nach Dichte | $u \leqq 0{,}1$ kg/m³ | 5 | |
| 20 | Satz Alkoholometer | $u \leqq 0{,}03\%$ | 5 | |
| 21 | Sacharometer | $u \leqq 0{,}03\%$ | 5 | |
| 22 | Kontinuierliche Flüssigkeitsdichtemeßgeräte | $u^* = 0{,}1\ \%$ | 5 | |
| 23 | Kontinuierliche Gasdichtemeßgeräte | $u^* = 0{,}16\%$ | 3 | |
| 24 | Kraftmeßgeräte bis 10 MN | Referenznormale der 3. Ordnung nach TGL 31543/36 | 1 | |
| 25 | Kraft-Normalmeßeinrichtungen bis 500 kN | Referenznormale der 2. Ordnung nach TGL 31543/36 | 2 | |
| 26 | Härtenormalgeräte nach Rockwell, Brinell und Vickers mit Normaleindringkörper | Referenznormale nach TGL 31543/06, /07, /31 und /32 | 1 | Rockwell A, B, C, N, Brinell D = 2,5 mm Brinell 30 $D^2$ Vickers HV 10, HV 30 |

(Fortsetzung)

| Lfd. Nr. | Meßmittel | Genauigkeit | Eichfrist (in Jahren) | Bemerkungen |
|---|---|---|---|---|
| 1 | 2 | 3 | 4 | 5 |
| 27 | Härtenormalplatten für Rockwell, Brinell und Vickers | Referenznormale der 2. Ordnung nach TGL 31543/06, /07, /31 und /32 | 6 | Rockwell A, B, C, N, Brinell D = 2,5 mm Brinell 30 $D^2$ Vickers HV 10, HV 30 |
| | | | 2 | Brinell 10 $D^2$, 5 $D^2$ |
| 28 | Kolbenmanometer für Überdruck | Referenznormale<br>— der 2. bis 3. Ordnung<br>— der 1. Ordnung<br>nach TGL 31543/25 und /26 | <br>5<br>2 | |
| 29 | Flüssigkeitsmanometer für Überdruck | Referenznormale nach TGL 31543/25 und /26 | 5 | |
| 30 | Federmanometer für Überdruck | Referenznormale nach TGL 31543/26 | 1 | |
| 31 | Tauchglockenmanometer | Referenznormale nach TGL 31543/25 | 3 | |
| 32 | Kolbenmanometer für absoluten Druck und Kolbenbarometer | Referenznormale nach TGL 31543/24 | 2 | |
| 33 | Flüssigkeitsmanometer für absoluten Druck | Referenznormale nach TGL 31543/24 | 2 | |
| 34 | Kompressionsvakuummeter | Referenznormale nach TGL 31543/08 | 3 | |
| 35 | Ionisationsvakuummeter | Referenznormale nach TGL 31543/08 | 1 | |
| 36 | Federmanometer für absoluten Druck | Referenznormale nach TGL 31543/08 | 1 | |
| 37 | Differenzdruckmeßgeräte bei statischen Drücken bis 20 MPa | Klasse 0,2 | 1 | |
| 38 | Normale zur Eichung der Blutdruckmeßgeräte | Fehlergrenzen: $\pm$ 0,1 kPa | 5 | |
| 39 | Kapillarviskosimeter nach Ubbelohde mit hängendem Kugelniveau | | 5 | |
| | — mit einer Kapillarlänge von 300 mm | | | |
| | · für $K \leqq 1 \cdot 10^{-6}$ m²/s²: | $u_K^* \leqq 5 \cdot 10^{-4}$ | | |
| | · für $K > 1 \cdot 10^{-6}$ m²/s²: | $u_K^* \leqq 1 \cdot 10^{-3}$ | | |
| | — mit einer Kapillarlänge von 90 mm | | | |
| | · für $K \leqq 1 \cdot 10^{-6}$ m²/s²: | $u_K^* \leqq 1 \cdot 10^{-3}$ | | |
| | · für $K > 1 \cdot 10^{-6}$ m²/s²: | $u_K^* \leqq 2 \cdot 10^{-3}$ | | |

(Fortsetzung)

| Lfd. Nr. | Meßmittel | Genauigkeit | Eichfrist (in Jahren) | Bemerkungen |
|---|---|---|---|---|
| 1 | 2 | 3 | 4 | 5 |
| 40 | Normalproben der Viskosität für eine Temperatur von 20 °C und eine Viskosität $< 1 \cdot 10^{-3}$ m²/s: | $u^*_v \doteq 2 \cdot 10^{-3}$ | 0,5 | |
| 41 | Normalelemente | Referenznormale | | |
| | | – der 1. und 2. Ordnung | 0,5 | für Gruppen von Normalelementen: 1 |
| | | – der 3. Ordnung | 1 | |
| | | – der 4. Ordnung nach TGL 31543/27 | 2 | |
| 42 | Meßwiderstände für Gleich- und Wechselstrom | Referenznormale | | |
| | | – der 1. und 2. Ordnung | 2 | |
| | | – der 3. Ordnung nach TGL 31543/14 | 5 | |
| 43 | Induktive Spannungsteiler | Klasse 0,0005 oder besser | 5 | |
| 44 | Gleichspannungsteiler | Klasse 0,01 und 0,005 | 5 | |
| | | Klasse 0,002 | 2 | |
| 45 | Kapazitätsmeßmittel | Referenznormale der 1. bis 3. Ordnung nach TGL 31543/13 | 3 | |
| 46 | Induktivitätsmeßmittel | Referenznormale der 1. bis 3. Ordnung nach TGL 31543/15 | 3 | |
| 47 | Dämpfungsglieder | | 3 | |
| 48 | Strom- und Spannungswandler | Klasse 0,01 und 0,02 | 10 | |
| 49 | Digital und analog anzeigende Meßmittel nach TGL 37587 zur Prüfung von Wirkleistungsmessern | Fehlergrenzen: ± 0,1% oder enger | 1 | |
| 50 | Digitalvoltmeter für Gleichspannung und Gleichspannungsstandards | Fehlergrenzen: ± 0,03% oder enger | 1 | |
| 51 | Digital und analog anzeigende Meßmittel für Wechselspannung und Wechselstrom sowie Wechselspannungskalibratoren | Fehlergrenzen: ± 0,15% oder enger | 1 | |
| 52 | Digital und analog anzeigende Meßmittel für Gleichstrom | Fehlergrenzen: ± 0,1% oder enger | 1 | |
| 53 | Wechselstromkompensatoren | Klasse 0,05 oder besser | 5 | |
| 54 | Temperaturmeßmittel | Referenznormale nach TGL 31543/34 | 2 | |

(Fortsetzung)

| Lfd. Nr. | Meßmittel | Genauigkeit | Eichfrist (in Jahren) | Bemerkungen |
|---|---|---|---|---|
| 1 | 2 | 3 | 4 | 5 |
| 55 | Normalmeßeinrichtungen zur Prüfung von Meßmitteln für die Wärmemengenmessung | Klasse 1,0 oder besser | 3 | |
| 56 | Präzisionskalorimeter | | 2 | |
| 57 | Medizinische Dosimeter | Referenznormale nach TGL 31543/04 und /22 | 3 | |
| 58 | Nuklearmedizinische Aktivitätsmeßgeräte | Referenznormale nach TGL 31543/09 und /10 | 3 | |
| 59 | Meßmittel zur Messung des Schalldruckpegels | | 2 | |
| | — druckgraduiert | $u \leqq 0{,}2$ dB | | |
| | — feldgraduiert | $u \leqq 0{,}5$ dB | | |
| 60 | Meßmittel zur Prüfung von Audiometern | $u \leqq 1$ dB | 2 | |
| 61 | Metallurgische Normalproben | | — | nur Ersteichung |

**2. Meßmittel zur**

**— Mengenbestimmung im grenzüberschreitenden Warenverkehr[1])**

**— Mengenbestimmung von Energieträgern } hier nicht abgedruckt**

**— Messung von Energie[1]) }**

| Lfd. Nr. | Meßmittel | Eichfrist (in Jahren) | Bemerkungen |
|---|---|---|---|
| 1 | 2 | 3 | 4 |
| 1 | Längenmeßmaschinen | 2 | |
| 2 | Flächenmeßmaschinen | 2 | |
| 3 | Meßmittel für die Ermittlung des Volumens oder der Masse von strömenden Flüssigkeiten und Gasen sowie des Volumens ruhender Flüssigkeiten | 2 | |
| 4 | Lagermeßbehälter | 20 | |
| 5 | Volumenmeßbehälter auf Verkehrsmitteln | 5 | |
| 6 | Waagen und zugehörige Wägestücke nach TGL 32565/01, /02 | 3 | |
| ... | | | |
| 11 | Elektrische Getreidefeuchtemeßmittel | 1 | |

[1]) Gilt nur für Meßmittel, deren Meßergebnis unabhängig vom Ort der Messung als Berechnungsbasis vereinbart ist.

**3. Meßmittel zum Einsatz für weitere volkswirtschaftlich bedeutende Aufgaben**

| Lfd. Nr. | Meßmittel | Eichfrist (in Jahren) | Bemerkungen |
|---|---|---|---|
| 1 | 2 | 3 | 4 |
| 1 | Meßmittel für die Ermittlung des Volumens<br>– von Trinkwasser<br>– von Milch<br>– von anderen Flüssigkeiten<br>– (außer für Abfüllungen bis 0,5 m³) | <br>3<br>2<br>2 | zur Mengenbestimmung für Verrechnungszwecke |
| 2 | Prüfeinrichtungen für Atemschutzgeräte<br>– im Arbeits- und Gesundheitsschutz<br>– im Sicherheitswesen | 2 | |
| 3 | Meßmittel zur Überwachung der Geschwindigkeit von Kraftfahrzeugen | 1 | |
| 4 | Waagen und zugehörige Wägestücke nach TGL 32565/01, /02<br>– zum Einsatz im Gesundheitswesen, Strahlenschutz, Arbeitsschutz, Sicherheitswesen, Umweltschutz, auch in Apotheken<br>– zum Einsatz für Gutachten<br>– zur Mengenbestimmung bei zwischenbetrieblichen Verrechnungen an Abnehmer oder Verbraucher (ausgenommen beim Einsatz nichtselbsttätiger Waagen bis 10 t) | 3 | |
| 5 | Vollmilchbutyrometer nach Gerber | – | nur Ersteichung |
| 6 | Käsebutyrometer | – | nur Ersteichung |
| 7 | Rahmbutyrometer | – | nur Ersteichung |
| 8 | Vollpipetten für Milch, 10,75 cm³ | – | nur Ersteichung |
| 9 | Pipetten für Rahm, 5,0 cm³ | – | nur Ersteichung |
| 10 | Zugfestigkeitsprüfmaschinen für Ketten, Seile und Anschlagmittel sowie Isolatoren | 2 | |
| 11 | Zug- und Druckfestigkeitsprüfmaschinen | 2 | } für 11–13:<br>– im Sicherheitswesen nach Festlegung staatlicher Überwachungsorgane und Abnahmegesellschaften<br>– zur Qualitätsbestimmung aus Forderungen des Exports |
| 12 | Pendelschlagwerke nach TGL 32847/01 | 2 | |
| 13 | Härtemeßgeräte nach TGL 23435/01, 23436/01 | 2 | |
| 14 | Reifeninnendruckmeßmittel an öffentlichen Tankstellen | 2 | |
| 15 | Augendruckmeßmittel | 2 | |
| 16 | Blutdruckmeßmittel | 2 | |
| 17 | Körpertemperaturmeßmittel<br>– für humanmedizinische Zwecke<br>– für veterinärmedizinische Zwecke | <br>1<br>2 | für Geräte aus Glas (nach TGL 7893/01) nur Ersteichung |

(Fortsetzung)

| Lfd. Nr. | Meßmittel | Eichfrist (in Jahren) | Bemerkungen |
|---|---|---|---|
| 1 | 2 | 3 | 4 |
| 18 | Medizinische Dosimeter | 3 | |
| 19 | Nuklearmedizinische Aktivitätsmeßgeräte | 3 | |
| 20 | Radioaktive Normalproben | — | nur Ersteichung |
| 21 | Audiometer | 2 | |
| 22 | Schallpegelmeßgeräte nach TGL 200-7755/01 | 2 | |

Formelzeichen: u Meßunsicherheit, u* relative Meßunsicherheit, m Modul

[1]) Für Begriffe gilt Standard TGL 31550 „Grundbegriffe der Metrologie“.
[2]) Z. Z. gilt Standard TGL 31532 „Betriebliches Meßwesen; Grundsätze“.
[3]) Z. Z. gilt Standard TGL 31533 „Prüfschemata für Meßmittel; Gestaltung“.
[4]) Z. Z. gilt Standard TGL 28448 „Mengentoleranzen“.

# Anordnung über die Rechtsfähigkeit des Zentralinstituts für Apothekenwesen und Medizintechnik

vom 15. April 1983
(GBl. I Nr. 12 S. 141)

§ 1

Das Zentralinstitut für Apothekenwesen und Medizintechnik ist Rechtsnachfolger des bisherigen Instituts für Apothekenwesen. Es ist dem Ministerium für Gesundheitswesen unterstellt. Sein Sitz ist Frankfurt/Oder.

§ 2

Das Zentralinstitut für Apothekenwesen und Medizintechnik ist juristische Person und Rechtsträger des ihm übertragenen Volkseigentums. Es ist Haushaltsorganisation. Seine Mittel werden im Haushalt des Ministeriums für Gesundheitswesen geplant und bereitgestellt.

§ 3

Aufgaben, Arbeitsweise und Struktur des Zentralinstituts werden in einem Statut[1]) festgelegt, das durch den Minister für Gesundheitswesen erlassen wird.

§ 4

(1) Diese Anordnung tritt am 1. Juli 1983 in Kraft.
(2) Gleichzeitig tritt die Anordnung vom 15. Mai 1964 über das Deutsche Institut für Apothekenwesen (GBl. II Nr. 56 S. 511) in der Fassung des § 1 Buchst. b der Anordnung vom 27. Februar 1974 über die Umbenennung von Instituten im Bereich des Gesundheits- und Sozialwesens (GBl. I Nr. 17 S. 175) außer Kraft.

---

1) Wird in den Verfügungen und Mitteilungen des Ministeriums für Gesundheitswesen Nr. 4/1983 veröffentlicht; abgedruckt unter C 06 09 04 01.

# Anweisung über das Statut des Zentralinstituts für Apothekenwesen und Medizintechnik

vom 18. April 1983
(VuM MfGe Nr. 4 S. 29)

1. Das Statut des Zentralinstituts für Apothekenwesen und Medizintechnik (Anlage) wird hiermit für verbindlich erklärt[1]).
2. Diese Anweisung tritt am 1. Juli 1983 in Kraft.

## Anlage

zu Ziff. 1 vorstehender Anweisung

### Statut des Zentralinstituts für Apothekenwesen und Medizintechnik

§ 1

(1) Das Zentralinstitut für Apothekenwesen und Medizintechnik (nachstehend Zentralinstitut genannt) ist juristische Person und Rechtsträger des ihm übertragenen Volkseigentums. Sein Sitz ist Frankfurt/Oder mit nicht rechtsfähigen Institutsteilen in Jena und Berlin.
(2) Das Zentralinstitut ist dem Ministerium für Gesundheitswesen unterstellt. Es ist Haushaltsorganisation. Seine Mittel werden im Haushalt des Ministeriums für Gesundheitswesen geplant und bereitgestellt.
(3) Dem Zentralinstitut sind die Zentrale Begutachtungskommission für Medizintechnik beim Ministerium für Gesundheitswesen mit ihrem Büro und das Leitbüro für Orthopädietechnik beim Ministerium für Gesundheitswesen verwaltungsmäßig zugeordnet.

§ 2

(1) Das Zentralinstitut wird durch den Direktor nach dem Prinzip der Einzelleitung bei kollektiver Beratung geleitet. Er arbeitet eng mit den gesellschaftlichen Organisationen zusammen.
(2) Der Direktor ist für die Arbeit des Zentralinstituts dem Minister für Gesundheitswesen verantwortlich. Er ist bei seinen Entscheidungen an die für das Zentralinstitut bestätigten Pläne und an die Weisungen des Ministers für Gesundheitswesen gebunden.

## § 3

(1) Das Zentralinstitut gliedert sich in das Institut für Apothekenwesen (Kurzbezeichnung IfAP) und das Institut für Medizintechnik (Kurzbezeichnung IfM). Das bisherige Chemisch-Technische Zentrallabor (CTZL) wird Bestandteil des IfM. Das IfAP und das IfM werden durch Direktoren geleitet, die dem Direktor des Zentralinstituts unterstehen.
(2) Zur Unterstützung des Direktors bei der Leitung des Zentralinstituts werden die Aufgabengebiete

a) Kader/Bildung
b) Planung/Ökonomie
c) Haushaltswirtschaft

gebildet. Sie haben die Aufgabe, Entscheidungen für den Direktor des Zentralinstituts vorzubereiten und deren Durchführung zu organisieren, zu kontrollieren und zu analysieren. Die Leiter dieser Aufgabengebiete unterstehen direkt dem Direktor des Zentralinstituts.
(3) Die Struktur und der Stellenplan des Zentralinstituts bedürfen der Bestätigung durch das Ministerium für Gesundheitswesen.
(4) Aufgaben, Rechte und Pflichten der Direktoren des IfAP und des IfM, der Leiter der Aufgabengebiete und der anderen leitenden Mitarbeiter sowie der Mitarbeiter des Zentralinstituts, die Abgrenzung ihrer Verantwortung, die Arbeitsweise und Organisation sind durch den Direktor des Zentralinstituts in der Arbeitsordnung und in den Funktionsplänen festzulegen.

## § 4

(1) Dem Zentralinstitut obliegen vor allem folgende Aufgaben

a) auf dem Gebiet des Apothekenwesens in Verantwortung des IfAP
   - Sicherung des wissenschaftlichen Vorlaufs und Erarbeitung von Entscheidungsvorschlägen zur Organisation und Ökonomie des Apothekenwesens
   - Durchführung wissenschaftlicher Untersuchungen zur Weiterentwicklung des Versorgungsprozesses, vor allem auf den Gebieten der Bedarfsermittlung, Planung, Bestandshaltung und Informationstätigkeit im Apothekenwesen
   - Koordinierung des EDV-Einsatzes im Apothekenwesen
   - Erarbeitung von Grundsatzmaterialien für Neubau, Rekonstruktion und Ausstattung von Einrichtungen des Apothekenwesens
   - Erarbeitung von Grundsatzmaterialien der Aus- und Weiterbildung von Mitarbeitern des Apothekenwesens und auf dem Gebiet der Medizintechnik
   - Koordinierung und Durchführung der Aus- und Weiterbildung von Apothekern[2]), Pharmazieingenieuren und Apothekenfacharbeitern

— Bilanzierung von Kontingentliteratur für das Apothekenwesen
— Durchführung von Aufgaben der internationalen Zusammenarbeit.

b) auf dem Gebiet der Medizintechnik in Verantwortung des IfM
— Entwicklung und Herstellung spezieller Rationalisierungsmittel und Geräte für Einrichtungen des Gesundheits- und Sozialwesens in Kooperation mit Bezirkskrankenhäusern und/bzw. mit medizinischen Forschungseinrichtungen und unter Berücksichtigung der Ergebnisse der Neuerertätigkeit (Rationalisierungsmittelbau)
— Ausarbeitung von Entscheidungsvorschlägen zur Entwicklung der Medizintechnik, zum Sortiment, zum Einsatz und zur Einsatzeffektivität von medizintechnischen Erzeugnissen; Führung der zentralen Gerätekartei des Ministeriums für Gesundheitswesen; Mitwirkung bei der Erarbeitung von Ausrüstungsrichtlinien für medizintechnische Erzeugnisse, Durchführung grundfondsökonomischer Analysen bei bei medizintechnischen Erzeugnissen
— Organisation der klinischen Prüfung
— Beurteilung der Qualität einschließlich der Prüfung und Bestätigung der Pflichtenhefte und der normativen Nutzungsdauer für medizintechnische Erzeugnisse
— Beurteilung der Einsatzbedingungen von medizintechnischen Erzeugnissen
— Mitwirkung bei Standardisierungsaufgaben für medizintechnische Erzeugnisse
— Durchführung von Forschungsaufgaben auf dem Gebiet der Medizintechnik
— Mitwirkung bei Weiterbildungsmaßnahmen von Hoch- und Fachschulkadern des Gesundheits- und Sozialwesens auf dem Gebiet der Medizintechnik
— Durchführung von Aufgaben der internationalen Zusammenarbeit.

(2) Der Minister für Gesundheitswesen kann dem Zentralinstitut weitere Aufgaben übertragen.

§ 5

Zur Wahrnehmung seiner Aufgaben arbeitet das Zentralinstitut mit wissenschaftlichen Einrichtungen des Ministeriums für Gesundheitswesen, des Hoch- und Fachschulwesens, der Akademie der Wissenschaften der DDR, mit den örtlichgeleiteten Einrichtungen des Gesundheits- und Sozialwesens, mit Kombinaten der medizinischen Industrie, mit medizinisch-wissenschaftlichen Gesellschaften und gesellschaftlichen Organisationen zusammen.

§ 6

(1) Das Zentralinstitut wird im Rechtsverkehr durch den Direktor, im Falle seiner Verhinderung durch den Direktor eines Instituts vertreten.
(2) Die Direktoren der Institute sind berechtigt, im Rahmen ihres Aufgaben- und Verantwortungsbereiches, andere Mitarbeiter im Rahmen der ihnen vom Direktor des Zentralinstituts besonders erteilten Vollmachten, das Zentralinstitut im Rechtsverkehr zu vertreten.

§ 7

(1) Der Direktor des Zentralinstituts, die Direktoren der Institute und der Leiter für Haushaltswirtschaft werden durch den Minister für Gesundheitswesen berufen und abberufen. Der Direktor des Zentralinstituts ist gleichzeitig Direktor eines Instituts. Die Aufgaben, Rechte und Pflichten des Direktors des Zentralinstituts werden durch den Minister für Gesundheitswesen festgelegt.
(2) Die Begründung, Änderung und Auflösung von Arbeitsrechtsverhältnissen der Leiter der Aufgabengebiete, der anderen leitenden Mitarbeiter und der Mitarbeiter wird durch den Direktor des Zentralinstituts bzw. in seinem Auftrage durch die Direktoren der Institute vorgenommen.

§ 8

(1) Die Veröffentlichung von Arbeitsergebnissen des Zentralinstituts bedarf der vorherigen Zustimmung des zuständigen Direktors.
(2) Für alle Mitarbeiter des Zentralinstituts besteht über alle im Zusammenhang mit ihrer Tätigkeit zur Kenntnis gelangten Materialien und Informationen Schweigepflicht, die auch nach dem Ausscheiden aus dem Zentralinstitut weiter besteht.

---

[1]) Anordnung vom 15. 4. 1983 über die Rechtsfähigkeit des Zentralinstituts für Apothekenwesen und Medizintechnik (GBl. I Nr. 12 S. 141); abgedruckt unter C 06 09 04.
[2]) Im Auftrage der Akademie für Ärztliche Fortbildung der DDR

## Vereinbarung

zwischen dem
Staatlichen Kontrollinstitut für Seren und Impfstoffe (SKISI)
und dem
Institut für Arzneimittelwesen der DDR (IFAR)

über die Zusammenarbeit auf dem Gebiet der Arzneimittelstandardisierung, der Arzneimittelkontrolle und der Überwachung des Arzneimittelverkehrs

vom 10. Juni 1983
— Auszug —

**1. Erteilung einer Herstellungserlaubnis**

Entscheidungen zu § 2 Abs. 1 der 7. DB werden durch das IFAR in Abstimmung mit dem SKISI getroffen, soweit Arzneimittel gemäß § 1 Abs. 1 Buchst. a bis c und e bis g der 7. DB zum AMG betroffen sind.

**2. Personelle Bestätigungen**

Entscheidungen zu § 3 der 7. DB zum AMG werden durch das IFAR in Abstimmung mit dem SKISI getroffen, soweit Arzneimittel gemäß § 1 Abs. 1 Buchst. a bis c und e bis g betroffen sind.

**3. Zuordnung von Arzneimitteln zu § 1 Abs. 1 Buchst. a bis c und e bis g der 7. DB zum AMG**

Bei Zweifelsfällen hinsichtlich der Zuordnung von Arzneimitteln zu § 1 Abs. 1 Buchst. a bis c und e bis g der 7. DB zum AMG wird eine gemeinsame Entscheidung von IFAR und SKISI herbeigeführt.

**4. Bestätigung von Gütevorschriften**

Ein Jahresplan zur Erarbeitung von Gütevorschriften wird bis zum 15. 10. des Vorjahres von den Beauftragten der Direktoren vorbereitet und bis zum 15. 11. mit den beteiligten Einrichtungen abgestimmt. Die Bestätigung des Jahresplanes erfolgt bis zum 30. 12. des Vorjahres.
Die Gütevorschriften werden entsprechend den Anlagen 1 und 2 von den Herstellern vorbereitet und gemeinsam durch die Prüfinstitute überarbeitet.
Die zu bestätigenden Gütevorschriften werden vom Direktor des SKISI unterschrieben und in 5facher Ausfertigung zur Unterschrift dem Direktor des IFAR übergeben.
Das IFAR erteilt die Bestätigungsnummer und siegelt das Original.

Die Exemplare 1 (Original), 2 und 4 werden dem SKISI zugeleitet, das das Original mit Rechnung an den Hersteller weiterleitet. Die Exemplare 3 und 5 verbleiben im IFAR.
Gütevorschriften für im Bereich des Blutspende- und Transfusionswesen hergestellte Arzneimittel gemäß § 11 Abs. 7 der 7. DB zum AMG werden, soweit immunbiologische Prüfungen erforderlich sind, vor der Bestätigung durch das IFAR mit dem SKISI abgestimmt.

## 5. Änderungen von Gütevorschriften

Änderungen von Gütevorschriften werden beim IFAR beantragt. Eine Kopie ist dem SKISI zuzusenden.
Wird nach Abstimmung mit dem SKISI dem Antrag zur Änderung der Gütevorschrift zugestimmt, erfolgt die Ausfertigung eines entsprechenden Änderungsbescheides in 5 Exemplaren durch das IFAR; erforderlichenfalls erfolgt auch eine Änderung des Eintragungsbescheides.

## 6. Änderung der Verwendbarkeitsdauer von im Arzneimittelverkehr befindlichen Chargen

Entsprechende Anträge sind frühestens 3 Monate, bei Arzneifertigwaren mit einer Verwendbarkeitsdauer von weniger als zwei Jahren, frühestens einen Monat vor Ablauf der Frist mit einer ausreichenden Zahl von Prüfmustern, entsprechend Verfügung Nr. 47 des IFAR vom 9. 12. 1965, an das SKISI zu stellen (Kopie an das IFAR).
Entsprechende Anträge können nur von SVPM, VB *Seren und Impfstoffe*[3]), und den Bezirksapothekeninspektionen gestellt werden. Andere Anträge werden nur dann bearbeitet, wenn die zuständige Bezirksapothekeninspektion die schriftliche Zustimmung gegeben hat.
Der Entscheid des SKISI wird in einem Nachweisbuch dokumentiert. Er geht dem Antragsteller direkt und als Durchschrift dem IFAR und dem SVPM, *VB Seren und Impfstoffe*[3]), zu.

## 7. Gutachten

Pharmazeutisch-immunbiologische Gutachten werden beim IFAR beantragt. Der immunbiologische Teil wird auf Antrag des IFAR vom SKISI und der pharmazeutische Teil vom IFAR erarbeitet. Der immunbiologische Teil des Gutachtens wird vom SKISI dem IFAR mit Rechnung übergeben.
Die Abfassung des Gutachtens erfolgt entsprechend der Anlage 1 (3fach für Inlandpräparate, 7fach für Importpräparate) gemeinsam durch SKISI und IFAR.
Die Gutachten werden von den Direktoren beider Einrichtungen unterschrieben und dem Auftraggeber durch das IFAR (mit Rechnung) zugesandt.

## 8. Mustergutbefunde und Zertifikate für die Registrierung

Mustergutbefunde dienen der Qualitätsbewertung von Arzneimitteln, z. B. für einen beabsichtigten Import oder auch zum Vergleich der Qualität von Inlandpräparaten und anderen wissenschaftlichen Zwecken. Sie werden vom BBA[1]) bzw. vom SVPM[2]), VB *Seren und Impfstoffe*[3]), beim SKISI beantragt. Kopien der Mustergutbefunde werden dem Zentralen Gutachterausschuß, UA Sera/Impfstoffe, zur Kenntnis gegeben. Für Importpräparate werden vom SKISI auf Antrag des IFAR Zertifikate zum Zwecke der Eintragung in das Arzneimittelregister der DDR ausgestellt.

## 9. Erteilung von Ausnahmegenehmigungen

Abweichungen von gültigen Registrierunterlagen sind nur in begründeten Fällen nach Erteilung einer Ausnahmegenehmigung zulässig.
Ausnahmegenehmigungen für Arzneimittel gemäß § 1 Abs. 1 Buchst. a bis c und e bis g der 7. DB zum AMG werden vom IFAR erteilt. Das IFAR handelt in Abstimmung mit dem SKISI, wobei auch über eine Gebrauchswertminderung gemeinsam entschieden wird.
Hinsichtlich der Erteilung von Ausnahmegenehmigungen für den Import nichtregistrierter Arzneimittel gemäß § 1 Abs. 1 Buchst. a bis c und e bis g der 7. DB zum AMG gilt das folgende Verfahren:

- Die Anträge werden vom SVPM[2]), VB *Seren und Impfstoffe*[3]), an das IFAR gestellt.
- Das IFAR erteilt nach Zustimmung des SKISI (entsprechend Formblatt und Auflagenschlüssel)[4]) die Ausnahmegenehmigung.
- Das SVPM erhält das Original und eine Kopie zur Weiterleitung an AHB[5]) GERMED, das SKISI und das BBA erhalten jeweils eine Kopie und eine weitere Kopie verbleibt beim IFAR.
- Das IFAR erteilt dem SVPM[2]), VB *Seren und Impfstoffe*[3]), die entsprechende Auflage.

## 10. Kontrolle und Registrierung der vom SVPM[2]), VB *Seren und Impfstoffe*[3]), importierten Erzeugnisse

Es gilt die Vereinbarung zwischen IFAR, SKISI und SVPM[2]), VB *Seren und Impfstoffe*[3]), vom 11. April 1979[6]).

## 11. Zulassung neuer Arzneimittel

Die Zusammenarbeit bei der Zulassung neuer Arzneimittel regelt sich nach den Festlegungen der 12. DB zum AMG und der hierzu erlassenen Richtlinie (Verf. u. Mitt. des MfGe, Sonderdruck vom 21. 8. 1976; abgedruckt unter C **05 01** 02 AAR).

**12. Beanstandungen von Arzneimitteln**

Werden Arzneimittel gemäß § 1 Abs. 1 Buchst. a bis c und e bis g der 7. DB zum AMG beanstandet bzw. werden schädliche Arzneimittelwirkungen gemeldet, dann sind die in diesem Zusammenhang erforderlichen Untersuchungen im SKISI durchzuführen (§ 9 Abs. 2 der 2. DB zum Gesetz zur Verhütung und Bekämpfung übertragbarer Krankheiten beim Menschen — Schutzimpfungen und andere Schutzanwendungen — vom 20. 1. 1983/GBl. I Nr. 4, S. 33).
Bei gemeldeten schädlichen Arzneimittelwirkungen erfolgt eine gegenseitige Information.
Im Interesse des Gesundheitsschutzes notwendige Verfügungen gemäß § 29 Abs. 4 des AMG (Informationen bzw. Sperrungen) werden vom IFAR auf Antrag des SKISI erlassen.

**13. Anleitung und Kontrolle der arzneimittelherstellenden Einrichtungen sowie der entsprechenden Versorgungsdepots**

Anleitung und Kontrolle der Arzneimittel gemäß § 1 Abs. 1 Buchst. a bis c und e bis g der 7. DB zum AMG herstellenden Betriebe erfolgen nach einem vom SKISI und IFAR aufzustellenden Plan. Grundlage ist der jeweilige Jahresplan. Unabhängig davon, ob Anleitung und Kontrolle durch IFAR bzw. SKISI allein oder gemeinsam von beiden Instituten durchgeführt werden, sind Auflagen und Weisungen gemeinsam zu erteilen. Bei Erfordernis kann das SKISI auch außerhalb der im Jahresplan vereinbarten Aktivitäten Anleitung und Kontrolle ausüben; sich daraus ergebende Auflagen und Weisungen sind gemeinsam mit dem IFAR zu erteilen.
Aus allgemeinen Inspektionen des IFAR resultierende Auflagen und Weisungen werden gemeinsam mit dem SKISI erteilt, wenn sie die Herstellung und Prüfung von Arzneimitteln, gemäß § 1 Abs. 1 Buchst. a bis c und e bis g der 7. DB zum AMG betreffen.

**14. Qualitätsforderungsprogramm**

Das vom IFAR jährlich zu erstellende Qualitätsforderungsprogramm für die Hersteller wird im Einvernehmen mit dem SKISI jeweils bis zum 15. 2. des Vorjahres ausgearbeitet.

**15. Registrierunterlagen**

Von allen Bescheiden des IFAR, die Arzneimittel gemäß § 1 Abs. 1 Buchst. a bis c und e bis g der 7. DB zum AMG betreffen, erhält das SKISI eine Kopie.

**16. Erarbeitung von Monografien und Kommentaren für das Arzneibuch der DDR entsprechend dem Jahresplan (siehe Punkt 17).**

**17. Jahresplan**

Zwischen dem SKISI und dem IFAR wird jährlich bis zum 15. 2. durch die Beauftragten der Direktoren ein Plan der auf dem Gebiet der Standardisierung, Begutachtung und Qualitätssicherung von Arzneimitteln gemeinsam durchzuführenden Arbeiten fertiggestellt.
In diesem Plan werden die folgenden Aufgaben unter Angabe von Terminen und Verantwortlichkeiten detailliert aufgeführt:

- Arbeiten für das Arzneibuch der DDR,
- Aus- und Überarbeitung von Gütevorschriften,
- Begutachtung von Arzneimitteln,
- andere Arbeiten zur Qualitätssicherung und Qualitätskontrolle

18. Diese Vereinbarung wurde in 2facher Ausfertigung unterzeichnet. Je ein Exemplar ist im Besitz der Partner.
Änderungen oder Ergänzungen dieser Vereinbarung bedürfen hinsichtlich ihrer Wirksamkeit der Schriftform.

Anlage 1: Richtlinie des IFAR für die Ausfertigung pharmazeutisch-immunbiologischer Gutachten und Gütevorschriften (abgedruckt unter C **05 05** 01)
Anlage 2: Vorletzte Seite für Gütevorschriften
Anlage 3: Letzte Seite für Gütevorschriften

## Anlage 2 Vorletzte Seite für Gütevorschriften

Teil D: Spezielle Festlegungen und Forderungen

- Für das Arzneimittel ist die Herstellungsvorschrift vom ... verbindlich.
- Die Produktionshygiene, die Produktionsvorbereitung und der Produktionsprozeß sind von der TKO zu überwachen; erforderliche Maßnahmen sind zu dokumentieren. Mängel sind dem SKISI und dem IFAR unverzüglich mitzuteilen.
- Wesentliche bzw. qualitätsbeeinflussende Abweichungen von der Herstellungsvorschrift sind den Prüfinstituten ebenfalls unverzüglich mitzuteilen.
- Die Ergebnisse aller in der Gütevorschrift aufgeführten Prüfungen sind bei der Einsendung der Proben zur staatlichen Prüfung mitzuteilen.
  Anzahl der einzusendenden Proben:

Mit dem Text dieser Gütevorschrift sind wir vollinhaltlich einverstanden.

Ort: Datum:

. . . . . . . . . . . . . . . . . . . . . . . . . . . . . . . . . . . . . . . . . . . . .

Unterschrift des Produktionsleiters

Unterschrift des TKO-Leiters

## Anlage 3 Letzte Seite für Gütevorschriften

Die Gütevorschrift wird auf Grund des § 10 der 1. Durchführungsbestimmung und des § 9 der 7. Durchführungsbestimmung zum Arzneimittelgesetz bestätigt.
Die Bestätigung wird auf der Grundlage des § 29 Abs. 1 des Arzneimittelgesetzes mit folgenden Auflagen verbunden:

Berlin, den

| Direktor<br>des Instituts für Arzneimittelwesen<br>der DDR | Direktor<br>des Staatlichen Kontrollinstituts für Seren<br>und Impfstoffe |
|---|---|

---

[1]) Beratungsbüro für Arzneimittel und medizintechnische Erzeugnisse (Import)

[2]) Staatliches Versorgungskontor für Pharmazie und Medizintechnik.

[3]) Jetzt: Versorgungsbereich Spezielle Sortimente.

[4]) Das Formblatt zur Erteilung der Ausnahmegenehmigung enthält Angaben zum Namen des Erzeugnisses, zum Hersteller, zur Zusammensetzung, Menge, Packungsgröße, Verwendbarkeitsdauer und Aufbewahrung; ferner formalisierte Auflagen zur Meldung jeden Importes an das SKISI, zur einmaligen oder ständigen staatlichen Prüfung, zur Bereitstellung von Mustern und Druckschriften, zur Übergabe von Zertifikaten und Gütevorschriften u. a.

[5]) Außenhandelsbetrieb

[6]) Hier nicht abgedruckte Vereinbarung zwischen dem Institut für Arzneimittelwesen der DDR, dem Staatlichen Kontrollinstitut für Seren und Impfstoffe, dem Versorgungsbereich *Seren und Impfstoffe*[3]) des Versorgungsdepots für Pharmazie und Medizintechnik Berlin sowie dem Staatlichen Versorgungskontor für Pharmazie und Medizintechnik über Kontrolle und Registrierung der vom Versorgungsdepot für Pharmazie und Medizintechnik, Versorgungsbereich *Seren und Impfstoffe*[3]), importierten Erzeugnisse vom 11. April 1979. Die Vereinbarung regelt die (bemusterte) Abgabe von Importmeldungen auf Formblatt (Name des Arzneimittels, Hersteller, Charge, Importdatum, Importmenge, Datum der Probenahme, zur staatlichen Prüfung eingereichte Menge, vom Hersteller beigefügte Anlagen, Verwendbarkeitsdauer) an das SKISI zum Zwecke der Entscheidung über die Durchführung der staatlichen Prüfung bzw. Freigabe (Kopie an IFAR) und befristet den Import auf der Grundlage von Ausnahmegenehmigungen auf 1 bis höchstens 2 Jahre. Sofern entsprechende Erzeugnisse nicht für den Hersteller bzw. das ausländische Außenhandelsorgan registriert werden können, erfolgt die Eintragung im Arzneimittelregister der DDR für das Staatliche Versorgungskontor für Pharmazie und Medizintechnik auf der Grundlage festgelegter Unterlagen (Gütevorschrift, Zusammensetzung, Verwendbarkeitsdauer, Aufbewahrungs- und Transportvorschriften, Zertifikat des SKISI, Erfahrungsberichte der Anwender); dazu ist dem IFAR vom Versorgungsbereich *Seren und Impfstoffe*[3]) auf Anforderung ein formgerechter Registrierantrag zusammen mit einem kostenlosen, kompletten Muster, dazugehörigen Druckschriften und ggf. weiteren Informationen des Herstellers einzureichen. Der Eintragungsbescheid enthält in der Regel die Festlegung: „Das eingetragene Arzneimittel darf nur in der Zusammensetzung und mit den Eigenschaften in den Verkehr gebracht werden, die den Forderungen in der Gütevorschrift des Herstellers Nr. .... vom .... sowie den zusätzlich festgelegten Forderungen entsprechen".

Nur wenn von Hersteller keine Gütevorschrift bzw. kein Zertifikat für die gelieferte Qualität vorgelegt werden kann, enthält der Eintragungsbescheid folgende Festlegung: „Das eingetragene Arzneimittel darf nur in der Zusammensetzung und mit den Eigenschaften in den Verkehr gebracht werden, die denjenigen der bisher an die DDR gelieferten Packungen sowie den zusätzlich festgelegten Forderungen entsprechen".

Die bei der Registrierung festgelegten Forderungen werden vom Versorgungsbereich *Seren und Impfstoffe*[3]) detailliert in jede Bestellung an den Außenhandelsbetrieb GERMED übernommen.

# Anweisung über die Aufgaben und die Tätigkeit des Referenzlaboratoriums für Sterilisation auf dem Gebiet der Humanmedizin

vom 20. Januar 1983
(VuM MfGe Nr. 3 S. 18)

Im Einvernehmen mit dem Minister für Hoch- und Fachschulwesen wird angewiesen:

## I.

1. Das Forschungsinstitut für Hygiene und Mikrobiologie Bad Elster erhält zusätzlich zu den im Statut festgelegten Aufgaben die Stellung eines Referenzlaboratoriums für Sterilisation auf dem Gebiet der Humanmedizin (nachstehend Referenzlaboratorium genannt).
2. Die fachliche, personelle, materielle und finanzielle Planung des Referenzlaboratoriums wird im Rahmen des Volkswirtschafts- und Haushaltsplanes des Forschungsinstituts vorgenommen.
3. Das Referenzlaboratorium führt die Bezeichnung „Forschungsinstitut für Hygiene und Mikrobiologie, Referenzlaboratorium für Sterilisation auf dem Gebiet der Humanmedizin".
   Der Direktor des Forschungsinstituts ist dem Minister für Gesundheitswesen für die Durchführung der übertragenen Aufgaben verantwortlich.

## II.

Das Referenzlaboratorium hat folgende Aufgaben:

1. Das Referenzlaboratorium bearbeitet wissenschaftliche und organisatorische Aspekte der ordnungsgemäßen Bereitstellung von sterilen Gegenständen, Stoffen und Zubereitungen für medizinische Eingriffe am Menschen. Es erarbeitet methodische Grundsätze und Arbeitsunterlagen aus hygienischer Sicht für die Staatliche Hygieneinspektion.
2. Das Referenzlaboratorium ist für die Vorbereitung zentraler Festlegungen hinsichtlich mikrobiologischer und technischer Anforderungen für die Sterilisation auf dem Gebiet der Humanmedizin (nachstehend Sterilisation genannt) in Einrichtungen des Gesundheits- und Sozialwesens verantwortlich. Es leitet die an der Lösung des Gesamtproblems beteiligten Einrichtungen fachlich an. Es realisiert diese Aufgaben in Abstimmung und in Zusammenarbeit mit dem Institut für Arzneimittelwesen der DDR.

3. Das Referenzlaboratorium beteiligt sich an der Ausarbeitung von Rechtsvorschriften und der Standardisierung auf dem Fachgebiet und erfüllt diese Aufgaben in Zusammenarbeit mit dem Institut für Arzneimittelwesen der DDR.
4. Das Referenzlaboratorium ist für die Prüfung von Verfahren, Geräten und Arbeitsmethoden für die Sterilisation einschließlich von Importen zuständig.
5. Das Referenzlaboratorium ist für die staatliche Prüfung der Sterilisations- und Sicherheitsindikatoren verantwortlich.
6. Das Referenzlaboratorium besitzt eine Stammsammlung solcher Mikroorganismen, die für die Prüfung und Überwachung der Sterilisation von Interesse sind. Es gibt diese Stämme auf Anforderung unter Beachtung der geltenden Rechtsvorschriften ab.
7. Das Referenzlaboratorium beteiligt sich an der Aus-, Weiter- und Fortbildung von Ärzten, Fachschulkadern und Facharbeitern auf dem Fachgebiet.
8. Das Referenzlaboratorium unterhält eine Dokumentation auf dem Gebiet der Sterilisation und wertet die internationale wissenschaftliche Literatur aus.

### III.

1. Das Referenzlaboratorium erfaßt die Arbeitsergebnisse der Hygieneinspektionen und weiterer mit der Durchführung der Überwachung der Sterilisation beauftragter Einrichtungen und führt die Dokumentation und Auswertung dieser Ergebnisse durch. Es ist berechtigt, von den Einrichtungen Unterlagen, die für die Erfüllung dieser Aufgabe notwendig sind, abzufordern.
2. Auf der Grundlage dieser Informationen erarbeitet das Referenzlaboratorium jährlich einen Bericht über die Erfüllung der Arbeitsaufgaben für den Hauptthygieniker der Deutschen Demokratischen Republik.
3. Das Referenzlaboratorium unterstützt das Ministerium für Gesundheitswesen bei der Durchführung operativer Aufgaben auf dem Gebiet der Sterilisation. Es erarbeitet Gutachten und Stellungnahmen im Auftrag der Staatlichen Hygieneinspektion des Ministeriums für Gesundheitswesen zu Problemen, die den Verantwortungsbereich einer Bezirks-Hygieneinspektion fachlich und territorial überschreiten.

### IV.

1. Das Referenzlaboratorium arbeitet eng mit der Sektion Sterilisation, Desinfektion und Antiseptik der Gesellschaft für Mikrobiologie und Epidemiologie der Deutschen Demokratischen Republik, Instituten und anderen wissenschaftlichen Einrichtungen sowie mit Forschungs- und Entwicklungsstellen der Industrie zusammen.
2. Das Referenzlaboratorium arbeitet im Rahmen der bestehenden Gesundheitsabkommen und gemäß den vom Ministerium für Gesundheitswesen festgelegten Aufgaben mit entsprechenden Einrichtungen anderer, insbesondere sozialistischer Länder zusammen.

3. Zur Erfüllung seiner Aufgaben ist das Referenzlaboratorium befugt, mit anderen Einrichtungen Vereinbarungen zur Übernahme spezieller Teilaufgaben abzuschließen. Die Vereinbarungen werden nach Bestätigung durch den Hauptbygieniker der Deutschen Demokratischen Republik wirksam.

V.

Diese Anweisung tritt mit ihrer Veröffentlichung in Kraft.

# Hinweis auf nicht abgedruckte Veröffentlichungen der WHO, die für das Gebiet des Arzneimittelwesens von Bedeutung sind

a) Berichte des WHO Expert Committee on Specifications for Pharmaceutical Preparations

25th Report, Geneva 1975 – Specifications for radiopharmaceuticals
– Pharmaceutical aspects of drug evaluation for registration

26th Report, Geneva 1977 – Analytical criteria for drug quality assesment
– Basic tests for drugs
– Requirements for plastic containers for pharmaceuticals

27th Report, Geneva 1980 – Quality assurance in pharmaceutical supply systems
– Tests for solid oral dosage forms

28th Report, Geneva 1982 – The future of the International Pharmacopoeia
– General guidelines for the establishment, maintenance and distribution of Chemical Reference Substances

29th Report, Geneva 1984 – National Laboratories for drug surveillance and control
– The international pharmacopeia
– Basic tests
– Training programmes in drug analysis
– Certification scheme on the quality of products moving in international Commerce

b) Übersicht über ausgewählte Inhalte von WHO Technical Report Series

| Nr. | Jahr | Inhalt |
|---|---|---|
| 605 | 1977 | Tumor-Chemotherapie |
| 610 | 1977 | Biologische Standardisierung |
| 612 | 1977 | Pestizide in Lebensmitteln |
| 615 | 1977 | Essential drugs |
| 617 | 1978 | Lebensmittelzusatzstoffe |
| 618 | 1978 | Drug dependence |
| 619 | 1978 | Steroid-Kontrazeptiva, neoplastische Risiken |
| 626 | 1978 | Biologische Standardisierung |
| 631 | 1978 | Lebensmittelzusatzstoffe-Kontaminanten |
| 638 | 1979 | Biologische Standardisierung |

| | | |
|---|---|---|
| 641 | 1979 | Essential drugs |
| 648 | 1980 | Lebensmittel-Zusatzstoffe |
| 653 | 1980 | Einschätzung bestimmter Lebensmittel-Zusatzstoffe |
| 658 | 1981 | Biologische Standardisierung |
| 669 | 1981 | Einschätzung bestimmter Lebensmittel-Zusatzstoffe |
| 673 | 1982 | Biologische Standardisierung |
| 676 | 1982 | Interferon-Therapie |
| 683 | 1982 | Einschätzung bestimmter Lebensmittel-Zusatzstoffe und Kontaminanten |
| 685 | 1983 | Essential drugs |
| 693 | 1983 | Virus-Impfstoffe und antivirale Arzneimittel |
| 700 | 1984 | Biologische Standardisierung |
| 710 | 1984 | Einschätzung bestimmter Lebensmittel-Zusatzstoffe und Kontaminanten |

c) Spezielle Veröffentlichungen

National Drug Policies; Public Health in Europe 12, Regional Office for Europe, WHO, Copenhagen 1979

Studies in Drug Utilization; WHO Regional Publications, European Series No. 8, Copenhagen 1979

Biological Substances. International Standards, Reference Preparations and Reference Reagents 1982
International Pharmacopeia = Pharmacopeia Internationalis, Editio tertio, Vol. 2 1981

# Zur Problematik von Arzneimittelempfehlungen in wissenschaftlichen Veröffentlichungen und zur Breite zulässiger Abweichungen von offiziellen Festlegungen und Empfehlungen hinsichtlich der Anwendung von Arzneimitteln

Von J. Quandt, F. Hackenberger, I. Richter und J. Müldner
(Dtsch. Gesundh.-Wesen **37** (1982) S. 2190)

Der Verkehr mit Arzneimitteln ist in der DDR durch das Arzneimittelgesetz vom 5. Mai 1964 geregelt. Danach dürfen Arzneimittel nur dann in das ihre Verkehrsfähigkeit ausweisende Register eingetragen werden, wenn sie nach den Erkenntnissen und Erfahrungen von Wissenschaft und Praxis ausreichend erforscht, pharmazeutisch und pharmakologisch geprüft sowie klinisch erprobt sind und sich dabei ihre Wirksamkeit und Unschädlichkeit erwiesen hat. Art, Umfang und Ablauf der erforderlichen pharmazeutischen, pharmakologisch-toxikologischen Prüfungen sowie der Prüfungen zur Anwendung am Menschen sind durch die 12. Durchführungsbestimmung zum Arzneimittelgesetz (GBl. I Nr. 17, S. 248) vom 2. Juni 1976 geregelt. Jede Stufe der Prüfung eines neuen Arzneimittels ist genehmigungspflichtig, die Genehmigung wird nach einer umfassenden Beurteilung der Eigenschaften des Arzneimittels durch den Zentralen Gutachterausschuß (ZGA) für Arzneimittelverkehr vom Ministerium für Gesundheitswesen (MfGe) erteilt. Mit der Zulassung eines Arzneimittels werden in Abhängigkeit von den Prüfungsergebnissen die zulässigen Indikationen, Applikationsarten und der Dosisbereich festgelegt. Sie finden ihren Niederschlag in den Mitteilungen des ZGA (medicamentum), im Arzneimittelverzeichnis, in den „Informationen für Ärzte und Apotheker“ (ZIM), in Beipackzetteln oder in der Nomenklatur C des Arzneimittelverzeichnisses, sofern die Arzneifertigware aufgrund ihrer Zusammensetzung und Wirkungsweise der spezialisierten und hochspezialisierten medizinischen Betreuung der Bevölkerung vorbehalten ist.

Aus Gründen der Wirksamkeit und Sicherheit von Arzneimitteln unterliegt deshalb auch die Untersuchung neuer Indikationen, Applikationsarten sowie die Veränderung des zugelassenen Dosisbereiches bereits im Sortiment befindlicher Arzneimittel den gleichen Bedingungen.

Die mit der Zulassung getroffenen Festlegungen zu den Anwendungsbedingungen eines Arzneimittels gelten so lange als verbindlich, bis durch das MfGe andere Entscheidungen getroffen werden. Die Mitteilung von diesbezüglichen Veränderungen erfolgt durch die obengenannten und dazu autorisierten Informationsorgane und/oder durch eine offizielle Information über die zuständige Lieferapotheke (s. Arzneimittelordnung vom 27. Februar 1981, VuM Nr. 1 S. 1).

Diese gesetzlichen Grundlagen sind zu beachten, wenn im Einzelfall wissenschaftliche Erwägungen oder Informationen (z. B. auch Publikationen in wissenschaftlichen Zeitschriften

außerhalb der DDR) Veranlassung sein könnten, eine Arzneifertigware unter einer bisher in der DDR nicht aufgeführten Indikation oder abweichend von der empfohlenen Applikation anzuwenden.
Sofern dies ohne Abstimmung mit dem ZGA in eigener Verantwortung geschieht, können auftretende Gesundheitsschäden weder nach der „Anordnung über die Erweiterung der materiellen Unterstützung der Bürger bei Schäden infolge medizinischer Eingriffe" vom 16. 12. 1974 (GBl. I 1975 Nr. 3 S. 59) noch nach der 12. Durchführungsbestimmung zum Arzneimittelgesetz vom 17. Mai 1976 § 14 (Ersatz von Schäden, die im Zusammenhang mit der Prüfung von Arzneimitteln am Menschen eintreten) materiell reguliert werden. Für derartige Schäden ist nach § 330 ZGB Schadenersatz durch die Staatliche Versicherung zu leisten entsprechend der VO über die Versicherung der staatlichen Organe und staatlichen Einrichtungen vom 18. 11. 1969 (GBl. II Nr. 101 S. 679) und AO über die Bedingungen für die Pflichtversicherung der staatlichen Einrichtungen bei der Staatlichen Versicherung der DDR vom 18. 11. 1969 — a. a. O. (Verantwortlichkeit für Schadenszufügung). Der eingetretene Gesundheitsschaden mit daraus resultierenden Auswirkungen auf die Teilnahme am gesellschaftlichen Leben ist aufgrund der Mißachtung der vom ZGA bzw. MfGe getroffenen Festlegungen (Indikation, Applikation, Dosierung) als eine Verletzung der ärztlichen Sorgfalt gutachtlich zu werten.
Die gutachterliche Beurteilung dieser Schäden erfolgt auf der Grundlage der „Richtlinie über die Zusammenarbeit des Gesundheitswesens mit der Staatlichen Versicherung" vom 28. September 1976 (VuM Nr. 11 S. 66). Staatsanwaltschaftliche Ermittlungen können eingeleitet werden, sofern Strafantrag gestellt wurde.
Bei der Begutachtung von Schadensfällen müssen im Einzelfall folgende Gesichtspunkte berücksichtigt werden:

### 1. Die Applikations- (Anwendungs-) arten, -orte, Festlegungen zur Applikation eines Arzneimittels

Sie werden vor allem von den physikalischen, chemischen und pharmakologisch-toxikologischen Eigenschaften der Arzneistoffe sowie der Art der pharmazeutischen Zubereitung, einschließlich Hilfsstoffe, Lösungsvermittler, Konservierungsmittel u. a. bestimmt. Letztere können bei Arzneimitteln verschiedener Hersteller erheblich differieren. Da alle in diesem Zusammenhang zu berücksichtigenden Faktoren dem Arzt meist nicht bekannt sind, müssen die mit der Registrierung zugelassenen Applikationsbedingungen auch im Einzelfall streng eingehalten werden. Notwendig erscheinende Änderungen der Anwendungsbedingungen sind beim ZGA zu beantragen, der in Abstimmung mit dem Hersteller in der Regel erst nach Veränderung der Zubereitungsform sowie pharmazeutischen, tierexperimentellen und klinischen Prüfungen die erforderliche Veränderung bzw. Erweiterung der Applikationsformen, -arten usw. dem MfGe zur Zulassung vorschlagen kann.
Jede eigenmächtige Überschreitung der für ein Arzneimittel zugelassenen Anwendungsbedingungen durch den behandelnden Arzt kann für den Patienten mit einem hohen Risiko

und dem Auftreten schwerster gesundheitlicher Schäden verbunden sein. Änderungen der Anwendungsbedingungen aufgrund alleiniger ärztlicher Entscheidung sind nur unter extremen Ausnahmebedingungen bei vitaler Indikation zu rechtfertigen.

## 2. Dosierung

Die Dosierung ist immer unter Berücksichtigung der individuellen Besonderheiten des Patienten (z. B. Lebensalter, Niereninsuffizienz, indiv. Ansprechen), der Dosisabhängigkeit der therapeutischen Wirkungen und Nebenwirkungen sowie der Pharmakokinetik der Wirkstoffe festzulegen und während der Therapie zu kontrollieren.
Hierzu gehört die Größe der Einzeldosis, das Applikationsintervall sowie die Behandlungsdauer. Die individuelle Variation der Dosis erfolgt in der Regel in dem bei der Prüfung des Arzneimittels bzw. durch langjährige Erfahrungen ermittelten wirksamen und relativ sicheren Dosisbereich. Dieser Dosisbereich wird mit der Registrierung als Orientierung zugelassen, er ist im Arzneimittelverzeichnis sowie in dem Zentralen Informationsmaterial (ZIM) angegeben.
Eine wesentliche Unter- bzw. Überschreitung dieses Dosisbereiches ist immer mit der Gefahr unzureichender Wirksamkeit oder zu hohem Nebenwirkungsrisiko verbunden. Unter Berücksichtigung der obengenannten pathophysiologischen, pharmakologischen sowie klinischen Faktoren kann jedoch im Einzelfall zur Ausschöpfung einer maximalen therapeutischen Wirksamkeit oder zur Verminderung des Nebenwirkungsrisikos eine Über- oder Unterschreitung des Dosisbereiches durchaus erforderlich sein. Die Bestimmungen des Arzneimittelgesetzes erfordern deshalb bei Überschreitung der EMD bzw. TMD auf Rezepten die Markierung durch ein Ausrufezeichen hinter der Dosierungsangabe.
Neben der Kennzeichnung für den Apotheker wird damit verdeutlicht, daß Dosisüberschreitungen immer sorgfältiger, wissenschaftlich begründeter Überlegungen bedürfen und an die persönliche Verantwortung des Arztes für jeden Einzelpatienten gebunden sind.

## 3. Indikationen

Die im Arzneimittelverzeichnis und im ZIM angegebenen Indikationen sind für alle neueren Arzneimittel auf diejenigen beschränkt, für die in sorgfältigen klinischen Prüfungen eine therapeutische Wirksamkeit nachgewiesen werden konnte. Für ältere, zum Teil jahrzehntelang im Verkehr befindliche Arzneimittel gehen diese Angaben auf die in den umfangreichen klinischen Erfahrungen ermittelten Hauptindikationen zurück.
Jede Abweichung von den angegebenen Indikationen enthält damit ein erhöhtes Risiko ungenügender therapeutischer Wirksamkeit sowie möglicher Nebenwirkungen. Andererseits haben die Indikationsangaben vorrangig einen orientierenden Charakter und sind in der Regel weit gefaßt. Darüber hinaus lassen sich aus der Pathophysiologie von Erkrankungen sowie den pharmakologischen Eigenschaften der Wirkstoffe sinnvolle Therapiekonzeptionen auch außerhalb der bisher angegebenen Indikationen ableiten.

Im Einzelfall kann deshalb unter verantwortlicher Abwägung aller Gegebenheiten eine Erweiterung der Indikation dem Arzt erforderlich scheinen. Dies muß begründbar sein. Die Behandlung größerer Gruppen von Patienten sowie die allgemeine Propagierung neuer, eindeutig abweichender Indikationen bedarf jedoch auch für registrierte Arzneimittel der Zustimmung des ZGA.

### 4. Kontraindikationen

Die Kontraindikationen ergeben sich aus den Eigenschaften des Arzneimittels sowie aus individuellen Besonderheiten des Patienten.
Absolute Kontraindikationen sind von jedem Arzt streng einzuhalten. Bei relativen Kontraindikationen ist der Einsatz des Arzneimittels sehr sorgfältig unter kritischer Berücksichtigung der unbedingten Notwendigkeit der Anwendung, des voraussichtlich zu erreichenden therapeutischen Nutzens, der Schwere der Erkrankung, des zu erwartenden Verlaufs mit oder ohne Therapie sowie der Art und Reversibilität der zu erwartenden Nebenwirkungen einzuschätzen. Da die Anwendung eines Arzneimittels trotz bestehender relativer Kontraindikationen immer mit einem erhöhten Nebenwirkungsrisiko verbunden ist, muß sowohl die therapeutische Wirksamkeit als auch das Auftreten von Nebenwirkungen bei den betreffenden Patienten sehr sorgfältig beobachtet werden.

## Richtlinie über Injektionen

vom 1. Juni 1981
(VuM MfGe Nr. 6 S. 79) i. d. F. der Richtlinie Nr. 2 über Injektionen
vom 14. Juli 1982 (VuM MfGe Nr. 6 S. 86)

Zur Gewährleistung einer hohen Qualität der medizinischen Betreuung bei der Ausführung von Injektionen wird im Einvernehmen mit den Leitern der zuständigen zentralen staatlichen Organe festgelegt:

### I.

Die Verordnung und die sachgerechte Ausführung von Injektionen gehören in den Verantwortungsbereich des Arztes. Er hat insbesondere über die medizinische Indikation, die Wahl des zu injizierenden Arzneimittels, die Dosierung sowie über Injektionsart und Applikationsstelle zu entscheiden. Er kann unter Beachtung der in dieser Richtlinie genannten Voraussetzungen medizinische Fachschulkader mit der Ausführung einer Injektion beauftragen.
Die Festlegungen dieser Richtlinie gelten für Zahnärzte entsprechend.

### II.

1. Auf Weisung des Arztes bzw. Zahnarztes können
   - Medizinische Assistenten,
   - Krankenschwestern und -pfleger, Kinderkrankenschwestern, Sprechstundenschwestern und Hebammen sowie stomatologische Schwestern subkutane, intrakutane und intramuskuläre Injektionen sowie Venenpunktionen zum Zwecke der Blutentnahme

   ausführen.
2. Darüber hinaus können auf Weisung des Arztes bzw. Fachzahnarztes für Kieferchirurgie intravenöse Injektionen ausgeführt werden durch
   - Medizinische Assistenten
   - Fachkrankenschwestern/Fachkrankenpfleger
   - Fachkinderkrankenschwestern
   - Fachkrankenschwestern/Fachkrankenpfleger für Anästhesiologie und Intensivtherapie
   - Fachkrankenschwestern/Fachkrankenpfleger für Dialyse und Nierentransplantation
   - Fachschwestern für Intensivmedizin im Kindesalter
   - Fachschwestern/Fachpfleger für Psychiatrie und Neurologie
   - Fachschwestern für Kinderneuropsychiatrie

— Operationsschwestern/Operationspfleger mit abgeschlossener Qualifikation
— Betriebsschwestern mit abgeschlossener Qualifikation
— Gemeindeschwestern mit abgeschlossener Qualifikation
— Hebammen.

3. Der für einen ambulanten oder stationären Leistungsbereich verantwortliche Arzt bzw. verordnende Arzt ist verpflichtet, sich vor der erstmaligen Weisung zur Ausführung einer Injektion durch medizinische Fachschulkader davon zu überzeugen, daß diese über die entsprechenden Kenntnisse und Fertigkeiten verfügen sowie die notwendige Zuverlässigkeit zeigen, um die Injektionen sorgfältig und sachgerecht auszuführen, mögliche Komplikationen zu erkennen und gegebenenfalls zweckmäßige Hilfe zu leisten, wenn ein Arzt bei einem Zwischenfall nicht sofort erreichbar ist. Der beauftragende Arzt hat die medizinischen Fachschulkader, soweit erforderlich, hinsichtlich der Ausführung von Injektionen anzuleiten. Der die Weisung erteilende Arzt entscheidet, ob die Injektion durch den medizinischen Fachschulkader

   — selbständig einmal
   — selbständig mehrmals zu festgelegten Zeiten
   — nur unter unmittelbarer Aufsicht durch den Arzt

   auszuführen ist.

4. Voraussetzung für die Ausführung einer Injektion durch medizinische Fachschulkader ist in jedem Fall eine Weisung des Arztes. Sie ist durch den Arzt oder durch den die Injektion ausführenden medizinischen Fachschulkader zu dokumentieren und in den Fällen, wo die Injektion außerhalb einer Gesundheitseinrichtung und außerhalb ärztlicher Aufsicht auszuführen ist, schriftlich zu übermitteln.

5. Der medizinische Fachschulkader trägt für die sachgerechte Ausführung der ärztlich angewiesenen Injektion die Verantwortung. Er hat sich vorher auf der Grundlage seiner medizinischen Kenntnisse und praktischen Erfahrungen davon zu überzeugen, ob der Zustand des Patienten die Ausführung dieser Injektion zuläßt. Bestehen in diesem Zusammenhang Bedenken, so ist vor der Ausführung der Injektion der zuständige Arzt umgehend davon zu unterrichten, damit dieser über das weitere Vorgehen entscheidet. Ebenfalls ist der zuständige oder ein anderer Arzt unverzüglich zu informieren, wenn während oder nach Ausführung der Injektion Komplikationen auftreten. Wird die Injektion außerhalb einer Gesundheitseinrichtung und außerhalb der unmittelbaren Aufsicht eines Arztes ausgeführt, ist darüber eine Aufzeichnung zu machen. Für Gemeindeschwestern gilt § 12 der Anordnung vom 13. 3. 1961 über die Gemeindeschwesterstationen — Gemeindeschwesterordnung — (GBl. II Nr. 20 S. 105).

6. Studenten der Medizin und der Stomatologie, die sich im Berufspraktikum bzw. klinischen Praktikum (Pflichtassistenz) befinden sowie Studenten der Medizinischen Fachschulen, die für die unter Abschnitt II Ziffer 1 genannten Berufe ausgebildet werden, dürfen im Rahmen ihrer Ausbildung Injektionen nur auf Weisung des zuständigen

Arztes und unter seiner unmittelbaren Anleitung oder unter der unmittelbaren Anleitung eines dazu bestimmten medizinischen Fachschulkaders ausführen, der zu dem unter Abschnitt II Ziffer 2 genannten Personenkreis gehört.

7. Lehrkräfte für die berufspraktische Ausbildung, die über einen Berufsabschluß gemäß Ziffer 1 verfügen, sind berechtigt, Studenten der Medizinischen Fachschulen im Rahmen ihrer Ausbildung in die Vorbereitung und Durchführung von subkutanen, intrakutanen und intramuskulären Injektionen sowie in Venenpunktionen zum Zwecke der Blutentnahme einzuweisen und sie dabei anzuleiten.

## III.

1. Injektionen sind sorgfältig vorzubereiten und auszuführen.
Zu den dabei zu beachtenden Sorgfaltspflichten gehören:

   - Einhaltung der ärztlichen Verordnung
     (Name des Arzneimittels, Dosisangabe, Applikationsweise und -ort, Zeitpunkt und Dauer der Injektion);
   - Prüfung der Verwendbarkeitsfrist des Arzneimittels;
   - Bei Anwendung von radioaktiven Arzneimitteln ist der Zeitraum vom Füllen der Injektionsspritze bis zur Injektion bzw. Reinjektion beim Patienten so kurz wie möglich zu halten.
     Der maximal zulässige Zeitraum beträgt 4 Stunden.
     Injektionsspritzen, die aus Mehrdosenbehältern entnommene radioaktive Arzneimittel enthalten, sind zur Kontrolle mit folgenden Angaben zu kennzeichnen:
     - Name des radiaktiven Arzneimittels
     - radioaktive Menge
       Datum und Uhrzeit der Entnahme.

     Die Injektionsspritzen sind mit einer sterilen, auslaufsicheren Spritzenkappe zu versehen.
   - Vermeidung von unerwünschten Einflüssen auf das Arzneimittel und von Infektionen beim Patienten durch folgende Maßnahmen:
     - Es dürfen nur entsprechend den Vorschriften des Arzneibuches der DDR sterilisierte Spritzen, Kanülen und andere Materialien verwendet werden.
     - Ampullen und Durchstichflaschen sollten erst unmittelbar vor der Injektion geöffnet werden. Keinesfalls darf der Zeitraum vom Füllen der Injektionsspritze bis zur Injektion jedoch mehr als 60 Minuten betragen.
     - Mischungen von Injektionslösungen dürfen nur in Ausnahmefällen und nur bei nachgewiesener gegenseitiger Verträglichkeit der einzelnen Zubereitungen vorgenommen werden.
     - Injektionslösungen, die in Mehrdosenbehältern (Durchstichflaschen) enthalten und mit Konservierungsmitteln versetzt sind, dürfen bei jeweils aseptischer Ent-

nahme und sehr kühler Aufbewahrung (2 °C bis 5 °C) nur bis zu 72 Stunden nach der ersten Entnahme verwendet werden.

Injektionslösungen, die in Mehrdosenbehältern enthalten jedoch nicht mit Konservierungsmitteln versetzt sind, dürfen bei jeweils aseptischer Entnahme und sehr kühler Aufbewahrung (2 °C bis 5 °C) bis zu 12 Stunden nach der ersten Entnahme verwendet werden.

- der Zeitpunkt des Anbruchs von Mehrdosenbehältern ist auf dem Etikett zu vermerken (Datum, Uhrzeit). Insulin-Injektionszubereitungen, die für bestimmte Patienten vorgesehen sind, können bei ordnungsgemäßer Beschriftung (Name des Patienten, Zeitpunkt des Anbruchs) entsprechend den Injektionsgewohnheiten des jeweiligen Patienten appliziert werden.
- Gummistopfen von Durchstichflaschen sind vor dem Einstechen der Kanüle unter Verwendung von sterilen Tupfern und einer nach der jeweils gültigen Fassung der Liste der Desinfektionsmittel zugelassenen Zubereitungen abzureiben.
- Die Einstichstelle am Körper ist unter Verwendung von sterilen Tupfern und einer nach der jeweils gültigen Fassung der Liste der Desinfektionsmittel zugelassenen Zubereitung zu desinfizieren.

— Einhaltung der notwendigen Maßnahmen zum Ausschluß jeder Verwechslungsmöglichkeit. Zu diesen Maßnahmen gehören
  - strenge Ordnung beim Umgang mit Arzneimitteln;
  - sorgfältiges Lesen der Beschriftung des Arzneimittels und Vergleichen mit den Angaben der Verordnung;
  - Prüfung der Identität des Patienten.

— Werden Injektionsspritzen nicht unmittelbar vor der Injektion gefüllt, dann ist die betreffende Ampulle beizufügen, so daß eine Kontrolle vor der Injektion möglich ist.

2. Ist diejenige, der die Spritzen zureicht oder vorbereitet, nicht mit dem Injizierenden identisch, ist folgendes zu beachten:

   — Für die Einhaltung der ärztlichen Verordnung hinsichtlich des Arzneimittels, der Dosis, der Maßnahmen zur Vermeidung schädlicher Einflüsse auf das Arzneimittel sowie für die Prüfung der Verwendbarkeitsfrist des Arzneimittels trägt derjenige die Verantwortung, der die Injektionsspritzen zureicht oder vorbereitet.

   — Derjenige, der die Injektion ausführt, hat sich über den Inhalt der ärztlichen Verordnung zu informieren und auf dieser Grundlage nach Prüfung der Identität des Patienten und des zu injizierenden Arzneimittels die Injektion unter Beachtung der dafür geltenden Regeln vorzunehmen.

3. Treten im Zusammenhang mit Injektionen Zwischenfälle auf, bei denen der Verdacht auf Qualitätsmängel des Arzneimittels nicht sicher auszuschließen ist, sind die verwendete Ampulle bzw. Durchstichflasche sowie weitere Behältnisse der Charge sicherzustellen. Der Zwischenfall ist über die zuständige Apotheke dem Institut für Arzneimittelwesen der DDR zu melden.

## IV.

1. Für die Ausführung von Schutzimpfungen und -anwendungen gilt die Zweite Durchführungsbestimmung vom 27. 2. 1975 zum Gesetz zur Verhütung und Bekämpfung übertragbarer Krankheiten beim Menschen — Schutzimpfungen und andere Schutzanwendungen — (GBl. I Nr. 21 S. 353) durch Impfärzte[1].
2. Es ist zulässig, in nachstehend aufgeführten Fällen medizinische Fachschulkader entsprechend Abschnitt II Ziffer 1 mit der Ausführung von Schutzimpfungen und -anwendungen zu beauftragen. Dies sind
   - die Anwendung von Geräten zur nadellosen Injektion von Impfstoffen (sogenannte Impfpistolen) unter Aufsicht eines Impfarztes im Rahmen des § 5 der genannten Zweiten Durchführungsbestimmung vom 27. 2. 1975[1])
   - die intramuskuläre Verabfolgung von Tetatoxoid und antitoxischem Serum (HIG) im Rahmen der Tetanusprophylaxe
   - die intramuskuläre Verabfolgung von Gammaglobulin.

   Die Tuberkulintestung und die Schutzimpfung gegen Tuberkulose kann durch BCG-Impfschwestern und BCG-Impf-Fürsorgerinnen durchgeführt werden.
3. Der besonderen Kontaminationsgefährdung von Impfstoffen und anderen immunbiologischen Präparaten Rechnung tragend, gelten hinsichtlich der Handhabung dieser Arzneimittel (z. B. Resuspension von Lyophilisaten, Verwendbarkeitsdauer von aufgelöstem Lebendimpfstoff) über die Festlegungen der vorstehenden Abschnitte hinausgehende Vorschriften. Im übrigen sind die Festlegungen der vorstehenden Abschnitte sinngemäß anzuwenden.

## V.

Über diese Richtlinie und die entsprechenden Festlegungen in den Gesundheitseinrichtungen ist jährlich eine nachweispflichtige Belehrung durch die verantwortlichen ärztlichen Leiter durchzuführen.

## VI.

Durch den Leiter der Gesundheitseinrichtung können für den Fall eines außergewöhnlichen Ereignisses (z. B. Katastrophen, Massenunfall) besondere Festlegungen getroffen werden. Sie sind durch den Kreisarzt zu bestätigen.

## VII.

Die Ausführung von Injektionen auf hoher See wird gesondert geregelt.

## VIII.

Die Ausführung von Transfusionen und Infusionen wird gesondert geregelt.

---

[1]) Jetzt gültige DB v. 20. 1. 1983, abgedruckt unter B 06 33.

# Orientierung zur Führung von Leistungsvergleichen im Apothekenwesen

vom 7. Januar 1983
(Mitt. d. MfGe)

In Ergänzung der Orientierung zur Führung von Leistungsvergleichen im Gesundheits- und Sozialwesen (VuM Nr. 8/1982) gelten für das Apothekenwesen nachfolgend genannte Kriterien. Diese sind entsprechend den jeweiligen Bedingungen zu konkretisieren und zu erweitern.

## 1. Kriterien zur Erhöhung der Qualität und Effektivität in der materiell-medizinischen Versorgung

- **Patientenberatung** und Gesundheitserziehung (arbeitsplatzbezogene Weiterbildung zu Pharmakotherapie und Psychologie, Formen der Beratung)
- Maßnahmen zur Sicherung der verordneten Therapie einschließlich zentralisierter Sortimente und Arzneimittel der Nomenklatur C
  (Einhaltung der Nomenklaturen, Lenkungsmaßnahmen)
- Zentralisierung von Arbeitsaufgaben
  (Entwicklung von Querschnittsbereichen und Kooperationsbeziehungen)
- Standardisierung hergestellter Arzneimittel
  (Standardisierungs- und Konfektionierungsgrad)
- Anpassung der Öffnungszeiten an Sprechstunden der Gesundheitseinrichtungen
- Zusammenarbeit mit dem VD
  (Abstimmung der Bestell- und Lieferorganisation, fehlerfreie Bestellungen, Abnahmebereitschaft außerhalb der Öffnungszeiten, Versorgung von Kleinstkunden)

## 2. Kriterien zur Qualitätssicherung bei Arzneimitteln

- Qualitätssichernde Maßnahmen
  (Schwerpunkte der Qualitätssicherung, Beanstandungsquote, Hygieneordnung)
- Optimierung der Technologien in Rezeptur und zentraler Herstellung
- Rationelle Organisation am Arbeitsplatz
  (Arbeitsplatzgestaltung, Rationalisierungsmittel)

## 3. Kriterien zum effektiven Einsatz der materiellen, personellen und finanziellen Fonds

- Mitwirkung beim effektiven Einsatz der zur Verfügung stehenden Arzneimittel und anderen spezifischen Erzeugnisse
- Zusammenarbeit mit dem Arzt

(Informations- und Beratungstätigkeit gegenüber den Ärzten, Mitarbeit in den Kommissionen für wissenschaftliche Arzneimittel-Therapie, Gerätekommissionen; Verordnungs- und Verbrauchsanalysen, Durchsetzung der Arzneimittelordnung)

- Bestandsnormierung und deren ständige Aktualisierung sowie Einhaltung der Umschlagszahl
  (Minimierung der Inventurfehler und rationelle Inventurgestaltung, Minimierung der Warenverluste)
- Normierung der Bestände und des Verbrauchs für ausgewählte Arbeitsmittel im eigenen Bereich (z. B. Hygienekleidung)
- Verbesserung in der Auslastung der Arbeitszeit und des Arbeitsvermögens
  (Senkung der Ausfallzeiten, der Teilbeschäftigung und der Fluktuationsrate)
- Einsparung von Energieträgern
- Rückführung von Verpackungsmaterial

## 4. Kennziffern

Rezeptblätter (Stück)
Rezepturen (Stück)
Herstellungsleistungen, zentral
Erlöse pro VbE Fachpersonal
Beschäftigte
bevölkerungswirksame Defekte

## Anweisung über die Abgabe von Arzneimitteln an Kinder und Jugendliche[1])

vom 1. Februar 1983
(VuM MfGe Nr. 3 S. 19)

Im Interesse einer einheitlichen Verfahrensweise wird für die Abgabe von Arzneimitteln an Kinder und Jugendliche folgendes angewiesen:

**1.**

(1) Sofern im Einzelfalle keine anderen Festlegungen getroffen sind, können Arzneimittel auf Rezept (bzw. Abholnummer der Apotheke) abgegeben werden

a) an Jugendliche, wenn diese durch Vorlage ihres Personalausweises nachweisen, daß sie das 14. Lebensjahr vollendet haben, und

b) an Kinder ab vollendetem 7. Lebensjahr, wenn ein schriftlicher Auftrag des Erziehungsberechtigten vorgelegt wird.

(2) Der Verkauf rezeptfreier Arzneimittel ist an Jugendliche zulässig, wenn sie durch Vorlage ihres Personalausweises nachweisen, daß sie das 14. Lebensjahr vollendet haben.

(3) Verbandstoffe, Pflaster und Gesundheitspflegemittel können an Kinder und Jugendliche abgegeben werden.

(4) An Kinder unter 7 Jahren sind Arzneimittel in keinem Fall abzugeben.

**2.**

Kindern ab vollendetem 7. Lebensjahr, die einen schriftlichen Auftrag des Erziehungsberechtigten nicht vorlegen und an die deshalb gemäß Ziff. 1 Abs. 1 Buchst. b die Arzneimittel nicht abgegeben werden dürfen, ist durch die Apotheke der Vordruck eines Auftrages nach Muster der Anlage mitzugeben.

**3.**

Diese Anweisung tritt mit ihrer Veröffentlichung in Kraft.

### Anlage

zu Ziff. 2 vorstehender Anweisung

Stempel
der Apotheke

Im Interesse der Sicherheit Ihres Kindes hat der Minister für Gesundheitswesen der DDR die Abgabe von Arzneimitteln an Kinder neu geregelt.

Apotheken dürfen Arzneimittel auf Rezept (bzw. Abholnummer der Apotheke) nur unter der Voraussetzung an Kinder ab vollendetem 7. Lebensjahr abgegeben, wenn von ihnen der schriftliche Auftrag des Erziehungsberechtigten vorgelegt wird (Anweisung des Ministers für Gesundheitswesen vom 1. Februar 1983 über die Abgabe von Arzneimitteln an Kinder und Jugendliche/Verfügungen und Mitteilungen des Ministeriums für Gesundheitswesen Nr. 3 S. 19).
Da das von Ihnen beauftragte Kind keinen schriftlichen Auftrag vorlegen konnte, wird darum gebeten, Ihren Auftrag nachfolgend zu bestätigen.

Hiermit bestätige ich, daß .... , geb. am
(Name des Kindes)
von mir beauftragt wurde, die auf dem vorgelegten Rezept (bzw. Abholnummer der Apotheke) verordneten Arzneimittel abzuholen.

Name:

Anschrift:

.................................... ...............................
(Ort, Datum) (Unterschrift)

---

[1]) Die Anweisung über die Abgabe von Arzneimitteln an Kinder und Jugendliche basiert auf den Erfahrungen der bisherigen Praxis und einer Auswertung der unterschiedlichen Regelungen in den Bezirken. Diese bezirklichen Regelungen sind nach dem Erlaß der Anweisung gegenstandslos.
Zu beachten ist:

- Die Vorschriften des Zivilgesetzbuches konnten für die Regelung der Zulässigkeit einer Abgabe von Arzneimitteln an Kinder und Jugendliche nicht als Grundlage dienen, da es sich bei Arzneimitteln um „Waren besonderer Art" handelt. Alle Arzneimittel, auch die rezeptfreien, können bei unkontrollierter Einnahme das Wohlbefinden, die Gesundheit oder die Funktionen des Körpers mehr oder weniger nachteilig stark beeinträchtigen oder stören. Deshalb erfordert ihre Einnahme stets ärztliche Kontrolle. Nicht umsonst wird vor den Gefahren einer Selbstmedikation durch Erwachsene gewarnt, die insbesondere auch bei längerem unkontrolliertem Einnehmen von Schmerz- und Schlafmitteln bestehen. Man muß davon ausgehen, daß Kinder auf Grund ihrer natürlichen Eigenschaften (Neugier, Phantasie) bei einem inkontrollierten Umgang mit Arzneimitteln immer gefährdet sind.
- Die Erhaltung der Gesundheit von Kindern liegt nicht nur ihren Eltern am Herzen, sie ist vielmehr eine gesamtgesellschaftliche Aufgabe, für deren Erfüllung sich die Mitarbeiter der Apotheken in besonderer Weise verantwortlich fühlen. Dazu gehört auch, daß **Aufträge von anderen als den erziehungsberechtigten Personen,** auch wenn sie schriftlich abgefaßt sind, **nicht anerkannt werden** können und eine Abgabe in diesen Fällen nicht vorgenommen wird. Das Recht der Erziehungsberechtigten soll gewahrt und in diesem Falle nicht auf andere Personen ausgedehnt werden.
- Die Vorschriften der Anweisung gehen davon aus, daß einerseits den Eltern das Recht zugesprochen werden muß, die Persönlichkeit ihres Kindes einschätzen zu können, um im Krankheitsfalle die Hilfe des Kindes in Anspruch zu nehmen, andererseits muß das Mindestalter des Kindes, das für eine solche Hilfe als unerläßlich angesehen wird, nach einem objektiven und einheitlichen Maßstab festgelegt werden.

# Erste Durchführungsbestimmung zum Suchtmittelgesetz — Unterstellte Substanzen, Erlaubnisse, Abgabe- und Bezugsberechtigungen, Ein-, Aus- und Durchfuhr —

vom 28. Januar 1974
(GBl. I Nr. 16 S. 149)
i. d. F. der 5. DB vom 21. Januar 1983 (GBl. I Nr. 7 S. 69)

Auf Grund des § 13 des Suchtmittelgesetzes[1]) vom 19. Dezember 1973 (GBl. I Nr. 58 S. 572) wird im Einvernehmen mit den Leitern der zuständigen zentralen Staatsorgane folgendes bestimmt:

## § 1 Unterstellte Substanzen und Zubereitungen

Die im Suchtmittelverzeichnis (Anlage 1) genannten Substanzen und Zubereitungen sind Suchtmittel im Sinne des § 1 Abs. 2 des Suchtmittelgesetzes. Das Suchtmittelverzeichnis besteht aus den Teilen I, II und III.

## § 2

(1) Der Teil I des Suchtmittelverzeichnisses enthält die Suchtmittel, mit denen gemäß § 1 Abs. 3 des Suchtmittelgesetzes der Verkehr verboten ist.
(2) Der Teil II des Suchtmittelgesetzes enthält die Suchtmittel, die als Bestandteile von Arzneimitteln verwendet werden dürfen. Darüber hinaus sind diese Suchtmittel zum Verkehr zugelassen, soweit

a) es zur Weiterbe- oder -verarbeitung notwendig ist,
b) sie zur Arzneimittelforschung oder für andere wissenschaftliche Zwecke unentbehrlich sind oder
c) sie durch das Gebiet der Deutschen Demokratischen Republik durchgeführt werden unter Einhaltung der Vorschriften des § 7 Abs. 2 des Suchtmittelgesetzes und des § 14 dieser Durchführungsbestimmung.

(3) Der Teil III des Suchtmittelverzeichnisses enthält die Suchtmittel, die gemäß § 4 Abs. 4 des Suchtmittelgesetzes zum Verkehr zugelassen sind.
(4) Für die in den Teilen II A und III des Suchtmittelverzeichnisses enthaltenen Suchtmittel finden mit Ausnahme des § 1 Abs. 3 des Suchtmittelgesetzes sämtliche suchtmittelrechtlichen Vorschriften Anwendung. Teil II B des Suchtmittelverzeichnisses enthält die Suchtmittel, für die sämtliche suchtmittelrechtlichen Vorschriften Anwendung finden mit Ausnahme des § 1 Abs. 3 des Suchtmittelgesetzes sowie der im § 22 dieser Durchführungsbestimmung und der im § 25 der Dritten Durchführungsbestimmung vom 28. Januar 1974 zum Suchtmittelgesetz — Aufbewahrung, Nachweisführung, Berichterstattung, Kontrolle — (GBl. I Nr. 16 S. 161)[2]) (im folgenden Dritte Durchführungsbestimmung genannt) aufgeführten Bestimmungen.

## § 3

(1) Substanzen im Sinne des § 1 Abs. 2 des Suchtmittelgesetzes sind Naturerzeugnisse oder aus diesen gewonnene oder synthetisch hergestellte chemische Verbindungen.
(2) Zubereitungen im Sinne des § 1 Abs. 2 des Suchtmittelgesetzes sind Mischungen, Lösungen, Destillate, Auszüge oder andere Erzeugnisse von Substanzen gemäß Abs. 1, in denen diese Substanzen noch ganz oder teilweise enthalten sind.

## § 4

Mißbrauch (mißbräuchliche Verwendung) von Suchtmitteln ist jeder medizinisch nicht indizierte Gebrauch von oder jeder anderweitig unzulässige Verkehr mit Suchtmitteln.

## § 5 Erlaubnis zum Verkehr mit Suchtmitteln

(1) Am Verkehr mit Suchtmitteln dürfen nur Betriebe und Einrichtungen teilnehmen, die hierfür eine Erlaubnis des Ministeriums für Gesundheitswesen besitzen.
(2) Mit der Erteilung einer Erlaubnis können Auflagen oder Festlegungen über den Inhalt und Umfang des Suchtmittelverkehrs verbunden werden.
(3) Die Erlaubnis kann zurückgenommen werden, wenn

a) Tatsachen eintreten oder bekannt werden, die eine Versagung der Erlaubnis rechtfertigen würden,
b) wiederholte oder schwerwiegende Verletzungen der durch den Betrieb oder die Einrichtung einzuhaltenden Rechtsvorschriften über den Verkehr mit Suchtmitteln festgestellt werden.

## § 6

(1) Einer Erlaubnis gemäß § 5 Abs. 1 bedürfen nicht:

a) Apotheken zum Erwerb, zum Be- und Verarbeiten, Zubereiten, Vorrätighalten und zur Abgabe suchtmittelhaltiger Arzneimittel,
b) medizinische und veterinärmedizinische Einrichtungen sowie Ärzte, Zahnärzte und Tierärzte in staatlicher oder eigener Praxis und Tierärzte in betrieblicher Praxis zum Erwerb und Vorrätighalten suchtmittelhaltiger Arzneimittel unter Einhaltung der Vorschriften der Zweiten Durchführungsbestimmung vom 28. Januar 1974 zum Sucht-

zulegen. Beschwerden gegen Entscheidungen, die veterinärmedizinische Belange betreffen, sind über das zuständige veterinärmedizinische Fachorgan im Kreis oder Bezirk beim Ministerium für Gesundheitswesen einzulegen.

(4) Die Beschwerde hat keine aufschiebende Wirkung.

(5) Über die Beschwerde ist innerhalb einer Frist von 2 Wochen nach ihrem Eingang zu entscheiden. Wird der Beschwerde nicht oder nicht in vollem Umfange stattgegeben, so ist sie innerhalb dieser Frist dem Minister für Gesundheitswesen zur Entscheidung vorzulegen. Der Einreicher der Beschwerde ist davon zu informieren. Über die Beschwerde entscheidet der Minister für Gesundheitswesen innerhalb weiterer 2 Wochen endgültig.

(6) Kann in Ausnahmefällen eine Entscheidung innerhalb der Frist nicht getroffen werden, ist rechtzeitig ein Zwischenbescheid unter Angabe der Gründe sowie des voraussichtlichen Abschlußtermins zu geben.

(7) Entscheidungen über Beschwerden haben schriftlich zu ergehen, sind zu begründen und den Einreichern der Beschwerden zuzusenden.

### § 20 Ordnungsstrafbestimmungen

(1) Wer

a) vorsätzlich oder fahrlässig ohne die gemäß § 3 Abs. 1 des Suchtmittelgesetzes erforderliche Ausnahmegenehmigung des Ministers für Gesundheitswesen oder ohne die erforderliche Abgabe- und Bezugsberechtigung oder Erlaubnis zum Verkehr mit Suchtmitteln oder ohne Einhaltung der mit einer solchen Erlaubnis verbundenen Auflagen oder Festlegungen über den Inhalt und Umfang des Suchtmittelverkehrs Suchtmittel gewinnt, herstellt, be- oder verarbeitet oder in sonstiger Weise mit Suchtmitteln umgeht, insbesondere sie behandelt, veräußert, abgibt, erwirbt, sich verschafft, besitzt oder aufbewahrt, ohne daß die Ordnung und Sicherheit im Verkehr mit Suchtmitteln erheblich beeinträchtigt wird,

b) fahrlässig Jugendliche unter 18 Jahren am Verkehr mit Suchtmitteln beteiligt,

kann mit Verweis oder Ordnungsstrafe von 10 bis 300 M belegt werden.

(2) Ist eine vorsätzliche Handlung nach Abs. 1 wiederholt innerhalb von 2 Jahren begangen und mit Ordnungsstrafe geahndet worden, kann eine Ordnungsstrafe bis zu 1 000 M ausgesprochen werden.

(3) Die Durchführung des Ordnungsstrafverfahrend obliegt dem Kreisarzt, bei Zuwiderhandlungen im Bereich des Veterinärwesens dem Kreistierarzt. Sofern die Ordnungswidrigkeit von einem Mitarbeiter eines Arzneimittelbetriebes, Versorgungsdepots oder des Importlagers begangen wurde, obliegt die Durchführung des Ordnungsstrafverfahrens dem Leiter des Zentralen Suchtmittelbüros.

(4) Für die Durchführung des Ordnungsstrafverfahrens und den Ausspruch von Ordnungsstrafmaßnahmen gilt das Gesetz vom 12. Januar 1968 zur Bekämpfung von Ordnungswidrigkeiten — OWG — (GBl. I Nr. 3 S. 101).

## § 21

(1) Wer vorsätzlich oder fahrlässig entgegen den Bestimmungen des § 7 des Suchtmittelgesetzes Suchtmittel oder Gegenstände, die der mißbräuchlichen Verwendung oder rechtswidrigen Veräußerung von Suchtmitteln dienen, über die Grenzen der Deutschen Demokratischen Republik ein- oder ausführt oder durch das Gebiet der Deutschen Demokratischen Republik durchführt, ohne daß die Ordnung und Sicherheit im Verkehr mit Suchtmitteln erheblich beeinträchtigt wird, kann durch die Dienststellen der Zollverwaltung der Deutschen Demokratischen Republik mit einer Strafverfügung bis zu 5000 M belegt werden.
(2) Für das Verfahren und den Ausspruch von Strafverfügungen durch die Dienststellen der Zollverwaltung der Deutschen Demokratischen Republik gelten die §§ 40 bis 42 OWG und die Verordnung vom 24. Juni 1971 über die Verfolgung von Zoll- und Devisenverstößen und das Beschwerdeverfahren gegen Entscheidungen im grenzüberschreitenden Waren-, Devisen- und Geldverkehr (GBl. II Nr. 54 S. 480).

## § 22 Schlußbestimmungen

Die Vorschriften des § 15 Absätze 3 und 4, des § 17 Absätze 1 bis 4 sowie des § 16 für die Lieferbeziehungen zwischen Versorgungsdepots bzw. Importlager und Apotheken gelten nicht für die Suchtmittel, die im Teil II B des Suchtmittelverzeichnisses (Anlage 1) enthalten sind.

## § 23

Diese Durchführungsbestimmung tritt am 15. Mai 1974 in Kraft.

## Anlage 1

zu § 1 vorstehender Erster Durchführungsbestimmung

## Suchtmittelverzeichnis[7])

(Aufgehoben durch die 5. DB zum Suchtmittelgesetz vom 21. 1. 1983 — GBl. I Nr. 7 S. 69; in der gültigen Form abgedruckt unter E 01 03).

## Fünfte Durchführungsbestimmung[1]) zum Suchtmittelgesetz — Neufassung des Suchtmittelverzeichnisses, weitere Bestimmungen über Verschreibung, Abgabe, Ein- und Ausfuhr —

vom 21. Januar 1983
(GBl. I Nr. 7 S. 69)

Auf Grund des § 13 des Suchtmittelgesetzes vom 19. Dezember 1973 (GBl. I Nr. 58 S. 572) wird im Einvernehmen mit den Leitern der zuständigen zentralen Staatsorgane folgendes bestimmt:

### § 1

Das Suchtmittelverzeichnis[2]) erhält die aus der Anlage zu dieser Durchführungsbestimmung ersichtliche Fassung.

### § 2

In der Tabelle gemäß Anlage 1 zu § 1 der Zweiten Durchführungsbestimmung vom 28. Januar 1974 zum Suchtmittelgesetz (GBl. I Nr. 16 S. 157) wird „Oxykodonhydrochlorid" gestrichen.

### § 3

Für einen Kranken dürfen auf einer Verschreibung von den im Teil II A des Suchtmittelverzeichnisses (Anlage zu § 1) unter Buchst. b Ziffern 1 bis 5 aufgeführten Zubereitungen je Zubereitung eine der zulässigen abgabefertigen Abpackungen verschrieben werden.

### § 4

(1) Bei der Ausfuhr von Substanzen der Liste III der Konvention vom 21. Februar 1971 über psychotrope Substanzen (Sonderdruck Nr. 880 des Gesetzblattes S. 33), die in der Anlage 2 aufgeführt sind, ist vom Lieferer eine Erklärung nach dem Muster der Anlage 3 abzugeben. Das Original und eine Durchschrift der Erklärung erhält das Zentrale Suchtmittelbüro. Eine weitere Durchschrift ist der Sendung beizufügen.
(2) Das Ministerium für Gesundheitswesen übersendet das Original der Erklärung durch Einschreibsendung mit Rückschein an die zuständige staatliche Stelle des Einfuhrlandes.
(3) Bei der Einfuhr von Substanzen gemäß Abs. 1 hat der Empfänger auf der der Sendung beigefügten Ausfertigung der Erklärung die erhaltene Menge und das Empfangsdatum zu vermerken. Diese Ausfertigung ist dem Zentralen Suchtmittelbüro zu übersenden.

§ 5

(1) Diese Durchführungsbestimmung tritt am 1. Juni 1983 in Kraft.
(2) Gleichzeitig wird die Anlage 1 der Ersten Durchführungsbestimmung vom 28. Januar 1974 zum Suchtmittelgesetz (GBl. I Nr. 16 S. 149) aufgehoben.

## Anlage 1

zu § 1 vorstehender Fünfter Durchführungsbestimmung

### Suchtmittelverzeichnis

### Teil I

Suchtmittel, mit denen der Verkehr gemäß § 1 Abs. 3 des Suchtmittelgesetzes verboten ist:

| Internationaler nicht schutzfähiger Name (INN) | Andere nicht schutzfähige Namen oder Trivialnamen | Chemische Bezeichnung |
|---|---|---|
| Cannabis* | Marihuana | |
| Cannabisharz** | Haschisch | |
| | Cannabis flüssig*** | |
| | DET | N,N-Diethyl-tryptamin |
| | DMHP, Dimethylheptyltetrahydrocannabinol | 3-(1,2-Dimethyl-heptyl)-1-hydroxy-7,8,9,10-tetrahydro-6,6,9-trimethyl-6H-dibenzo[b,d]-pyran |
| | DMT | N,N-Dimethyl-tryptamin |
| | DOB | 2,5-Dimethoxy-4-brom-amphetamin |
| | DOET | 4-Ethyl-2,5-dimethoxy-α-methyl-phenethylamin |
| | DOM, STP, Dimethoxymethylamphetamin | 2-Amino-1-(2,5-dimethoxy-4-methyl)-phenylpropan |
| | Ethylpsilocin | 3-(2-Diethylamino-ethyl)-4-hydroxy-indol |
| | Ethylpsilocybin | 3-(2-Diethylamino-ethyl)indol-4-yl-dihydrogenphosphat |
| | | Tetrahydro-7α-(1-hydroxy-1-methyl-butyl) 6,14-endoethenooripavin |
| | Heroin | Diacetylmorphin |
| (+) Lysergid | LSD, LSD-25 | (+)-N,N-Diethyl-lysergamid = D-Lysergsäurediethylamid |

| Internationaler nicht schutzfähiger Name | Andere nicht schutzfähige Namen oder Trivialnamen | Chemische Bezeichnung |
|---|---|---|
| | Mescalin | 3,4,5-Trimethoxy-phenethylamin |
| | Monoacetylmorphine | 3-Acetylmorphin bzw. 6-Acetylmorphin |
| | Parahexyl | 3-Hexyl-1-hydroxy-7,8,9,10-tetrahydro-6,6,9-trimethyl-H-dibenzo[b,d]pyran |
| Eticyclidin | PCE | N-Ethyl-1-phenyl-cyclohexylamin |
| Phencyclidin | PCP | 1-(1-Phenyl-cyclohexyl)piperidin |
| Rolicyclidin | PHP, PCPY | 1-(1-Phenyl-cyclohexyl)pyrrolidin |
| | Psilocin, Psilotsin | 3-(2-Dimethylamino-ethyl)-4-hydroxy-indol |
| Psilocybin | | 3-(2-Dimethylamino-ethyl)-indol-4-yl-hydrogenphosphat |
| Tenocyclidin | TCP | 1-[1-(Thien-2-yl)cyclohexyl]piperidin |
| Tenocyclidin | TCP | 1-[1-(Thien-2-yl)cyclohexyl]piperidin |
| | Tetrahydrocannabinole, THC, folgende Isomeren $\Delta$6a(10a), $\Delta$6a(7), $\Delta$7, $\Delta$8, $\Delta$9, $\Delta$10, $\Delta$9(11) und ihre stereochemischen Varianten | |

* „Cannabis" bezeichnet alle zur Gattung Cannabis gehörenden Pflanzen einschließlich der Pflanzenteile (denen das Harz nicht entzogen wurde) mit Ausnahme

- der Samen
- der Fasern
- der Pflanzen, die als Trennstreifen in der Pflanzenzüchtung angebaut werden, unter der Voraussetzung, daß sie vor der Blüte vernichtet werden.

** „Cannabisharz" bezeichnet das aus der Cannabispflanze abgesonderte rohe oder gereinigte Harz.

*** „Cannabis flüssig" bezeichnet alle aus Cannabis und/oder Cannabisharz hergestellten Produkte, wie z. B. Cannabis- oder Haschischöl.

und

a) ihre Isomere, Ester und Ether, sofern solche existieren können,
b) ihre Salze einschließlich der Salze ihrer Isomere, Ester und Ether, sofern diese Salze existieren können, sowie
c) ihre Zubereitungen einschließlich der Zubereitungen ihrer Isomere, Ester und Ether, der Zubereitungen ihrer Salze sowie der Zubereitungen der Salze ihrer Isomere, Ester und Ether.

## Teil II

Suchtmittel, die gemäß § 4 Abs. 3 des Suchtmittelgesetzes in Verbindung mit § 2 Abs. 2 der Ersten Durchführungsbestimmung zum Verkehr zugelassen sind und als Bestandteile von Arzneimitteln verwendet werden dürfen:

A

(Suchtmittel, für die mit Ausnahme des § 1 Abs. 3 des Suchtmittelgesetzes sämtliche suchtmittelrechtlichen Vorschriften Anwendung finden)

| Internationaler nicht schutzfähiger Name (INN) | Andere nicht schutzfähige Namen oder Trivialnamen | Chemische Bezeichnung |
|---|---|---|
| | Amphetaminil | α-(α-Methyl-phenethylamino)-α-phenyl-acetonitril |
| Clomethiazol | | 5-(2-Chlor-ethyl)-4-methyl-thiazol |
| | Cocain | Benzoylecgoninmethylester |
| Diphenoxylat | | 1-(3-Cyan-3,3-diphenyl-propyl)-4-phenyl-piperidin-4-carbonsäureethylester |
| Fentanyl | | 1-Phenethyl-4-(N-propionyl-anilino)piperidin |
| Methadon | | 6-Dimethylamino-4,4-diphenyl-heptan-3-on |
| Methamphetamin | | (+)-2-Methylamino-1-phenyl-propan |
| Methaqualon | | 2-Methyl-3-(o-tolyl)-3H-chinazolin-4-on |
| | Morphin | 4,5α-Epoxy-17-methyl-morphin-7-en-3,6α-diol |
| Normethadon | | 6-Dimethylamino-4,4-diphenyl-hexan-3-on |
| | Opium | |
| Pethidin | | 1-Methyl-4-phenyl-piperidin-4-carbonsäure-ethylester |
| Piritramid | | 1-(3-Cyan-3,3-diphenyl-propyl)-4-piperidino-piperidin-4-carbonsäureamid |

und

a) ihre Salze, sofern diese Salze existieren können, sowie
b) ihre Zubereitungen einschließlich der Zubereitungen ihrer Salze mit **Ausnahme** der

1. einzeldosierten Zubereitungen von Amphetaminil und seiner Salze als Arzneifertigware, sofern eine abgeteilte Form nicht mehr als 0,01 g Amphetaminil und die abgabefertige Abpackung nicht mehr als 0,3 g Amphetaminil, jeweils als Base berechnet, enthält,
2. einzel- und mehrfachdosierten Zubereitungen von Clomethiazol und seiner Salze als Arzneifertigware, sofern eine abgeteilte Form nicht mehr als 0,2 g Clomethiazol bzw.

die mehrfachdosierte Zubereitung nicht mehr als 0,5 Masseprozent Clomethiazol und die abgabefertige Abpackung nicht mehr als 5 g Clomethiazol, jeweils als Base berechnet, enthält,

3. einzeldosierten Zubereitungen von Diphenoxylat und seiner Salze als Arzneifertigware, sofern eine abgeteilte Form nicht mehr als 0,0025 g Diphenoxylat, als Base berechnet, und mindestens 1 Masseprozent dieser Menge Atropinsulfat und die abgabefertige Abpackung nicht mehr als 0,05 g Diphenoxylat, als Base berechnet, enthält,
4. einzeldosierten Zubereitungen von Methaqualon und seiner Salze als Arzneifertigware, sofern eine abgeteilte Form nicht mehr als 0,2 g Methaqualon und die abgabefertige Abpackung nicht mehr als 2 g Methaqualon bzw. für stationäre Gesundheitseinrichtungen nicht mehr als 50 g Methaqualon, jeweils als Base berechnet, enthält,
5. einzel- und mehrfachdosierten Zubereitungen von Normethadon und seiner Salze als Arzneifertigware, sofern eine abgeteilte Form nicht mehr als 0,0075 g Normethadon, als Base berechnet, und mindestens 0,0075 g Ephedrinhydrochlorid bzw. die mehrfachdosierte Zubereitung nicht mehr als 1 Masseprozent Normethadon, als Base berechnet, und zusätzlich mindestens 1 Masseprozent Ephedrinhydrochlorid und die abgabefertige Abpackung nicht mehr als 0,1 g Normethadon, als Base berechnet, enthält,
6. mehrfachdosierten Zubereitungen von Opium oder Morphin als Arzneifertigware, sofern die Zubereitung nicht mehr als 0,2 Masseprozent Morphin, als wasserfreie Base berechnet, und die abgabefertige Abpackung nicht mehr als 0,02 g Morphin, als wasserfreie Base berechnet, enthält.

Die unter den Ziffern 1 bis 6 genannten Zubereitungen unterliegen nicht den suchtmittelrechtlichen Vorschriften mit Ausnahme der in der Vierten Durchführungsbestimmung zum Suchtmittelgesetz zur Betreuung der Suchtkranken getroffenen Festlegungen.

B

(Suchtmittel, für die sämtliche suchtmittelrechtlichen Vorschriften Anwendung finden mit Ausnahme des § 1 Abs. 3 des Suchmittelgesetzes sowie der im § 22 der Ersten Durchführungsbestimmung und der im § 25 der Dritten Durchführungsbestimmung vom 28. Januar 1974 zum Suchtmittelgesetz [GBl. I Nr. 16 S. 161] genannten Bestimmungen)

| | |
|---|---|
| Codein | 3-Methyl-morphin |
| Dihydrocodein | |
| Ethylmorphin | 3-Ethyl-morphin |

und

a) ihre Salze, sofern diese Salze existieren können, sowie
b) ihre Zubereitungen einschließlich der Zubereitungen ihrer Salze mit **Ausnahme** der

einzel- und mehrfachdosierten Zubereitungen, sofern eine abgeteilte Form nicht mehr als 0,1 g Suchtmittel bzw. die mehrfachdosierte Zubereitung nicht mehr als 2,5 Masseprozent Suchtmittel, jeweils als Base berechnet, enthält.
Die ausgenommenen Zubereitungen unterliegen nicht den suchtmittelrechtlichen Vorschriften mit Ausnahme der in der Vierten Durchführungsbestimmung zum Suchtmittelgesetz zur Betreuung der Suchtkranken getroffenen Festlegungen.

## Teil III

Suchtmittel, die gemäß § 4 Abs. 4 des Suchtmittelgesetzes zum Verkehr zugelassen sind:

| Internationaler nicht schutzfähiger Name (INN) | Andere nicht schutzfähige Namen oder Trivialnamen | Chemische Bezeichnung |
|---|---|---|
| Acetorphin | | 3-O-Acetyl-6,7,8,14-tetrahydro-7α-(1-hydroxy-1-methyl-butyl)-6,14-endoetheno-oripavin |
| | Acetyldihydrocodein | 6-Acetoxy-3-methoxy-N-methyl-4,5-epoxy-morphinan |
| Acetylmethadol | | 3-Acetoxy-6-dimethylamino-4,4-diphenyl-heptan |
| Allylprodin | | 3-Allyl-1-methyl-4-phenyl-4-propionoxy-piperidin |
| Alphacetylmethadol | | α-3-Acetoxy-6-dimethylamino-4,4-diphenyl-heptan |
| Alphameprodin | | α-3-Ethyl-1-methyl-4-propionoxy-piperidin |
| Alphamethadol | | α-6-Dimethylamino-4,4-diphenyl-heptan-3-ol |
| Alphaprodin | | α-1,3-Dimethyl-4-phenyl-4-propionoxy-piperidin |
| Amphetamin | | (±)-2-Amino-1-phenyl-propan |
| Anileridin | | 1-(p-Aminophenethyl)-4-phenyl-piperidin-4-carbonsäureethylester |
| Benzethidin | | 1-(2-Benzyloxy-ethyl)-4-phenyl-piperidin-4-carbonsäureethylester |
| Benzphetamin | | (+)-N-Benzyl-N,α-dimethyl-phenethylamin |
| | Benzylmorphin | 3-Benzyl-morphin |
| Betacetylmethadol | | β-3-Acetoxy-6-dimethylamino-4,4-diphenyl-heptan |
| Betameprodin | | β-3-Ethyl-1-methyl-4-phenyl-4-propionoxy-piperidin |
| Betamethadol | | β-6-Dimethylamino-4,4-diphenyl-heptan-3-ol |

| Internationaler nicht schutzfähiger Name (INN) | Andere nicht schutzfähige Namen oder Trivialnamen | Chemische Bezeichnung |
|---|---|---|
| Betaprodin | | β-1,3-Dimethyl-4-phenyl-4-propionoxy-piperidin |
| Bezitramid | | 1-(3-Cyan-3,3-diphenyl-propyl)-4-(2-oxo-3-propionyl-1-benzimidazolinyl)piperidin |
| Clonitazen | | 2-p-Chlorbenzyl-1-diethylaminoethyl-5-nitrobenzimidazol |
| | Cocablätter* | |
| Codoxim | | Dihydrocodein-6-on-O-(carboxymethyl)oxim |
| Desomorphin | | Dihydrodesoxymorphin |
| Dexamphetamin | | (+)-2-Amino-1-phenyl-propan |
| Dextromoramid | | (+)-4-[2-Methyl-4-oxo-3,3-diphenyl-4-(1-pyrrolidinyl)butyl]morpholin |
| Dextropropoxyphen | | (+)-4-Dimethylamino-3-methyl-1,2-diphenyl-2-propoxybutan |
| Diampromid | | N-[2-(Methylphenetylamino)propyl]propion-anilid |
| Diethylthiambuten | | 3-Diethylamino-1,1-bis(thien-2-yl)but-1-en |
| Difenoxin | | 1-(3-Cyan-3,3-diphenyl-propyl)-4-phenyl-piperidin-4-carbonsäure |
| | Dihydromorphin | 7,8-Dihydro-morphin |
| Dimenoxadol | | 2-Dimethylamino-ethyl-1-ethoxy-1,1-diphenyl-acetat |
| Dimepheptanol | | 6-Dimethylamino-4,4-diphenyl-heptan-3-ol |
| Dimethylthiambuten | | 3-Dimethylamino-1,1-bis(thien-2-yl)but-1-en |
| Dioxaphetylbutyrat | | 4-Morpholino-2,2-diphenyl-butansäureethyl-ester |
| Dipipanon | | 4,4-Diphenyl-6-piperidino-heptan-3-on |
| Drotebanol | | 3,4-Dimethoxy-17-methyl-morphinan-6β,14-diol |
| | Ecgonin | seine Ester und Derivate, die sich in Ecgonin und Cocain umwandeln lassen |
| Ethylmethylthiambuten | | 3-Ethylmethylamino-1,1-bis(thien-2-yl)but-1-en |
| Etonitazen | | 1-Diethylamino-ethyl-2-(4-ethoxy-benzyl)-5-nitrobenzimidazol |
| Etoxeridin | | 1-[2-(2-Hydroxy-ethoxy)ethyl]-4-phenyl-piperidin-4-carbonsäureethylester |

| Internationaler nicht schutzfähiger Name (INN) | Andere nicht schutzfähige Namen oder Trivialnamen | Chemische Bezeichnung |
|---|---|---|
| Furethidin | | 1-(2-Tetrahydrofurfuryloxy-ethyl)-4-phenyl-piperidin-4-carbonsäureethylester |
| Hydrocodon | Dihydrocodeinon | 4,5-Epoxy-3-methoxy-N-methyl-6-oxo-morphinan |
| Hydromorphinol | | 14-Hydroxy-7,8-dihydro-morphin |
| Hydromorphon | Dihydromorphinon | 4,5-Epoxy-3-hydroxy-N-methyl-6-oxo-morphinan |
| Hydroxypethidin | | 4-(3-Hydroxy-phenyl)-1-methylpiperidin-4-carbonsäureethylester |
| Isomethadon | | 6-Dimethylamino-5-methyl-4,4-diphenyl-hexan-3-on |
| Ketobemidon | | 4-(3-Hydroxy-phenyl)-1-methyl-4-propionyl-piperidin |
| Levomethorphan | | (−)-3-Methoxy-N-methyl-morphinan |
| Levomoramid | | (−)N-(3-Methyl-4-morpholino-2,2-diphenyl-butyryl)-pyrrolidin |
| Levophenacyl-morphan | | (−)-3-Hydroxy-N-phenacyl-morphinan |
| Levorphanol | | (−)-3-Hydroxy-N-methyl-morphinan |
| | Lysergsäure und alle Derivate, die sich zu Lysergid umsetzen lassen | |
| Mecloqualon | | 3-(2-Chlor-phenyl)-2-methyl-3H-chinazolin-4-on |
| Metazocin | | 1,2,3,4,5,6-Hexahydro-3-hydroxy-3,6,11-trimethyl-2,6-methano-3-benzazocin |
| | Methadon-Zwischenprodukt | 4-Cyan-2-dimethylamino-4,4-diphenyl-butan |
| Methyldesorphin | | 4,5-Epoxy-3-hydroxy-6,N-dimethyl-morphin-6-en |
| Methyldihydro-morphin | | 6-Methyl-dihydromorphin |
| Methylphenidat | | 2-Phenyl-2-(piperid-2-yl)essigsäuremethylester |
| Metopon | | 5-Methyl-dihydromorphinon |
| | Mohnstrohkonzentrat | |
| | Moramid-Zwischen-produkt | 3-Methyl-4-morpholino-2,2-diphenyl-butansäure |

| Internationaler nicht schutzfähiger Name (INN) | Andere nicht schutzfähige Namen oder Trivialnamen | Chemische Bezeichnung |
|---|---|---|
| Morpheridin | | 1-(2-Morpholino-ethyl)-4-phenyl-piperidin-4-carbonsäureethylester |
| | Morphinmethylbromid u. andere Morphinderivate mit fünfbindigem Stickstoff, insbes. Morphin-N-oxid-Derivate wie z. B. Codein-N-oxid, Morphin-N-oxid | |
| Myrophin | Myrystylbenzylmorphin | 3-Benzyl-morphin-6-myristat |
| Nicocodin | | Codein-6-nicotinat |
| Nicodicodin | | Dihydrocodein-6-nicotinat |
| Nicomorphin | | Morphin-3,6-dinicotinat |
| Noracymethadol | | (±)-α-3-Acetoxy-6-methylamino-4,4-diphenyl-heptan |
| Norcodein | | N-Desmethyl-codein |
| Norlevorphanol | | (—)-3-Hydroxy-morphinan |
| Normorphin | | Desmethylmorphin |
| Norpipanon | | 4,4-Diphenyl-6-piperidin-hexan-3-on |
| Oxycodon | | 14-Hydroxy-dihydrocodeinon |
| Oxymorphon | | 14-Hydroxy-dihydromorphinon |
| | Papaver bracteatum** | |
| | Papaver somniferum*** | |
| Pentazocin | | 1,2,3,4,5,6-Hexahydro-6,11-dimethyl-3-(3-methyl-but-2-enyl)-2,6-methano-3-benzazocin-8-ol |
| | Pethidin-Zwischenprodukt A | 4-Cyan-1-methyl-4-phenyl-piperidin |
| | Pethidin-Zwischenprodukt B | 4-Phenyl-piperidin-4-carbonsäureethylester |
| | Pethidin-Zwischenprodukt C | 1-Methyl-4-phenyl-piperidin-4-carbonsäure |
| Phenadoxon | | 6-Morpholino-4,4-diphenyl-heptan-3-on |

| Internationaler nicht schutzfähiger Name (INN) | Andere nicht schutzfähige Namen oder Trivialnamen | Chemische Bezeichnung |
|---|---|---|
| Phenampromid | | N-(1-Methyl-2-piperidino-ethyl)propionanilid |
| Phenazocin | | 1,2,3,4,5,6-Hexahydro-8-hydroxy-6,11-dimethyl-3-phenethyl-2,6-methano-3-benzazocin |
| Phenmetrazin | | 3-Methyl-2-phenyl-morpholin |
| Phenomorphan | | 3-Hydroxy-N-phenethyl-morphinan |
| Phenoperidin | | 1-(3-Hydroxy-3-phenyl-propyl)-4-phenyl-piperidin-4-carbonsäureethylester |
| Pholcodin | | β-4-Morpholinyl-ethylmorphin |
| Piminodin | | 4-Phenyl-1-(3-phenylamino-propyl)piperidin-4-carbonsäureethylester |
| Proheptazin | | 1,3-Dimethyl-4-phenyl-4-propionoxy-azacycloheptan |
| Properidin | | 1-Methyl-4-phenyl-piperidin-4-carbonsäure-isopropylester |
| Propiram | | N-(1-Methyl-2-piperidino-ethyl)-N-2-pyridyl-propionamid |
| Racemethorphan | | (±)-3-Methoxy-N-methyl-morphinan |
| Racemoramid | | (±)-1-(3-Methyl-4-morpholino-2,2-diphenyl-butyryl)-pyrrolidin |
| Racemorphan | | (±)-3-Hydroxy-N-methyl-morphinan |
| Sufentanil | | N-[4]-methoxymethyl-1-(2-thien-2-yl-ethyl)-4-4piperidyl] propionanilid |
| Thebacon | Acetyldihydrocodeinon | |
| | Thebain | |
| Tilidin | | trans(±)-2-(Dimethylamino)-1-phenyl-cyclohex-3-en-1-carbonsäureethylester |
| Trimeperidin | | 1,2,5-Trimethyl-4-phenyl-4-propionoxy-piperidin |

* „Cocablatt" bezeichnet das Blatt des Cocastrauches, sofern nicht dem Blatt das gesamte Ecgonin, Cocain und alle sonstigen Ecgonin-Alkaloide entzogen wurden.

** „Papaver bracteatum" bezeichnet alle Pflanzen und Pflanzenteile der Art Papaver bracteatum

*** „Papaver somniferum" bezeichnet alle Pflanzen und Pflanzenteile der Art Papaver Somniferum mit Ausnahme
- des Samens
- der Pflanzen, die zur Gewinnung des Samens als Backmohn oder von Pflanzenteilen für Zierzwecke angebaut werden

und

a) ihre Isomere, Ester und Ether, sofern solche existieren können und diese nicht Bestandteil der Teile I und II des Suchtmittelverzeichnisses sind,

mit **Ausnahme** von

| | |
|---|---|
| Levamphetamin | (—)-2-Amino-1-phenyl-propan |
| Dextrometorphan | (+)-3-Methoxy-N-methyl-morphinan |
| Dextrorphan | (+)-3-Hydroxy-N-methylmorphinan |

Die ausgenommenen Substanzen unterliegen nicht den suchtmittelrechtlichen Vorschriften.

b) bisher nicht genannte Isomere, Ester, Ether und Rohprodukte der im Teil II des Suchmittelverzeichnisses aufgeführten Substanzen, sofern solche existieren können und nicht bereits in den Teilen I und II des Suchtmittelverzeichnisses enthalten sind,
c) ihre Salze, einschließlich der Salze der gemäß Buchstaben a und b dem Teil III des Suchtmittelverzeichnisses unterstellten Verbindungen, sofern diese Salze existieren können, sowie
d) ihre Zubereitungen einschließlich der Zubereitungen der gemäß Buchstaben a, b und c dem Teil III des Suchtmittelverzeichnisses unterstellten Verbindungen

mit **Ausnahme** der

1. einzel- und mehrfachdosierten Zubereitungen von
   Acetyldihydrocodein,
   Nicocodin,
   Nicodicodin,
   Norcodein,
   Pholcodin und

   ihrer Salze, sofern eine abgeteilte Form nicht mehr als 0,1 g Suchtmittel bzw. die mehrfachdosierte Zubereitung nicht mehr als 2,5 Masseprozent Suchtmittel, jeweils als Base berechnet, enthält,

2. einzel- und mehrfachdosierten Zubereitungen von Dextropropoxyphen zur oralen Anwendung, sofern eine abgeteilte Form nicht mehr als 0,135 g Dextropropoxyphen bzw. die mehrfachdosierte Zubereitung nicht mehr als 2,5 Masseprozent Dextropropoxyphen, jeweils als Base berechnet, enthält und die Zubereitung keine Substanzen enthalten, die der Konvention vom 21. Februar 1971 über psychotrope Substanzen unterstellt sind,

3. einzeldosierten Zubereitungen von Difenoxin, sofern eine abgeteilte Form nicht mehr als 0,0005 g Difenoxin und mindestens 5 Masseprozent dieser Menge Atropinsulfat enthält,

4. einzeldosierten Zubereitungen von Propiram, sofern eine abgeteilte Form nicht mehr

als 0,1 g Propiram und zusätzlich mindestens die gleiche Menge Methylzellulose enthält.

Die ausgenommenen Zubereitungen unterliegen nicht den suchtmittelrechtlichen Vorschriften.

## Anlage 2

zu § 4 Abs. 1 vorstehender Fünfter Durchführungsbestimmung

### Verzeichnis der in der Liste III der Konvention über psychotrope Substanzen vom 21. Februar 1971 enthaltenen Substanzen gemäß § 4 Abs. 1 vorstehender Fünfter Durchführungsbestimmung

| Internationaler nicht schutzfähiger Name (INN) | Andere nicht schutzfähige Namen oder Trivialnamen | Chemische Bezeichnung |
|---|---|---|
| Amobarbital | | 5-Ethyl-5-(3-methyl-butyl)barbitursäure |
| Cyclobarbital | | 5-(Cyclohex-1-en-1-yl)-5-ethyl-barbitursäure |
| Glutethimid | | 2-Ethyl-2-phenyl-glutarimid |
| Pentobarbital | | 5-Ethyl-5-(1-methyl-butyl)barbitursäure |
| Secobarbital | | 5-Allyl-5-(1-methyl-butyl)barbitursäure |

und ihre Salze, sofern diese Salze existieren können.

## Anlage 3

zu § 4 Abs. 1 vorstehender Fünfter Durchführungsbestimmung

......Ausfertigung

Erklärung

gemäß § 4 Abs. 1 der Fünften Durchführungsbestimmung vom 21. Januar 1983 zum Suchtmittelgesetz (GBl. I Nr. 7 S. 69) entsprechend Artikel 12 Abs. 2 der Konvention über psychotrope Substanzen vom 21. Februar 1971 (Sonderdruck Nr. 880 des Gesetzblattes S. 33)

Name und Anschrift des Lieferers ..........................................................

....................................................................................................

Name und Anschrift des Empfängers ........................................................

....................................................................................................

Einfuhrland:

Art und Menge der psychotropen Substanz bzw. Zubereitung* (bei einer Zubereitung ist, soweit vorhanden, auch der Name anzugeben): ............................................

....................................................................................................

....................................................................................................

Datum der Ausfuhr:

Ort/Datum Stempel Unterschrift

* gemäß Anlage 2 zu § 4 Abs. 1 der Fünften Durchführungsbestimmung zum Suchtmittelgesetz: Amobarbital, Cyclobarbital, Glutethimid, Pentobarbital, Secobarbital und ihre Salze

---

[1]) 4. DB vom 28. Januar 1974 (GBl. I Nr. 16 S. 165), abgedruckt unter E 04 01.

[2]) Anlage 1 zu § 1 der Ersten Durchführungsbestimmung vom 28. Januar 1974 zum Suchtmittelgesetz (GBl. I Nr. 16 S. 149), abgedruckt unter E 01 02.

## Mitteilung Nr. 7
## über die Einstufung chemischer Stoffe als Gifte

vom 9. März 1983
(VuM MfGe Nr. 3 S. 20)

### I.

Nachstehende chemische Stoffe wurden gemäß § 5 Abs. 1 des Giftgesetzes vom 7. April 1977 (GBl. I Nr. 10 S. 103) als Gifte eingestuft:

1. Gifte der Abteilung 1

   A. **Wirkstoffe (erscheinen im Verzeichnis der Gifte)**
   Thiofanox

   B. **Präparate (erscheinen nicht im Verzeichnis der Gifte)**

| **Präparat** | **Wirkstoff(e)** |
|---|---|
| **Pflanzenschutzmittel** | |
| bercema-Oftanol T | Isofenphos |
| Dacamox 10 G | Thiofanox |
| Dacamox 250 EC | Thiofanox |
| Filitox (bisher CKB 1300) | Methamidophos |
| Temik 10 G (Gypsum) | Aldicarb |

2. Gifte der Abteilung 2

   A. **Wirkstoffe (erscheinen im Verzeichnis der Gifte)**
   Bronopol
   Chloral
   Cyclohexanon
   o-Dichlorbenzen
   N,N-Dimethylanilin
   Dinitrobenzoesäure
   Dinitroethylbenzen
   Dioxan
   Eisen(III)-Chlorid
   Fenvalerat
   Furan
   Maleinsäure
   Maleinsäureanhydrid
   Methylcyclohexanon
   Nitroethylbenzen

Trichlorisocyanursäure
Triethylphosphat

B. **Präparate (erscheinen nicht im Verzeichnis der Gifte)**

| **Präparat** | **Wirkstoff(e)** |
|---|---|
| **Aromatengemisch** | |
| Dinitroaromatengemisch | Dinitrotoluen |
| SYS | Dinitroethylbenzen |
| **Farbstoffe, organische** | |
| Cypurgelb GRL | 1,3,3-Trimethyl-2-methylen-indolin |
| Sambesischwarz D | Kresidin |
| Wofalanrot 3 BL | Chromkomplex |
| **Abprodukt** | |
| Destillationsrückstand von Benzylcyanid | Benzylcyanid |
| **Funkenregistrierfarbe** | |
| E 884 | Methanol |
| **Härter** | |
| C 02 E (für Epoxidharzfarben) | Dipropylentriamin |
| D 07 E (für Träufeltränkharz) | Aromatische Amin- und Polyester |
| D 08 E (für Epoxid-Träufelharz) | 4,4-Diphenylmethandiamin<br>Dipropylentriamin |
| **Farbentwicklersubstanzen** | |
| T 22 | 4-Aminodiethylanilinsulfat |
| T 32 | 4-Amino-N,N-ethyloxethylanilinsulfat |
| **Pflanzenschutzmittel** | |
| Dazomet 90 G | Dazomet |
| Fekama-Naled 500 | Naled |
| Melipax-Aero-conz. | Camphechlor |
| Evisekt S | Thiocyclamhydrogenoxalat |
| Sumicidin 20 EC | Fenvalerat |
| **Zwischenprodukt** | |
| Diformal | Cichlordiethylformal |
| **Auflösebeschleuniger** | |
| Deglasol AB | Phosphorsäure |
| **Klebemittel** | |
| Piacoll PW 51 | Ethylenchlorhydrin<br>Xylen |

| | |
|---|---|
| | Chloroform |
| | Methylenchlorid |
| **PUR-Drahtlacke** | |
| DdKU/4 | Kresol |
| DdKU/5 | Kresol |
| DdKU/6 | Kresol |
| **Polyesterimid-Drahtlack** | |
| DdIY/1 | Kresol |
| **Polyester-Polyesterimid-Drahtlacke** | |
| DdYY | Phenol |
| DdKQ/6 | Phenol |
| DdKQ/7 | Phenol |
| DdKQ/8 | Phenol |

## II.

Nachstehender chemischer Stoff wurde unter Zugrundelegung der Bestimmungen des Giftgesetzes vom 7. April 1977 (GBl. I Nr. 10 S. 103) innerhalb des Verzeichnisses der Gifte umgestuft.

Aus Giftabteilung 1 in Giftabteilung 2

A. **Wirkstoff**
**PSM-Wirkstoff**
Phosmet

## III.

Zur Toxizitätsberechnung von Mischungen wird die Broschüre „Toxizitätswerte zum Giftgesetz der DDR vom 7. 4. 1977" empfohlen, die Toxizitätsangaben zu allen im Verzeichnis der Gifte aufgeführten chemischen Stoffen enthält. Die Broschüre kann zum Preis von 5,00 M vom WTZ für Arbeitsschutz, Arbeitshygiene und Toxikologie in der chemischen Industrie 4020 Halle, Reilstr. 27, bezogen werden. Sammelbestellungen sind erwünscht.

# Anordnung über die Verleihung der Titel „Medizinalrat“, „Pharmazierat“, „Sanitätsrat“, „Obermedizinalrat“ und “Oberpharmazierat“

vom 1. Juni 1978
(GBl. I Nr. 19 S. 239)

Im Einvernehmen mit den Leitern der zuständigen zentralen Staatsorgane und in Übereinstimmung mit dem Zentralvorstand der Gewerkschaft Gesundheitswesen wird folgendes angeordnet:

## § 1

Zur Würdigung verdienstvoller Tätigkeit im Gesundheitsschutz der Bevölkerung in der Deutschen Demokratischen Republik können an Ärzte und Zahnärzte die Titel „Medizinalrat“ und „Obermedizinalrat“ bzw. „Sanitätsrat“ und an Apotheker die Titel „Pharmazierat“ und „Oberpharmazierat“ verliehen werden.

## § 2

(1) Voraussetzung für die Verleihung der Titel „Medizinalrat“ und „Obermedizinalrat“ an Ärzte und Zahnärzte sowie der Titel „Pharmazierat“ und „Oberpharmazierat“ an Apotheker ist eine langjährige erfolgreiche Tätigkeit in einer Leitungsfunktion in Einrichtungen, staatlichen Organen des Gesundheits- und Sozialwesens oder in gesellschaftlichen Organisationen mit hervorragenden Ergebnissen bei

a) der Lösung der Aufgaben des staatlichen Gesundheits- und Sozialwesens zur Erhöhung der Qualität und Wirksamkeit der medizinischen Arbeit,

b) der Entwicklung und Anwendung moderner Erkenntnisse der medizinischen Wissenschaft, Forschung und Technik in der medizinischen Praxis.

(2) Leiter gemäß Abs. 1 sind Ärzte, Zahnärzte und Apotheker im Gesundheits- und Sozialwesen, die eine Berufungsfunktion ausüben oder für die Anleitung von Hoch- und Fachschulkadern — mindestens 8 — verantwortlich sind.

## § 3

Die Verleihung kann erfolgen mit dem Titel

- „Medizinalrat“ bzw. „Pharmazierat“ nach mindestens 7jähriger Leitungstätigkeit,
- „Obermedizinalrat“ bzw. „Oberpharmazierat“ nach mindestens 15jähriger Leitungstätigkeit.

§ 4

Der Titel „Sanitätsrat" bzw. „Pharmazierat" kann nach erfolgreicher 20jähriger ärztlicher, zahnärztlicher oder pharmazeutischer Tätigkeit für hervorragende Leistungen in der unmittelbaren medizinischen und sozialen Betreuung der Bürger verliehen werden.

§ 5

(1) Vorschlagsberechtigt beim Minister für Gesundheitswesen sind:
- der Minister für Hoch- und Fachschulwesen,
- die Minister und Leiter der zentralen Staatsorgane, denen medizinische Einrichtungen unterstellt sind,
- der Präsident der Akademie der Wissenschaften der DDR,
- die Zentralvorstände der Gewerkschaft Gesundheitswesen und der Gewerkschaft Wissenschaft,
- die Vorsitzenden der Räte der Bezirke,
- der Gebietsarzt des Gesundheitswesens Wismut,
- die Leiter der dem Ministerium für Gesundheitswesen unterstellten Einrichtungen und Betriebe.

(2) Vorschlagsberechtigt beim Vorsitzenden des zuständigen Rates des Bezirkes sind:
- die Vorsitzenden der Räte der Kreise,
- der Bezirksarzt,
- der Bezirksvorstand der Gewerkschaft Gesundheitswesen.

(3) Die Vorschläge haben in Übereinstimmung mit den zuständigen Gewerkschaftsleitungen zu erfolgen.

(4) Den im Abs. 1 genannten staatlichen Leitern wird jährlich die Höchstzahl der Titel bekanntgegeben, die in ihrem Verantwortungsbereich an Leiter entsprechend § 2 Abs. 2 verliehen werden können. Die Anzahl der zu verleihenden Titel gemäß § 4 wird in eigener Verantwortung durch die Vorsitzenden der Räte der Bezirke festgelegt.

(5) Die Vorschläge sind bis zum 1. September eines jeden Jahres einzureichen
- an den Minister für Gesundheitswesen für die Titel „Obermedizinalrat" und „Oberpharmazierat",
- an den Minister für Gesundheitswesen bzw. an den Vorsitzenden des zuständigen Rates des Bezirkes für die Titel „Medizinalrat", „Pharmazierat" und „Sanitätsrat".

(6) Die Entscheidung über die Vorschläge erfolgt im Einvernehmen mit dem Zentralvorstand der Gewerkschaft Gesundheitswesen bzw. durch den Vorsitzenden des Rates des Bezirkes im Einvernehmen mit dem Bezirksvorstand der Gewerkschaft Gesundheitswesen.

§ 6

Die Titel werden zum „Tag des Gesundheitswesens“, dem 11. Dezember, durch den Minister für Gesundheitswesen bzw. durch den Vorsitzenden des zuständigen Rates des Bezirkes verliehen.

§ 7

Zur Verleihung des Titels gehört eine Urkunde.

§ 8

(1) Der Ausgezeichnete ist berechtigt, den verliehenen Titel im Zusammenhang mit seinem Namen zu führen. Bei mehreren nach dieser Anordnung verliehenen Titeln ist der jeweils höchste zu führen.
(2) Bisher erteilte Berechtigungen zur Führung dieser Titel bleiben hiervon unberührt.
(3) Über die Verleihung der Titel ist beim Ministerium für Gesundheitswesen bzw. bei den Räten der Bezirke, Abteilung Gesundheits- und Sozialwesen, eine Nachweiskartei zu führen.

§ 9

(1) Titel können auf Antrag der Vorschlagsberechtigten gemäß § 5 aberkannt werden, wenn der Ausgezeichnete sich der Auszeichnung unwürdig erweist oder wenn nachträglich Tatsachen bekannt werden, die die Auszeichnung zur Zeit der Verleihung ausgeschlossen hätten.
(2) Über die Aberkennung von Titeln entscheidet der Minister für Gesundheitswesen.

§ 10

Diese Anordnung tritt am 1. Juli 1978 in Kraft.

Berlin, den 1. Juni 1978

# Bekanntmachung der Ordnung über die Verleihung und Bestätigung der erfolgreichen Verteidigung des Ehrentitels „Kollektiv der sozialistischen Arbeit“

vom 15. Oktober 1982
(GBl. I Nr. 36 S. 607)

Der Ministerrat hat die Ordnung über die Verleihung und Bestätigung der erfolgreichen Verteidigung des Ehrentitels „Kollektiv der sozialistischen Arbeit“ beschlossen, die hiermit bekanntgemacht wird (Anlage).
Diese Ordnung tritt am 1. Januar 1983 in Kraft. Gleichzeitig tritt die mit der Bekanntmachung vom 28. Juni 1978 veröffentlichte Ordnung über die Verleihung ind Bestätigung der erfolgreichen Verteidigung des Ehrentitels „Kollektiv der sozialistischen Arbeit“ (Sonderdruck Nr. 952 des Gesetzblattes S. 15) außer Kraft.

Berlin, den 15. Oktober 1982

## Anlage

## Ordnung über die Verleihung und Bestätigung der erfolgreichen Verteidigung des Ehrentitels „Kollektiv der sozialistischen Arbeit“

### § 1

Die Verleihung und Bestätigung der erfolgreichen Verteidigung des Ehrentitels „Kollektiv der sozialistischen Arbeit“ (nachfolgend Ehrentitel genannt) ist eine gesellschaftliche Wertschätzung der vom hohen sozialistischen Bewußtsein getragenen beständigen beispielhaften Arbeitsleistungen des Kollektivs und jedes Kollektivmitgliedes im sozialistischen Wettbewerb zur allseitigen Erfüllung und gezielten Überbietung der Planaufgaben und für die Verwirklichung der hohen politisch-ideologischen, moralischen und geistig-kulturellen Ansprüche der sozialistischen Lebensweise, wie sie sich aus der weiteren Gestaltung der entwickelten sozialistischen Gesellschaft und Schaffung grundlegender Voraussetzungen für den allmählichen Übergang zum Kommunismus ergeben.

### § 2

(1) Der Ehrentitel kann Arbeitskollektiven in

a) sozialistischen Betrieben und Einrichtungen der Industrie, des Bauwesens, der Landwirtschaft, des Verkehrs- und Nachrichtenwesens, des Handels, der Dienstleistungen, der Kultur, der Wissenschaft, der Volksbildung und Berufsbildung sowie in staatlichen Einrichtungen des Gesundheits- und Sozialwesens,

b) sozialistischen Genossenschaften und ihren kooperativen Einrichtungen,

c) der Nationalen Volksarmee, den Grenztruppen der DDR und den anderen Schutz- und Sicherheitsorganen, die sich überwiegend aus Zivilbeschäftigten zusammensetzen,

d) Staatsorganen, soweit es sich um Arbeitskollektive handelt, die materiell-technische Aufgaben, Versorgungs- oder Betreuungsaufgaben auf der Grundlage abrechenbarer Planvorgaben erfüllen,

verliehen werden, deren Mitglieder in einer Gewerkschaftsgruppenversammlung beschlossen haben, um den Ehrentitel „Kollektiv der sozialistischen Arbeit" zu kämpfen und konkrete, überschaubare und abrechenbare kollektive und persönliche Verpflichtungen zum sozialistischen Arbeiten, Lernen und Leben gemäß den Absätzen 3 und 4 übernommen und erfüllt haben.

(2) Grundlage für den Kampf um den Ehrentitel und seine jährliche Verteidigung sind die Wettbewerbsverpflichtungen und der Kultur- und Bildungsplan des Arbeitskollektivs. Die Ausarbeitung zusätzlicher Programme ist nicht zulässig.

(3) Die Wettbewerbsverpflichtungen sind darauf zu richten, im sozialistischen Wettbewerb mit hoher sozialistischer Arbeitsmoral einen wirksamen Beitrag zur Verwirklichung der ökonomischen Strategie zu leisten. Hierzu sind in den jährlichen Wettbewerbsbeschlüssen entsprechende Verpflichtungen aufzunehmen. Sie haben zum Ziel, übertragene Aufgaben, zur allseitigen Erfüllung und gezielten Überbietung des Planes vorbildlich zu erfüllen, Ordnung, Disziplin und Sicherheit zu gewährleisten, vor allem unfall- und havariefrei zu arbeiten. Die eigenen schöpferischen Fähigkeiten für einen hohen volkswirtschaftlichen Leistungsanstieg sind ständig zu nutzen. Es ist mit anderen Kollektiven kameradschaftlich zusammenzuarbeiten, sozialistische Hilfe zu leisten, in einen gemeinsamen Wettstreit zu treten. Die Erfahrungen der Besten sind zum Maßstab aller zu machen, und es sind die jeweils wirksamsten Wettbewerbsformen und -methoden anzuwenden.

(4) Die Verpflichtungen und Vorhaben des Kultur- und Bildungsplanes sind darauf zu richten, die marxistisch-leninistische, die beruflich-fachliche und die ästhetische Bildung ständig zu erhöhen. Die politischen und ökonomischen Erkenntnisse sind zu erweitern und zu vertiefen. Hierzu sind alle Möglichkeiten und Formen der Qualifizierung zu nutzen. In den Kollektiven ist ein niveauvolles, den gesellschaftlichen Ansprüchen sowie kollektiven und individuellen Interessen und Bedürfnissen entsprechendes geistig-kulturelles und sportliches Leben zu entwickeln. Es dient u. a. dazu, den sozialistischen Internationalismus, besonders die Freundschaft zur Sowjetunion sowie zu den anderen sozialistischen Ländern, zu festigen und den Gedanken der internationalen Solidarität zu vertiefen, die sozialistische Demokratie zu stärken, vorbildlichen Einsatz bei der Erhöhung der Verteidigungsbereitschaft zu zeigen und der Verantwortung für die kommunistische Erziehung der jungen Generation gerecht zu werden.

(5) Mit dem Ehrentitel werden nicht ausgezeichnet:

a) zeitweilig gebildete Kollektive, wie sozialistische Arbeits- und Forschungsgemeinschaften und Neuererkollektive,
b) gewählte Kollektive,
c) Kollektive, die eine ehrenamtliche Tätigkeit ausüben,
d) Kollektive, die nach der Art ihrer Aufgabenstellung und Tätigkeit keine der in den Absätzen 3 und 4 genannten Verpflichtungen übernehmen können.

## § 3

(1) Der Ehrentitel wird nur einmal verliehen. Mit dem Ehrentitel ausgezeichnete Kollektive verteidigen diesen jährlich durch ein ständig steigendes Niveau beim sozialistischen Arbeiten, Lernen und Leben und die Übernahme dementsprechender Verpflichtungen.
(2) Betriebliche Auszeichnungen und Auszeichnungen gesellschaftlicher Organisationen für Arbeitskollektive sind in den Kampf um den Ehrentitel und seine jährliche Verteidigung einzuordnen.

## § 4

Die Leiter der Betriebe und Einrichtungen und die Vorstände der sozialistischen Genossenschaften haben gemeinsam mit den zuständigen Gewerkschaftsleitungen alle Voraussetzungen zu schaffen, um die schöpferischen Initiativen der Kollektive entsprechend den wachsenden Anforderungen zu entfalten sowie den Kollektiven und ihren Mitgliedern ständig Hilfe bei der Übernahme und Erfüllung anspruchsvoller Verpflichtungen zu geben.

## § 5

(1) Die Verteidigung erfolgt öffentlich durch das Kollektiv auf der Grundlage der übernommenen kollektiven und persönlichen Verpflichtungen im sozialistischen Wettbewerb und der Vorhaben des Kultur- und Bildungsplanes. Sie wird in Mitgliederversammlungen, im Bereich der gewerkschaftlichen Grundorganisation bzw. Abteilungsgewerkschaftsorganisation, in Zusammenkünften von Vertretern mehrerer Kollektive und in anderen geeigneten Formen durchgeführt. Die Verteidigung dient dem schöpferischen Meinungsstreit, der Vermittlung guter Erfahrungen und Anregungen zur weiteren Gestaltung des sozialistischen Arbeitens, Lernens und Lebens der Kollektive.
(2) Der dem Leiter des Kollektivs übergeordnete Leiter beurteilt gemeinsam mit der zuständigen betrieblichen Gewerkschaftsleitung die Entwicklung des jeweiligen Kollektivs, nimmt eine exakte Bewertung der Leistungen und Ergebnisse im sozialistischen Wettbewerb — gemessen an der allseitigen Erfüllung und gezielten Überbietung der vorgegebenen Kennziffern und der Erfüllung der Verpflichtungen zur Durchsetzung von Ordnung, Disziplin und Sicherheit, vor allem zur Gewährleistung der Arbeitssicherheit und zur unfall- und havariefreien Arbeit — vor. Die Ergebnisse bei der Verwirklichung des Kultur- und

Bildungsplanes sind unter Beachtung ihrer ideologischen Wirksamkeit sowie der kollektiven und individuellen Interessen und unter Ausschluß jeder formalen Bewertung verantwortungsbewußt einzuschätzen.
(3) Bei der Verteidigung werden die Wettbewerbsverpflichtungen und der Kultur- und Bildungsplan für das folgende Planjahr mit verteidigt, und es wird darauf Einfluß genommen, daß sie sich durch eine den hohen Anforderungen an das sozialistische Arbeiten, Lernen und Leben entsprechende Qualität auszeichnen.
(4) Wird im Ergebnis der Verteidigung eingeschätzt, daß das Kollektiv die übernommenen Verpflichtungen erfüllt hat, so ist durch den jeweiligen Leiter gemeinsam mit der zuständigen betrieblichen Gewerkschaftsleitung dem Leiter des Betriebes bzw. der Einrichtung oder dem Vorstand der sozialistischen Genossenschaft der Vorschlag zur Verleihung bzw. Bestätigung der erfolgreichen Verteidigung des Ehrentitels zu unterbreiten.
(5) Die Entscheidung über die Vorschläge erfolgt

— in Betrieben und Einrichtungen durch den Leiter — bei Einrichtungen, die nur ein Arbeitskollektiv umfassen, durch den Leiter des übergeordneten staatlichen Organs — mit Zustimmung der zuständigen betrieblichen Gewerkschaftsleitung;
— in sozialistischen Genossenschaften durch den Vorstand.

Bei Jugendkollektiven ist die Abstimmung mit der Leitung der Grundorganisation der FDJ erforderlich.
(6) Wird in der Verteidigung eingeschätzt, daß die Leistungen und Ergebnisse nicht den übernommenen Verpflichtungen entsprechen, so sind die Gründe dem Kollektiv mitzuteilen und gemeinsam Sehlußfolgerungen zu beraten.

§ 6

Die Verleihung des Ehrentitels bzw. die Bestätigung der erfolgreichen Verteidigung erfolgt in würdiger Form durch die im § 5 Abs. 5 Genannten.

§ 7

(1) Zur Verleihung des Ehrentitels gehört eine Urkunde für das Kollektiv und für jedes Mitglied des Kollektivs eine Medaille und eine Urkunde.
(2) Die Bestätigung der erfolgreichen Verteidigung des Ehrentitels wird in die Urkunde des Kollektivs eingetragen. Für die Mitglieder des Kollektivs ist die Bestätigung der erfolgreichen Verteidigung des Ehrentitels im Ausweis für Arbeit und Sozialversicherung einzutragen. Neu in das Kollektiv aufgenommenen Mitgliedern, die die Medaille noch nicht erhalten haben, ist sie bei der Bestätigung der erfolgreichen Verteidigung des Ehrentitels auszuhändigen.
(3) Werktätige, die während des Kampfes um den Ehrentitel oder seiner erfolgreichen Verteidigung Mitglieder mehrerer Kollektive waren, werden in dem Kollektiv ausgezeichnet, dem sie überwiegend angehörten bzw. angehören und zu dessen Ergebnissen beim sozialistischen Arbeiten, Lernen und Leben sie entscheidend beigetragen haben.
(4) Kollektivmitglieder, die ihren Schwangerschafts- und Wochenurlaub in Anspruch

nehmen und nach § 246 Abs. 1 des Arbeitsgesetzbuches von der Möglichkeit der Freistellung Gebrauch machen, werden in die Auszeichnung einbezogen. Kollektivmitglieder, die ihren Grundwehrdienst oder Dienst auf Zeit leisten, werden für das Jahr der Einberufung und der Entlassung aus dem aktiven Wehrdienst in die Auszeichnung einbezogen.

(5) Die Verleihung und Bestätigung der erfolgreichen Verteidigung des Ehrentitels kann mit der Gewährung einer Kollektivprämie, die den Charakter einer Initiativprämie trägt, aus dem Prämienfonds des Betriebes, der Einrichtung bzw. der sozialistischen Genossenschaft verbunden werden.

(6) Verteidigt ein Kollektiv erfolgreich den Ehrentitel fünfmal in ununterbrochener Folge, erhält jedes Kollektivmitglied eine Spange zur Medaille. Dabei gilt die Verleihung des Ehrentitels zugleich als erste Verteidigung.

(7) Haben Werktätige in verschiedenen Kollektiven fünfmal in ununterbrochener Folge an der erfolgreichen Verteidigung teilgenommen, erhalten sie ebenfalls die Spange gemäß Abs. 6.

(8) Werktätige, die ein ganzes Planjahr nicht am Kampf um den Ehrentitel bzw. seiner erfolgreichen Verteidigung teilnehmen konnten, werden in dem betreffenden Jahr nicht mit ausgezeichnet. Dieses Jahr wird ihnen jedoch bei der Verleihung der Spange für fünfmalige ununterbrochene Verteidigung des Ehrentitels angerechnet.

## § 8

(1) Die Medaille ist viereckig, bronzefarben und hat eine Seitenlänge von 30 mm. Auf der Vorderseite sind in der Mitte auf rotem Grund ein Hammer, ein darauf aufgelegter Zirkel und beiderseits davon je eine Ähre dargestellt, umrahmt von den Worten „KOLLEKTIV DER SOZIALISTISCHEN ARBEIT“. An die Umschrift schließen sich Strahlen an, die in den 4 Ecken jeweils von einem aufgeprägten Eichenblatt unterbrochen werden. Auf der Rückseite sind die Inschrift „SOZIALISTISCH ARBEITEN LERNEN LEBEN“ und darunter 2 Eichenblätter aufgeprägt.

(2) Die Medaille wird an einer rechteckigen waagerecht gestreiften schwarzrotgoldenen Spange getragen. In der Mitte der Spange ist das Staatswappen der Deutschen Demokratischen Republik aufgeprägt.

(3) Die Medaillenspange ist zugleich Interimsspange.

(4) Die Spange für fünfmalige erfolgreiche Verteidigung des Ehrentitels entspricht der Medaillenspange und ist beiderseits und unten von einer bronzefarbenen Leiste mit Lorbeerzweigen umgeben.

## § 9

Die Auszeichnungsmaterialien sind von den Leitern der Betriebe und Einrichtungen und den Vorständen der sozialistischen Genossenschaften zu planen und gegen Kostenerstattung aus dem Prämienfonds der Betriebe bzw. der sozialistischen Genossenschaften von den für sie zuständigen Organen zu beziehen.

# Anforderungscharakteristik für den Fachschulabsolventen Pharmazieingenieur

vom August 1982
(Dokument des MfGe)

## 1. Stellung und Aufgaben des Pharmazieingenieurs

Der Pharmazieingenieur leistet durch seine verantwortungsvolle Tätigkeit in den Einrichtungen des Arzneimittel- und Apothekenwesens einen wichtigen Beitrag zur Erfüllung der Aufgaben, die dem sozialistischen Gesundheits- und Sozialwesen auf dem Gebiet der materiell-medizinischen Sicherstellung der medizinischen Betreuung der Bevölkerung gestellt sind.
Bei der bedarfsgerechten Versorgung der Bevölkerung und der Einrichtungen des Gesundheits- und Sozialwesens mit Arzneimitteln und den Arzneimitteln gleichgestellten Erzeugnissen obliegen ihm vorrangig die Abgabe und Herstellung von Arzneimitteln, einschließlich aller anderen Aufgaben, die zur Vorbereitung, Organisation und Durchführung dieses Prozesses gehören. Der Pharmazieingenieur trägt dabei eine hohe Verantwortung für Leben und Gesundheit der Bürger. Er löst seine Aufgaben selbständig und trägt in Gemeinschaftsarbeit mit den anderen Mitarbeitern des Arzneimittel- und Apothekenwesens zur Sicherung der Arzneimittelversorgung bei. In seinem Arbeitsbereich übt er gegenüber den unterstellten Mitarbeitern anleitende und erzieherische Funktionen aus.
Er trägt aktiv zur rationellen Gestaltung des Arbeitsablaufes in seinem Arbeitsbereich und zur Lösung arbeitsorganisatorischer Probleme in der Einrichtung bei. In Zusammenarbeit mit den Apothekern beteiligt er sich an der Einführung neuer wissenschaftlicher Erkenntnisse in die Praxis.
Der Pharmazieingenieur kann im Versorgungsprozeß als Mitarbeiter, als Leiter von Abteilungen in Versorgungsbereichen oder als Leiter von Versorgungsbereichen tätig sein. Er kann Aufgaben im Rahmen der Aus- und Weiterbildung und in anderen Bereichen entsprechend seiner Qualifikation übernehmen.

## 2. Charakteristisches Tätigkeitsbild

Der Pharmazieingenieur übt folgende Tätigkeiten aus:

2.1. In den Bereichen der Arzneimittelherstellung fertigt er Arzneien nach ärztlichen Verordnungen, Arzneizubereitungen zur Bevorratung und Labordiagnostika an. Die Herstellung erfolgt nach den Vorschriften des Arzneibuches der DDR. Dafür sind insbesondere Kenntnisse der Pharmazeutischen Technologie, der Pharmazeutischen Chemie, der Pharmakologie und der Physik erforderlich.

Der Pharmazieingenieur beachtet die Grundsätze der WAO, sorgt für einen rationellen Einsatz von Arbeitskräften und Material und hat das einwandfreie Funktionieren der Geräte und Maschinen zu kontrollieren.
Er muß die Preisberechnung beherrschen, die Konfektionierung zentral hergestellter Arzneizubereitungen überwachen und die vorschriftsmäßige Kennzeichnung und Lagerung der Stoffe und Zubereitungen sichern.
Für die Qualität der von ihm hergestellten Arzneizubereitungen ist er verantwortlich; dazu muß er ausgewählte Kontrollmethoden zur Qualitätsprüfung kennen und anwenden können. Er leistet Zuarbeit zur materiellen Planung der Stoffe und Zubereitungen.

2.2. Der Pharmazieingenieur übernimmt die Abgabe von Arzneimitteln und anderen spezifischen Erzeugnissen an die Bürger und Gesundheitseinrichtungen. Er benötigt dazu vor allem Kenntnisse auf pharmakologischem Gebiet und des Arzneimittelrechts, um die Einhaltung der entsprechenden gesetzlichen Bestimmungen gewährleisten zu können.
Durch gute Arbeitsorganisation und ansprechende räumliche Gestaltung der Arzneimittelabgabe, vorbildliches Verhalten und ein vertrauensvolles, erläuterndes Gespräch mit dem Bürger zur Arzneimittelanwendung leistet der Pharmazieingenieur einen wichtigen Beitrag zur Qualität der Versorgung. Darüber hinaus wirkt er verantwortungsbewußt im Sinne der Gesundheitserziehung und vertritt die Grundsätze der sozialistischen Gesundheitspolitik.
Durch ständiges Auswerten der Erfahrungen und Informationen über die bedarfsbeeinflussenden Faktoren aus der Tätigkeit in der Arzneimittelabgabe trägt er zur Vorbereitung und Realisierung der Planung bei.

2.3. Für die verschiedenen, der Ausbildung entsprechenden Tätigkeiten in anderen Einsatzgebieten im Versorgungsprozeß (z. B. Großhandel und Querschnittsabteilungen), in anderen Bereichen des Gesundheitswesens und in der pharmazeutischen Industrie, die der Pharmazieingenieur außerdem ausüben kann, muß er sich spezifische Kenntnisse im Arbeitsprozeß und in der Weiterbildung aneignen.
In allen Arbeitsbereichen hat er den Gesundheits-, Arbeits- und Brandschutz und die Durchsetzung von arbeitshygienischen Bestimmungen zu gewährleisten.

### 3. Einsatzgebiete

Vorrangig ist der Pharmazieingenieur in Apotheken tätig. Er kann auch

— in Querschnittsabteilungen der Pharmazeutischen Zentren
— in Querschnittsabteilungen der Bezirksdirektion für Pharmazie und Medizintechnik
— im Staatlichen Versorgungskontor für Pharmazie und Medizintechnik
— in den Versorgungsdepots für Pharmazie und Medizintechnik
— in der pharmazeutischen Industrie

eingesetzt werden.

Nach zielgerichteter Weiterbildung ist auch ein Einsatz

- in Einrichtungen der Aus- und Weiterbildung für Apothekenfacharbeiter und Pharmazieingenieure
- in wissenschaftlichen Instituten
- im Blutspende- und Transfusionswesen
- in Einrichtungen und Organen, die spezielle Aufgaben der materiell-medizinischen Sicherstellung der medizinischen Betreuung zu erfüllen haben,

möglich.

### 4. Persönlichkeitsbild

Psychische Voraussetzungen für die Berufsausübung sind geistige Beweglichkeit, Konzentrationsfähigkeit, ein gutes Aufnahmevermögen und Gedächtnis sowie logisches Denkvermögen. Zu den physischen Voraussetzungen zählen eine gute körperliche Konstitution, die Funktionstüchtigkeit aller Gliedmaßen sowie volles Geruchs-, Hör- und Sehvermögen. An die Verhaltensweise und das Bildungsniveau des Pharmazieingenieurs werden hohe Anforderungen gestellt.

Seine Haltung wird durch die sozialistische Arbeits- und Lebensweise geprägt und durch ethisch-moralisches Verhalten gekennzeichnet, das dem sozialistischen Humanismus entspricht. Neben dem fachlichen Wissen und Können muß er Eigenschaften und Verhaltensweisen entwickeln, die besonders die Arbeit im sozialistischen Gesundheitswesen erfordern; hierzu gehören Takt, Einfühlungsvermögen sowie sicheres und vertrauenerweckendes Auftreten, ebenso Zuverlässigkeit, Disziplin und ein hohes Maß an Pflichtbewußtsein und Einsatzbereitschaft. Er muß in der Lage sein, das während der Ausbildung erworbene Wissen in der beruflichen Tätigkeit und gesellschaftlichen Arbeit schöpferisch anzuwenden und sich ständig weiterzubilden. Durch sein Vorbild muß er auf Bildung und Erziehung der Mitglieder seines Arbeitskollektivs einwirken. Die marxistisch-leninistische Ideologie muß Richtschnur seines Denkens und Handelns sein. Er muß bereit sein, seine Kraft für die weitere Entwicklung und zum Schutz und zur Verteidigung der sozialistischen Gesellschaft einzusetzen, die Beschlüsse der Partei der Arbeiterklasse und der Regierung der DDR zu vertreten und besonders zur Durchsetzung der sozialistischen Gesundheitspolitik beizutragen.

Er muß sich kritisch mit den Erscheinungsformen der imperialistischen Politik und Ideologie auseinandersetzen. Die Freundschaft zur Sowjetunion, die Festigung der sozialistischen Staatengemeinschaft und ein vom proletarischen Internationalismus geprägtes Verhalten müssen dem Pharmazieingenieur selbstverständliches Anliegen sein.

Der Pharmazieingenieur soll sich nicht nur für die Qualität der eigenen Arbeit in den verschiedenen Tätigkeitsbereichen verantwortlich fühlen, sondern er soll mit Initiative und Entscheidungsbereitschaft den gesamten Versorgungsprozeß schöpferisch mitgestalten. Der Möglichkeit und dem Versuch des Arzneimittel- und Suchtmittelmißbrauchs muß er in allen Fällen entschieden entgegenwirken.

### 5. Weiterbildung

Nach Abschluß des Studiums hat der Pharmazieingenieur das Recht und die Pflicht, sich weiterzubilden. Möglichkeiten dafür ergeben sich in erster Linie am Arbeitsplatz, weiterhin durch das Studium von Fachliteratur, durch Teilnahme am obligatorischen Dienstunterricht, Delegierungen auf zentrale Hospitationsplätze und durch Teilnahme an territorialen Weiterbildungsveranstaltungen und an der Ingenieurschule für Pharmazie Leipzig. Durch eine Zusatzausbildung auf pädagogischem Gebiet kann er sich zum Medizinpädagogen für die Berufsausbildung der Apothekenfacharbeiter qualifizieren.

Angaben über

- Voraussetzungen für die Aufnahme des Fachschulstudiums
- den Studienablauf und
- inhaltliche Schwrpunkte der Ausbildung

sind dem Studienplan zu entnehmen.

# Direktive für die Planung, Vorbereitung und Durchführung des Einsatzes der Hoch- und Fachschulabsolventen des Direktstudiums

vom 30. August 1982
(VuM MHF Nr. 5 S. 63)

Auf der Grundlage der Absolventenordnung vom 3. Februar 1971[1]) und der Ersten Durchführungsbestimmung zur Absolventenordnung vom 3. Februar 1971[2]) wird unter besonderer Berücksichtigung der Verordnung vom 8. November 1979 über die volkseigenen Kombinate, Kombinatsbetriebe und volkseigenen Betriebe[3]) zur Durchsetzung höherer gesellschaftlicher Anforderungen bei der Leitung des Einsatzes der Absolventen folgendes festgelegt:

## I.
## Grundsätze

1. Die Vorbereitung und Durchführung des Einsatzes der Absolventen muß im engen Zusammenwirken zwischen den Hoch- und Fachschulen und der gesellschaftlichen Praxis erfolgen. Auf der Grundlage des Volkswirtschaftsplanes sind die Absolventen ausbildungs- und qualifikationsgerecht einzusetzen.
2. Die von Partei und Gesellschaft gestellten Aufgaben an die Absolventen erfordern, daß beim Einsatz von den fachlichen Leistungen und von dem gesellschaftlichen Engagement auszugehen und Übereinstimmung zwischen gesellschaftlichen Erfordernissen und persönlichen Interessen der Absolventen anzustreben ist.
3. Die Kombinate, Betriebe und Einrichtungen sind für die langfristige und planmäßige Kaderentwicklung in ihrem Bereich verantwortlich. Die in Wahrnehmung dieser Verantwortung zum Studium gewonnenen und delegierten Facharbeiter werden auf der Grundlage des Volkswirtschaftsplanes in den delegierenden Kombinaten, Betrieben und Einrichtungen eingesetzt.
4. Die berufliche Förderung der Absolventen sowie ihre schnelle Wirksamkeit in der Praxis sind dadurch zu erreichen, daß die Kombinate, Betriebe und Einrichtungen den Absolventen, anspruchsvolle, gesellschaftlich wichtige Aufgaben übertragen, die zu schöpferische Arbeit herausfordern. Die Hoch- und Fachschulen bereiten die Absolventen in Abstimmung mit den Kombinaten, Betrieben und Einrichtungen in der Zeit zwischen dem Abschluß der Arbeitsverträge und der Arbeitsaufnahme in geeigneter Weise auf die Übernahme ihrer künftigen Tätigkeit vor.
5. Vor Beginn der Tätigkeit der Absolventen sind durch die Kombinate, Betriebe und Einrichtungen Maßnahmen für die rasche Einarbeitung festzulegen, die in der Einarbeitungszeit zu kontrollieren sind.

7. Zur Sicherung sozialer Bedürfnisse der Absolventen sind im Bedarfsfalle spätestens mit Abschluß der Arbeitsverträge durch die Betriebe und Einrichtungen Anträge auf Wohnraum sowie auf Plätze in Kindereinrichtungen entgegenzunehmen und in Abstimmung mit den örtlichen staatlichen Organen zu bearbeiten.

## II.

## Die Verantwortung des Ministeriums für Hoch- und Fachschulwesen

Das Ministerium für Hoch- und Fachschulwesen ist für die Leitung der Vorbereitung und Durchführung der Vermittlung der Absolventen sowie für die Erarbeitung der jährlichen staatlichen Plankennziffern für die Zuführung der Absolventen in die Bereiche der Volkswirtschaft (nachstehend staatliche Plankennziffern genannt) verantwortlich.
Dazu werden

1. auf der Grundlage der Anordnung über die Ordnung der Planung der Volkswirtschaft der DDR 1981 bis 1985 vom 28. November 1979 (Sonderdrucke 1020 A und 1020 N) die staatlichen Plankennziffern erarbeitet;
2. in Zusammenarbeit mit den Hoch- und Fachschulen sowie den zentralen staatlichen Organen unter dem Gesichtspunkt der Erfüllung der staatlichen Plankennziffern gegenüber den zentralen staatlichen Organen und Kombinaten
   - der Eingang der Einsatzcharakteristiken und deren Qualität nach fachlichen und sozialen Gesichtspunkten,
   - der Abschluß der Einsatzbeschlüsse und der Arbeitsverträge,
   - die Realisierung des ausbildungs- und qualifikationsgerechten Einsatzes der Absolventen

   zu den festgelegten Terminen analysiert, kontrolliert und ausgewertet;
3. zur Sicherung der langfristigen Vorbereitung des Einsatzes der Absolventen mit den zentralen staatlichen Organen, den Hoch- und Fachschulen sowie mit Kombinaten Beratungen und Erfahrungsaustausche durchgeführt.

## III.

## Die Verantwortung der zentralen staatlichen Organe und der Räte der Bezirke

1. Die zentralen staatlichen Organe und die Räte der Bezirke (nachstehend zentrale staatliche Organe genannt) sind für die langfristige Vorbereitung des Einsatzes der Absolventen auf der Grundlage der staatlichen Plankennziffern in ihren Kombinaten bzw. wirtschaftsleitenden Organen sowie für deren enge Zusammenarbeit mit den Hoch- und Fachschulen bei der Vorbereitung und Durchführung des Einsatzes verantwortlich.
2. Die zentralen staatlichen Organe sind für die langfristige Vorbereitung und für die Durchführung der Vermittlung der Absolventen auf der Grundlage der staatlichen Plankennziffern an den ihnen unterstehenden Hoch- und Fachschulen verantwortlich.

6. Bei der Festlegung des Einsatzortes ist Absolventen, deren Ehepartner Berufssoldaten sind, sowie schwerstbeschädigten Absolventen besondere Förderung und Unterstützung zu geben.
3. Die zentralen staatlichen Organe, denen sowohl Kombinate als auch Betriebe und Einrichtungen direkt unterstellt sind, kontrollieren die Erfüllung der im Abschnitt IV. festgelegten Aufgaben durch diese Betriebe und Einrichtungen.
4. Die zentralen staatlichen Organe, denen keine Kombinate unterstellt sind, nehmen außer den in den Ziffern 1. und 2. festgelegten Aufgaben für ihre Betriebe und Einrichtungen die für die Kombinate und wirtschaftsleitenden Organe im Abschnitt IV. festgelegten Aufgaben wahr.

## IV.
## Die Verantwortung der Kombinate und wirtschaftsleitenden Organe

1. Die zentral- und bezirksgeleiteten Kombinate sowie die wirtschaftsleitenden Organe (nachstehend Kombinate genannt) gewährleisten innerhalb ihres Verantwortungsbereiches auf der Grundlage der staatlichen Plankennziffern die langfristige Vorbereitung des ausbildungs- und qualifikationsgerechten Einsatzes, die planmäßige Zuführung in ihre Kombinate sowie die rasche Einarbeitung der Absolventen.
2. Die Kombinate unterstützen die ihnen nachgeordneten Betriebe und Einrichtungen insbesondere bei der inhaltlichen Gestaltung der Einsatzcharakteristiken. Sie prüfen, ob aus den Einsatzcharakteristiken die Übereinstimmung zwischen der Ausbildungsrichtung und der vorgesehenen Tätigkeit sowie konkrete Aussagen zu den sozialen Bedingungen zu ersehen sind. Sie übergeben die Einsatzcharakteristiken ihrer Betriebe und Einrichtungen nach erfolgter Prüfung den jeweiligen Hoch- und Fachschulen.
3 Die Kombinate unterstützen die Hoch- und Fachschulen bei der Vorbereitung der Studenten auf ihre berufliche Tätigkeit und bei der Durchführung der Vermittlungsgespräche.
4. Die Kombinate sichern, daß in der Regel sechs Wochen nach Eingang der Personalunterlagen der Absolventen durch die ihnen nachgeordneten Betriebe und Einrichtungen die Einstellungsgespräche geführt, die Arbeitsverträge abgeschlossen und die Hoch- und Fachschulen über den Abschluß der Arbeitsverträge informiert werden.
5. Die Kombinate kontrollieren durch gezielte Analysen die Einhaltung der Festlegungen in den Arbeitsverträgen mit Absolventen gemäß § 4 der Absolventenordnung.

## V.
## Die Verantwortung der Betriebe

1. Die Betriebe (im Sinne des § 17 des Arbeitsgesetzbuches der DDR) bereiten den Einsatz der Absolventen entsprechend den staatlichen Plankennziffern direkt vor. Sie tragen die Verantwortung dafür, daß der Einsatz unter Nutzung der vielfältigen Möglichkeiten

und Formen der Zusammenarbeit mit den Hoch- und Fachschulen ausbildungs- und qualifikationsgerecht erfolgt und daß die notwendigen sozialen Voraussetzungen für die Aufnahme der Tätigkeit in Zusammenarbeit mit den örtlichen staatlichen Organen geschaffen werden.

2. Die Betriebe sind für die Erarbeitung der Einsatzcharakteristiken nach den im Abschnitt IV. Ziffer 2. der Direktive genannten Kriterien verantwortlich. Sie übergeben die ausgefertigten Einsatzcharakteristiken den ihnen übergeordneten Kombinaten.

3. Die Betriebe führen auf der Grundlage der Einsatzbeschlüsse der Hoch- und Fachschulen die Einstellungsgespräche mit den Absolventen und schließen die Arbeitsverträge ab. Sie bestätigen den Hoch- und Fachschulen über die Kombinate den Abschluß der Arbeitsverträge.

4. Die Betriebe gewährleisten die schnelle Wirksamkeit der Absolventen. Dazu treffen die staatlichen Leiter spezifische Festlegungen für eine gezielte Einarbeitung und eine der vorgesehenen Tätigkeit angemessene Einarbeitungszeit. Während der Einarbeitung werden für die Absolventen Betreuer festgelegt. Die Einarbeitung ist durch den jeweiligen staatlichen Leiter zu kontrollieren.

5. Die Betriebe informieren die Hoch- und Fachschulen über absehbare und begründete Verzögerungen beim Abschluß von Arbeitsverträgen.

6. Die Betriebe haben den Hoch- und Fachschulen die Auflösung von Arbeitsverträgen mit Absolventen, die gemäß § 4 Absatz 4 der Absolventenordnung vor der Aufnahme der Tätigkeit im Betrieb erfolgt, mitzuteilen.

7. Die den zentralen staatlichen Organen direkt unterstehenden Betriebe und Einrichtungen gemäß Abschnitt III. Ziffer 4. nehmen außerdem die im Abschnitt IV. festgelegten Aufgaben eigenverantwortlich wahr.

## VI.

## Die Verantwortung der Hoch- und Fachschulen

1. Die Rektoren der Hochschulen bzw. die Direktoren der Fachschulen leiten auf der Grundlage der Anweisung Nr. 9/1971 des Ministers für Hoch- und Fachschulwesen vom 15. Mai 1971[4]) die Vermittlung an den Hoch- und Fachschulen. Sie legen die erforderlichen Aufgaben zur langfristigen politisch-ideologischen Vorbereitung des Einsatzes und zur jährlichen Vermittlung der Absolventen in einem Maßnahmeplan fest.

2. Die Rektoren der Hochschulen bzw. die Direktoren der Fachschulen sichern, ausgehend von den staatlichen Plankennziffern, die Vermittlung der Absolventen.

3. Die Rektoren der Hochschulen bzw. die Direktoren der Fachschulen nehmen in Zusammenarbeit mit den Kombinaten und Betrieben Einfluß auf den ausbildungs- und qualifikationsgerechten Einsatz der Absolventen.

4. Die Rektoren der Hochschulen bzw. die Direktoren der Fachschulen haben bei der Ver-

mittlung das individuelle Leistungsvermögen und die Gesamtpersönlichkeit der Absolventen zu berücksichtigen.

5. Die Rektoren der Hochschulen bzw. die Direktoren der Fachschulen analysieren jährlich den Prozeß der Vermittlung. Sie informieren über die Ergebnisse die zuständigen zentralen staatlichen Organe zu den festgelegten Terminen.

### VII.

### Der terminliche Ablauf

Der Ablauf für die Planung sowie für die Vermittlung der Absolventen erfolgt auf der Grundlage des Terminplanes zur vorstehenden Direktive (Anlage).

### VIII.

### Schlußbestimmungen

1. Diese Direktive hat Gültigkeit für die Planung, Vorbereitung und Durchführung des Einsatzes der Absolventen aller Fachrichtungen (außer den in der Anlage zu § 18 Abs. 3 der Absolventenordnung ausgewiesenen Fachrichtungen).
2. Die Direktive für die Planung, Vorbereitung und Durchführung des Einsatzes der Hoch- und Fachschulabsolventen des Direktstudiums tritt am 1. September 1982 in Kraft.
3. Gleichzeitig tritt die Direktive für die Vermittlung und den Einsatz der Hoch- und Fachschulabsolventen des Direktstudiums vom 26. September 1977 außer Kraft.

## Terminplan zur Direktive für die Planung, Vorbereitung und Durchführung des Einsatzes der Hoch- und Fachschulabsolventen des Direktstudiums vom 30. August 1982[5])

| Termine | Aufgaben |
|---|---|
| bis 20. 02. | Übergabe des jährlichen Bedarfs an Absolventen einschließlich der zum Studium Delegierten nach Fachrichtungen und Bildungseinrichtungen an das Ministerium für Hoch- und Fachschulwesen<br>Verantw.: zentrale Staatsorgane (ZO) |
| bis 20. 02. | Übergabe der voraussichtlichen Anzahl **an Absolventen der Fachschulen** unter Ausweis der Delegierten an das Ministerium für Hoch- und Fachschulwesen<br>Verantw.: ZO, denen Fachschulen unterstehen, Fachschulen und Fachschulteile an Hochschulen des MHF |
| 20. 11. | Übergabe der staatlichen Plankennziffern (Bilanz 2) an die ZO<br>Verantw.: Ministerium für Hoch- und Fachschulwesen |
| 20. 11. | Übergabe der staatlichen Plankennziffern (Bilanz 4) zur Vermittlung der Absolventen der Hoch- bzw. Fachschulen an die ZO, denen Hoch- bzw. Fachschulen unterstehen<br>Verantw.: Ministerium für Hoch- und Fachschulwesen |

| Termine | Aufgaben |
|---|---|
| entsprechend den Festlegungen für die Übergabe der Volkswirtschaftspläne | Die staatlichen Plankennziffern (Bilanz 4) zur Vermittlung der Absolventen der dem Ministerium für Hoch- und Fachschulwesen unterstehenden Hoch- und Fachschulen sowie der Fachschulteile an Hochschulen werden den Rektoren der Hochschulen bzw. den Direktoren der Fachschulen mit den Volkswirtschaftsplänen übergeben.<br>Verantw.: Ministerium für Hoch- und Fachschulwesen |
| bis 10. 12. | Übergabe der staatlichen Plankennziffern an die Kombinate<br>Verantw.: ZO |
| bis 10. 12. | Übergabe der staatlichen Plankennziffern (Bilanz 4) zur Vermittlung der Absolventen an die Hoch- bzw. Fachschulen<br>Verantw.: ZO, denen Hoch- bzw. Fachschulen unterstehen |
| bis 15. 01. | Übermittlung der Einsatzcharakteristiken an die Leiter der Direktorate bzw. Abteilungen für Studienangelegenheiten der Hochschulen bzw. an die stellvertretenden Direktoren der Fachschulen<br>Verantw.: Kombinate |
| bis 30. 04. | Führen der Vermittlungsgespräche<br>Fassen der Einsatzbeschlüsse<br>Verantw.: Hoch- und Fachschulen |
| bis 30. 05. | Übergabe der Personalunterlagen der Absolventen an die Betriebe<br>Verantw.: Hoch- und Fachschulen |
| ab 01. 06. | Übergabe der Anforderungen zur Bereitstellung von Wohnraum an die örtlichen Räte und Einleitung von Maßnahmen zur wohnraummäßigen Unterbringung der Absolventen<br>Verantw.: Betriebe |
| bis 30. 10. | Abschluß der Arbeitsverträge und Übergabe der Bestätigungen über das zuständige Kombinat an die Hoch- bzw. Fachschulen<br>Verantw.: Betriebe |

[1]) GBl. II Nr. 37 S. 297, abgedruckt unter G **07 05** 05.

[2]) GBl. II Nr. 37, S. 301, abgedruckt unter G **07 05** 06.

[3]) GBl. I Nr. 38 S. 355

[4]) VuM des MHF Nr. 6/1971 S. 9

[5]) 1. Der Ablauf der Bilanzierung der Hoch- und Fachschulabsolventen erfolgt entsprechend der Anordnung über den terminlichen Ablauf der Ausarbeitung des Volkswirtschaftsplanes und des Staatshaushaltsplanes.

2. Der terminliche Ablauf beginnt zwei Kalenderjahre vor dem Abschluß des Studiums.

3. Für die Hoch- und Fachschulen wird die Berichterstattung über den „Katalog der periodischen und aperiodischen Informationen ..., an das MHF“ geregelt.

# Gesetz über die gesellschaftlichen Gerichte der Deutschen Demokratischen Republik — GGG —

vom 25. März 1982
(GBl. I Nr. 13 S. 269)

## 1. Kapitel

### Allgemeine Bestimmungen

#### § 1

(1) Gesellschaftliche Gerichte sind die Konfliktkommissionen und die Schiedskommissionen.
(2) Dieses Gesetz bestimmt die Aufgaben, die Bildung, die Wahl, die Zuständigkeit, die Grundsätze der Arbeitsweise und die Leitung der gesellschaftlichen Gerichte.
(3) Die Tätigkeit, Arbeitsweise und Unterstützung der Konflikt- und Schiedkommissionen werden durch Beschlüsse des Staatsrates näher bestimmt. Hinsichtlich der Konfliktkommissionen ist der Bundesvorstand des FDGB vorschlagsberechtigt.
(4) Gesellschaftliche Organe der Rechtspflege im Sinne des Strafgesetzbuches, der Strafprozeßordnung und anderer Rechtsvorschriften sind gesellschaftliche Gerichte entsprechend diesem Gesetz.

#### § 2

(1) Die gesellschaftlichen Gerichte üben im Rahmen der ihnen durch Gesetz übertragenen Aufgaben Rechtsprechung aus. Sie wirken in ihrer gesamten Tätigkeit Ursachen und Bedingungen entgegen, aus denen Rechtsstreitigkeiten und Rechtsverletzungen entstehen können.
(2) Die Mitglieder der gesellschaftlichen Gerichte werden gewählt, berichten über ihre Tätigkeit und sind abberufbar.
(3) Die Mitglieder der gesellschaftlichen Gerichte sind in ihrer Rechtsprechung unabhängig. Sie sind nur an die Verfassung, die Gesetze und anderen Rechtsvorschriften der Deutschen Demokratischen Republik gebunden.

#### § 3

(1) Die Tätigkeit der gesellschaftlichen Gerichte fördert gesellschaftliche Aktivitäten zur Durchsetzung der sozialistischen Gesetzlichkeit und zur Gewährleistung von Ordnung, Disziplin und Sicherheit in den Kombinaten, Betrieben, Städten und Gemeinden. Sie ist darauf gerichtet,

— die sozialistische Staats- und Gesellschaftsordnung sowie das sozialistische Eigentum zu schützen,
— die gesetzlich garantierten Rechte und Interessen der Bürger zu schützen, zu wahren und durchzusetzen,
— das sozialistische Staats- und Rechtsbewußtsein der Bürger zu festigen, ihre Bereitschaft zur freiwilligen Einhaltung des sozialistischen Rechts zu fördern und ihre Unduldsamkeit gegenüber nicht gesellschaftsgemäßem Verhalten zu verstärken.

(2) Die Konfliktkommissionen übermitteln die Erfahrungen aus ihrer Tätigkeit den Betriebsleitern sowie den betrieblichen Gewerkschaftsleitungen. Sie unterstützen damit die Leiter bei der Wahrnehmung ihrer Verantwortung für die Durchsetzung der sozialistischen Gesetzlichkeit und die Gewährleistung von Ordnung, Disziplin und Sicherheit sowie die Gewerkschaften bei der Wahrnehmung ihrer Rechte zur Mitwirkung an der Ausgestaltung und Verwirklichung des sozialistischen Arbeitsrechts und bei der Ausübung der gesellschaftlichen Kontrolle über dessen Einhaltung.

(3) Die Schiedskommissionen übermitteln die Erfahrungen aus ihrer Tätigkeit den örtlichen Volksvertretungen und deren Organen in den Städten und Gemeinden, den Ausschüssen der Nationalen Front der DDR sowie den Vorständen der Produktionsgenossenschaften. Sie unterstützen sie damit bei der Wahrnehmung ihrer Verantwortung für die Durchsetzung der sozialistischen Gesetzlichkeit und die Gewährleistung von Ordnung, Disziplin und Sicherheit in ihrem Bereich.

## 2. Kapitel
## Bildung und Wahl

### § 4 Bildung der Konfliktkommissionen

(1) Konfliktkommissionen werden in volkseigenen und ihnen gleichgestellten Betrieben, in Einrichtungen des Gesundheitswesens, der Kultur und der Volksbildung, in kommunalen Einrichtungen der Berufsbildung, in kooperativen Einrichtungen der Landwirtschaft, in staatlichen Organen und Einrichtungen sowie in gesellschaftlichen Organisationen gebildet, in denen mehr als 50 Betriebsangehörige tätig sind. In Betrieben mit weniger Betriebsangehörigen können Konfliktkommissionen gebildet werden, wenn eine Betriebsgewerkschaftsorganisation besteht.

(2) Konfliktkommissionen werden entsprechend den gesellschaftlichen Erfordernissen in landwirtschaftlichen und gärtnerischen Produktionsgenossenschaften gebildet, in denen Gewerkschaftsorganisationen bestehen. Sie sind für die im Arbeitsrechtsverhältnis stehenden Bürger zuständig.

(3) Der Tätigkeitsbereich einer Konfliktkommission soll in der Regel nicht mehr als 300 Betriebsangehörige umfassen. Dabei sind die Bereiche der betrieblichen Gewerkschaftsleitungen zu berücksichtigen.

(4) Die in den Absätzen 1 und 2 genannten Betriebe, Einrichtungen, Organe, Organisationen und Produktionsgenossenschaften sind Betriebe im Sinne dieses Gesetzes.

### § 5 Bildung der Schiedskommissionen

(1) Schiedskommissionen werden in Städten und Gemeinden gebildet. In landwirtschaftlichen und gärtnerischen Produktionsgenossenschaften, in Produktionsgenossenschaften der Fischer und der Handwerker werden Schiedskommissionen entsprechend den gesellschaftlichen Erfordernissen gebildet.
(2) Der Kreistag, die Stadtverordnetenversammlung in Stadtkreisen oder die Stadtbezirksversammlung in Städten mit Stadtbezirken beschließen, in welchen Bereichen ihres Territoriums Schiedskommissionen gebildet werden. Bei der Festlegung der Bereiche muß gewährleistet werden, daß die Bürger ihre Rechte vor der Schiedskommission ordnungsgemäß wahrnehmen können. Zu berücksichtigen sind insbesondere die Zahl der Einwohner, die territoriale Ausdehnung und die Verkehrsverhältnisse. In Städten soll der Tätigkeitsbereich einer Schiedskommission in der Regel nicht mehr als 8000 Einwohner umfassen.
(3) Die Räte der Kreise, Städte und Stadtbezirke haben unter Beachtung der im Abs. 2 bestimmten Kriterien bei wesentlichen Veränderungen der Einwohnerzahl in den Tätigkeitsbereichen der Schiedskommissionen Beschlüsse für ihre Volksvertretungen über Veränderungen dieser Bereiche vorzubereiten. Dabei wirken sie mit den Ausschüssen der Nationalen Front der DDR zusammen.

### § 6 Grundsätze der Wahl

(1) Die Mitglieder gesellschaftlicher Gerichte sollen Bürger sein, die in ihrer Arbeit sowie in ihrem gesellschaftlichen und persönlichen Verhalten Vorbild sind und Achtung und Vertrauen genießen. Sie können gewählt werden, wenn sie am Wahltage das 18. Lebensjahr vollendet haben.
(2) Die Mitglieder der gesellschaftlichen Gerichte werden unmittelbar durch Bürger oder örtliche Volksvertretungen gewählt.
(3) Die Mitglieder der gesellschaftlichen Gerichte werden nach ihrer Wahl in feierlicher Form verpflichtet, gerecht und unvoreingenommen zu entscheiden, ihre ganze Kraft für die Verwirklichung der sozialistischen Gesetzlichkeit und die Festigung von Ordnung, Disziplin und Sicherheit einzusetzen. Über ihre Wahl erhalten sie eine schriftliche Bestätigung.
(4) Die Mitglieder der gesellschaftlichen Gerichte wählen ihren Vorsitzenden und einen oder mehrere Stellvertreter.
(5) Die Mitglieder der gesellschaftlichen Gerichte berichten ihren Wählern über die Erfüllung der mit der Wahl übernommenen Aufgaben.
(6) Die Mitglieder der gesellschaftlichen Gerichte in den Betrieben und Produktionsgenossenschaften können durch ihre Wähler, in den Städten und Gemeinden durch die Volksvertretungen, die sie gewählt haben, abberufen werden, wenn sie gegen die Verfassung oder die Gesetze verstoßen oder sonst ihre Pflichten gröblich verletzen. Sie können auch abberufen werden, wenn sie aus gesundheitlichen oder aus anderen Gründen zur Ausübung ihrer Tätigkeit nicht mehr in der Lage sind.

**Wahl der Konfliktkommissionen**

**§ 7**

(1) In Ausübung ihrer verfassungsmäßigen Rechte organisieren die Gewerkschaften die Wahl der Mitglieder der Konfliktkommissionen. Der Bundesvorstand des FDGB trifft für die Vorbereitung und Durchführung der Wahl die erforderlichen Festlegungen.
(2) Die Betriebsgewerkschaftsleitungen sind für die Vorbereitung und Durchführung der Wahl verantwortlich. Die Betriebsleiter schaffen dafür die sachlichen Voraussetzungen.
(3) Die Kandidaten für die Konfliktkommissionen werden in den Gewerkschaftsgruppen benannt und von den betrieblichen Gewerkschaftsleitungen in Versammlungen der Werktätigen vorgeschlagen.

**§ 8**

(1) Die Mitglieder der Konfliktkommissionen werden von den Betriebsangehörigen nach den Grundsätzen der Gewerkschaftswahlen in geheimer Wahl für die Dauer der Wahlperiode der gewerkschaftlichen Vorstände und Leitungen gewählt.
(2) Für eine Konfliktkommission werden 8 bis 15 Mitglieder gewählt. In Betrieben mit weniger als 100 Betriebsangehörigen kann die Zahl der Mitglieder bis auf 6 verringert werden.
(3) Die Verpflichtung der gewählten Mitglieder der Konfliktkommissionen (§ 6 Abs. 3) erfolgt durch die betrieblichen Gewerkschaftsleitungen.

**§ 9 Nachwahl**

(1) Eine Nachwahl von Mitgliedern ist durchzuführen, wenn die ordnungsgemäße Tätigkeit von Konfliktkommissionen nicht mehr gewährleistet ist. In diesen Fällen treffen die Betriebsgewerkschaftsleitungen die erforderlichen Maßnahmen.
(2) Die Vorbereitung und die Durchführung der Nachwahl richten sich nach den §§ 6 bis 8 dieses Gesetzes.

**Wahl der Schiedskommissionen**

**§ 10**

(1) Der Minister der Justiz trifft die für die Vorbereitung und Durchführung der Wahl der Mitglieder der Schiedskommissionen erforderlichen Festlegungen.
(2) Die Volksvertretungen in den Städten, Stadtbezirken und Gemeinden sowie die Vorstände der Produktionsgenossenschaften sind für die Vorbereitung und Durchführung der Wahl verantwortlich.
(3) Die Kandidaten für die Schiedskommissionen werden in den Städten und Gemeinden von den demokratischen Parteien und Massenorganisationen, in den Produktionsgenossenschaften von den Vorständen vorgeschlagen.

(4) Die Aufstellung der von den demokratischen Parteien und Massenorganisationen vorgeschlagenen Kandidaten für die Schiedskommissionen in den Städten und Gemeinden erfolgt durch die Ausschüsse der Nationalen Front der DDR. Diese reichen die Wahlvorschläge beim Rat der Stadt, beim Rat des Stadtbezirkes oder beim Rat der Gemeinde ein.
(5) Über Einwendungen gegen einzelne Kandidaten entscheiden die Vorschlagsberechtigten.

### § 11

(1) Die Mitglieder der Schiedskommissionen werden in den Städten und Gemeinden von den zuständigen örtlichen Volksvertretungen, in den Produktionsgenossenschaften von den Mitgliedern für die Dauer der Wahlperiode der örtlichen Volksvertretungen gewählt.
(2) Für eine Schiedskommission werden 8 bis 15 Bürger gewählt. Ausnahmsweise kann die Zahl der Mitglieder bis auf 6 verringert oder bis auf 20 erhöht werden.
(3) Hat der Kreistag die Bildung einer gemeinsamen Schiedskommission für mehrere Gemeinden beschlossen, wählt jede Gemeindevertretung die in ihrem Bereich wohnenden Mitglieder.
(4) Die Verpflichtung der gewählten Mitglieder der Schiedskommissionen (§ 6 Abs. 3) erfolgt durch den Leiter der Wahlhandlung.

### § 12 Nachwahl

(1) Eine Nachwahl von Mitgliedern ist durchzuführen, wenn die ordnungsgemäße Tätigkeit von Schiedskommissionen nicht mehr gewährleistet ist. In diesen Fällen treffen die Räte der Städte, Stadtbezirke und Gemeinden sowie die Vorstände der Produktionsgenossenschaften die erforderlichen Maßnahmen.
(2) Die Vorbereitung und die Durchführung der Nachwahl richten sich nach den §§ 6, 10 und 11 dieses Gesetzes.

## 3. Kapitel

## Zuständigkeit, Arbeitsweise und Entscheidungen

### Sachliche Zuständigkeit

### § 13

(1) Die Konfliktkommissionen beraten und entscheiden über
- Streitfälle aus dem Arbeitsrecht einschließlich dem Neuererrecht,
- Vergehen, wenn die Sache von den Untersuchungsorganen, der Staatsanwaltschaft oder den Gerichten übergeben wird,
- Verfehlungen,
- Ordnungswidrigkeiten, wenn die Sache von den Ordnungsstrafbefugten übergeben wird,

— Verletzungen der Schulpflicht,
— einfache zivilrechtliche Streitigkeiten zwischen Bürgern sowie zwischen dem Betrieb und Betriebsangehörigen.

(2) Die Konfliktkommission gibt den Antrag wegen eines Arbeitsstreitfalles an das Kreisgericht ab, wenn bis zur Durchführung ihrer Beratung der Staatsanwalt oder der Kreisvorstand des FDGB die Verhandlung vor dem Kreisgericht beantragt haben oder der Direktor des Kreisgerichts die Sache an das Kreisgericht herangezogen hat.
(3) Das Kreisgericht ist ohne vorherige Anrufung der Konfliktkommission für die Behandlung eines Arbeitsstreitfalles zuständig, wenn das in anderen Rechtsvorschriften vorgesehen ist.

### § 14

Die Schiedskommissionen beraten und entscheiden über
— einfache zivilrechtliche Streitigkeiten zwischen Bürgern und einfache zivilrechtliche und andere Streitigkeiten einschließlich Streitfälle aus dem Neuererrecht zwischen der Produktionsgenossenschaft und Mitgliedern, sofern dies in Gesetzen und anderen Rechtsvorschriften vorgesehen ist,
— Vergehen, wenn die Sache von den Untersuchungsorganen, der Staatsanwaltschaft oder den Gerichten übergeben wird,
— Verfehlungen,
— Ordnungswidrigkeiten, wenn die Sache von den Ordnungsstrafbefugten übergeben wird,
— Verletzungen der Schulpflicht.

### § 15

Die gesellschaftlichen Gerichte beraten und entscheiden über weitere Rechtsstreitigkeiten und Rechtsverletzungen, wenn es durch Gesetz bestimmt wird.

### § 16 Örtliche Zuständigkeit

(1) Die Konfliktkommissionen sind für die Beratung und Entscheidung von Arbeitsstreitfällen zwischen Betriebsangehörigen und dem Betrieb zuständig. In den anderen Fällen sind sie zuständig, wenn der Antragsgegner oder der beschuldigte Bürger Angehöriger des Betriebes ist.
(2) Die Schiedskommissionen sind für die Beratung und Entscheidung zuständig, wenn der Antragsgegner oder der beschuldigte Bürger in ihrem Tätigkeitsbereich wohnt oder arbeitet. Wohnt nur der Antragsteller in ihrem Tätigkeitsbereich, können sie tätig werden, wenn das Schwergewicht des Konflikts in ihrem Bereich liegt und bei Durchführung der Beratung mit keinen erheblichen Auslagen zu rechnen ist.

(3) Haben sich beschuldigte Bürger gemeinsam wegen eines Vergehens, einer Verfehlung oder einer Ordnungswidrigkeit zu verantworten und liegen für mehrere dieser Bürger die gesetzlichen Voraussetzungen zur Übergabe der Sache an ein gesellschaftliches Gericht vor, ist entweder die Konfliktkommission zuständig, in deren Tätigkeitsbereich die Rechtsverletzung begangen wurde oder ein beschuldigter Bürger arbeitet, oder die Schiedskommission, in deren Tätigkeitsbereich die Rechtsverletzung begangen wurde oder ein beschuldigter Bürger wohnt oder arbeitet.
(4) Haben sich Erziehungsberechtigte gemeinsam wegen Verletzung der Schulpflicht zu verantworten, ist das gesellschaftliche Gericht zuständig, in dessen Tätigkeitsbereich ein Erziehungsberechtigter arbeitet oder wohnt. Jugendliche haben sich wegen Verletzungen der Schulpflicht vor demselben gesellschaftlichen Gericht zu verantworten wie ihre Erziehungsberechtigten oder vor dem gesellschaftlichen Gericht, in dessen Tätigkeitsbereich sie wohnen, arbeiten oder beruflich ausgebildet werden.

### Arbeitsweise

### § 17

(1) Die Mitglieder der gesellschaftlichen Gerichte erteilen ratsuchenden Bürgern Auskünfte, helfen ihnen bei der Klärung rechtlicher Angelegenheiten und wirken bei der Erläuterung von Rechtsvorschriften mit.
(2) Die Mitglieder der gesellschaftlichen Gerichte haben das Recht, zur Vermeidung und Beseitigung von Rechtsstreitigkeiten und Rechtsverletzungen Aussprachen durchzuführen.

### § 18

(1) Die gesellschaftlichen Gerichte beraten und entscheiden auf Grund eines Antrages oder einer Übergabeentscheidung.
(2) Die gesellschaftlichen Gerichte beraten und entscheiden als Kollektivorgan in der Besetzung mit mindestens 4 Mitgliedern.
(3) Die Beratungen der gesellschaftlichen Gerichte sind öffentlich.
(4) Die gesellschaftlichen Gerichte haben den für ihre Entscheidung erheblichen Sachverhalt festzustellen.
(5) Jeder Teilnehmer der Beratung hat das Recht, durch Fragen und Hinweise an der Lösung des Konflikts mitzuwirken. Die gesellschaftlichen Gerichte haben die Beratungen so durchzuführen, daß dieses Recht umfassend wahrgenommen werden kann.
(6) Antragsteller, Antragsgegner und beschuldigte Bürger sind verpflichtet, vor den gesellschaftlichen Gerichten persönlich Stellung zu nehmen. Sie sind berechtigt, sich vor der Beratung insbesondere durch die Gewerkschaften, die Kreisgerichte sowie durch Rechtsanwälte rechtlich beraten zu lassen.
(7) Die gesellschaftlichen Gerichte haben das Recht, die Verwirklichung ihrer Entscheidungen zu kontrollieren.

### § 19 Entscheidungen und Einspruch

(1) Die gesellschaftlichen Gerichte entscheiden durch Beschluß über den Anspruch, die Bestätigung einer Einigung oder über das Vorliegen einer Rechtsverletzung und den Ausspruch von Erziehungsmaßnahmen.
(2) Gegen Entscheidungen der gesellschaftlichen Gerichte ist der Einspruch zulässig. Über Einsprüche entscheiden die Kreisgerichte.
(3) Die Entscheidungen der gesellschaftlichen Gerichte dürfen nur unter den gesetzlichen Voraussetzungen und in der gesetzlich bestimmten Art und Weise geändert oder aufgehoben werden.

### § 20 Erziehungsmaßnahmen

(1) Für die Tätigkeit der Konflikt- und Schiedskommissionen können für Vergehen, Verfehlungen, Ordnungswidrigkeiten, Verletzungen der Schulpflicht und Verletzungen der sozialistischen Arbeitsdisziplin differenziert innerhalb des nachstehenden Rahmens folgende Erziehungsmaßnahmen festgelegt werden:

1. Die Verpflichtung des Bürgers, sich bei dem Geschädigten oder vor dem Kollektiv zu entschuldigen, wird bestätigt, oder ihm wird eine solche Pflicht auferlegt.
2. Die Verpflichtung des Bürgers, Schadenersatz in Geld nach den Rechtsvorschriften zu leisten oder den angerichteten Schaden durch eigene Arbeit wiedergutzumachen, wird bestätigt, oder ihm wird eine solche Pflicht auferlegt.
3. Die Verpflichtung des Bürgers, in seiner Freizeit bis zu 20 Stunden unbezahlte gemeinnützige Arbeit zu leisten, wird bestätigt.
4. Andere Verpflichtungen des Bürgers, die darauf gerichtet sind, ein dem sozialistischen Recht entsprechendes Handeln zu entwickeln, zu fördern und zu gewährleisten, werden bestätigt.
5. Dem Bürger wird eine Rüge erteilt.
6. Dem Bürger wird die Pflicht auferlegt, eine Geldbuße von 10 bis zu 500 M zu zahlen.

(2) Die gesellschaftlichen Gerichte können Verpflichtungen eines Arbeitskollektivs, einer Hausgemeinschaft, eines anderen Kollektivs oder einzelner Bürger zur Erziehung des Rechtsverletzers bestätigen.
(3) Die Schiedskommissionen können zur Gewährleistung ihrer ordnungsgemäßen Tätigkeit Ordnungsstrafen bis zu 50 M aussprechen.

### § 21 Empfehlungen

(1) Die gesellschaftlichen Gerichte geben im Ergebnis ihrer Beratungen und Aussprachen Empfehlungen zur Beseitigung festgestellter Ursachen und Bedingungen von Rechtsstreitigkeiten und Rechtsverletzungen und zur Überwindung von Mängeln und Ungesetzlichkeiten.

(2) Die Betriebsleiter, an die eine Empfehlung gerichtet wurde, haben dazu innerhalb von 2 Wochen schriftlich Stellung zu nehmen.
(3) Die gesellschaftlichen Gerichte haben das Recht, die Verwirklichung ihrer Empfehlungen zu kontrollieren.

## 4. Kapitel
## Leitung

### § 22 Aufgaben zentraler Organe

(1) Das Oberste Gericht gewährleistet entsprechend seiner Verantwortung für die Leitung der Rechtsprechung der Gerichte die einheitliche Rechtsanwendung in der Tätigkeit der gesellschaftlichen Gerichte und bei der gerichtlichen Überprüfung und Durchsetzung ihrer Entscheidungen.
(2) In Ausübung der verfassungsmäßigen Rechte der Gewerkschaften gewährleistet der Bundesvorstand des FDGB die regelmäßige Anleitung der Konfliktkommissionen und die Qualifizierung ihrer Mitglieder, die Analyse der Tätigkeit und gesellschaftlichen Wirksamkeit der Konfliktkommissionen sowie die Verallgemeinerung ihrer besten Erfahrungen.
(3) Der Minister der Justiz gewährleistet die regelmäßige Anleitung der Schiedskommissionen und die Qualifizierung ihrer Mitglieder, die Analyse der Tätigkeit und gesellschaftlichen Wirksamkeit der Schiedskommissionen sowie die Verallgemeinerung ihrer besten Erfahrungen.
(4) Das Oberste Gericht, der Bundesvorstand des FDGB und der Minister der Justiz koordinieren ihre Tätigkeit bei der Leitung der gesellschaftlichen Gerichte. Bei der Erfüllung ihrer Aufgaben wirken sie mit dem Generalstaatsanwalt, dem Minister des Innern und Chef der Deutschen Volkspolizei sowie dem Nationalrat der Nationalen Front der DDR zusammen.
(5) Der Bundesvorstand des FDGB, der Minister der Justiz, der Präsident des Obersten Gerichts und der Generalstaatsanwalt haben das Recht, beim Obersten Gericht den Erlaß von Richtlinien und Beschlüssen zur Gewährleistung der einheitlichen Rechtsanwendung in der Tätigkeit der gesellschaftlichen Gerichte zu beantragen.

### § 23 Aufgaben der Kreisgerichte

(1) Die Kreisgerichte gewährleisten in ihrem Territorium die einheitliche Rechtsanwendung in der Tätigkeit der gesellschaftlichen Gerichte. Sie erfüllen Aufgaben zur Durchsetzung von Entscheidungen der gesellschaftlichen Gerichte.
(2) Die Kreisgerichte führen die regelmäßige Anleitung der Schiedskommissionen und die Qualifizierung ihrer Mitglieder durch, analysieren die Tätigkeit und gesellschaftliche Wirksamkeit der Schiedskommissionen und verallgemeinern ihre besten Erfahrungen.
(3) Bei der Anleitung der Schiedskommissionen arbeiten die Kreisgerichte mit der Staatsanwaltschaft und den zuständigen Dienststellen der Deutschen Volkspolizei, den örtlichen

Volksvertretungen und ihren Organen sowie mit den Ausschüssen der Nationalen Front der DDR und den Kreisvorständen des FDGB zusammen.
(4) Die Kreisgerichte unterstützen die Gewerkschaften bei der Anleitung der Konfliktkommissionen und die Qualifizierung ihrer Mitglieder.

### § 24 Aufgaben der Bezirksgerichte

Die Bezirksgerichte gewährleisten in ihrem Territorium die einheitliche Rechtsanwendung in der Tätigkeit der gesellschaftlichen Gerichte. Sie sichern, daß die Kreisgerichte ihre Aufgaben gegenüber den gesellschaftlichen Gerichten erfüllen.

### § 25 Schiedskommissionsbeirat

(1) Bei den Direktoren der Kreis- und Bezirksgerichte werden Beiräte für Schiedskommissionen gebildet.
(2) Der Beirat für Schiedskommissionen ist ein beratendes Organ des Direktors. Der Beirat wird von dem Direktor oder seinem Stellvertreter geleitet. Dem Beirat gehören Vertreter der Staatsanwaltschaft, der zuständigen Dienststelle der Deutschen Volkspolizei, des Rates des Kreises oder Bezirkes, des Kreis- oder Bezirksausschusses der Nationalen Front der DDR und des Kreis- oder Bezirksvorstandes des FDGB sowie Vorsitzende von Schiedskommissionen an. Die Vorsitzenden der Schiedskommissionen werden vom Direktor in den Beirat berufen.
(3) Der Beirat berät und unterstützt den Direktor bei folgenden Aufgaben:
- Gewährleistung der einheitlichen Rechtsanwendung in der Tätigkeit der Schiedskommissionen,
- Förderung der gesellschaftlichen Wirksamkeit der Tätigkeit der Schiedskommissionen,
- Qualifizierung der Mitglieder der Schiedskommissionen,
- Anleitung der rechtspropagandistischen Tätigkeit der Mitglieder der Schiedskommissionen,
- Gestaltung einer effektiven Zusammenarbeit der Schiedskommissionen mit den örtlichen Volksvertretungen und ihren Organen sowie den Ausschüssen der Nationalen Front der DDR, insbesondere bei der Gewährleistung von Ordnung, Disziplin und Sicherheit in den Städten und Gemeinden.

### § 26 Aufgaben der Staatsanwaltschaft

Die Staatsanwaltschaft arbeitet mit den gesellschaftlichen Gerichten zusammen. Sie überprüft deren Beschlüsse, erhebt Einspruch gegen ungesetzliche Entscheidungen und wertet gemeinsam mit den gesellschaftlichen Gerichten die Ergebnisse der Überprüfung aus. Die Staatsanwaltschaft unterstützt die Gewerkschaften und die Gerichte bei der Anleitung der gesellschaftlichen Gerichte durch regelmäßige Informationen und bei der Schulung ihrer Mitglieder.

### § 27 Aufgaben der örtlichen Volksvertretungen und ihrer Räte

(1) Die Volksvertretungen und ihre Räte in den Kreisen, Städten, Stadtbezirken und Gemeinden sichern in Zusammenarbeit mit dem Kreisgericht, den zuständigen Gewerkschaftsvorständen und -leitungen, der Staatsanwaltschaft, der zuständigen Dienststelle der Deutschen Volkspolizei und den Ausschüssen der Nationalen Front der DDR die Auswertung der Erfahrungen der gesellschaftlichen Gerichte für die komplexe Bekämpfung und Vorbeugung der Kriminalität und anderer Rechtsverletzungen. Sie informieren in Zusammenarbeit mit den genannten Organen die gesellschaftlichen Gerichte über Probleme der Entwicklung des gesellschaftlichen Lebens in ihrem Verantwortungsbereich.
(2) Die Volksvertretungen und ihre Räte in den Städten, Stadtbezirken und Gemeinden nehmen regelmäßig Berichte der Schiedskommissionen entgegen, werten ihre Erfahrungen aus und unterstützen ihre Tätigkeit.
(3) Die Räte der Städte, Stadtbezirke und Gemeinden haben
— die sachlichen Voraussetzungen für die Tätigkeit der Schiedskommissionen zu schaffen,
— die von den gesellschaftlichen Gerichten ausgesprochenen Geldbußen und Ordnungsstrafen unverzüglich zu erfassen, die erforderlichen Maßnahmen zum termingemäßen Einzug zu veranlassen und bei nicht fristgemäßer Zahlung Antrag auf Erklärung der Vollstreckbarkeit und Vollstreckung nach den Bestimmungen der Zivilprozeßordnung beim Kreisgericht zu stellen,
— für die Verwirklichung der von den gesellschaftlichen Gerichten bestätigten Verpflichtungen zur Leistung unbezahlter gemeinnütziger Arbeit in der Freizeit Sorge zu tragen.

### § 28 Aufgaben der betrieblichen Gewerkschaftsleitungen

(1) Die betrieblichen Gewerkschaftsleitungen arbeiten mit den Konfliktkommissionen eng zusammen. Sie nehmen ihre Verantwortung für die regelmäßige Anleitung der Konfliktkommissionen und die Qualifizierung ihrer Mitglieder insbesondere dadurch wahr, daß sie die Schulung der Mitglieder organisieren, Berichte der Konfliktkommissionen entgegennehmen, ihre Tätigkeit und gesellschaftliche Wirksamkeit analysieren und die besten Erfahrungen verallgemeinern.
(2) Die betrieblichen Gewerkschaftsleitungen werden bei der Erfüllung dieser Aufgaben von den Betriebsleitern und den leitenden Mitarbeitern des Betriebes unterstützt. Sie werten regelmäßig mit den Betriebsleitern und den leitenden Mitarbeitern des Betriebes die Erfahrungen aus der Tätigkeit der Konfliktkommissionen aus und sorgen dafür, daß sie für die Verbesserung der Leitungstätigkeit im Betrieb genutzt werden.

### § 29 Aufgaben der Betriebsleiter

(1) Die Betriebsleiter haben die Konfliktkommissionen allseitig zu unterstützen und sie über Probleme der Entwicklung des Betriebes zu informieren, die für ihre Tätigkeit von Bedeutung sind. Die Generaldirektoren der Kombinate und die Betriebsleiter werten die

Erfahrungen der Konfliktkommissionen aus und nutzen sie für die Verbesserung der Leitungstätigkeit. Dabei arbeiten sie mit den betrieblichen Gewerkschaftsleitungen zusammen.
(2) Die Betriebsleiter haben die sachlichen Voraussetzungen für die Tätigkeit der Konfliktkommissionen in ihrem Betrieb zu schaffen.

### § 30 Aufgaben der Kreis- und Bezirksvorstände des FDGB

(1) Die Kreisvorstände des FDGB nehmen ihre Verantwortung für die regelmäßige Anleitung der Konfliktkommissionen und die Qualifizierung ihrer Mitglieder insbesondere dadurch wahr, daß sie mit Hilfe von Schulungen, Rechtskonferenzen, Erfahrungsaustauschen und Analysen gute Erfahrungen aus der Tätigkeit der Konfliktkommissionen verallgemeinern und ihre Wirksamkeit erhöhen. Sie sichern, daß die betrieblichen Gewerkschaftsorganisationen und ihre Organe ihre Aufgaben gegenüber den Konfliktkommissionen erfüllen.
(2) Die Kreisvorstände des FDGB werden bei der Erfüllung dieser Aufgaben von der Staatsanwaltschaft und den Kreisgerichten unterstützt. Sie arbeiten mit den örtlichen Volksvertretungen und ihren Organen sowie mit den zuständigen Dienststellen der Deutschen Volkspolizei zusammen.
(3) Die Bezirksvorstände des FDGB sichern, daß die Kreisvorstände des FDGB ihre Aufgaben gegenüber den Konfliktkommissionen erfüllen.

### § 31 Aufgaben der Ausschüsse der Nationalen Front der DDR

(1) Die Ausschüsse der Nationalen Front der DDR in den Städten und Gemeinden arbeiten mit den Schiedskommissionen zusammen und fördern die Wirksamkeit ihrer Tätigkeit. Sie informieren die Schiedskommissionen über die Entwicklung des sozialistischen Gemeinschaftslebens der Bürger und unterstützen Hausgemeinschaften bei der Übernahme von Erziehungsaufgaben.
(2) Die Ausschüsse der Nationalen Front der DDR in den Städten und Gemeinden nutzen die Erfahrungen aus der Tätigkeit der Schiedskommissionen für die politische Massenarbeit zur Gewährleistung von Ordnung, Disziplin und Sicherheit in den Städten und Gemeinden.

### § 32 Aufgaben der Vorstände von Produktionsgenossenschaften

(1) Die Vorstände haben die in der Produktionsgenossenschaft tätigen gesellschaftlichen Gerichte zu unterstützen und ihre Erfahrungen auszuwerten.
(2) Die Vorstände haben die sachlichen Voraussetzungen für die Tätigkeit der gesellschaftlichen Gerichte zu schaffen.

### § 33 Würdigung der Tätigkeit der gesellschaftlichen Gerichte

(1) Die gewerkschaftlichen Vorstände und Leitungen und die Ausschüsse der Nationalen Front der DDR haben das Recht, Vorschläge für die Würdigung der Tätigkeit der Konflikt- und Schiedskommissionen zu unterbreiten oder diese Würdigung selbst vorzunehmen.
(2) Die Betriebsleiter, die Räte der örtlichen Volksvertretungen, die Staatsanwaltschaft und die Gerichte würdigen die verdienstvolle Tätigkeit von Konflikt- und Schiedskommissionen und von einzelnen ihrer Mitglieder.
(3) Die Würdigung erfolgt insbesondere durch Anerkennungsschreiben, Sach- und Geldprämien, Ehrenurkunden des Bundesvorstandes des FDGB und des Ministers der Justiz, Auszeichnungen der Nationalen Front der DDR, die Verleihung der Ehrennadel der Organe der Rechtspflege oder der Medaille für Verdienste in der Rechtspflege sowie durch andere gesellschaftliche und staatliche Auszeichnungen.

## 5. Kapitel

## Schlußbestimmungen

### § 34 Änderung des Strafgesetzbuches

Das Strafgesetzbuch der Deutschen Demokratischen Republik — StGB — vom 12. Januar 1968 (GBl. I Nr. 1 S. 1) in der Neufassung vom 19. Dezember 1974 (GBl. I 1975 Nr. 3 S. 14) sowie in der Fassung des 2. Strafrechtsänderungsgesetzes vom 7. April 1977 (GBl. I Nr. 10 S. 100) und des 3. Strafrechtsänderungsgesetzes vom 28. Juni 1979 (GBl. I Nr. 17 S. 139) wird wie folgt geändert:

§ 29 Absatz 1 erhält folgende Fassung:

„(1) Die gesellschaftlichen Organe der Rechtspflege können im Ergebnis ihrer Beratung über Vergehen folgende Erziehungsmaßnahmen festlegen:

1. Die Verpflichtung des Bürgers, sich bei dem Geschädigten oder vor dem Kollektiv zu entschuldigen, wird bestätigt, oder ihm wird eine solche Pflicht auferlegt.
2. Die Verpflichtung des Bürgers, Schadenersatz in Geld nach den Rechtsvorschriften zu leisten oder den angerichteten Schaden durch eigene Arbeit wiedergutzumachen, wird bestätigt, oder ihm wird eine solche Pflicht auferlegt.
3. Die Verpflichtung des Bürgers, in seiner Freizeit bis zu 20 Stunden unbezahlte gemeinnützige Arbeit zu leisten, wird bestätigt.
4. Andere Verpflichtungen des Bürgers, die darauf gerichtet sind, ein dem sozialistischen Recht entsprechendes Handeln zu entwickeln, zu fördern und zu gewährleisten, werden bestätigt.
5. Dem Bürger wird eine Rüge erteilt.

6. Dem Bürger wird die Pflicht auferlegt, eine Geldbuße von 10 bis zu 500 Mark zu zahlen."

Das vorstehende, von der Volkskammer der Deutschen Demokratischen Republik am fünfundzwanzigsten März neunzehnhundertzweiundachtzig beschlossene Gesetz wird hiermit verkündet.

Berlin, den fünfundzwanzigsten März neunzehnhundertzweiundachtzig

# Beschluß des Staatsrates der Deutschen Demokratischen Republik über die Tätigkeit der Konfliktkommissionen — Konfliktkommissionsordnung —

vom 12. März 1982
(GBl. I Nr. 13 S. 274)

## Inhalt

Gemäß § 1 des Gesetzes vom 25. März 1982 über die gesellschaftlichen Gerichte der Deutschen Demokratischen Republik — GGG — (GBl. I Nr. 13 S. 269) wird auf Vorschlag des Bundesvorstandes des Freien Deutschen Gewerkschaftsbundes folgendes beschlossen:

## I.
## Arbeitsweise der Konfliktkommissionen

### § 1 Aussprachen und Antragstellung

(1) Die Konfliktkommission oder einzelne Mitglieder helfen durch Aussprachen ratsuchenden Werktätigen ihres Tätigkeitsbereiches bei der Klärung rechtlicher Angelegenheiten sowie bei der Durchsetzung gesetzlich garantierter Rechte und geben ihnen Hinweise zur Erfüllung von Rechtspflichten. Sie wirken bei der Erläuterung von Rechtsvorschriften mit.
(2) Die Konfliktkommission oder einzelne Mitglieder nehmen schriftliche oder mündliche Anträge auf Beratung und Entscheidung entgegen. Mündliche Anträge sind von der Konfliktkommission schriftlich festzuhalten.
(3) Bei einfachen zivilrechtlichen Streitigkeiten sowie bei Beleidigung, Verleumdung und Hausfriedensbruch können die Konfliktkommission oder einzelne Mitglieder auch in Vorbereitung der Beratung Aussprachen mit dem Antragsteller und dem Antragsgegner oder dem beschuldigten Bürger führen. Wird durch die Aussprache keine Lösung des Konflikts erreicht, ist eine Beratung durchzuführen.
(4) Werden im Ergebnis von Aussprachen Verpflichtungen übernommen, sind diese schriftlich festzuhalten.
(5) Die Konfliktkommission kann im Zusammenhang mit Aussprachen Empfehlungen geben (§ 16).
(6) Bei Arbeitsstreitfällen, Vergehen, Eigentumsverfehlungen, Ordnungswidrigkeiten und Verletzungen der Schulpflicht ist bei Vorliegen eines Antrages oder einer Übergabeentscheidung eine Beratung durchzuführen.
(7) Die Konfliktkommission führt über ihre Tätigkeit ein Eingangsbuch und schriftliche Unterlagen über die einzelnen Beratungen.

### Vorbereitung der Beratung
### § 2

(1) Die Konfliktkommission prüft, ob der Antrag oder die Übergabeentscheidung die gesetzlichen Anforderungen erfüllt. Sie bereitet die Beratung so vor, daß der dem Konflikt zugrunde liegende Sachverhalt allseitig erörtert und geklärt werden kann.
(2) Der Vorsitzende legt in Absprache mit den Mitgliedern die hierzu notwendigen Maßnahmen fest. Sie holen die zur Vorbereitung der Beratung notwendigen Informationen ein, ziehen erforderliche Unterlagen hinzu und machen sich mit den in Frage kommenden Rechtsvorschriften vertraut.

(3) Die Beratung der Konfliktkommission ist innerhalb von 4 Wochen nach Eingang des Antrages oder der Übergabeentscheidung durchzuführen. Wird diese Frist ausnahmsweise überschritten, sind die Gründe dafür schriftlich festzuhalten.

§ 3

(1) Der Vorsitzende sorgt dafür, daß mindestens 1 Woche vor Durchführung der Beratung deren Gegenstand, Zeit und Ort öffentlich bekanntgegeben werden.
(2) Der Antragsteller, der Antragsgegner, der beschuldigte Bürger sowie weitere Bürger und Vertreter staatlicher Organe, deren Teilnahme zur Lösung des Konflikts erforderlich ist, sind so rechtzeitig einzuladen, daß sie mindestens 1 Woche vorher von der Beratung Kenntnis haben. Sie sind verpflichtet, zur Beratung zu erscheinen.
(3) Dem Antragsgegner oder dem beschuldigten Bürger ist mit der Einladung Kenntnis vom Inhalt des Antrages oder der Übergabeentscheidung zu geben.
(4) Um die gesellschaftliche Wirksamkeit der Beratung zu erhöhen, kann die Konfliktkommission Vertreter des Betriebes, staatlicher Organe, der Leitungen gesellschaftlicher Organisationen und andere gesellschaftliche Kräfte einladen.
(5) Die Konfliktkommission wirkt in Zusammenarbeit mit der zuständigen betrieblichen Gewerkschaftsleitung und dem Vertrauensmann darauf hin, daß insbesondere das Arbeitskollektiv an der Beratung teilnimmt.

§ 4

(1) Ist der Antragsteller oder der Antragsgegner ein Jugendlicher, sind auch die Erziehungsberechtigten einzuladen. Falls erforderlich, sollen Vertreter der Organe der Jugendhilfe, der Schule, des Betriebes und der Jugendorganisation hinzugezogen werden.
(2) Bei einem jugendlichen Beschuldigten sind auch die Erziehungsberechtigten, Vertreter der Schule, des Betriebes und der Jugendorganisation einzuladen. Falls erforderlich, sollen Vertreter der Organe der Jugendhilfe hinzugezogen werden.

**Durchführung der Beratung**

§ 5

(1) Die Konfliktkommission berät und entscheidet in der Besetzung mit mindestens 4 Mitgliedern.
(2) Die Beratung leitet der Vorsitzende oder ein Stellvertreter. Sind beide verhindert oder ist es aus sachlichen Gründen zweckmäßig, kann ein anderes Mitglied mit der Leitung beauftragt werden.
(3) Das Ergebnis der Beratung ist schriftlich festzuhalten. Der Schriftführer muß nicht Mitglied der Konfliktkommission sein.

## § 6

(1) Ein Mitglied der Konfliktkommission darf an der Beratung und Entscheidung einer Sache nicht mitwirken, wenn es

— als Antragsteller oder Antragsgegner oder beschuldigter Bürger an der Beratung beteiligt oder durch die Rechtsverletzung geschädigt ist,
— der Ehegatte oder ein naher Angehöriger des Antragstellers, des Antragsgegners, des beschuldigten Bürgers oder des Geschädigten ist.

(2) Über einen Einwand, den der Antragsteller, der Antragsgegner, der beschuldigte Bürger oder der Geschädigte gegen die Mitwirkung eines Mitglieds erhebt, entscheidet die Konfliktkommission endgültig. Der Einwand ist bis zum Beginn der Beratung zulässig. Ist er begründet, kann dieses Mitglied an der Beratung und Entscheidung in dieser Sache nicht mitwirken.

## § 7

(1) Die Beratung der Konfliktkommission ist öffentlich und findet in der Regel außerhalb der Arbeitszeit statt. Die Beratung ist in Anwesenheit des Antragstellers und des Antragsgegners oder des beschuldigten Bürgers durchzuführen.
(2) Die Konfliktkommission kann Bürger, die nicht Angehörige des Betriebes sind, zur Beratung einladen, wenn dies zur Lösung des Konflikts erforderlich ist.

## § 8

(1) Die Konfliktkommission ist verpflichtet, den für die Entscheidung erheblichen Sachverhalt sowie die Ursachen und Bedingungen der Rechtsstreitigkeit oder der Rechtsverletzung festzustellen. Soweit es für die Entscheidung erforderlich ist, hat sie sich über die persönlichen und wirtschaftlichen Verhältnisse des Antragstellers, des Antragsgegners oder des beschuldigten Bürgers Kenntnis zu verschaffen.
(2) Bei der Feststellung der Verantwortlichkeit eines Jugendlichen für ein Vergehen, eine Verfehlung, Ordnungswidrigkeit oder Verletzung der Schulpflicht sind seine entwicklungsbedingten Besonderheiten zu berücksichtigen.
(3) Die Mitglieder der Konfliktkommission, der Antragsteller, der Antragsgegner und der beschuldigte Bürger sowie alle anderen Teilnehmer an der Beratung haben das Recht, ihre Auffassung zum Sachverhalt, zu den Ursachen und Bedingungen der Rechtsstreitigkeit oder der Rechtsverletzung, zum Verhalten des Bürgers sowie zur Lösung des Konflikts darzulegen.
(4) Die zuständige betriebliche Gewerkschaftsleitung, der Vertrauensmann der Gewerkschaftsgruppe und Vertreter des Arbeitskollektivs haben das Recht, die Meinung ihres Kollektivs zu unterbreiten.

§ 9

In die Beratung wegen eines Vergehens oder einer Verfehlung können damit im Zusammenhang stehende einfache zivilrechtliche Streitigkeiten (§ 50) auf Antrag einbezogen werden, wenn eine Klärung ohne weitere Vorbereitung möglich ist.

§ 10

(1) Erscheint bei Arbeitsstreitfällen der Antragsteller oder der Antragsgegner nicht zur Beratung, ist ein zweiter Beratungstermin festzulegen. Das gleiche gilt, wenn der eines Vergehens, einer Verfehlung, einer Ordnungswidrigkeit oder einer Verletzung der Schulpflicht beschuldigte Bürger nicht zur Beratung erscheint.
(2) Die Konfliktkommission soll mit Hilfe der zuständigen betrieblichen Gewerkschaftsleitung, des Vertrauensmannes und des Arbeitskollektivs darauf hinwirken, daß der Antragsteller, der Antragsgegner oder der beschuldigte Bürger zum zweiten Beratungstermin erscheint. Bei der Einladung ist auf die Folgen erneuten Ausbleibens (§§ 24, 30, 36, 44 und 49) hinzuweisen.

**Abschluß der Beratung**

§ 11

(1) Im Ergebnis ihrer Beratung entscheidet die Konfliktkommission durch Beschluß über den Anspruch, die Bestätigung einer Einigung oder über das Vorliegen einer Rechtsverletzung und den Ausspruch von Erziehungsmaßnahmen.
(2) Die Konfliktkommission entscheidet auch durch Beschluß, wenn die weitere Behandlung der Sache eingestellt wird, wenn der Anspruch unbegründet ist, wenn die Bestätigung einer Einigung abzulehnen ist, weil sie den Grundsätzen des sozialistischen Rechts widerspricht, oder wenn keine Rechtsverletzung vorliegt.
(3) Im Ergebnis der Beratung kann die Konfliktkommission Empfehlungen geben (§ 16).

§ 12

(1) Die Konfliktkommission berät über die zu treffende Entscheidung öffentlich. Durch allseitige Erörterung und Klärung des Sachverhalts sollen die Voraussetzungen für eine einstimmige Entscheidung geschaffen werden.
(2) Kann ausnahmsweise keine übereinstimmende Auffassung erzielt werden, ist die Entscheidung getroffen, wenn sie die Zustimmung der Mehrheit der an der Beratung teilnehmenden Mitglieder der Konfliktkommission findet.
(3) Die Entscheidung ist in der Beratung bekanntzugeben.

§ 13

(1) Der Beschluß enthält
— Tag und Ort der Beratung,
— die Namen der Mitglieder der Konfliktkommission, die die Entscheidung getroffen haben,

- Namen, Alter, Beruf und Anschrift des Antragstellers und Antragsgegners oder des beschuldigten Bürgers,
- die Anträge,
- eine kurze Darlegung des festgestellten Sachverhalts mit den Tatsachen und Gründen, auf die sich die Entscheidung stützt,
- die im Ergebnis der Beratung getroffene Entscheidung,
- den Hinweis auf die Möglichkeit des Einspruchs gegen die Entscheidung der Konfliktkommission und auf die Vollstreckungsmöglichkeiten.

(2) Der Beschluß ist vom Leiter der Beratung zu unterzeichnen und innerhalb von 2 Wochen dem Antragsteller und dem Antragsgegner oder dem beschuldigten Bürger gegen Empfangsbestätigung zu übermitteln.
(3) Eine Durchschrift des Beschlusses ist innerhalb von 2 Wochen dem Staatsanwalt des Kreises und im Fall einer Übergabe auch dem übergebenden Organ zu übersenden. Wurde im Beschluß eine Geldbuße festgelegt oder die Verpflichtung zur Leistung gemeinnütziger Arbeit in der Freizeit bestätigt, ist dem örtlichen Rat (§ 57 Absätze 2 und 3) eine Durchschrift zu übersenden.
(4) Der Beschluß der Konfliktkommission wird nicht in die Personalakte aufgenommen.

### § 14

(1) Für die Tätigkeit der Konfliktkommission werden keine Gebühren erhoben.
(2) Über die Erstattung notwendiger Auslagen eines Antragstellers, Antragsgegners, beschuldigten Bürgers, Geschädigten oder zur Klärung der Sache eingeladenen Bürgers entscheidet die Konfliktkommission durch Beschluß entsprechend den geltenden Rechtsvorschriften[1]).

### Maßnahmen zur Verstärkung der Wirksamkeit

### § 15

(1) Die Konfliktkommission nimmt, soweit es erforderlich ist, Einfluß darauf, daß der in der Beratung begonnene Erziehungsprozeß mit Hilfe der gesellschaftlichen Kräfte, vor allem mit Hilfe des Arbeitskollektivs, fortgeführt wird.
(2) Die Konfliktkommission kann in der Beratung beschließen, daß ihre Entscheidung nach Eintritt der Rechtskraft für einen bestimmten Zeitraum, höchstens für die Dauer von 1 Woche, im Betrieb in geeigneter Weise öffentlich bekanntgemacht wird, wenn dies die erzieherische Wirkung verstärkt.
(3) Die Konfliktkommission kontrolliert die Verwirklichung ihrer Entscheidungen. Sie kann im Ergebnis der Beratung über Vergehen, Verfehlungen, Ordnungswidrigkeiten und Verletzungen der Schulpflicht festlegen, daß Bürger vor ihr über die Erfüllung der in der

Entscheidung enthaltenen Verpflichtungen berichten und bei Geldleistungen den Nachweis erfolgter Zahlung erbringen.
(4) Die Bürger sind verpflichtet, zur Berichterstattung vor der Konfliktkommission zu erscheinen.
(5) Stellt die Konfliktkommission fest, daß ein Bürger Erziehungsmaßnahmen aus einem Beschluß nicht erfüllt, kann der Vorsitzende eine erneute Beratung einberufen (§ 57 Abs. 4).
(6) Wird das Arbeitsrechtsverhältnis eines Bürgers innerhalb von 6 Monaten nach der Beratung beendet, kann die Konfliktkommission beschließen, der Betriebsgewerkschaftsleitung des neuen Betriebes eine Durchschrift des Beschlusses zu übersenden, um auch dort die Durchsetzung von Erziehungsmaßnahmen zu sichern.

## § 16

(1) Stellt die Konfliktkommission Ursachen und Bedingungen von Rechtsstreitigkeiten oder Rechtsverletzungen fest, gibt sie Empfehlungen an Leiter von Betrieben, Kombinaten, staatlichen und wirtschaftsleitenden Organen und Einrichtungen, an Vorstände von Produktionsgenossenschaften sowie an Leitungen gesellschaftlicher Organisationen. Die Empfehlungen haben das Ziel, zur Festigung von Ordnung, Disziplin und Sicherheit beizutragen. In den Empfehlungen sollten Anregungen unterbreitet werden, wie Ursachen und Bedingungen von Rechtsstreitigkeiten und Rechtsverletzungen beseitigt sowie Mängel und Ungesetzlichkeiten überwunden werden können.
(2) Empfehlungen sind dem Empfänger innerhalb von 2 Wochen zu übermitteln.
(3) Die Leiter oder die Organe, an die eine Empfehlung gerichtet wurde, haben der Konfliktkommission innerhalb von 2 Wochen schriftlich mitzuteilen, was auf Grund der Empfehlung veranlaßt wird oder weshalb ihr nicht gefolgt werden kann.
(4) Wird dieser Verpflichtung nicht nachgekommen oder wird einer Empfehlung unbegründet nicht entsprochen, kann die Konfliktkommission den übergeordneten Leiter oder das übergeordnete Organ darüber unterrichten und fordern, daß die nach Abs. 3 Verpflichteten zur Empfehlung Stellung nehmen. Bleiben durch das Nichtbeachten einer Empfehlung Ungesetzlichkeiten bestehen, verständigt sie den Staatsanwalt des Kreises.

## § 17

(1) Die Konfliktkommission kontrolliert die Verwirklichung der von ihr gegebenen Empfehlungen. Der Betriebsleiter, die leitenden Mitarbeiter des Betriebes und die betrieblichen Gewerkschaftsleitungen unterstützen die Konfliktkommission bei der Kontrolle.
(2) Über die Verwirklichung der Empfehlungen haben die Betriebsleiter, leitenden Mitarbeiter und betrieblichen Gewerkschaftsleitungen in Versammlungen der Werktätigen zu berichten.

## II.
## Tätigkeitsgebiete der Konfliktkommissionen
## Beratung wegen Arbeitsstreitfällen

### § 18

(1) Die Konfliktkommission berät und entscheidet über Streitfälle zwischen Werktätigen und dem Betrieb über das Bestehen und die Verwirklichung von Rechten und Pflichten aus dem Arbeitsrechtsverhältnis. Sie ist zuständig für Streitfälle über arbeitsrechtliche Ansprüche nach dem Arbeitsgesetzbuch und anderen arbeitsrechtlichen Bestimmungen einschließlich der Rahmenkollektivverträge, der Betriebskollektivverträge und der Arbeitsordnungen.

(2) Die Konfliktkommission berät und entscheidet insbesondere über

- Streitfälle über den Abschluß, die Änderung und Auflösung des Arbeitsvertrages sowie die betriebliche Beurteilung und Leistungseinschätzung,
- Streitfälle über die Entlohnung des Werktätigen auf der Grundlage der geltenden Tarife und Eingruppierungsunterlagen, über die Rechtswirksamkeit der angewandten Lohnformen, über die Differenzierung des Lohnes nach der Quantität und Qualität des Arbeitsergebnisses sowie über Zuschlags-, Ausgleichs- oder Entschädigungszahlungen,
- Streitfälle wegen Lohnrückforderung des Betriebes,
- Streitfälle über den Rechtsanspruch des Werktätigen auf Jahresendprämie und andere, insbesondere durch rahmenkollektivvertragliche oder betriebliche Festlegungen oder Vereinbarungen begründete Prämienansprüche,
- Streitfälle über das Bestehen von Rechten und Pflichten aus dem Lehrverhältnis und der Aus- und Weiterbildung der Werktätigen,
- Streitfälle über die Anwendung der Arbeitszeitregelung sowie über die Gewährung von Erholungsurlaub und Freistellung aus gesellschaftlichen und persönlichen Gründen,
- Streitfälle auf dem Gebiet der Arbeits- und Lebensbedingungen der Werktätigen, des Gesundheits- und Arbeitsschutzes, der sozialen Betreuung, der besonderen Förderung der Frauen, Jugendlichen und weiterer Personengruppen, soweit sie arbeitsrechtliche Rechte und Pflichten betreffen,
- Anträge auf Durchführung eines erzieherischen Verfahrens wegen Verletzung von Arbeitspflichten,
- Einsprüche des Werktätigen gegen Disziplinarmaßnahmen auf der Grundlage des Arbeitsgesetzbuches oder anderer Disziplinarvorschriften, soweit nach diesen Disziplinarvorschriften die Zuständigkeit der Konfliktkommission gegeben ist,
- Schadenersatzansprüche des Betriebes oder des Werktätigen,
- Streitfälle aus dem Neuererrecht entsprechend den Festlegungen der Neuererverordnung.

(3) Die Konfliktkommission berät und entscheidet auch über Streitfälle zwischen der Kasse der gegenseitigen Hilfe und ihren Mitgliedern über Darlehnsrückzahlungen sowie über Streitigkeiten, die sich aus einem mit dem Arbeitsrechtsverhältnis verbundenen Mietverhältnis (Werkwohnung) ergeben.

§ 19

(1) Antragsberechtigt sind

— jeder Betriebsangehörige in eigener Angelegenheit oder ein Betriebsangehöriger im Auftrag seines Kollektivs, wenn sein Antrag mit dem des Kollektivs übereinstimmt,
— die Erziehungsberechtigten jugendlicher Betriebsangehöriger,
— der Betriebsleiter oder ein von ihm Beauftragter,
— der Leiter des übergeordneten Organs bei Anträgen gegen den Betriebsleiter,
— der Staatsanwalt des Kreises,
— ehemalige Betriebsangehörige, der Betriebsleiter oder ein von ihm Beauftragter, soweit es sich um Ansprüche aus einem früheren Arbeitsrechtsverhältnis mit dem Betrieb handelt,
— die Betriebsgewerkschaftsleitung bei Ansprüchen der Kasse der gegenseitigen Hilfe auf Darlehnsrückzahlungen.

(2) Anträge, mit denen arbeitsrechtliche Ansprüche des Betriebes geltend gemacht werden, sind schriftlich zu stellen. Sie haben vor allem zu enthalten

— die genaue Bezeichnung des Anspruchs und Angabe der Rechtsgrundlage,
— die genaue Schilderung des Sachverhalts,
— festgestellte Ursachen und Bedingungen des Konflikts und Hinweise zu deren Überwindung,
— die vorliegenden Beweismittel.

Entspricht der Antrag nicht diesen Anforderungen, kann die Konfliktkommission die Beseitigung der Mängel verlangen.

§ 20

Stellt die Konfliktkommission fest, daß sie für den Streitfall nicht zuständig ist, faßt sie darüber einen Beschluß und verweist den Antragsteller an das zuständige Organ. Auch in diesem Fall kann die Konfliktkommission Empfehlungen zur Beseitigung von Ursachen und Bedingungen des Konflikts geben.

§ 21

(1) An der Beratung nehmen der Antragsteller, der Antragsgegner, Erziehungsberechtigte Jugendlicher, Vertreter der Arbeitskollektive und der Gewerkschaft sowie andere Werktätige teil, die zur Lösung des Konflikts beitragen können. Die Mitglieder der zuständigen

betrieblichen Gewerkschaftsleitung, der Vertrauensmann und die anderen Gewerkschaftsgruppenfunktionäre haben das Recht, Werktätige bei der Wahrnehmung ihrer Rechte zu unterstützen. In Ausnahmefällen wie bei längerer Krankheit oder bei längerer Abwesenheit kann sich der Antragsteller oder der Antragsgegner durch einen Bürger vertreten lassen. Eine Vertretung des Antragsgegners im erzieherischen Verfahren wegen Verletzung von Arbeitspflichten ist nicht zulässig.

(2) Die Beratung ist so zu führen, daß der Sachverhalt allseitig mit dem Antragsteller und dem Antragsgegner erörtert wird, den Werktätigen ihre Rechte und Pflichten erläutert und die Betriebsangehörigen zu einem verantwortungsbewußten Verhalten erzogen werden.

(3) Einigen sich der Antragsteller und der Antragsgegner im Verlaufe der Beratung, bestätigt die Konfliktkommission die Einigung durch Beschluß, wenn diese den Grundsätzen des sozialistischen Rechts entspricht. Wird keine Einigung erzielt oder deren Bestätigung abgelehnt, entscheidet die Konfliktkommission über den Anspruch. Bei Geldforderungen kann erforderlichenfalls eine angemessene Zahlungsfrist oder Ratenzahlung bestimmt werden. Bei dem erzieherischen Verfahren wegen Verletzung von Arbeitspflichten ist eine Einigung ausgeschlossen.

(4) Versäumt der Antragsteller ohne Verschulden eine Frist zur Einlegung eines Einspruchs, ist ihm auf Antrag Befreiung von den Folgen der Fristversäumnis zu gewähren. Ein verspäteter Einspruch eines Werktätigen kann auch dann als rechtzeitig eingelegt behandelt werden, wenn dafür schwerwiegende Gründe vorliegen und dies im Interesse des Werktätigen dringend geboten ist.

## § 22

(1) Der Antrag des Betriebsleiters auf Durchführung eines erzieherischen Verfahrens wegen Verletzung von Arbeitspflichten (§ 255 Abs. 3 AGB) hat vor allem zu enthalten

— die Darstellung der Disziplinverletzung,
— die festgestellten Ursachen und Bedingungen,
— die Einschätzung der Persönlichkeit des Werktätigen.

(2) Die Konfliktkommission kann den Antrag zurückweisen, wenn die Sache nicht zur Beratung vor der Konfliktkommission geeignet ist.

## § 23

(1) Die Konfliktkommission kann im Ergebnis eines erzieherischen Verfahrens wegen Verletzung von Arbeitspflichten von Erziehungsmaßnahmen absehen, wenn der erzieherische Zweck mit der Beratung erreicht wurde. Dies ist im Beschluß festzuhalten.

(2) Die Konfliktkommission kann folgende Erziehungsmaßnahmen festlegen:

— Die Verpflichtung des Werktätigen, sich vor dem Kollektiv zu entschuldigen, wird bestätigt, oder ihm wird eine solche Pflicht auferlegt.

— Andere Verpflichtungen des Werktätigen, die der Einhaltung von Arbeitspflichten dienen, werden bestätigt.
— Dem Werktätigen wird eine Rüge erteilt.

(3) Die Konfliktkommission kann Verpflichtungen des Arbeitskollektivs zur Erziehung des Werktätigen bestätigen.
(4) Bei der Entscheidung über Verletzung von Arbeitspflichten sind die Erziehungsmaßnahmen entsprechend § 29 Abs. 1 festzulegen.

### § 24

(1) Der Antragsteller hat das Recht, seinen Antrag bis zum Schluß der Beratung zurückzunehmen.
(2) Bleibt der Antragsteller unbegründet auch der zweiten Beratung fern, gilt der Antrag als zurückgenommen. Dies ist im Beschluß festzuhalten.
(3) Erscheint der Antragsgegner auch zur zweiten Beratung unbegründet nicht, kann die Konfliktkommission in seiner Abwesenheit entscheiden, wenn der Sachverhalt geklärt ist und der Antragsteller eine Entscheidung beantragt. Kann die Konfliktkommission nicht entscheiden, kann der Anspruch unmittelbar beim zuständigen Kreisgericht geltend gemacht werden.
(4) Bleibt der Antragsgegner eines erzieherischen Verfahrens wegen Verletzung von Arbeitspflichten unbegründet der zweiten Beratung fern, hat die Konfliktkommission den Antrag innerhalb 1 Woche an den Betriebsleiter zurückzugeben.

## Beratung wegen Vergehen

### § 25

(1) Vergehen sind vorsätzlich oder fahrlässig begangene gesellschaftswidrige Straftaten, welche die Rechte und Interessen der Bürger, das sozialistische Eigentum, die gesellschaftliche und staatliche Ordnung oder andere Rechte und Interessen der Gesellschaft schädigen.
(2) Über Vergehen berät und entscheidet die Konfliktkommission, wenn im Hinblick auf die eingetretenen Folgen und die Schuld des Bürgers die Handlung nicht erheblich gesellschaftswidrig ist und wenn unter Berücksichtigung der Tat und der Persönlichkeit des Bürgers eine wirksame erzieherische Einwirkung durch die Konfliktkommission zu erwarten ist. Diese Strafsachen werden übergeben, wenn der Sachverhalt vollständig aufgeklärt ist und der Bürger seine Rechtsverletzung zugibt. Bei fahrlässigen Straftaten kann die Sache der Konfliktkommission auch dann übergeben werden, wenn ein erheblicher Schaden eingetreten ist, jedoch die Schuld des Bürgers infolge außergewöhnlicher Umstände gering ist.
(3) Unter diesen Voraussetzungen berät und entscheidet die Konfliktkommission über alle Vergehen, insbesondere über

— Vergehen gegen das sozialistische und persönliche Eigentum,
— Körperverletzungen,
— Verletzungen des Arbeits- und Gesundheitsschutzes.

§ 26

(1) Die Übergabe an die Konfliktkommission erfolgt durch die Untersuchungsorgane, den Staatsanwalt oder das Gericht.
(2) Zur Sicherung der gründlichen Beratung der Sache haben die Übergabeentscheidungen vor allem zu enthalten
— eine zusammenfassende Darstellung des Sachverhalts und der vorliegenden Beweismittel,
— eine Einschätzung der Handlung unter Angabe des verletzten Strafgesetzes,
— eine tatbezogene Einschätzung der Persönlichkeit des Bürgers,
— die Gründe für die Übergabe an die Konfliktkommission,
— Hinweise auf Ursachen und Bedingungen der Handlung.

Ist ein Schaden entstanden, sind der Schadenersatzantrag und die Anschrift des Geschädigten beizufügen.
(3) Übergabeentscheidungen, die Vergehen Jugendlicher betreffen, haben auch zu enthalten
— eine tatbezogene Einschätzung der Familien- und sonstigen Erziehungsverhältnisse des Jugendlichen,
— Aussagen über die Schuldfähigkeit,
— Hinweise auf eine wirksame Einbeziehung staatlicher und gesellschaftlicher Erziehungsträger.

(4) Das übergebende Organ ist für die Unterstützung der Konfliktkommission bei der Behandlung der Sache verantwortlich.

§ 27

(1) Die Konfliktkommission kann gegen die Übergabe bis zum Abschluß ihrer Beratung beim übergebenden Organ Einspruch einlegen, wenn nach ihrer Meinung die Übergabevoraussetzungen (§ 25 Abs. 2) nicht vorliegen oder die Sache aus anderen Gründen nicht zur Beratung vor der Konfliktkommission geeignet ist.
(2) In diesen Fällen hat das übergebende Organ seine Entscheidung zu überprüfen. Die durch erneute Entscheidung bestätigte Übergabe ist für die Konfliktkommission verbindlich.

§ 28

(1) Die Konfliktkommission kann im Ergebnis der Beratung folgende Erziehungsmaßnahmen festlegen:
— Die Verpflichtung des Bürgers, sich beim Geschädigten oder vor dem Kollektiv zu entschuldigen, wird bestätigt, oder ihm wird eine solche Pflicht auferlegt.

— Die Verpflichtung des Bürgers, Schadenersatz in Geld nach den Rechtsvorschriften zu leisten oder den angerichteten Schaden durch eigene Arbeit wiedergutzumachen, wird bestätigt, oder ihm wird eine solche Pflicht auferlegt.
— Die Verpflichtung des Bürgers, in seiner Freizeit bis zu 20 Stunden unbezahlte gemeinnützige Arbeit zu leisten, wird bestätigt.
— Andere Verpflichtungen des Bürgers, die darauf gerichtet sind, ein dem sozialistischen Recht entsprechendes Handeln zu entwickeln, zu fördern und zu gewährleisten, werden bestätigt.
— Dem Bürger wird eine Rüge erteilt.
— Dem Bürger wird die Pflicht auferlegt, eine Geldbuße von 10 bis 500 M zu zahlen. Dem Jugendlichen wird eine Geldbuße bis 300 M auferlegt, sofern er über eigenes Einkommen oder Vermögen verfügt.

(2) Die Konfliktkommission kann Verpflichtungen eines Arbeitskollektivs, einer Hausgemeinschaft, eines anderen Kollektivs oder einzelner Personen zur Erziehung des Bürgers bestätigen. Diese Verpflichtungen sollen kontrollierbare Festlegungen enthalten, die zur Entwicklung des sozialistischen Bewußtseins sowie zur Überwindung von Ursachen und Bedingungen der Rechtsverletzung beitragen.
(3) Die Verpflichtung des Bürgers zur Wiedergutmachung des Schadens erfolgt im Einvernehmen mit dem Geschädigten.
(4) Die Konfliktkommission kann von Erziehungsmaßnahmen absehen, wenn es die Schwere der Handlung zuläßt und das Gesamtverhalten des Bürgers nach der Tat sowie seine Anstrengungen zur Wiedergutmachung erkennen lassen, daß er künftig die sozialistische Rechtsordnung achten wird. Das Absehen von Maßnahmen ist im Beschluß festzuhalten.

## § 29

(1) Sind Erziehungsmaßnahmen erforderlich, um den Bürger zur freiwilligen Einhaltung des sozialistischen Rechts anzuhalten, legt die Konfliktkommission die Maßnahme fest, die unter Berücksichtigung der Art und Schwere des Vergehens, der Umstände seiner Begehung und der Persönlichkeit des Bürgers diesen Zweck am wirksamsten erfüllt. Es können auch mehrere Erziehungsmaßnahmen nebeneinander festgelegt werden.
(2) Die Geldbuße ist festzulegen, wenn die Art und Schwere des Vergehens unter Berücksichtigung der Persönlichkeit des Bürgers im Interesse des Schutzes der sozialistischen Gesellschaft eine nachhaltige Einwirkung auf ihn gebieten. Die Geldbuße ist insbesondere dann festzulegen, wenn das Vergehen auf einer Mißachtung der von den Werktätigen geschaffenen Werte ihres persönlichen Eigentums, auf Bereicherungssucht oder Mißachtung vermögensrechtlicher Verpflichtungen beruht.
(3) Bei der Anwendung der Geldbuße und bei der Bemessung ihrer Höhe sind die wirtschaftlichen Verhältnisse des Bürgers und durch die Tat begründete Schadenersatzverpflichtungen zu berücksichtigen. Bei Jugendlichen ist die Geldbuße nur anzuwenden,

wenn sie über eigenes Einkommen oder Vermögen verfügen. Wird eine Geldbuße oder Schadenersatz in Geld festgelegt, können erforderlichenfalls im Beschluß Zahlungsfristen vorgesehen werden; die Festlegungen bei Schadenersatz erfolgen im Einvernehmen mit dem Geschädigten.
(4) Die Verpflichtung zur Leistung unbezahlter gemeinnütziger Arbeit in der Freizeit kann nur bestätigt werden, wenn durch die Handlung der Allgemeinheit dienende Anlagen oder Werte zerstört oder beschädigt wurden. Die Konfliktkommission kann festlegen, bis wann sich der Bürger beim örtlichen Rat (§ 57 Abs. 3) zu melden hat.

### § 30

(1) Bleibt der Bürger unbegründet auch der zweiten Beratung fern, hat die Konfliktkommission die Sache innerhalb 1 Woche an das übergebende Organ zurückzugeben.
(2) Die Rückgabe der Sache an das übergebende Organ unterbleibt, wenn es sich um ein Vergehen handelt, dessen Strafverfolgung nur auf Antrag möglich ist (§ 2 StGB), und dieser Antrag zurückgenommen wurde. Die Rücknahme des Antrages ist bis zum Schluß der Beratung vor der Konfliktkommission möglich. In diesem Fall wird die weitere Behandlung der Sache durch Beschluß eingestellt.

## Beratung wegen Verfehlungen

### § 31

(1) Verfehlungen sind Verletzungen rechtlich geschützter Interessen der Gesellschaft oder der Bürger, bei denen die Auswirkungen der Tat und die Schuld des Bürgers unbedeutend sind und die im Strafgesetzbuch oder in anderen Gesetzen als solche bezeichnet werden. Das sind

— Eigentumsverfehlungen,
— Beleidigung und Verleumdung,
— Hausfriedensbruch in Wohnungen, anderen Räumen und in umschlossenen Grundstücken von Bürgern.

(2) Eine Eigentumsverfehlung liegt vor, wenn die Tat unter Berücksichtigung aller Umstände, wie des Schadens, der Schuld des Bürgers und seiner Persönlichkeit, geringfügig ist und der verutsachte oder beabsichtigte Schaden den Betrag von 50 M nicht wesentlich übersteigt. In der Regel darf es sich dabei nur um eine erstmalige Tat handeln.

### § 32

(1) Über eine Verfehlung berät und entscheidet die Konfliktkommission, wenn von einem geschädigten Bürger, einem Arbeitskollektiv, einer Hausgemeinschaft oder einem anderen Geschädigten Antrag gestellt wird oder wenn die Sache von der Deutschen Volkspolizei oder von einem disziplinarbefugten Leiter übergeben wird.
(2) Über eine Verfehlung kann die Konfliktkommission nur beraten und entscheiden, wenn die Tat bei Antragstellung nicht verjährt ist. Verfehlungen verjähren in 6 Monaten.

(3) Bei Beleidigung, Verleumdung und Hausfriedensbruch muß der Antrag innerhalb 1 Monats, nachdem der Geschädigte von der Verfehlung erfahren hat, gestellt werden. Ist diese Frist zur Antragstellung ohne Verschulden versäumt worden, kann die Konfliktkommission auf Antrag Befreiung von den Folgen der Fristversäumnis gewähren.

## § 33

(1) Anträge auf Beratung über eine Verfehlung werden schriftlich oder mündlich gestellt. Sie sollen insbesondere enthalten

— eine zusammenfassende Darstellung des Sachverhalts und der vorliegenden Beweismittel,
— geltend gemachte Schadenersatzanträge oder sonstige zivilrechtliche Forderungen.

(2) Für den Inhalt der Übergabeentscheidung gilt § 26 Absätze 2 und 3 entsprechend.

(3) Die Konfliktkommission weist den Antrag eines Bürgers auf Beratung über eine Verfehlung durch Beschluß zurück, wenn sich bereits aus dem Antrag ergibt, daß keine Verfehlung vorliegt, die Verfehlung verjährt ist oder die Frist zur Antragstellung schuldhaft versäumt wurde (§ 32 Absätze 2 und 3).

## § 34

(1) Die Konfliktkommission klärt bei der Behandlung eines Antrages wegen einer Verfehlung mit dem Antragsteller, dem beschuldigten Bürger und mit anderen Bürgern den Sachverhalt und stellt Ursachen und Bedingungen des Konflikts fest.

(2) Die Konfliktkommission kann die Sache der Deutschen Volkspolizei zur weiteren Bearbeitung übermitteln, wenn sie diese mit den ihr zur Verfügung stehenden Mitteln nicht selbst klären kann oder wenn sie nach Prüfung der Auswirkungen der Tat und der Schuld des Bürgers zu der Auffassung gelangt, daß ein Vergehen vorliegt. Diese Entscheidung kann noch während der Beratung getroffen werden.

(3) Die Deutsche Volkspolizei kann nach Untersuchung die Sache der Konfliktkommission zurückgeben. Diese Entscheidung ist für die Konfliktkommission verbindlich.

## § 35

(1) Die Konfliktkommission kann bis zum Abschluß der Beratung gegen die Übergabe bei der Deutschen Volkspolizei oder bei dem disziplinarbefugten Leiter Einspruch einlegen, wenn die Voraussetzungen der Beratung (§ 31) nicht vorliegen oder wenn sie zu der Auffassung gelangt, daß ein Vergehen vorliegt.

(2) In diesen Fällen hat die Deutsche Volkspolizei oder der disziplinarbefugte Leiter die Entscheidung zu überprüfen. Die durch erneute Entscheidung bestätigte Übergabe ist für die Konfliktkommission verbindlich.

## § 36

(1) Die Beratung wegen einer Verfehlung erfolgt in Anwesenheit des Antragstellers und des beschuldigten Bürgers. In Ausnahmefällen wie bei längerer Krankheit oder längerer Abwesenheit kann sich der Antragsteller durch einen Bürger vertreten lassen.
(2) Bei Eigentumsverfehlungen kann die Konfliktkommission in Abwesenheit des Antragstellers entscheiden, wenn der schriftliche Antrag wegen der Verfehlung hinreichend begründet ist.
(3) Bleibt der beschuldigte Bürger unbegründet auch der zweiten Beratung fern, entscheidet die Konfliktkommission ausnahmsweise in seiner Abwesenheit, wenn der Sachverhalt aufgeklärt und eine Entscheidung nach § 11 Abs. 1 oder Abs. 2 möglich ist. Anderenfalls ist die Sache innerhalb 1 Woche der Deutschen Volkspolizei zur weiteren Bearbeitung zu übermitteln.

## § 37

(1) Die Konfliktkommission kann im Ergebnis der Beratung wegen einer Verfehlung von Erziehungsmaßnahmen absehen, wenn der erzieherische Zweck mit der Beratung erreicht wurde. Dies ist im Beschluß festzuhalten.
(2) Die Konfliktkommission wirkt bei der Beratung wegen Beleidigung, Verleumdung oder Hausfriedensbruchs auf eine Aussöhnung zwischen dem beschuldigten Bürger und dem Antragsteller hin. Wird eine Aussöhnung erreicht, kann von Erziehungsmaßnahmen abgesehen werden. Die Aussöhnung ist im Beschluß festzuhalten.
(3) Die Konfliktkommission kann folgende Erziehungsmaßnahmen festlegen:
— Die Verpflichtung des Bürgers, sich beim Geschädigten oder vor dem Kollektiv zu entschuldigen, wird bestätigt, oder ihm wird eine solche Pflicht auferlegt. Das gleiche gilt für die Verpflichtung, die Beleidigung oder Verleumdung in geeigneter Form vor dem Personenkreis zurückzunehmen, der davon Kenntnis erlangte.
— Die Verpflichtung des Bürgers, Schadenersatz in Geld nach den Rechtsvorschriften zu leisten oder den angerichteten Schaden durch eigene Arbeit wiedergutzumachen, wird bestätigt, oder ihm wird eine solche Pflicht auferlegt.
— Andere Verpflichtungen des Bürgers, die das Eigentum, die Ehre und Würde des Menschen sowie seine Wohnung schützen und sichern helfen, werden bestätigt.
— Dem Bürger wird eine Rüge erteilt.
— Dem Bürger wird die Pflicht auferlegt, eine Geldbuße von 10 bis 150 M zu zahlen.

(4) Im übrigen findet § 28 Absätze 2 und 3 entsprechende Anwendung.
(5) Bei der Entscheidung über Verfehlungen sind die Erziehungsmaßnahmen entsprechend § 29 Absätze 1 bis 3 anzuwenden.
(6) Kann im Ergebnis einer Beratung wegen Beleidigung, Verleumdung oder Hausfriedensbruchs eine Verfehlung nicht nachgewiesen werden und bestehen auch keine weiteren Möglichkeiten zur Untersuchung durch die Deutsche Volkspolizei, entscheidet die Konfliktkommission durch Beschluß, daß eine Verfehlung nicht vorliegt.

§ 38

(1) Hat auch der Antragsteller den beschuldigten Bürger beleidigt oder verleumdet, kann diese Verfehlung auf Antrag in die Beratung einbezogen werden, wenn sie nicht länger als 6 Monate zurückliegt.
(2) Kommt zwischen dem Antragsteller und dem beschuldigten Bürger keine Aussöhnung zustande, können Erziehungsmaßnahmen für einen oder für beide festgelegt werden.

§ 39

(1) Der Antragsteller kann seinen Antrag bis zum Schluß der Beratung zurücknehmen.
(2) Erscheint zu einer Beratung wegen Beleidigung, Verleumdung oder Hausfriedensbruchs der Antragsteller unbegründet nicht, gilt sein Antrag als zurückgenommen.
(3) Die Konfliktkommission stellt in diesen Fällen die weitere Behandlung der Sache durch Beschluß ein.

**Beratung wegen Ordnungswidrigkeiten**

§ 40

(1) Ordnungswidrigkeiten sind schuldhaft begangene Rechtsverletzungen, die eine Disziplinlosigkeit zum Ausdruck bringen und die staatliche Leitungstätigkeit erschweren oder die Entwicklung des sozialistischen Gemeinschaftslebens stören, jedoch die Interessen der sozialistischen Gesellschaft oder einzelner ihrer Bürger nicht erheblich verletzen und deshalb keine Straftaten sind.
(2) Ordnungswidrigkeiten sind nur diejenigen Rechtsverletzungen, die in einer Rechtsvorschrift ausdrücklich als solche bezeichnet werden.

§ 41

(1) Die Konfliktkommission berät und entscheidet über Ordnungswidrigkeiten, die in unmittelbarem Zusammenhang mit der Tätigkeit des Bürgers im Betrieb stehen und Verstöße gegen Rechtsvorschriften des Arbeits-, Gesundheits-, Brand- und Umweltschutzes sowie gegen Preisbestimmungen betreffen.
(2) Die Konfliktkommission wird tätig, wenn ihr die Sache von einem Ordnungsstrafbefugten übergeben wird. Eine Übergabe kann erfolgen, wenn der Sachverhalt aufgeklärt und mit Rücksicht auf den Charakter und die Umstände der Ordnungswidrigkeit sowie die Persönlichkeit des Bürgers eine bessere erzieherische Einwirkung durch die Konfliktkommission zu erwarten ist.

§ 42

(1) Zur Sicherung der gründlichen Beratung der Sache haben die Übergabeentscheidungen vor allem zu enthalten

— eine zusammenfassende Darstellung des Sachverhalts und der vorliegenden Beweismittel,
— die Angabe der verletzten Rechtsvorschrift,
— die Gründe für die Übergabe an die Konfliktkommission,
— Hinweise auf Ursachen und Bedingungen der Ordnungswidrigkeit.

Ist ein Schaden entstanden, sind der Schadenersatzantrag und die Anschrift des Geschädigten beizufügen.
(2) Die Konfliktkommission kann bis zum Abschluß der Beratung die Sache an das übergebende Organ zurückgeben, wenn die Übergabevoraussetzungen (§ 41) nicht vorliegen. Das übergebende Organ bearbeitet dann die Sache abschließend.

## § 43

(1) Die Konfliktkommission kann im Ergebnis der Beratung folgende Erziehungsmaßnahmen festlegen:
— Die Verpflichtung des Bürgers, sich beim Geschädigten oder vor dem Kollektiv zu entschuldigen, wird bestätigt, oder ihm wird eine solche Pflicht auferlegt.
— Die Verpflichtung des Bürgers, Schadenersatz in Geld nach den Rechtsvorschriften zu leisten oder den angerichteten Schaden durch eigene Arbeit wiedergutzumachen, wird bestätigt, oder ihm wird eine solche Pflicht auferlegt.
— Die Verpflichtung des Bürgers, in seiner Freizeit bis zu 15 Stunden unbezahlte gemeinnützige Arbeit zu leisten, wird bestätigt.
— Andere Verpflichtungen des Bürgers, die darauf gerichtet sind, Ordnung, Disziplin und Sicherheit zu gewährleisten, werden bestätigt.
— Dem Bürger wird eine Rüge erteilt.
— Dem Bürger wird die Pflicht auferlegt, eine Geldbuße von 10 bis 300 M zu zahlen. Dem Jugendlichen wird eine Geldbuße bis 20 M auferlegt, sofern er über eigenes Einkommen oder Vermögen verfügt. Die Höhe der Geldbuße darf die in der jeweiligen Ordnungsstrafbestimmung vorgesehene Höchstgrenze der Ordnungsstrafe nicht überschreiten.

(2) Im übrigen findet § 28 Absätze 2 und 3 entsprechende Anwendung.
(3) Bei der Entscheidung über Ordnungswidrigkeiten sind die Erziehungsmaßnahmen entsprechend § 29 anzuwenden.
(4) Die Konfliktkommission kann von Erziehungsmaßnahmen absehen, wenn es die Schwere der Ordnungswidrigkeit zuläßt und das Gesamtverhalten des Bürgers nach der Tat sowie seine Anstrengungen zur Wiedergutmachung erkennen lassen, daß er künftig die sozialistische Rechtsordnung achten wird. Das Absehen von Maßnahmen ist im Beschluß festzuhalten.

## § 44

Bleibt der Bürger unbegründet auch der zweiten Beratung fern, hat die Konfliktkommission die Sache innerhalb 1 Woche an das übergebende Organ zurückzugeben.

## Beratung wegen Verletzung der Schulpflicht

### § 45

(1) Die Konfliktkommission berät und entscheidet über das Verhalten von Bürgern, die als Eltern oder andere Erziehungsberechtigte nicht dafür sorgen, daß schulpflichtige Kinder oder Jugendliche den Unterricht in den allgemeinbildenden polytechnischen Oberschulen und in Einrichtungen der Berufsbildung regelmäßig besuchen, oder sie vom Besuch anderer obligatorischer Schulveranstaltungen oder von der Befolgung der Schulordnung oder der sich aus dem Lehrverhältnis ergebenden Pflichten abhalten.
(2) Die Konfliktkommission berät und entscheidet auch über das Verhalten von Jugendlichen (Schüler über 14 Jahre und Lehrlinge), die hartnäckig die Schulpflicht verletzen.

### § 46

(1) Der Antrag auf Beratung kann vom Direktor der Schule in Übereinstimmung mit dem Elternbeirat oder vom Direktor der Einrichtung der Berufsbildung gestellt werden, wenn eigene erzieherische Einwirkungen auf die Erziehungsberechtigten oder auf den Jugendlichen bisher erfolglos geblieben sind.
(2) Unzureichend begründete Anträge können an den Antragsteller zurückgegeben werden.

### § 47

(1) Mit der Beratung sollen die Erziehungsberechtigten angehalten werden, dafür zu sorgen, daß die Kinder oder Jugendlichen ihrer Schulpflicht in vollem Umfang nachkommen. Wird dieser Zweck mit der Beratung erreicht, kann von Erziehungsmaßnahmen abgesehen werden. Dies ist im Beschluß festzuhalten.
(2) Die Konfliktkommission kann gegenüber Erziehungsberechtigten folgende Erziehungsmaßnahmen festlegen:

- Verpflichtungen des Bürgers, die den regelmäßigen Besuch des Unterrichts durch das schulpflichtige Kind oder den Jugendlichen sichern helfen, werden bestätigt, oder ihm werden solche Pflichten auferlegt.
- Verpflichtungen des Bürgers, die dazu beitragen, daß das schulpflichtige Kind oder der Jugendliche obligatorische Schulveranstaltungen besucht und die Schulordnung oder die sich aus dem Lehrverhältnis ergebenden Pflichten befolgt, werden bestätigt, oder ihm werden solche Pflichten auferlegt.
- Dem Bürger wird eine Rüge erteilt.
- Dem Bürger wird die Pflicht auferlegt, eine Geldbuße von 10 bis 150 M zu zahlen.

(3) Die Konfliktkommission kann Verpflichtungen eines Arbeitskollektivs, einer Hausgemeinschaft oder einzelner Bürger, die Erziehungsberechtigten bei der Erfüllung ihrer Erziehungspflichten zu unterstützen, bestätigen.

(4) Bei der Entscheidung über Verletzungen der Schulpflicht sind die Erziehungsmaßnahmen entsprechend § 29 Absätze 1 bis 3 anzuwenden.
(5) Die Konfliktkommission kann einen Jugendlichen, der die Schulpflicht verletzt, über seine Pflichten belehren.

§ 48

(1) Mit der Beratung sollen die gemäß § 45 Abs. 2 verantwortlichen Jugendlichen angehalten werden, ihrer Schulpflicht in vollem Umfang nachzukommen. Wird dieser Zweck mit der Beratung erreicht, kann von Erziehungsmaßnahmen abgesehen werden. Dies ist im Beschluß festzuhalten.
(2) Die Konfliktkommission kann gegenüber Jugendlichen folgende Erziehungsmaßnahmen festlegen:
- Verpflichtungen des Jugendlichen, die gewährleisten helfen, daß er selbständig die sich aus der gesetzlichen Schupflicht oder aus dem Lehrverhältnis ergebenden Anforderungen erfüllt, werden bestätigt, oder ihm werden solche Pflichten auferlegt.
- Andere Verpflichtungen des Jugendlichen, die seine Mithilfe und Mitverantwortung in der Schule oder Einrichtung der Berufsbildung entwickeln helfen, werden bestätigt.
- Dem Jugendlichen wird eine Rüge erteilt.

(3) Die Konfliktkommission kann Verpflichtungen der Erziehungsberechtigten, eines Kollektivs oder einzelner Bürger, den Jugendlichen bei der Erfüllung der an ihn gestellten Anforderungen zu unterstützen, bestätigen.
(4) Bei der Entscheidung über Verletzungen der Schulpflicht sind die Erziehungsmaßnahmen entsprechend § 29 Absätze 1 bis 3 anzuwenden.

§ 49

(1) Bleiben Erziehungsberechtigte unbegründet auch der zweiten Beratung fern, kann die Konfliktkommission in ihrer Abwesenheit entscheiden, wenn der Sachverhalt geklärt ist. Kann die Konfliktkommission nicht entscheiden, gibt sie die Sache innerhalb 1 Woche an den Antragsteller zurück.
(2) Bleibt der Jugendliche unbegründet auch der zweiten Beratung fern, ist die Sache innerhalb 1 Woche dem Kreisschulrat oder dem Leiter der Abteilung Berufsbildung und Berufsberatung des Rates des Kreises zu übergeben.

**Beratung wegen einfacher zivilrechtlicher Streitigkeiten**

§ 50

(1) Die Konfliktkommission berät und entscheidet über
- einfache zivilrechtliche Streitigkeiten zwischen Bürgern sowie zwischen dem Betrieb und Betriebsangehörigen wegen Geldforderungen bis zur Höhe von etwa 1 000 M,

— einfache zivilrechtliche Streitigkeiten zwischen Bürgern, die im täglichen Leben der Bürger aus Verletzungen ihrer Rechte und Pflichten, insbesondere im Zusammenleben in der Haus- oder Wohngemeinschaft, entstehen,
— andere einfache zivilrechtliche Streitigkeiten zwischen dem Betrieb und Betriebsangehörigen.

(2) Anträge auf Beratung können ein oder mehrere Bürger und bei Streitigkeiten, die sich im Zusammenleben der Bürger in der Haus- oder Wohngemeinschaft ergeben, auch Hausgemeinschaftsleitungen stellen.
(3) Anträge für den Betrieb sind durch den Betriebsleiter oder einen von ihm Beauftragten schriftlich zu stellen.

§ 51

(1) Die Beratung erfolgt in Anwesenheit des Antragstellers und des Antragsgegners. In Ausnahmefällen wie bei längerer Krankheit oder bei längerer Abwesenheit kann sich der Antragsteller oder der Antragsgegner durch einen Bürger vertreten lassen.
(2) Die Konfliktkommission wirkt in der Beratung darauf hin, daß der Antragsteller und der Antragsgegner eine den Grundsätzen des sozialistischen Rechts entsprechende Einigung erzielen. Sie bestätigt eine solche Einigung durch Beschluß. Bei der Einigung über Geldforderungen kann erforderlichenfalls eine angemessene Zahlungsfrist oder Ratenzahlung vereinbart werden.
(3) Können Antragsteller und Antragsgegner keine Einigung erzielen oder ist deren Bestätigung abzulehnen, weil sie den Grundsätzen des sozialistischen Rechts widerspricht, entscheidet die Konfliktkommission über die Rechtsstreitigkeit auf gemeinsamen Antrag von Antragsteller und Antragsgegner oder auf Antrag des Antragstellers. Die Entscheidung setzt voraus, daß der Sachverhalt einfach, umfassend aufgeklärt und rechtlich nicht schwierig zu beurteilen ist.

§ 52

(1) Die Konfliktkommission lehnt die Behandlung der Sache ab, wenn sich ergibt, daß der Sachverhalt nicht einfach, durch Befragen des Antragstellers, des Antragsgegners und anderer Bürger nicht zu klären oder rechtlich schwierig zu beurteilen ist. Das kann bis zum Schluß der Beratung erfolgen.
(2) Der Antragsteller hat das Recht, seinen Antrag bis zum Schluß der Beratung zurückzunehmen.
(3) Erscheinen der Antragsteller, der Antragsgegner oder beide unbegründet nicht zur Beratung oder kann weder eine Einigung erreicht noch eine Entscheidung nach § 51 Abs. 3 getroffen werden, stellt die Konfliktkommission die weitere Behandlung der Sache durch Beschluß ein.
(4) Der Antragsteller ist in den Fällen der Absätze 1, 2 und 3 darauf hinzuweisen, daß er sich an das Kreisgericht wenden kann.

## III.

## Einspruch und Durchsetzung der Entscheidung

### § 53 Einspruchsrecht

(1) Der Antragsteller und der Antragsgegner bei Arbeitsstreitfällen und bei zivilrechtlichen Streitigkeiten, der Antragsteller im Falle einer Beleidigung, Verleumdung oder eines Hausfriedensbruchs und der wegen eines Vergehens, einer Verfehlung, einer Ordnungswidrigkeit oder einer Verletzung der Schulpflicht beschuldigte Bürger haben das Recht, gegen die Entscheidung der Konfliktkommission innerhalb von 2 Wochen nach Erhalt des Beschlusses in schriftlicher Form Einspruch beim Kreisgericht einzulegen oder zu Protokoll der Rechtsantragstelle zu erklären. Dieses Recht hat auch der Geschädigte, soweit es die Entscheidung über die Wiedergutmachung des Schadens und seine Auslagen betrifft.

(2) Der Einspruch gegen die Bestätigung einer Einigung in einem Arbeitsstreitfall oder in einer zivilrechtlichen Streitigkeit kann nur damit begründet werden, daß eine Einigung nicht vorgelegen hat oder diese gegen Grundsätze des sozialistischen Rechts verstößt.

(3) Der Staatsanwalt des Kreises, in dessen Bereich sich die Konfliktkommission befindet, kann gegen jede Entscheidung der Konfliktkommission innerhalb von 3 Monaten nach Beschlußfassung Einspruch beim zuständigen Kreisgericht einlegen, wenn die Entscheidung oder einzelne Verpflichtungen nicht dem Gesetz entsprechen.

(4) Für die Entscheidung über den Einspruch ist das Kreisgericht zuständig, in dessen Bereich sich die Konfliktkommission befindet. Für Arbeitsrechtssachen gilt die Zuständigkeit gemäß § 25 ZPO.

## Entscheidung über den Einspruch

### § 54

(1) Über den Einspruch gegen eine Entscheidung der Konfliktkommission wegen eines Arbeitsstreitfalles oder einer zivilrechtlichen Streitigkeit entscheidet die zuständige Kammer des Kreisgerichts. Sie kann eine Stellungnahme der Konfliktkommission beiziehen, den Vorsitzenden oder Mitglieder der Konfliktkommission und andere Bürger zur mündlichen Verhandlung laden, soweit das zu ihrer Entscheidung erforderlich ist.

(2) Für das Verfahren vor dem Kreisgericht gelten die Bestimmungen des Gesetzes vom 19. Juni 1975 über das gerichtliche Verfahren in Zivil-, Familien- und Arbeitsrechtsfragen — Zivilprozeßordnung — (GBl. I Nr. 29 S. 533). Hinsichtlich der Befreiung von den Folgen der Versäumnis der Einspruchsfrist bei Arbeitsstreitfällen gilt § 296 Abs. 5 AGB; bei zivilrechtlichen Streitigkeiten gilt § 70 Abs. 1 ZPO entsprechend.

(3) Gegen die Entscheidung der Kammer für Arbeitsrecht über den Einspruch gegen die Entscheidung der Konfliktkommission in einem erzieherischen Verfahren wegen Verletzung von Arbeitspflichten ist kein Rechtsmittel gegeben.

§ 55

(1) Über den Einspruch gegen eine Entscheidung der Konfliktkommission wegen eines Vergehens, einer Verfehlung, einer Ordnungswidrigkeit oder einer Verletzung der Schulpflicht entscheidet die Strafkammer des Kreisgerichts durch Beschluß. Sie kann vor ihrer Entscheidung eine mündliche Verhandlung durchführen und den Bürger zu seinem Einspruch hören. Sie kann weiterhin eine Stellungnahme der Konfliktkommission beiziehen, den Vorsitzenden oder Mitglieder der Konfliktkommission und andere Bürger zur mündlichen Verhandlung laden, soweit dies zu ihrer Entscheidung erforderlich ist.
(2) Die Strafkammer kann die Entscheidung einer Konfliktkommission aufheben und die Sache mit entsprechenden Hinweisen zur erneuten Beratung und Entscheidung an die Konfliktkommission zurückgeben oder den Einspruch, wenn er unbegründet ist, zurückweisen. Vor Aufhebung einer Entscheidung der Konfliktkommission über die Wiedergutmachung des Schadens ist dem Geschädigten Gelegenheit zu geben, sich zum Einspruch zu äußern.
(3) Von einer Rückgabe an die Konfliktkommission zur erneuten Beratung und Entscheidung wird abgesehen und von der Strafkammer endgültig entschieden, wenn feststeht, daß der beschuldigte Bürger nicht verantwortlich ist, oder wenn nur noch über die Wiedergutmachung eines Schadens oder über die Herabsetzung einer Geldbuße zu entscheiden ist. Bei Beleidigung, Verleumdung und Hausfriedensbruch und bei Schadenersatzansprüchen kann eine gütliche Einigung erfolgen.

§ 56

(1) Ein Einspruch, über den die Strafkammer des Kreisgerichts zu entscheiden hat, kann bis zum Ende der Schlußvorträge in der mündlichen Verhandlung zurückgenommen werden.
(2) Gegen die Entscheidung der Strafkammer des Kreisgerichts über den Einspruch ist kein Rechtsmittel gegeben.
(3) Im Einspruchsverfahren vor der Strafkammer trägt jeder der Beteiligten die ihm entstehenden notwendigen Auslagen selbst. Dem beschuldigten Bürger werden, wenn feststeht, daß er nicht verantwortlich ist, die notwendigen Auslagen auf Antrag aus dem Staatshaushalt erstattet. Auslagen des Staatshaushaltes werden den Beteiligten nicht in Rechnung gestellt.

**Durchsetzung der Entscheidung**

§ 57

(1) Der Bürger soll übernommene Verpflichtungen oder ihm auferlegte Pflichten freiwillig erfüllen.
(2) Die Zahlung einer Geldbuße erfolgt an den Rat der Stadt, des Stadtbezirkes oder der

Gemeinde, in dessen Bereich der Bürger wohnt. Über den Eingang der Zahlung ist die Konfliktkommission zu informieren.

(3) Die Verpflichtung des Bürgers zur Leistung unbezahlter gemeinnütziger Arbeit in der Freizeit soll innerhalb von 2 Monaten verwirklicht werden. Der Rat der Stadt, des Stadtbezirkes oder der Gemeinde, in dessen Bereich der Bürger wohnt, legt fest, wann und wo diese Arbeit geleistet wird. Über die Verwirklichung ist die Konfliktkommission zu informieren.

(4) Kommt ein Bürger seinen im Beschluß festgelegten Verpflichtungen nicht nach, kann die Konfliktkommission erneut beraten (§ 15 Abs. 5). Sie kann innerhalb des Rahmens der jeweils anzuwendenden Bestimmungen (§§ 23, 28, 37, 43, 47, 48) eine andere geeignete Erziehungsmaßnahme festlegen.

§ 58

(1) Die Entscheidung der Konfliktkommission über Geldforderungen, Wiedergutmachung des Schadens, Geldbuße, Herausgabe von Sachen, Vornahme, Duldung und Unterlassung einer Handlung und Erstattung von Auslagen kann vom Kreisgericht für vollstreckbar erklärt und vollstreckt werden.

(2) Der Anspruchsberechtigte kann beim Kreisgericht die Vollstreckbarkeit beantragen. Das gleiche Recht hat hinsichtlich der Geldbuße der örtliche Rat.

§ 59

(1) Über die Vollstreckbarkeit entscheidet die zuständige Kammer des Kreisgerichts durch Beschluß.

(2) Für das Verfahren vor dem Kreisgericht gelten die Bestimmungen der Zivilprozeßordnung.

## IV.

## Besondere Bestimmungen

### § 60 Dauer der Entscheidungswirkung

(1) Die Entscheidungen der Konfliktkommission über Vergehen, Verfehlungen, Ordnungswidrigkeiten, Verletzungen von Arbeitspflichten und Verletzungen der Schulpflicht bleiben für die Dauer 1 Jahr nach Ablauf der Einspruchsfrist wirksam.

(2) Für die Vollstreckung von Ansprüchen aus Beschlüssen der Konfliktkommission gelten die Fristen für die Vollstreckungsverjährung nach § 480 des Zivilgesetzbuches der Deutschen Demokratischen Republik vom 19. Juni 1975 (GBl. I Nr. 27 S. 465).

(3) Die Vollstreckung der Geldbußen verjährt in 2 Jahren.

### § 61 Verantwortlichkeit Angehöriger bewaffneter Organe

(1) Über Vergehen, Verfehlungen und Ordnungswidrigkeiten von Angehörigen der bewaffneten Organe kann die Konfliktkommission nicht beraten und entscheiden.

(2) Wird wegen eines Vergehens oder einer Ordnungswidrigkeit eines Angehörigen der bewaffneten Organe die Sache der Konfliktkommission übergeben, erklärt sie sich für nicht zuständig und gibt die Sache an das übergebende Organ zurück.
(3) Wird wegen einer Verfehlung eines Angehörigen der bewaffneten Organe Antrag bei der Konfliktkommission gestellt oder ihr eine solche Sache übergeben, leitet sie den Antrag oder die Übergabeentscheidung dem zuständigen Kommandeur oder dem Leiter der Dienststelle zu oder verweist den Antragsteller an den Kommandeur oder den Leiter der Dienststelle.

## V.
## Unterstützung der Konfliktkommissionen

### § 62 Aufgaben der Betriebsleiter

(1) Die Betriebsleiter und die leitenden Mitarbeiter des Betriebes sind verpflichtet, die Mitglieder der Konfliktkommissionen bei der Ausübung ihrer verantwortungsvollen Tätigkeit allseitig zu unterstützen. Sie haben auf Verlangen der Konfliktkommissionen an deren Beratungen teilzunehmen und den Mitgliedern der Konfliktkommissionen Einblick in die betrieblichen Unterlagen zu gewähren, soweit dies für die richtige Beurteilung der Sache und der Person des Werktätigen notwendig ist und dem keine gesellschaftlichen Interessen entgegenstehen.
(2) Die Betriebsleiter und die leitenden Mitarbeiter des Betriebes sind verpflichtet, die Erfahrungen der Konfliktkommissionen für die betriebliche Leitungstätigkeit auszuwerten.
(3) Sie haben in Versammlungen der Werktätigen sowie vor der zuständigen betrieblichen Gewerkschaftsleitung darüber zu berichten, wie sie ihrer Pflicht zur allseitigen Unterstützung der Konfliktkommissionen nachgekommen sind.

### § 63 Sachliche Voraussetzungen für die Tätigkeit

Die Betriebsleiter und die leitenden Mitarbeiter des Betriebes sind verpflichtet, die sachlichen Voraussetzungen für die Arbeit der in ihrem Bereich tätigen Konfliktkommissionen zu schaffen. Das umfaßt insbesondere folgende Verpflichtungen:
- die erforderlichen Rechtsvorschriften, Anleitungsmaterialien und Literatur bereitzustellen,
- für die Beratungen geeignete Räumlichkeiten zur Verfügung zu stellen,
- die sichere Aufbewahrung der Unterlagen zu gewährleisten,
- die Erledigung der Schreibarbeiten zu sichern und erforderlichenfalls einen Schriftführer zu stellen,
- die für die Tätigkeit der Konfliktkommissionen und die Würdigung ihrer Arbeit erforderlichen Mittel bereitzustellen.

### § 64 Erstattung von Auslagen

Der Betrieb hat den Mitgliedern der Konfliktkommissionen auf Antrag die notwendigen Auslagen zu erstatten. Dazu gehören auch diejenigen Auslagen, die im Zusammenhang mit der Anleitung und Schulung entstehen.

### § 65 Unterstützungspflicht

Kommt ein für die Unterstützung der Konfliktkommissionen Verantwortlicher seinen Verpflichtungen nicht nach, sind die Konfliktkommissionen berechtigt, sich an das übergeordnete Organ zu wenden und die Erfüllung dieser Verpflichtungen zu fordern.

### § 66 Aufbewahrung und Abgabe von Unterlagen

(1) Die Konfliktkommissionen bewahren die schriftlichen Unterlagen über ihre Tätigkeit und die Eingangsbücher für die Dauer von 2 Jahren auf.
(2) Die Aufbewahrungsfrist beginnt mit dem 1. Tag des Kalenderjahres, welches auf das Datum des Abschlusses der Sache folgt, bei den Eingangsbüchern mit der letzten Eintragung.
(3) Nach Ablauf dieser Frist sind die schriftlichen Unterlagen und die Eingangsbücher dem für den Sitz der Konfliktkommission zuständigen Kreisgericht zu übergeben.

## VI.
## Schlußbestimmungen

### § 67

(1) Dieser Beschluß tritt am 1. Januar 1983 in Kraft.
(2) Gleichzeitig tritt der Beschluß des Staatsrates der Deutschen Demokratischen Republik vom 4. Oktober 1968 über die Wahl und Tätigkeit der Konfliktkommissionen — Konfliktkommissionsordnung — (GBl. I Nr. 16 S. 287) außer Kraft.

Berlin, den 25. März 1982

---

[1]) Z. Z. gelten: bei Arbeitsstreitfällen § 305 Abs. 2 AGB, abgedruckt unter G 01 01; bei Vergehen, Verfehlungen, Ordnungswidrigkeiten und Verletzungen der Schulpflicht die §§ 363 Ab. 1 und 364 Abs. 1 StPO, bei einfachen zivilrechtlichen Streitigkeiten die §§ 174 Absätze 1 und 2 sowie 175 Absätze 1 und 2 ZPO entsprechend.

# Arbeitsschutzanordnung 12/3
## — Arbeiten mit ausziehbaren Leitern —

vom 8. Juni 1963
(GBl. II S. 413)

Auf Grund des § 6 Abs. 2 der Arbeitsschutzverordnung vom 22. September 1962 (GBl. II S. 703; Ber. S. 721)[1]) wird im Einvernehmen mit dem Minister für Gesundheitswesen und dem Bundesvorstand des Freien Deutschen Gewerkschaftsbundes folgendes angeordnet:

### § 1

Diese Arbeitsschutzanordnung gilt für alle Betriebe, in denen ausziehbare Leitern (mechanische Anhängeleitern sowie handbetätigte halb- und vollautomatische Kraftfahrdrehleitern) hergestellt oder verwendet werden. Die §§ 3 bis 9 gelten nicht für ausziehbare Leitern, die von Brandschutzorganen benutzt werden.

### § 2

Der Betriebsleiter hat zu sichern, daß

a) für die in seinem Verantwortungsbereich hergestellten oder verwendeten ausziehbaren Leitern Bedienungsvorschriften vorliegen. Sind für ausziehbare Leitern im Nutzungsbetrieb keine Bedienungsvorschriften vorhanden, sind solche Vorschriften in Form einer betrieblichen Arbeitsschutzinstruktion festzulegen;

b) nur solche ausziehbaren Leitern hergestellt, überlassen und verwendet werden, die eine Neigeskala haben, welche für jede Neigung die höchstzulässige Auszugslänge und Belastung anzeigt.

### § 3

(1) Die benutzten ausziehbaren Leitern sind dem VEB Prüforganisation für Feuerlöschgeräte unverzüglich zu melden. Sie sind vom Nutzungsbetrieb durch den VEB Prüforganisation für Feuerlöschgeräte jährlich überprüfen zu lassen. Der VEB Prüforganisation für Feuerlöschgeräte kann mit einzelnen Betrieben und Organen vereinbaren, daß sie die von ihnen benutzten ausziehbaren Leitern in eigener Verantwortung registrieren und überprüfen. Er ist verpflichtet, die ordnungsgemäße Durchführung dieser Vereinbarungen zu kontrollieren. Das Ministerium des Innern läßt die in seinem Bereich verwendeten ausziehbaren Leitern und darüber hinaus alle von Brandschutzorganen benutzten Kraftfahrdrehleitern durch eigene Organe überprüfen.

(2) Für jede benutzte ausziehbare Leiter ist ein Prüfbuch zu führen, das beim Verkauf oder bei anderweitiger Überlassung der Leiter mit zu übergeben ist. Sämtliche Prüfungen sind vom Prüfer mit Datum, Prüfergebnis und, soweit erforderlich, mit Schlußfolgerungen im Prüfbuch zu vermerken.

### § 4

(1) Die Bedienungsvorschriften für ausziehbare Leitern sind sicher aufzubewahren. Sie müssen jedem mit der Leiter beschäftigten Werktätigen am Einsatzort zugängig sein.

(2) Die mit ausziehbaren Leitern beschäftigten Werktätigen sind im Rahmen der Arbeitsschutzbelehrungen mit den Bedienungsvorschriften vertraut zu machen.

§ 5

(1) Ausziehbare Leitern dürfen nur von solchen Werktätigen bestiegen werden, die für diese Arbeiten mit diesen Leitern körperlich geeignet sind.
(2) Der Nachweis über die körperliche Eignung für Arbeiten auf ausziehbaren Leitern ist vor dem ersten Arbeitseinsatz auf solchen Leitern durch eine Steigprobe zu erbringen. Dabei hat der betreffende Werktätige unter Aufsicht des zuständigen leitenden Mitarbeiters, durch ein Sicherheitsseil von oben gesichert, eine ausgezogene Leiter zu besteigen. Die Notwendigkeit eines solchen Nachweises entfällt, wenn eine schrittweise Gewöhnung an Arbeiten in großen Höhen, die eine Schwindelfreiheit voraussetzen, möglich ist.
(3) Besteht der Verdacht auf Minderung der Leistungsfähigkeit, z. B. nach Überwindung schwerer Krankheiten, so ist der Nachweis über die körperliche Eignung durch eine erneute Steigprobe zu erbringen. Sind dennoch Zweifel über die körperliche Eignung vorhanden, so ist die Eignung für diese Tätigkeit ärztlich feststellen zu lassen.
(4) Der Nachweis über die Eignung ist in einem Verzeichnis aller im Betrieb mit Arbeiten auf ausziehbaren Leitern beschäftigten Werktätigen zu vermerken. Dieses Verzeichnis ist den Bedienungsvorschriften beizufügen.

§ 6

Für die zur Bedienung einer ausziehbaren Leiter eingesetzte Arbeitsgruppe ist ein Verantwortlicher zu benennen. Der zuständige leitende Mitarbeiter hat schriftlich festzulegen, bei welchen Mängeln und Störungen an ausziehbaren Leitern die Arbeit sofort einzustellen ist. Ausziehbare Leitern mit solchen Mängeln oder Störungen sind erst wieder zu benutzen, wenn eine sachgemäße Reparatur erfolgt und die Betriebssicherheit durch das zuständige Prüforgan im Prüfbuch bestätigt worden ist.

§ 7

(1) Ausgezogene Leitern dürfen von Werktätigen nur nach Maßgabe der Bedienungsvorschriften und nur dann bestiegen werden, wenn

a) die Leitern einen festen Stand haben. Hierzu sind die Leitern mit Vorlegeklötzen, Kraftfahrdrehleitern zusätzlich mit Feststellbremsen, zu sichern. Ferner sind die Leitern vor dem Ausziehen in eine lotrechte Stellung zu bringen und im ausgezogenen Zustand durch zwei Halteseile gegen Winddruck zu sichern;
b) sich die Leitern in Ruhestellung befinden, d. h. weder ihre Auszugslänge noch ihre Neigung ändern;
c) der Neigungswinkel der voll ausgezogenen Leitern zum Erdboden höchstens 75 beträgt;
d) ausreichende Sicherheitsmaßnahmen eine Berührung unter Spannung stehender Starkstromfreileitungen ausschließen;
e) kein Gewitter oder Sturm herrscht;
f) die Einsatzstellen im öffentlichen Straßenverkehr durch Absperrgeräte entsprechend den gesetzlichen Bestimmungen über den Straßenverkehr gesichert und in angemessener Entfernung Warnschilder aufgestellt sind;
g) sich zu ihrem Schutz ein Werktätiger der Arbeitsgruppe an der Leiter aufhält.

(2) Auf ausgezogenen Leitern ohne Schutzkorb und Schutzbügel dürfen Werktätige nur arbeiten, wenn sie mit einem Sicherheitsgurt gesichert sind.

§ 8

(1) Bei Standortveränderungen dürfen die Leitern nicht ausgezogen sein. Bei hängigem Gelände dürfen nur zusammengelegte Leitern transportiert werden.
(2) Die ausziehbaren Leitern sind pfleglich zu behandeln. Insbesondere sind sie entsprechend den vorhandenen Bedingungen wettergeschützt und Unbefugten unzugängig abzustellen.

§ 9

(1) Sonderregelungen können auf Antrag des Betriebsleiters im Einvernehmen mit dem Leiter der zuständigen Arbeitsschutzinspektion vom Leiter des übergeordneten Organs getroffen werden.
(2) Sonderregelungen, deren Bedeutung über den Verantwortungsbereich des Leiters des übergeordneten Organs hinausgeht, werden auf dessen Antrag vom Vorsitzenden der Staatlichen Plankommission im Einvernehmen mit dem Bundesvorstand des Freien Deutschen Gewerkschaftsbundes getroffen.

§ 10

(1) Diese Arbeitsschutzanordnung tritt mit ihrer Verkündung in Kraft.
(2) Gleichzeitig treten die Arbeitsschutzanordnung 12 vom 21. Dezember 1952 — Ausziehbare Leitern — (GBl. 1953 S. 145) und die Arbeitsschutzanordnung 12/2 vom 15. November 1957 — Ausziehbare Leitern — (GBl. I S. 598) außer Kraft.

---

[1]) Jetzt: § 20 der Arbeitsschutzverordnung — ASVO — vom 1. Dezember 1977 (GBl. I Nr. 36 S. 405) abgedruckt unter H 01 01

DDR-Standard
TGL 30104, Ausgabe Oktober 1978
Verbindlich ab 1. 7. 1979
Gesundheits- und Arbeitsschutz
Brandschutz

# Arbeitsschutz- und brandschutzgerechtes Verhalten

## Allgemeine Festlegungen

Dieser Standard gilt für alle Werktätigen beim Umgang mit Arbeitsmitteln, beim Durchführen von Arbeitsverfahren und beim Aufenthalt in/auf Arbeitsstätten.
Dieser Standard gilt auch für die Festlegung organisatorischer Maßnahmen.

### Vorbemerkung

Das arbeitsschutz- und brandschutzgerechte Verhalten beim Umgang mit Arbeitsmitteln, beim Durchführen von Arbeitsverfahren und beim Aufenthalt in/auf Arbeitsstätten ist auf das konsequente Anwenden der Rechtsvorschriften, betrieblichen Regelungen und Weisungen des Gesundheits- und Arbeitsschutzes sowie Brandschutzes gerichtet, sowie auf die schöpferische Mitwirkung beim Gestalten und Erhalten sicherer und erschwernisfreier Arbeitsbedingungen.
Es soll gewährleisten, daß Gefahren nicht wirksam werden können, daß arbeitsbedingte Gefährdungen rechtzeitig erkannt, richtig eingeschätzt und zuverlässig abgewendet werden sowie daß Arbeitserschwernisse vermieden oder eingeschränkt werden.

### 1. Allgemeines

Die in diesem Standard enthaltenen Forderungen sind in Grundlagenstandards des Gesundheits- und Arbeitsschutzes sowie Brandschutzes für Gruppen von Arzneimitteln, Arbeitsverfahren und Arbeitsstätten und in Standards, welche spezifische Forderungen des Gesundheits- und Arbeitsschutzes sowie Brandschutzes enthalten, im notwendigen Umfang zu konkretisieren und zu ergänzen.

### 2. Grundforderungen

Jeder Werktätige hat sich so zu verhalten, daß weder die Gesundheit von Menschen noch Sachwerte gefährdet werden.
Er hat

— sich nur dann an Arbeitsmitteln, Arbeitsgegenständen und in/auf Arbeitsstätten zu betätigen, aufzuhalten und diese zu betreten sowie in Arbeitsverfahren einzugreifen und solche durchzuführen, wenn er dazu befugt ist. Ausgenommen davon sind Handlungen zur Minderung, Verhinderung und Beseitigung von unmittelbaren Gefahren und deren Auswirkungen.

- die für ihn geltenden Rechtsvorschriften, betrieblichen Regelungen und Weisungen des Gesundheits- und Arbeitsschutzes sowie Brandschutzes konsequent einzuhalten.
- durch sein Verhalten arbeitsbedingte Gefährdungen, arbeitsbedingte Erkrankungen, Brände, Explosionen und Havarien nicht zu verursachen und/oder deren Entstehung oder Ausbreitung entgegenzuwirken.
- bei Arbeitsunfällen unverzüglich die notwendige und ihm mögliche Hilfe zu leisten und die weitere Hilfeleistung einzuleiten sowie erkannte Gefahrenstellen zu sichern und zu kennzeichnen.
- bei Bränden unverzüglich die Feuerwehr zu alarmieren, bis zu deren Eintreffen nach Möglichkeit in Gefahr befindliche Menschen und Sachwerte zu retten und den Brand zu bekämpfen sowie Schäden bei der Bekämpfung von Bränden und Havarien so gering wie möglich zu halten.
- Arbeitsunfälle, Brände, Explosionen und Havarien sowie festgestellte Mängel im Gesundheits- und Arbeitsschutz sowie Brandschutz unverzüglich dem zuständigen Leiter zu melden.
- an den Arbeitsschutzbelehrungen teilzunehmen, um die notwendigen Kenntnisse, Fähigkeiten und Fertigkeiten zu erwerben oder aufzufrischen und seine Teilnahme durch Unterschrift zu bestätigen.
- während der Arbeit sowie beim Aufenthalt in/auf Arbeitsstätten nicht unter Einwirkung von Alkohol zu stehen und dem zuständigen Leiter mitzuteilen, wenn Medikamente oder gesundheitliche Beeinträchtigungen die Fähigkeit zur Erfüllung der Arbeitsaufgaben einschränken können.
- mutwillige Handlungen und Verhaltensweisen, die gefährdend wirken, zu unterlassen.
- eine solche Arbeitskleidung und solche Arbeitsschuhe zu tragen, die zur Arbeitssicherheit beitragen sowie Armbanduhren, Schmuck u. a. abzulegen, wenn durch das Tragen solcher Gegenstände arbeitsbedingte Gesundheitsgefährdungen entstehen.
- Körperschutzmittel in/auf Arbeitsstätten und bei den Tätigkeiten zu verwenden, für die sie gefordert sind und sie so zu benutzen und aufzubewahren, daß sie nicht vorzeitig unbrauchbar werden. Bei festgestellten Mängeln in der Schutzwirkung müssen das gesamte Körperschutzmittel oder Teile davon ausgetauscht werden.

## 3. Inbetriebnehmen

3.1. Können arbeitsbedingte Gefährdungen durch technische Maßnahmen nicht ausgeschlossen werden, so ist die erforderliche Arbeitssicherheit durch organisatorische und andere Maßnahmen zu gewährleisten. Der Betriebsleiter hat vor der Inbetriebnahme als dem Beginn der Erst- oder Wiederverwendung von Arbeitsmitteln, -verfahren und -stätten unter betriebsmäßig vorgesehenen Bedingungen organisatorische und andere Maßnahmen festzulegen, die Schädigungen und gefahrdrohende Zustände verhindern oder deren Auswirkungen so gering wie möglich halten. Solche Maßnahmen sind z. B.

– Festlegungen für
  - Gefahrenwarnung und -kennzeichnung
  - Zutrittsverbote
  - Brand- und Havariebekämpfung einschließlich Antihavarietraining
  - Erste-Hilfe-Leistung
  - Evakuierung u. a.
– Festlegungen, welche die Art und Weise des Ausführens bestimmter Arbeiten regeln, wie
  - Gebrauchs-, Bedienungs- und Instandhaltungsvorschriften
  - zu verwendende Hilfsmittel, Arbeitsverfahren und Körperschutzmittel
  - Überprüfung der Schutzmittel
  - Übergaben und -nahmen bei Schichtwechsel
  - Vereinbarung von Signalen
– Festlegungen, die Verantwortung, Zeitpunkt und Ort des Ausführens bestimmter Arbeiten regeln, wie
  - Verantwortliche und deren Befugnisse
  - Anwesenheitszeitpunkt, -dauer und -kontrollen
  - erforderliche Zustimmungen zum Beginn von Arbeiten
  - Begrenzung von Arbeitsbereichen
  - Überwachungen, Aufsichten

3.2. Vom Betriebsleiter sind für Arbeitsstätten in/auf denen Werktätige allein außerhalb von Sicht- und/oder Rufweite arbeiten (Einmannarbeitsstätten) und in/auf denen arbeitsbedingte Gefährdungen auftreten in Ergänzung der erforderlichen technischen Maßnahmen solche organisatorischen und andere Maßnahmen festzulegen, die die Arbeits- und Brandsicherheit in/auf diesen Arbeitsstätten gewährleisten.
Der Betriebsleiter hat zu entscheiden, was als Einmannarbeitsstätte in/auf der arbeitsbedingte Gefährdungen auftreten, gilt und muß die listenmäßige Erfassung dieser Arbeitsstätten sichern. Er hat für diese Arbeitsstätten mindestens Festlegungen zu treffen für:
– Anwesenheitskontrollen
– Gefahrenwarnung und -meldung
– Brand- und Havariebekämpfung
– Erste Hilfe-Leistung
– Evakuierung

## 4. Bedienen und Benutzen

4.1. Vor jedem Benutzen oder Inbetriebsetzen eines Arbeitsmittels oder vor jedem Durchführen eines Arbeitsverfahrens hat sich der Werktätige davon zu überzeugen, daß Menschen nicht geschädigt und Sachwerte nicht beschädigt werden können.

Er muß vor Arbeitsaufnahme gemäß den Rechtsvorschriften und/oder betrieblichen Regelungen sowie dem Bedienungs- und Gebrauchsvorschriften die Funktionssicherheit des Arbeitsmittels überprüfen und feststellen, ob die Schutzmittel vollständig vorhanden sowie funktionsfähig sind und/oder wirken.
Wenn mehrere Werktätige am oder in der Nähe des Arbeitsmittels, von dem arbeitsbedingte Gefährdungen ausgehen, beschäftigt sind oder sich aufhalten können, ist erforderlichenfalls mit Signalen auf das Inbetriebsetzen aufmerksam zu machen.

4.2. Kollektiv wirkende Schutzmittel sowie Schall- und Betätigungselemente dürfen nicht verändert und/oder wirkungslos gemacht werden. Kollektiv wirkende Schutzmittel dürfen nicht zweckentfremdet genutzt werden, z. B. Nutzen elektrisch verriegelter Abschirmungen oder Endschalter als Betriebsschalter. Kollektiv wirkende dürfen nur bei technologisch bedingten Arbeiten, wie Einrichten, Umrüsten und Beseitigen von Störungen außer Betrieb gesetzt werden, wenn dafür die Zustimmung des zuständigen Leiters vorliegt und Maßnahmen getroffen sind, durch die während dieser Zeit der Schutz der Werktätigen und Sachwerte gewährleistet wird, oder entsprechende betriebliche Regelungen bestehen. Sie müssen vor Inbetriebsetzen des Arbeitsmittels oder vor Nutzung der Arbeitsstätte wieder in Wirkstellung gebracht und auf Funktionssicherheit geprüft werden.

4.3. Während des Betriebes der Arbeitsmittel dürfen sich bewegende Teile nicht berührt und es darf nicht in das Maschineninnere gegriffen werden, wenn dadurch arbeitsbedingte Gefährdungen auftreten. Nach Ausschalten des Arbeitsmittels dürfen nachlaufende Teile mit dem Körper, mit Körperstellen oder ungeeigneten Hilfsmitteln nicht gebremst werden, wenn dadurch arbeitsbedingte Gefährdungen entstehen.

4.4. Arbeiten an oder in der Nähe sich bewegender Teile wie

- Werkzeugwechsel und Einrichten von Hand
- Messen und Probenehmen von Hand
- Richten oder Nachspannen von Werkstücken
- Beseitigen von Abfällen

sind nur bei Stillstand der bewegten Teile oder der Arbeitsmittel vorzunehmen, sofern besondere Vorrichtungen oder Werkzeuge nicht vorhanden und nicht vorgesehen sind, mit denen diese Arbeiten auch während des Betriebes gefahrlos durchgeführt werden können.

4.5. Arbeitsmittel, die in ihrer Gesamtheit nicht überblickt werden können, sind gegen unbefugtes oder versehentliches Inbetriebsetzen zu sichern, wenn sie zum Ausführen von Arbeiten gemäß Abschnitt 4.4. außer Betrieb gesetzt werden.

4.6. Der durch eine Notabschaltung eingetretene Betriebszustand darf erst wieder aufgehoben werden, wenn die Ursache für die Notschaltung entfallen ist.

4.7. Die leitenden Mitarbeiter haben die Einhaltung der gesetzlich und betrieblich festgelegten Verhaltensforderungen in ihren Verantwortungsbereichen regelmäßig zu

kontrollieren. Sie haben zu sichern, daß gegen Rechtsvorschriften, betriebliche Regelungen und Weisungen des Gesundheits- und Arbeitsschutzes sowie Brandschutzes nicht verstoßen wird.
Werden von ihnen Verstöße festgestellt, so haben sie durch sofortige Einflußnahme die Verstöße und/oder ein Wiederholen derselben zu verhindern.

4.8. Die leitenden Mitarbeiter haben die Belehrungen für Einmannarbeitsstätten, in/auf denen arbeitsbedingte Gefährdungen auftreten, durch ein regelmäßiges Antihavarietraining zu ergänzen.

## 5. Instandhalten

5.1. Der Betriebsleiter hat zu sichern, daß Instandhaltungsarbeiten insbesondere während des Betriebes der Arbeitsmittel nur dann ausgeführt werden, wenn dadurch arbeitsbedingte Gefährdungen nicht entstehen.
Ist das nicht möglich, sind solche Arbeiten von der Einhaltung besonderer Sicherheitsmaßnahmen abhängig zu machen.

5.2. Von den leitenden Mitarbeitern ist zu gewährleisten, daß Instandhaltungsarbeiten, bei denen arbeitsbedingte Gefährdungen auftreten, nur bei Stillstand des Antriebes, bei Spannungs- und Druckfreiheit, bei ausgebauten oder in Ruhestellung befindlichen radioaktiven Strahlungsquellen, bei nachgewiesener Freiheit von schädigenden Stoffen u. ä. erfolgen.

5.3. Von den instandhaltenden oder anderen dafür verantwortlichen Werktätigen sind mit zusätzlichen Maßnahmen, wie

- Verschluß des Hauptschalters,
- Entfernen der elektrischen Sicherung
- Einbau von Blindscheiben
- Kennzeichnung des Betriebszustandes,

unbefugtes oder versehentliches Inbetriebsetzen der Arbeitsmittel und ungewollter Ein- oder Austritt gefährlicher Medien während der Instandhaltungsarbeiten zu verhindern.

5.4. Die leitenden Mitarbeiter haben zu sichern, daß die technische Sicherheit und die Funktionssicherheit von kollektiv wirkenden Schutzmitteln sowie von Meß-, Steuer- und Regeleinrichtungen, unter Beachten des Zustandes und der gegebenen Einsatzbedingungen, der eingetretenen Schadensfälle sowie der Vorgaben für die Nutzung und die planmäßig vorbeugende Instandhaltung, überprüft werden. Bei Einmannarbeitsstätten, in denen arbeitsbedingte Gefährdungen auftreten, sind Arbeitsmittel und -verfahren in die Überprüfung einzubeziehen.
Die Ergebnisse dieser Überprüfungen sind schriftlich nachzuweisen.

5.5. Der zuständige leitende Mitarbeiter des Betriebes, in dem die Instandhaltung ausgeführt wird, ist verpflichtet, vor der Durchführung von Instandhaltungsarbeiten, bei denen arbeitsbedingte Gefährdungen auftreten, die Zustimmung zum Beginn der Arbeiten und notwendige technische Informationen zu erteilen.

5.6. Die zuständigen leitenden Mitarbeiter oder andere dazu berechtigte Werktätige, die in anderen Betrieben instandhalten, haben von den zuständigen leitenden Mitarbeitern dieser Betriebe die Zustimmung zum Beginn der Arbeiten und notwendige technische Informationen einzuholen.
Nach Abschluß der Instandhaltung haben sie dem zuständigen leitenden Mitarbeiter des anderen Betriebes die ordnungsgemäße Ausführung der Arbeiten zu melden.

5.7. Der zuständige leitende Mitarbeiter hat einen Verantwortlichen einzusetzen, wenn mehrere Werktätige an einer Instandhaltung beteiligt sind.

5.8. Vom instandhaltenden Werktätigen sind nach Abschluß von Instandhaltungsarbeiten die kollektiv wirkenden Schutzmittel wieder in Wirkstellung zu bringen und auf Funktionssicherheit zu prüfen. Er hat entsprechend der betrieblichen Regelung über die ordnungsgemäße Ausführung der Instandhaltung eine Fertigmeldung zu erstatten.

## 6. Außerbetriebnehmen

6.1. Der Betriebsleiter hat zu sichern, daß von außer Betrieb genommenen Arbeitsmitteln und Arbeitsstätten Gefährdungen nicht ausgehen.

6.2. Die leitenden Mitarbeiter haben zu gewährleisten, daß außer Betrieb genommene Arbeitsmittel und Arbeitsstätten, von denen arbeitsbedingte Gefährdungen ausgehen, die nicht sofort beseitigt werden können, ausreichend gekennzeichnet und erforderlichenfalls abgesperrt werden. Das trifft besonders zu für arbeitsbedingte Gefährdungen, die nicht ohne weiteres von anderen Werktätigen erkannt werden können.
Gegebenenfalls ist auf die Maßnahmen besonders hinzuweisen, die zur Beseitigung arbeitsbedingter Gefährdungen notwendig sind, z. B. für Instandsetzungs- oder Verschrottungsbetriebe.

## Hinweise

Gemeinsam mit TGL 30101 Ersatz für ASAO 530/1 vom 23. 4. 1968 (GBl. Sdr. Nr. 583), Anordnung Nr. 1 zur Änderung der ASAO 530/1 vom 21. 6. 1971 (GBl. II Nr. 54 Seite 482) und Anordnung Nr. 2 zur Änderung der ASAO 530/1 vom 26. 6. 1972 (GBl. II Nr. 4 Seite 485) sowie ABAO 7 vom 23. 6. 1965 (GBl. II Nr. 70 Seite 536) Änderung gegenüber ABAO 7 und ASAO 530/1 sowie Anordnung Nr. 1 zur Änderung der ASAO 530/1 vom

21. 6. 1971 und Anordnung Nr. 2 zur Änderung der ASAO 530/1 vom 26. 6. 1972 Inhalt vollständig überarbeitet.

Gesundheits- und Arbeitsschutz; Brandschutz; Grundbegriffe siehe TGL 30001
Gesundheits- und Arbeitsschutz, Brandschutz; Arbeitsmittel; Allgemeine sicherheitstechnische Forderungen siehe TGL 30101 Gesundheits- und Arbeitsschutz, Brandschutz, Arbeitsverfahren; Allgemeine sicherheitstechnische Forderungen siehe TGL 30102 Gesundheits- und Arbeitsschutz, Brandschutz; Sicherheitsfarben und Sicherheitszeichen; Allgemeine Festlegungen siehe TGL 30817

# Arbeitsschutzanordnung 72/1
# — Atemschutzgeräte —

vom 22. März 1967
(GBl. II S. 201)

Auf Grund des § 6 der Arbeitsschutzverordnung vom 22. September 1962 (GBl. II S. 703; Ber. S. 721) in der Fassung der Zweiten Arbeitsschutzverordnung vom 5. Dezember 1963 (GBl. II 1964 S. 15)[1]) wird im Einvernehmen mit den Leitern der zuständigen zentralen staatlichen Organe und den Zentralvorständen der zuständigen Industriegewerkschaften folgendes angeordnet:

## I
## Geltungsbereich

### § 1

(1) Diese Arbeitsschutzanordnung (nachfolgend Anordnung genannt) gilt für die Herstellung und den Vertrieb der in der Anlage 1 genannten Atemschutzgeräte. Atemanschlüsse und des Zubehörs sowie deren Benutzung bei Arbeiten in Betrieben und Institutionen, bei denen mit Konzentrationen an toxischen Stäuben, Gasen oder Dämpfen bzw. nichttoxischen Stäuben über den arbeitshygienischen Normen oder mit Sauerstoffmangel zu rechnen ist.
(2) Für die Grubenwehren und die Gasschutzwehren der bergbehördlich beaufsichtigten Betriebe ist darüber hinaus die Verordnung vom 14. Juli 1955 über das Grubenrettungswesen und das Gasschutzwesen (GBl. I S. 533) in der Fassung vom 28. Juni 1956 (GBl. I S. 551) verbindlich.
(3) Diese Anordnung gilt nicht für die Benutzung von Atemschutzgeräten, Atemanschlüssen und Zubehör in den zentralen Brandschutzorganen und im System des Luftschutzes sowie bei fliegerischen Einsätzen im Verkehrsflug und bei der Gesellschaft für Sport und Technik.

## II
## Prüfung und Zulassung von Atemschutzgeräten, Atemanschlüssen und Zubehör

### § 2

(1) Atemschutzgeräte, Atemanschlüsse und Zubehör dürfen nur in den Handel gebracht und benutzt werden, wenn sie gemäß § 2 der Verordnung vom 8. September 1960 über die staatliche Material- und Warenprüfung in der Deutschen Demokratischen Republik

(GBl. I S. 516) dem *Deutschen Amt für Meßwesen und Warenprüfung*[2]) zur Prüfung vorgelegt wurden und dessen Forderungen entsprechen.

(2) Regenerationsgeräte, Behältergeräte, Schlauchgeräte, CO-Filterbüchsen und CO-Filterselbstretter sowie deren Atemanschlüsse und Zubehör bedürfen darüber hinaus der Zulassung durch die Hauptstelle für das Grubenrettungswesen und das Gasschutzwesen (nachfolgend Hauptstelle genannt). Änderungen an zugelassenen Atemschutzgeräten, Atemanschlüssen und Zubehör bedürfen gleichfalls der Zulassung durch die Hauptstelle.

(3) Der Antrag auf Prüfung von Atemschutzgeräten, Atemanschlüssen und Zubehör gem. Abs. 1 ist vom Hersteller beim Deutschen Amt für Meßwesen und Warenprüfung zu stellen.

(4) Der Antrag auf Zulassung von Atemschutzgeräten, Atemanschlüssen und Zubehör oder auf Änderung an zugelassenen Atemschutzgeräten, Atemanschlüssen und Zubehör gemäß Abs. 2 ist vom Hersteller bei der Hauptstelle zu stellen. Für die Antragstellung und das Zulassungsverfahren gilt Anlage 2.

(5) Den Anträgen auf Prüfung und Zulassung sind u. a. Benutzungsanweisungen beizufügen, die Angaben über Aufbau, Funktionsweise, Beschaffenheit, Handhabung, Wartung, Überprüfung, Anwendungsgebiet, zulässige Einsatzdauer und Höchstlagerzeit der Atemschutzgeräte, Atemanschlüsse und des Zubehörs enthalten müssen. Die Benutzungsanweisungen sind vom Hersteller dem Abnehmer auszuhändigen.

(6) Für den Import von Atemschutzgeräten, Atemanschlüssen und Zubehör gilt Anlage 3.

## III

## Benutzung vom Atemschutzgeräten und Atemanschlüssen

### § 3 Allgemeines

(1) Zweckentsprechende Atemschutzgeräte müssen benutzt werden, wenn die Luft am Arbeitsplatz oder auf dem Weg zum oder vom Arbeitsplatz Konzentrationen an toxischen Stäuben, Gasen oder Dämpfen bzw. nichttoxischen Stäuben über den arbeitshygienischen Normen enthält, Sauerstoffmangel aufweist oder wenn mit solchen Gefahren zu rechnen ist.

(2) Für den Einsatz und die Art der zu benutzenden Atemschutzgeräte entsprechend der Gefährdung am Arbeitsplatz oder auf dem Weg zum oder vom Arbeitsplatz sowie der erforderlichen Benutzungsdauer ist der Betriebsleiter oder ein von ihm schriftlich beauftragter sachkundiger leitender Mitarbeiter verantwortlich. Er hat unter Beachtung der betrieblichen Bedingungen die notwendigen Maßnahmen festzulegen und zu kontrollieren, die die Sicherheit der mit Atemschutzgeräten arbeitenden Werktätigen gewährleisten, z. B. Beobachtung der Werktätigen, Sicherung einer sofortigen Hilfeleistung.

(3) Atemschutzgeräte dürfen nur zu dem festgelegten Verwendungszweck benutzt werden.

(4) Die Bestimmungen der Benutzungsanweisungen gemäß § 2 Abs. 5 sind einzuhalten.

(5) Personengebundene Atemschutzgeräte und Atemanschlüsse sind bei Benutzung nach jeder Schicht zu reinigen.
(6) Nichtpersonengebundene Atemschutzgeräte und Atemanschlüsse sind vor jedem Gerätewechsel gründlich zu reinigen und zu desinfizieren.
(7) Mangelhafte Atemschutzgeräte und Atemanschlüsse dürfen nicht benutzt werden.
(8) Mängel, die an Atemschutzgeräten und Atemanschlüssen auftreten, hat der Benutzer sofort dem unmittelbar vorgesetzten leitenden Mitarbeiter zu melden. Dieser hat die Beseitigung der Mängel oder den Austausch des Atemschutzgerätes oder Atemanschlusses zu veranlassen.

### Alter der Benutzer von Atemschutzgeräten

### § 4

(1) Atemschutzgeräte dürfen nur von Werktätigen über 18 Jahre benutzt werden. In Ausnahmefällen dürfen Jugendliche im Alter von 14 bis 18 Jahren zum Verlassen eines gefährdeten Bereiches Selbstretter oder andere hierzu besonders bereitgehaltene Atemschutzgeräte und Lehrlinge über 16 Jahre während ihrer beruflichen Ausbildung Atemschutzfiltergeräte und Schlauchgeräte bis zur Dauer von 2 Stunden in einer Schicht benutzen.
(2) Männliche Werktätige dürfen Regenerationsgeräte nur im Alter von 18 bis 55 Jahren benutzen. Männliche leitende Mitarbeiter über 55 Jahre dürfen Regenerationsgeräte benutzen, wenn sie eine Praxis von mindestens 2 Jahren als Geräteträger nachweisen können und gemäß § 5 Absätzen 2 und 3 geeignet sind.
(3) Weibliche Werktätige dürfen Regenerationsgeräte nur im Alter von 18 bis 50 Jahren benutzen. Weibliche leitende Mitarbeiter über 50 Jahre dürfen Regenerationsgeräte benutzen, wenn sie eine Praxis von mindestens 2 Jahren als Geräteträger nachweisen können und gemäß § 5 Absätzen 2 und 3 geeignet sind.
(4) Die Absätze 2 und 3 gelten nicht für die Benutzung isolierender Selbstretter.

### § 5 Eignung der Benutzer von Atemschutzgeräten

(1) Werktätige, die Atemschutzgeräte benutzen sollen, müssen nach dem Urteil des für den Betrieb zuständigen Betriebsarztes körperlich, gesundheitlich und geistig dafür geeignet sein.
(2) Werktätige, die Regenerationsgeräte benutzen sollen, sind ärztlich auf ihre Eignung besonders untersuchen zu lassen.
(3) Die ärztliche Untersuchung der Werktätigen gemäß Abs. 2 ist alle 2 Jahre, bei Werktätigen über 45 Jahre jährlich sowie nach jeder schweren Krankheit zu wiederholen. In Zweifelsfällen entscheidet der Arzt über den Zeitpunkt der Wiederholungsuntersuchungen. Diese Regelung gilt nicht für Benutzer von isolierenden Selbstrettern.
(4) Die ärztlichen Untersuchungen sind nach den Festlegungen des Ministeriums für Gesundheitswesen durchzuführen.

### § 6 Ausbildung der Benutzer von Atemschutzgeräten

(1) Atemschutzgeräte dürfen nur von Werktätigen benutzt werden, die über Funktion und sichere Handhabung der Atemschutzgeräte entsprechend den Benutzungsanweisungen durch theoretische Unterweisungen und praktische Übungen belehrt sind.
(2) Die theoretischen Unterweisungen und praktischen Übungen sind mit Benutzern von Atemschutzfiltergeräten, Schlauchgeräten und isolierenden Selbstrettern mindestens jährlich und mit Benutzern von Behältergeräten und Regenerationsgeräten — außer isolierenden Selbstrettern — mindestens halbjährlich zu wiederholen. Wurden in den genannten Zeiträumen von den Benutzern die entsprechenden Atemschutzgeräte benutzt, so kann dies als praktische Übung gewertet werden.
(3) Über die Teilnahme an den theoretischen Unterweisungen und praktischen Übungen ist Nachweis zu führen.

## IV
## Lagerung, Wartung, Überprüfung und Ausgabe von Atemschutzgeräten, Atemanschlüssen und Zubehör

### § 7 Lagerung von Atemschutzgeräten, Atemanschlüssen und Zubehör

(1) Atemschutzgeräte, Atemanschlüsse und Zubehör sind hygienisch einwandfrei aufzubewahren und jederzeit einsatzbereit zu halten.
(2) Räume und Behälter, die der Lagerung von Atemschutzgeräten, Atemanschlüssen und Zubehör dienen, sind mit dem Symbol gemäß Anlage 4 deutlich sichtbar zu kennzeichnen.
(3) Atemschutzgeräte und Atemanschlüsse sind bei der Lagerung vor direkter Sonnenbestrahlung zu schützen.
(4) Unbrauchbar gewordene Atemschutzgeräte, Atemanschlüsse und unbrauchbar gewordenes Zubehör dürfen nicht mit einsatzbereiten Atemschutzgeräten und Atemanschlüssen gelagert werden, um eine Fehlentnahme auszuschließen. Schraubgewinde unbrauchbarer Atemschutzfilter sind so zu beschädigen, daß sie nicht mehr benutzt werden können.
(5) Der Betriebsleiter hat für ausreichenden Vorrat an Atemschutzgeräten, Atemanschlüssen und Zubehör sowie Ersatzteilen entsprechend den betrieblichen Verhältnissen zu sorgen.

### § 8 Wartung und Überprüfung von Atemschutzgeräten, Atemanschlüssen und Zubehör

(1) Die Wartung und Überprüfung von Atemschutzfiltergeräten, deren Atemanschlüsse und Zubehör ist geeigneten Werktätigen zu übertragen.
(2) Die Wartung und Überprüfung von Schlauchgeräten, Behältergeräten und Regenerationsgeräten sowie deren Atemanschlüsse und Zubehör darf nur Gerätewarten übertragen

werden, die an einem Gerätewartlehrgang der Hauptstelle teilgenommen, die Prüfung für Gerätewarte bestanden und ein Zeugnis erhalten haben. Gerätewarte sind verpflichtet, in von der Hauptstelle festzulegenden Abständen an Wiederholungslehrgängen teilzunehmen und sich Wiederholungsprüfungen zu unterziehen. Gerätewarte, die eine Ausbildung in den Brandschutzorganen erhalten haben, gelten als von der Hauptstelle ausgebildet und geprüft.

(3) Reparaturen an Atemschutzgeräten, Atemanschlüssen und Zubehör dürfen deren Funktion und Schutzwirkung nicht beeinträchtigen.

(4) Für die Tätigkeit der Gerätewarte und der Werktätigen gemäß Abs. 1 gelten die Anweisungen der Hauptstelle über die Wartung und Überprüfung von Atemschutzgeräten, Atemanschlüssen und Zubehör. Diese Anweisungen hat der Betriebsleiter den Gerätewarten und den Werktätigen gemäß Abs. 1 gegen Unterschrift auszuhändigen.

(5) Der Betriebsleiter oder die von ihm beauftragten leitenden Mitarbeiter haben insbesondere zu kontrollieren:

a) die Tätigkeit der Gerätewarte und der Werktätigen gemäß Abs. 1
b) die Einhaltung der vom Hersteller angegebenen Lagerungsfrist für Atemschutzfiltergeräte und Atemschutzfilter
c) die ordnungsgemäße Benutzung der Atemschutzgeräte durch die Werktätigen.

Über die Durchführung der Kontrollen ist Nachweis zu führen.

## § 9 Gasschutzstellen

(1) In Betrieben und Institutionen gemäß § 1 Abs. 1 sind Gasschutzstellen einzurichten, deren Größe eine ordnungsgemäße Lagerung, Wartung, Überprüfung und Ausgabe von Atemschutzgeräten, Atemanschlüssen und Zubehör gewährleistet. Die Wartung und Überprüfung von Schlauchgeräten, Behältergeräten und Regenerationsgeräten sowie deren Atemanschlüsse und Zubehör kann auf Grund schriftlicher Vereinbarungen durch Gerätewarte anderer Betriebe oder Institutionen erfolgen.

(2) Die Gasschutzstellen sind mit der deutlichen sichtbaren Aufschrift „Gasschutzstelle“ und dem Symbol gemäß Anlage 4 zu kennzeichnen.

## § 10 Ausgabe von Atemschutzgeräten und Atemanschlüssen

(1) Atemschutzgeräte und Atemanschlüsse sind vor ihrer Ausgabe und in den in der Anweisung der Hauptstelle über die Wartung und Überprüfung von Atemschutzgeräten, Atemanschlüssen und Zubehör festgelegten Abständen auf ihre Brauchbarkeit zu überprüfen. Unbrauchbar gewordene Atemschutzgeräte, Atemanschlüsse und unbrauchbar gewordenes Zubehör dürfen nicht ausgegeben werden.

(2) Personengebundene Atemschutzgeräte und Atemanschlüsse sind vor ihrer ersten Ausgabe, nichtpersonengebundene Atemschutzgeräte und Atemanschlüsse vor jeder Aus-

gabe dem Geräteträger ordnungsgemäß anzupassen. Dies gilt nicht für Atemschutzfiltergeräte mit Atemschutzmundstücken, Selbstretter und Atemschutzmundstücke.
(3) Personengebundene Atemschutzgeräte und Atemanschlüsse müssen gekennzeichnet und registriert sein.

## V
## Atemschutzfiltergeräte
### § 11

(1) Atemschutzfilter für Atemschutzfiltergeräte gemäß TGL 21362 — Filter für Atemschutzgeräte — müssen der Art der jeweils auftretenden Stäube, Gase oder Dämpfe entsprechen.
(2) Atemschutzfiltergeräte dürfen nur benutzt werden, wenn die Luft mindestens 17 Vol.-% Sauerstoff enthält. Die Benutzungsanweisungen müssen Angaben über die zulässige Konzentration an toxischen Stäuben, Gasen oder Dämpfen bzw. nichttoxischen Stäuben, bis zu der Atemschutzfiltergeräte eingesetzt werden dürfen, enthalten.
(3) CO-Filtergeräte dürfen nur benutzt werden, wenn die Luft mindestens 19 Vol.-% Sauerstoff enthält.
(4) Sind die Bedingungen der Absätze 2 und 3 nicht gegeben, so dürfen nur Schlauchgeräte, Behältergeräte oder Regenerationsgeräte benutzt werden.
(5) Die Absätze 2 bis 4 gelten nicht für CO-Filterselbstretter zum Verlassen eines gefährdeten Bereiches.
(6) Atemschutzfilter gegen Gase und Dämpfe dürfen nur bis zu dem Zeitpunkt benutzt werden, zu dem diese sich dem Geräteträger bemerkbar machen, soweit die Benutzungsanweisungen keine kürzeren Benutzungszeiten festlegen.
(7) Atemschutzfilter, bei denen die vom Hersteller angegebenen Lagerungsfristen überschritten sind, dürfen nicht mehr ausgegeben und benutzt werden.
(8) Im Bergbau unter Tage dürfen außer reinen Schwebstoffiltern und CO-Filterselbstrettern keine Atemschutzfiltergeräte benutzt werden.
(9) Die Benutzung von Schwammgummimasken oder ähnlich ungeeigneten Mitteln ist verboten.

## VI.
## Schlauchgeräte
### § 12 Saugschlauchgeräte

(1) Saugschlauchgeräte dürfen nur benutzt werden, wenn sich die Luftansaugstelle über Tage befindet. Sie dürfen nur in Verbindung mit Vollmasken benutzt werden.
(2) Der Luftzuführungsschlauch der Saugschlauchgeräte darf nicht länger als 15 m sein.
(3) Das im Freien befindliche Ende des Luftzuführungsschlauches ist bei Beachtung der Windrichtung zuverlässig zu befestigen und mit einem Staubfilter zu versehen. Die Kon-

zentration der durch den Luftzuführungsschlauch angesaugten Luft an toxischen Stäuben, Gasen oder Dämpfen bzw. nichttoxischen Stäuben muß unter den arbeitshygienischen Normen liegen.

### § 13 Druckschlauchgeräte

(1) Die zulässige Schlauchlänge der Druckschlauchgeräte ist von den Luftfördereinrichtungen abhängig. Sie müssen den Benutzungsanweisungen entsprechen.
(2) Die Konzentration der dem Geräteträger zugeführten Luft an toxischen Stäuben, Gasen oder Dämpfen bzw. nichttoxischen Stäuben muß unter den arbeitshygienischen Normen liegen.
(3) Die Druckluftzufuhr muß, soweit sie nicht lungenautomatisch erfolgt, von jedem Geräteträger selbst geregelt werden können. Das Regelventil muß auch im geschlossenen Zustand 80 l/min Druckluft durchströmen lassen.
(4) Muß aus zwingenden Gründen die Luft für Druckschlauchgeräte einer Druckluftleitung entnommen werden, ist ein Druckluftfilter vorzuschalten.

## VII
## Behältergeräte
### § 14

(1) Die Druckgasbehälter der Behältergeräte müssen mit reinem Atemgas gefüllt werden.
(2) Während der Benutzung der Behältergeräte ist in Abständen von etwa 5 Minuten der Atemgasvorrat vom Geräteträger zu kontrollieren. Entsprechend den betrieblichen Verhältnissen ist durch die Geräteträger der Rückmarsch spätestens anzutreten, wenn die festgelegte Einsatzzeit verstrichen ist oder der Atemgasvorrat nur noch doppelt so groß ist als die höchste Menge Atemgas, die auf dem Weg zum Arbeitsplatz von einem Geräteträger verbraucht worden ist.
(3) Im Bergbau unter Tage dürfen Behältergeräte nur mit Genehmigung der Hauptstelle benutzt werden.

## VIII
## Regenerationsgeräte
### § 15

(1) Regenerationsgeräte dürfen nur benutzt werden, wenn die Druckgasbehälter bei Empfang des Gerätes bis zum vorgeschriebenen Vorratsdruck gefüllt und mit einer ungebrauchten, den Einsatzbedingungen entsprechenden Regenerationspatrone versehen sind. Für die Füllung der Druckgasbehälter darf nur Sauerstoff gemäß TGL 2902 — Technische Gase (Sauerstoff), verdichtet in Stahlflaschen — verwendet werden.
(2) Während der Benutzung der Regenerationsgeräte ist in Abständen von etwa 10 Minuten der mitgeführte Drucksauerstoffvorrat durch den Geräteträger zu kontrollieren. Ent-

sprechend den betrieblichen Verhältnissen ist durch die Geräteträger der Rückmarsch spätestens anzutreten, wenn die festgelegte Einsatzzeit verstrichen ist oder der Drucksauerstoffvorrat nur noch doppelt so groß ist als die höchste Menge Drucksauerstoff, die auf dem Weg zum Arbeitsplatz von einem Geräteträger verbraucht worden ist.
(3) Wird die Benutzung des Regenerationsgerätes, das mit einer Alkalipatrone bestückt ist, unterbrochen, sind eine neue, bis zum vorgeschriebenen Vorratsdruck gefüllte Sauerstoffflasche und Alkalipatrone einzubauen. Vor der weiteren Benutzung ist das Regenerationsgerät mit einem Prüfgerät auf Dichtheit zu überprüfen.

---

[1]) Jetzt: § 20 der Arbeitsschutzverordnung — ASVO — vom 1. Dezember 1977 (GBl. I Nr. 36 S. 405), abgedruckt unter H 01 01

[2]) Jetzt: Amt für Standardisierung, Meßwesen und Warenprüfung — ASMW — gem. Beschluß des Ministerrates v. 9. Januar 1975 (GBl. I Nr. 16 1975 S. 301)

DDR-Standard
TGL 30582/01; Ausgabe Dezember 1978;
Verbindlich ab 1. 9. 1979
Gesundheits- und Arbeitsschutz
Brandschutz

# Chemische Arbeiten in Laboratorien

Begriffe

### Arbeitsplatz

ist der Aufenthaltsort einer Person zur ständigen oder zeitweiligen Durchführung und/oder Kontrolle von Arbeitsprozessen.

### Chemikalien

sind alle natürlichen oder synthetischen Stoffe, Stoffgemische oder deren Lösungen, die bei chemischen Arbeiten in Laboratorien angewendet werden

### Chemische Arbeiten

sind alle präparativen, analytischen, biochemischen und physikochemischen Arbeiten, die zur Umwandlung, Herstellung und Charakterisierung von Chemikalien angewandt werden, einschließlich der notwendigen Vor- und Nacharbeiten.
Dazu gehören unter anderem

- der Umgang mit chemischen Elementen und deren Verbindungen
- die Reaktionen, Umsetzungen, Umwandlungen und Wechselwirkungen der chemischen Elemente und ihrer Verbindungen
- die Anwendung der Naturgesetze auf Reaktionen, Synthesen, Zersetzungen, Additionen, Kombinationen und Analysen
- alle physikalischen Meß-, Misch- und Trennverfahren, die für die vorgenannten Prozesse erforderlich sind
- die Untersuchung und Verwendung gefährlicher Stoffe.

### Chemische Versuche

sind chemische Arbeiten, für die es noch keine eigenen oder aus der Literatur bekannten Erfahrungen gibt und deren mutmaßlicher Verlauf nur theoretisch eingeschätzt werden kann.

### Feuerlöschdecke

ist eine imprägnierte, schwerbrennbare Baumwolldecke oder Asbestdecke, die zur Feuererstickung brennender Personen bestimmt ist.

**Gefahrdrohende Menge**

liegt dann vor, wenn durch die Größe der Menge von Chemikalien oder einer Chemikalie bedingt und in Abhängigkeit zu

- der Art der chemischen Arbeiten, wie Steuerbarkeit der chemischen Arbeiten, Möglichkeit gefährlicher Folgereaktionen, Routinearbeiten oder chemische Versuche
- dem verwendeten Temperaturbereich, wie Flüchtigkeit von Chemikalien, temperaturabhängige physiologische Wirksamkeit von Chemikalien auf Personen, Temperaturbeständigkeit von Einrichtungen und Ausrüstungen, Zündung an heißen Flächen
- den sicherheitstechnischen Bedingungen, wie Zerbrechlichkeit von Behältnissen, Abschirmungsmöglichkeit gegen benachbarte Gefahrenquellen, Ausweitungsbehinderung bei Unfallereignissen, Wirksamkeit sicherheitstechnischer Mittel und/oder Körperschutzmittel, Ausschluß offener Flammen oder funkenbildender Geräte, Wirksamkeit des Abzuges
- der Raumgröße des Laboratoriums, wie Überschreitung von unteren Explosionsgrenzen und/oder MAK-Werten
- dem Standort des Laboratoriums, wie Möglichkeit spezifischer Schadensbekämpfung, den sicherheitstechnischen Anforderungen genügende Ausrüstung

bei unvorhersehbaren Ereignissen Schädigungen der Gesundheit von Personen und/oder Beschädigungen von Sachwerten innerhalb und/oder außerhalb des Laboratoriums auftreten können.

**Gefährliche Reaktionen**

sind solche, bei denen gefährliche Stoffe in gefahrdrohender Menge verwendet oder gebildet werden und/oder bei denen es auf Grund großer Reaktionsarbeit, das heißt stark exothermer Reaktionsenthalpie oder Zunahme der Entropie, zu unkontrolliert ablaufenden Reaktionen kommen kann.

**Gefährliche Stoffe**

sind

- brennbare Flüssigkeiten nach ABAO 850/1
- ätzende Chemikalien
- gesundheitschädliche Stoffe nach TGL 22310/01 und nach TGL 32600/01 bis /15, sofern ihr MAK-Wert unter 300 mg/m$^3$ liegt, und andere bekannte Chemikalien mit gleicher Wirkung
- Gifte der Abteilungen 1 und 2 des Giftgesetzes und andere bekannte Chemikalien mit gleicher Wirkung
- infektiöses Material nach ASAO 445/1
- radioaktive Chemikalien nach ASAO 981, nach ASAO 982 und nach Strahlenschutzverordnung

— zur Entzündung, Zersetzung oder Explosion neigende Stoffe mit sprengstoffähnlichen Eigenschaften, wie Alkalimetalle, Metallhydride, Alkaliamide, Peroxide, Perchlorate
— Chemikalien, deren gefährliche Eigenschaften nicht bekannt sind, jedoch auf Grund von Ähnlichkeitsmerkmalen erwartet werden müssen.

**Geschlossene Systeme**

sind Systeme, in denen entstehende Dämpfe durch Kühlvorrichtungen kondensiert oder aus denen Gase, Dämpfe und/oder Stäube gefahrlos ins Freie abgeleitet werden können.

**Handbrausen**

sind stationäre Einrichtungen zur Intensivspülung von mit Chemikalien benetzten Körperteilen, besonders auch der Augen.

**Laboratorien**

sind Arbeitsräume nach TGL 10724 mit einem oder mehreren Arbeitsplätzen; dabei kann sich der einzelne Arbeitsplatz auf einen Teil des Arbeitsraumes oder den gesamten Arbeitsraum erstrecken, wobei das Volumen jedes Arbeitsgefäßes für gefährliche Stoffe oder für Stoffgemische und Umsetzungen, bei denen es zu gefährlichen Reaktionen kommen kann, auf 6 Liter und bei Druckgefäßen auf ein Druck-Inhalt-Produkt $< 20$ nach TGL 30330/01 beschränkt ist.

**Laboreinrichtungen**

sind alle im Laboratorium erforderlichen, fest installierten und ortsbeweglichen Arbeitsmittel nach TGL 40—98 und Versuchsaufbauten, soweit sie die Bruttofläche des Laboratoriums beanspruchen.

**Laborkomplex**

ist eine organisatorische Zusammenfassung mehrerer unmittelbar beieinander liegender Laboratorien, die funktionell nicht zusammengehören müssen, sich jedoch im gleichen Gebäude auf dem gleichen Geschoß befinden.

**Laborleiter**

ist ein leitender Mitarbeiter, der je nach den jeweiligen betrieblichen Besonderheiten ständig oder zeitweise für die Koordinierung, Anleitung und, soweit es die Laborordnung vorschreibt, auch für die Durchführung der chemischen Arbeiten innerhalb des Laborkomplexes und/oder eines Laboratoriums und/oder eines Teiles eines Laboratoriums verantwortlich ist. Seine Verantwortlichkeiten müssen in der Laborordnung festgelegt sein.

**Labordnung**

ist eine den jeweiligen betrieblichen Besonderheiten entsprechende schriftliche Festlegung über die Arbeitsweise in dem Laboratorium und/oder Laborkomplex zur Konkretisierung der Mindestforderungen der TGL 30582/02 und /03.

**Löschbrause**

ist eine stationäre Einrichtung zum Löschen von Kleiderbränden.

**Nothilfekasten**

ist ein Behälter mit Gegenmitteln zur Nothilfe bei spezifischen Gesundheitsschädigungen, dessen Inhalt und Verwendung durch die zuständige Einrichtung des Gesundheitswesens festgelegt werden. Der Nothilfekasten ist mit dem Verbandkasten nach ASAO 20/1 nicht identisch.

**Offene System**

sind Systeme, aus denen Gase, Dämpfe und/oder Stäube in die Atmosphäre des Gebäudes gelangen können.

**Spezifische Gesundheitsschädigung**

ist eine durch die Art der Arbeit bedingte mögliche Gesundheitsschädigung, die eine sofortige medizinische Hilfeleistung erfordert, bevor ein Arzt eingreifen kann.

**Spülplatz**

ist ein Arbeitsplatz, an dem vorgereinigte Laborgeräte der Feinreinigung unterworfen werden. Geeignete Möglichkeiten zur Trocknung wasserfeuchter Geräte können Bestandteil des Spülplatzes sein.

**Überwachung**

ist die Kontrolle über entweder selbständig ablaufende, oder durch Regelgeräte vollständig oder teilweise gesteuerte chemische Arbeiten, die jedoch keine ständige persönliche Anwesenheit eines Werktätigen erfordern.

**Unvorhersehbare Ereignisse**

sind Ereignisse, die trotz sachgerechter Arbeitsvorbereitung den Ablauf der chemischen Arbeiten unerwartet beeinträchtigen können.
Dazu gehören zum Beispiel
- Ausfall der Strom-, Gas-, Inertgas- und/oder Wasserversorgung
- Ausfall der Be- und/oder Entlüftung

## Hinweise

Ersatz für TGL 30582/01 Aus. 1.76
Änderungen gegenüber Ausg. 1.76: Begriff Arbeitsplatz präzisiert; Begriff Verkehrsfläche gestrichen; Rechtsvorschriften aktualisiert
Im vorliegenden Standard ist auf folgende Standards Bezug genommen:

TGL 10724; TGL 22310/01; TGL 30330/01; TGL 30582/02 und /03; TGL 32600/01 bis/15; TGL 40-98

| | |
|---|---|
| ASAO 20/1 vom 4. 8. 69 | Erste Hilfe bei Unfällen und Erkrankungen von Werktätigen im Betrieb (GBl. SDr. Nr. 636) |
| ASAO 445/1 vom 30. 5. 69 | Infektionsverhütung in medizinischen und veterinärmedizinischen Einrichtungen (GBl. SDr. Nr. 630) |
| ABAO 850/1 vom 1. 10. 62 | Verkehr mit brennbaren Flüssigkeiten (GBl. SDr. Nr. 358) |
| ASAO 981 vom 22. 1. 71 | Umgang mit umschlossenen Strahlenquellen (GBl., SDr. Nr. 694) |
| ASAO 982 vom 22. 1. 71 | Umgang mit offenen radioaktiven Stoffen (GBl., SDr. Nr. 695) |
| Gesetz vom 7. 4. 1977 über den | Verkehr mit Giften — Giftgesetz — (GBl. I Nr. 10 Seite 103) |

Verordnung vom 26. 11. 69 über Schutz vor der schädigenden Einwirkung ionisierender Strahlen — Strahlenschutzverordnung — (GBl. II Nr. 99 Seite 627)

DDR-Standard
TGL 30582/02: Ausgabe Dezember 1978;
Verbindlich auch in bestehenden Laboratorien ab 1. 9. 1979
Abschnitt 2.9. auch in bestehenden Laboratorien verbindlich ab 1. 1. 1981
Gesundheits- und Arbeitsschutz
Brandschutz

**Chemische Arbeiten in Laboratorien**
Sicherheitstechnische Forderungen

Dieser Standard gilt in Laboratorien, die Forschungs-, Bildungs-, Lehr-, Kontroll- und/oder Produktionszwecken dienen.

## 1. Bautechnische Gestaltung

### 1.1. Bautechnischer Brandschutz

Gebäude, in denen Laboratorien für chemische Arbeiten eingerichtet werden, sind nach TGL 10685/04 in die zutreffende Brandgefahrenklasse einzuordnen, sofern nicht eine im gleichen Gebäude untergebrachte Einrichtung eine höhere Brandgefahrenklasse bedingt. Laboratorien dürfen keine direkte Verbindung zu Räumen haben, in denen brennbare Flüssigkeiten aller Gefahrenklassen in einer Menge von mehr als 50 l gelagert werden. Weitere Forderungen nach TGL 10685/03 bis /05 und nach Vorschrift der Staatlichen Bauaufsicht Nr. 9/74.

### 1.2. Wände

Wandoberflächen sind bautechnisch so zu gestalten, daß sie gegenüber den verwendeten Chemikalien beständig und leicht zu reinigen sind.

### 1.3. Fußböden

Fußböden in Laboratorien müssen folgenden Anforderungen entsprechen:

- eben, trittsicher und rutschfest
- Ableitwiderstand nach TGL 22061/01
  gemessen nach TGL 22061/02
- beständig und flüssigkeitsundurchlässig gegenüber den verwendeten Chemikalien bis zu deren Beseitigung

### 1.4. Türen

Die lichte Breite von Türen muß ≧ 850 mm betragen.
In bestehenden Laboratorien ist eine kleinere lichte Breite, jedoch mindestens 700 mm, zulässig, wenn

- nicht gegen die Mindestbreite von Evakuierungsausgängen nach TGL 10685/04 verstoßen wird
- keine erkennbaren Gefährdungen davon ausgehen

### 1.5. Evakuierungswege

nach TGL 10685/04
Zusätzlich gilt: Von jedem Arbeitsplatz, an dem mit gefährlichen Stoffen in gefahrdrohender Menge gearbeitet wird, muß die Flucht in zwei Richtungen möglich sein. Dabei muß gewährleistet sein, daß keinem Werktätigen der Evakuierungsweg abgeschnitten wird.

### 1.6. Begehbare Fußbodenfläche

Die begehbare Fußbodenfläche des Arbeitsplatzes muß mindestens 6 m² je Person betragen.
In bestehenden Laboratorien ist eine bis maximal 50% kleinere begehbare Fußbodenfläche (mindestens jedoch 3 m² je Person) zulässig, wenn

- die je Arbeitsplatz nach TGL 30582/03 maximal zulässigen Mengen brennbarer Flüssigkeiten (Gesamt- und Einzelvolumina der Standflaschen; in Verarbeitung befindliche Gesamt- und Einzelmengen; zusammengefaßt abgestellte Gesamt- und Einzelmengen) um den gleichen prozentualen Betrag verkleinert werden.
- keine chemischen Versuche nach TGL 30582/01 ausgeführt werden
- keine chemischen Arbeiten mit gefährlichen Stoffen in gefahrdrohenden Mengen ausgeführt werden

Bei chemischen Arbeiten, bei denen lehrmäßig der Nachweis von bekannten technischen oder naturwissenschaftlichen Erscheinungen oder Vorgängen zu erbringen ist, ist unter voranstehenden Bedingungen eine begehbare Fußbodenfläche von mindestens 2 m² je Person zulässig.
Laboreinrichtungen und Versuchsaufbauten sind so aufzustellen, daß die begehbare Fußbodenfläche in jedem Falle mindestens 1,2 m breit ist.

### 1.7. Kennzeichnung

Arbeitsräume, in den im Sinne der TGL 30582/01 chemisch gearbeitet wird, sind als „Laboratorium“ zu kennzeichnen.

### 1.8. Weitere sicherheitstechnische Forderungen

- für Klima nach TGL 32603/01 und TGL 24106/06
- für Schallschutz nach TGL 10687/01
- für Heizen, Beleuchten mit verflüssigten Kohlenwasserstoffen nach ASAO 873
- für Stadtgasinstallation nach TGL 10709/01

## 2. Ausrüstung

### 2.1. Brand- und Explosionsgefährdung

Laboratorien sind nach TGL 30042 auf ihre Brand- und/oder Explosionsgefährdung einzuschätzen und entsprechend auszurüsten. Wenn nur Teile des Laboratoriums als brand- und/oder explosionsgefährdet eingeschätzt und ausgerüstet sind, hat der Mindestabstand zu den nicht gefährdeten Teilen des Laboratoriums 1,5 m zu betragen. Die Beurteilung und die Kennzeichnung explosivstoffgefährdeter Betriebsräume hinsichtlich der Installation elektrischer Betriebsmittel hat nach TGL 165-401 und TGL 165-402 zu erfolgen.

### 2.2. Feuerlöschgeräte

Ausstattung mit Kleinlöschgeräten nach Vorschrift der Staatlichen Bauaufsicht Nr. 9/74, Anlage 5.

### 2.3. Feuerlöschdecke

In Laboratorien und/oder Laborkomplexen, in denen mit brennbaren Flüssigkeiten in gefahrdrohender Menge gearbeitet wird, muß für je 1 bis 10 Personen eine Feuerlöschdecke der Mindestabmessung 1,9 m × 1,6 m am Evakuierungsweg vorhanden sein. Sie ist als Feuerlöschdecke zu kennzeichnen und gegen Verschmutzung zu schützen. Bei einer Neuausrüstung ist der Baumwolldecke vor der Asbestdecke der Vorzug zu geben.

### 2.4. Löschbrause

In Laboratorien und/oder Laborkomplexen, in denen mit brennbaren Flüssigkeiten in gefahrdrohender Menge gearbeitet wird, muß für je 1 bis 10 Personen mindestens eine Löschbrause vorhanden sein.
Sie muß

- am Evakuierungsweg angebracht sein
- mit einer Schnellschlußarmatur versehen sein, die bei einer Drehung um 90° den vollen Querschnitt freigibt und mit einer Hand bedienbar ist
- mindestens 20 l Wasser pro Minute abgeben
- als Löschbrause gekennzeichnet sein.

Unter der Löschbrause soll eine Fußbodenentwässerung vorgesehen werden.

### 2.5. Handbrause

In jedem Laboratorium, in dem mit gefährlichen Stoffen in gefahrdrohender Menge umgegangen wird, muß für je 1 bis 4 Personen eine Handbrause vorhanden sein
Sie muß
- schnell erreichbar sein
- entsprechend lange Anschlußschläuche besitzen, daß alle Körperteile erreicht werden können
- mindestens 20 l Wasser pro Minute abgeben.

### 2.6. Verbandkasten

Ausstattung und Unterbringung nach ASAO 20/1

### 2.7. Nothilfekasten

Bei chemischen Arbeiten mit der Möglichkeit von spezifischen Gesundheitsschädigungen ist am Evakuierungsweg innerhalb des Laboratoriums oder des Laborkomplexes in Nähe der Laborausgänge ein Nothilfekasten bereitzustellen. Die Art und Menge der in dem Nothilfekasten enthaltenen Gegenmittel richten sich nach den möglichen spezifischen Gesundheitsschädigungen und der Anzahl der im Laboratorium oder im Laborkomplex beschäftigten Personen. Der Nothilfekasten muß ein dicht schließender, plombierter Behälter sein, der eine Verschmutzung oder einen Verderb der Gegenmittel ausschließt.

### 2.8. Krankentrage

Für jedes Laboratorium oder einen Laborkomplex, in dem mit gefährlichen Stoffen in gefahrdrohender Menge umgegangen wird, ist an ungehindert erreichbarer Stelle für je 1 bis 50 Personen am Evakuierungswege je eine Krankentrage nach TGL 9320 mit je drei Decken bereitzustellen.

### 2.9. Versorgungsleitungen und Hauptabsperrstellen

Die Versorgungsleitungen für Elektroenergie, Gas, Dampf und Wasser müssen für jedes Laboratorium oder jeden Laborkomplex an einer zentralen, ungehindert erreichbaren Stelle am Evakuierungswege direkt oder mittels Fernbedienung absperrbar sein.
In bestehenden Laboratorien sind zentrale Hauptabsperrstellen nur dann zwingend erforderlich, wenn
- gefährliche Reaktionen nach TGL 30582/01 ausgeführt werden
- erkennbare Gefährdungen dadurch abwendbar sind.

Die Versorgungsleitungen für Raumheizungen, Druckluft, Stickstoff und andere Medien müssen gleichermaßen absperrbar sein, wenn erkennbare Gefährdungen bei unvorhersehbaren Ereignissen davon ausgehen können.
Die Hauptabsperrstellen dürfen nicht weiter als 15 m vom Laboreingang entfernt sein.

Bei Laborkomplexen gilt diese Entfernung für den am weitesten entfernt liegenden Laboreingang.
Versorgungsleitungen sind fest installiert bis an den Arbeitsplatz zu verlegen; Kennzeichnung nach TGL 21889.

### 2.10. Elektrotechnische Schutzmaßnahmen

Die fest installierte elektrotechnische Anlage und ortsveränderliche Geräte müssen mindestens dem Schutzgrad IP 20 nach TGL 15165/01 genügen.
Die Ausführung der Schutzmaßnahmen gegen zu hohe Berührungsspannung ist nach TGL 200-0602/03 zu gewährleisten.

### 2.11. Abwasserleitungen

Abwasserleitungen müssen in voller Länge aus Werkstoffen bestehen, die von den anfallenden Chemikalien nicht angegriffen werden; sie sind mit Geruchverschlüssen zu versehen.

## 3. Einrichtung

### 3.1. Arbeitstische

- Die Tischplatten müssen gegen die verwendeten Chemikalien beständig und flüssigkeitsdicht sein. Beim Umgang mit gefährlichen Stoffen in gefahrdrohender Menge müssen sie an den Kanten einen erhöhten Rand haben. Beim Umgang mit brennbaren Flüssigkeiten in gefahrdrohender Menge müssen sie einschließlich des erhöhten Randes einem Flüssigkeitsbrand entsprechend einem Feuerwiderstand von fw = 0,25 nach TGL 10685/13 widerstehen, ohne daß die Tragfähigkeit beeinträchtigt wird.
- Die Aufbauten der Arbeitstische müssen korrosionsbeständig sein. Bei Verwendung brennbarer Flüssigkeiten in gefahrdrohenden Mengen müssen sie mindestens schwer brennbar und gegenüber thermischen Einflüssen bis 200 °C eine mechanische Stabilität besitzen, die die Entstehung von Sekundärgefahren ausschließt.
- Absperrorgane müssen auch bei aufgebauten Apparaturen leicht erreichbar und bedienbar sein
- Türen und Schiebekästen der Arbeitstische müssen sich leicht öffnen und schließen lassen.

### 3.2. Abzüge

- Absperrorgane müssen außerhalb der Abzüge bedienbar sein.
- Abzüge müssen aus korrosionsbeständigen Werkstoffen bestehen.
- Für Schiebescheiben ist Sicherheitsglas zu verwenden.
- Verschiebbare Fenster oder Schiebescheiben müssen in jeder Lage sicher feststehen.

— Im Abzug sind die Ansaugöffnungen für die Lüftung so zu gestalten, daß eine Regulierung der Absaugung im oberen, unteren und/oder gesamten Bereich vorgenommen werden kann.
— Die Beschaffenheit der Tischplatten muß den Forderungen nach Abschnitt 3.1. entsprechen.
— Abzüge, in denen mit brennbaren Flüssigkeiten in gefahrdrohender Menge umgegangen wird, sollen zum Betrieb von Druckluftmotoren und Dampfbädern Versorgungsanschlüsse für Druckluft oder Stickstoff und Dampf besitzen.

### 3.3. Schutz gegen elektrostatische Aufladungen

In Laboratorien, in denen mit gefährlichen elektrostatischen Aufladungen zu rechnen ist, müssen entsprechende Erdungsmöglichkeiten nach TGL 22061/01 vorhanden sein.
Alle Metallteile von Arbeitstischen, Abzügen oder Stühlen, die direkt oder indirekt so aufgeladen werden können, daß vorhandene brennbare Medien durch Entladung entzündet werden können, müssen einen Ableitwiderstand zur Erde oder zu geerdeten Teilen nach TGL 22061/01 haben.

### 3.4. Wärmeschränke

Für Arbeiten im Wärmeschrank, bei denen brennbare und/oder explosible Gase, Dämpfe oder Stäube entstehen, müssen Zündmöglichkeiten im Wärmeschrank ausgeschlossen sein. Für diese Zwecke eignen sich

— dampfbeheizte Wärmeschränke
— heißluftbetriebene Wärmeschränke mit externer Heißlufterzeugung
— elektrisch beheizte Wärmeschränke mit Belüftung.

In elektrisch beheizten und belüfteten Wärmeschränken ist ein solcher Luftwechsel zu gewährleisten, daß nachweislich 50% der unteren Explosionsgrenze eines explosionsfähigen Gemisches nicht überschritten werden. Der Lüftermotor muß in einer zulässigen Schutzart nach TGL 19491/01 bis /11 explosionsgeschützt sein, sofern er sich im Abluftstrom befindet. Wärmeschränke, in denen gefährliche Stoffe erwärmt werden, sind mit zwei unabhängig voneinander wirkenden Temperaturbegrenzungseinrichtungen auszurüsten.

### 3.5. Kühlschränke

Kühlschränke sind zur Kühlung von brennbaren Flüssigkeiten nur zulässig, wenn sich innerhalb des Kühlraumes

— keine elektrotechnischen Einrichtungen oder
— in einer zulässigen Schutzart explosionsgeschützte elektrotechnische Einrichtungen nach TGL 19491/01 bis /11 befinden. Der Kühlraum muß gegenüber den nicht explosionsgeschützten elektrotechnischen Einrichtungen des Kühlraumes abgedichtet sein.

### 3.6. Druckgasbehälter, ortsbeweglich

Aufstellung und Handhabung nach ABAO 861/1

### 3.7. Abfallbehälter

Abfallbehälter, in denen Chemikalien und/oder chemikalienhaltige Anfälle (wie Filterpapier) gesammelt werden, müssen

— aus nicht brennbarem Material gefertigt
— voll abdeckbar
— bruchsicher und
— eindeutig nach der Abfallart gekennzeichnet sein (wie „Chemikalien", „Gefährliche Stoffe", „Brennbare Abfälle").

Für sonstige Abfälle genügen bruchsichere und nach der Abfallart gekennzeichnete Abfallbehälter (wie „Glas", „Papier")

### 3.8. Zentrifugen

Aufstellung und Handhabung nach ASAO 894/1

## 4. Einmannarbeitsplätze

Die Einrichtung von Arbeitsplätzen nach ABAO 8. an denen mit gefährlichen Stoffen in gefahrdrohender Menge gearbeitet werden soll, ist nicht zulässig.

### Hinweise

Ersatz für TGL 30582/02 Ausg. 1.76
Änderungen gegenüber Ausg. 1.76: Verbindlichkeitsvermerk und Titelergänzung präzisiert; Abschnitt 1.6. vollinhaltlich überarbeitet; Abschnitte 1.1; 1.3; 1.4; 2.4; 2.5; 2.9.; 3.1. und 3.3. teilweise inhaltlich überarbeitet; technische Realisierung präzisiert; Rechtsvorschriften aktualisiert
Im vorliegenden Standard ist auf folgende Standards Bezug genommen:
TGL 9320; TGL 10685/03 bis 05 und/13; TGL 10687/01; TGL 10709/01 TGL 15165/01;
TGL 19491/01 bis /11; TGL 21889; TGL 22061/01 und /02;
TGL 24106/06; TGL 30042; TGL 30582/01 und /03;
TGL 32603/01; TGL 165-401;
TGL 165-402; TGL 200-0602/03
ABAO 8 vom 14. 5. 71 Allgemeine Bestimmungen über Arbeitsstätten, auf denen Werktätige allein außerhalb von Sicht- und Rufweite arbeiten (GBl. II Nr. 49 Seite 376)
ABAO 850/1 vom 1. 10. 62 Verkehr mit brennbaren Flüssigkeiten (GBl. SDr. Nr. 358)
ABAO 861 vom 2. 2. 71 Ortsbewegliche Druckgasbehälter (GBl., SDr. Nr. 701)
Änderung Nr. 1 vom 24. 4. 74 (GBl. SDr. Nr. 701/1)

ASAO 20/1 vom 4. 8. 69 Erste Hilfe bei Unfälen und Erkrankungen von Werktätigen im Betrieb (GBl., SDr. Nr. 636)
ASAO 873 vom 1. 8. 56 Heizen, Beleuchten, Brennen und Schweißen mit verflüssigten Kohlenwasserstoffen (Propan, Propylen, Butan) oder Heizäther (Dimethyläther) (GBl. SDr. Nr. 176)
ASAO 894/1 vom 28. 5. 69 Zentrifugen (GBl. SDr. 622)
Vorschrift vom 10. 6. 74 der Staatlichen Bauaufsicht Nr. 9/74; — Bautechnischer Brandschutz — (Standardisierung im Bauwesen Nr. 98)

# Arbeitsschutz- und Brandschutzanordnung 430/1
# — Versuchsräume, Versuchsanlagen für Lehre und Forschung —

vom 15. April 1974
(GBl. I Nr. 23 S. 242)
i. d. F. der ABAO 430/2 vom 1. Juli 1976
(GBl. I Nr. 27 S. 373)[1])

Auf Grund des § 6 Abs. 1 der Arbeitsschutzverordnung vom 22. September 1962 (GBl. II Nr. 79 S. 703; Ber. GBl. II Nr. 81 S. 721) in der Fassung der Zweiten Arbeitsschutzverordnung vom 5. Dezember 1963 (GBl. II 1964 Nr. 3 S. 15)[2] sowie § 12 des Brandschutzgesetzes vom 18. Januar 1956 (GBl. I Nr. 12 S. 110)[3]) wird im Einvernehmen mit den Leitern der zuständigen zentralen Staatsorgane und in Übereinstimmung mit dem Zentralvorstand der Gewerkschaft Wissenschaft folgendes angeordnet:

## I.
## Allgemeines

### § 1
### Geltungsbereich

Diese Arbeitsschutz- und Brandschutzanordnung (nachstehend Anordnung genannt) gilt für die Errichtung von Bersuchsräumen und Versuchsanlagen sowie für das Betreiben von Versuchsanlagen in allen Bereichen der Lehre und Forschung.
Diese Anordnung gilt nicht für chemische Arbeiten in Laboratorien. In diesen Fällen ist gemäß TGL 30582/01 bis 03 — Gesundheits- und Arbeitsschutz, Brandschutz; Chemische Arbeiten in Laboratorien — zu verfahren.

### § 2
### Begriffsbestimmungen

Im Sinne dieser Anordnung gelten folgende Begriffsbestimmungen:

1. Versuchsraum
   Versuchsraum ist ein durch Bauteile (z. B. Wände, Decken) abgegrenztes Bauwerk bzw. Bauwerkteil oder ein durch andere Maßnahmen abgeteiltes Gebiet im Freien, in dem sich Versuchsanlagen zur Durchführung von Lehr- und Forschungsversuchen befinden.
2. Versuchsanlage
   Versuchsanlage ist die zur Durchführung von Lehr- und Forschungsversuchen vorhandene Gesamtheit der Anlagen und Aufbauten, unabhängig von ihrem Zusammenwirken oder ihrer getrennten Wirkungsweise, außer der Versorgungsanlage.
3. Versuchsobjekt
   Versuchsobjekte sind feste, flüssige oder gasförmige Stoffe bzw. Geräte und Anlagenteile, über die mit Hilfe der Versuchsanlagen im Forschungsversuch Erkenntnisse gewonnen werden sollen und die im Lehrversuch wissenschaftlichen Übungen dienen.
4. Versorgungsanlage
   Versorgungsanlage ist die Gesamtheit der Anlagen, Betriebsmittel, Leitungen, Behältnisse u. ä., die zur Erzeugung, Umformung, Speicherung, Fortleitung und Verteilung der für das Betreiben von Versuchsanlagen erforderlichen Energie oder Stoffe dienen.

5. Schutzabstand
Schutzabstand ist die zur Gewährleistung des Arbeits- und Brandschutzes notwendige Entfernung zwischen den Versuchsanlagen und Versuchsdurchführenden sowie zwischen den Versuchsanlagen.

6. Gefahrdrohende Menge
Gefahrdrohende Menge liegt vor, wenn die Menge der leichtbrennbaren Stoffe für den Versuchsraum eine mehr als geringe Brandgefahr darstellt und im Falle eines Brandes eine schnelle Ausbreitung zu erwarten ist oder wenn der Anteil der Gase, Dämpfe oder Stäube in dem gesamten Raum oder in einem Teil des Raumes so groß ist, daß er 50% der unteren Explosionsgrenze übersteigt.

7. Lehrversuch
Lehrversuch ist der lehrmäßig zu erbringende Nachweis von bekannten technischen oder naturwissenschaftlichen Erscheinungen oder Vorgängen durch ein Experiment, welches mit einer Versuchsanlage durchgeführt wird.

8. Praktikumsversuch
Praktikumsversuch ist der Lehrversuch, an dem die Lernenden aktiv beteiligt sind.

9. Demonstrationsversuch
Demonstrationsversuch ist der Lehrversuch, an dem die Lernenden passiv beteiligt sind.

10. Forschungsversuch
Forschungsversuch ist das mit einer Versuchsanlage durchzuführende wissenschaftliche Experiment zum Gewinnen oder zur Vervollkommnung technischer oder naturwissenschaftlicher Erkenntnisse.

11. Verantwortlicher für den Versuch
Verantwortlicher für den Versuch ist der für die Versuchsdurchführung eingesetzte Mitarbeiter, der die fachlichen Voraussetzungen hat und im Besitz des Befähigungsnachweises zur Anleitung und Kontrolle im Gesundheits-, Arbeits- und Brandschutz ist. Er hat Weisungsrecht für alle am Versuch beteiligten Personen.

12. Aufsichtsführender an der Versuchsanlage
Aufsichtsführender an der Versuchsanlage ist der vom Verantwortlichen für den Versuch eingesetzte und fachlich geeignete Unterwiesene, der im Besitz des Befähigungsnachweises zur Anleitung und Kontrolle im Gesundheits-, Arbeits- und Brandschutz ist. Er hat Weisungsrecht im Rahmen der ihm übertragenen Aufgabe.

## II.

## Versuchsräume und Versorgungsanlagen

### § 3

### Forderungen für Versuchsräume

(1) Versuchsräume müssen den Bestimmungen der Schutzgüte entsprechen.[4])

(2) Versuchsräume, in denen Versuche durchgeführt werden, bei denen brennbare Gase, Flüssigkeiten oder andere brennbare Stoffe in gefahrdrohenden Mengen zur Anwendung gelangen, müssen den gesetzlichen Vorschriften für feuer- und explosionsgefährdete Betriebsstätten entsprechen.[5])

(3) Versuchsräume, in denen Versuchsanlagen mit besonderen Gefahren betrieben werden, z. B. durch

Explosionen und Implosionen,
Lichtbogen,
Strahlungen,
Funkenflug,
toxische Gase, Stäube, Dämpfe,
sich lösende Teile,

bewegte Teile,
elektrostatische Aufladungen,
sind gegen Zutritt Unbefugter zu sichern; Warnschilder sind gemäß TGL 20455, Bl. 2, anzubringen. Die Versuchsräume müssen von innen jederzeit zu öffnen sein.

**§ 4**

**Forderungen für Versorgungsanlagen**

(1) Versorgungsanlagen müssen Schutzgüte besitzen; sie sind nach den geltenden arbeitsschutz-, brandschutz- und sicherheitstechnischen Bestimmungen zu errichten.
(2) Absperrorgane für Gas, Wasser, Dampf und Gefahrenschalter für Elektrizität sind gemäß TGL 20455, Bl. 1, zu kennzeichnen und müssen ungehindert erreichbar sein.
(3) Leitungssysteme müssen fest installiert bis in die Nähe der Versuchsanlage geführt werden. Rohrleitungen sind nach TGL 21889 zu kennzeichnen.
(4) Hauptschalter und Hauptabsperrorgane für die Einspeisungen in die Versorgungsanlage eines Versuchsraumes sind eindeutig zu beschriften und nach den gültigen Normen farblich zu kennzeichnen. Sie müssen immer ungehindert erreichbar sein. Wenn sie sich außerhalb des Versuchsraumes befinden, ist durch Aushang im Versuchsraum (evtl. Lageskizze) auf ihre Lage hinzuweisen. Bei Mehrfacheinspeisung ist durch eine Anweisung das Außerbetriebsetzen schriftlich festzulegen.

**III.**

**Errichten von Versuchsanlagen**

**§ 5**

**Übersicht und Ordnung**

Versuchsanlagen sind übersichtlich aufzubauen. Nicht zum Versuch benötigte Geräte und Materialien sind so abzustellen, daß Personen nicht behindert oder gefährdet werden können. Evakuierungswege sind freizuhalten.

**§ 6**

**Sicherheitstechnische Maßnahmen**

(1) Die Durchführung von Versuchen ist gefährdungs- und erschwernisfrei zu gestalten. Ist dies technologisch oder aus der Aufgabenstellung in Lehre und Forschung nicht möglich, ist die Arbeitsschutztechnik in Verbindung mit sicherheitstechnischen Mitteln anzuwenden, z. B. Meßgeräte, Warnanlagen, Schutzbrillen, Schutzhandschuhe, Atemschutzgeräte, Körperschutzmittel.
(2) Werden in einem Versuchsraum mehrere Versuchsanlagen errichtet und betrieben, sind Schutzabstände festzulegen.
(3) Gefahrenbereiche, die bei der Durchführung von Versuchen nicht betreten werden dürfen, sind abzusperren; sie sind durch entsprechende Sicherheitsfarben nach TGL 20455, Bl. 1, sowie durch Verbots-, Gebots- oder Hinweisschilder nach TGL 20455. Bl. 2, zu kennzeichnen.

**§ 7**

**Bedienungselemente**

(1) Bedienungselemente sind so anzuordnen, daß sie gefahrlos bedient werden können. Sie sind eindeutig und dauerhaft zu beschriften oder zu kennzeichnen. Der jeweilige Schaltzustand muß erkennbar sein.
(2) Gefahrenschalter und Absperrorgane, die im Gefahrenfalle zu betätigen sind, müssen entsprechend TGL 20455, Bl. 1, mit der Sicherheitsfarbe „rot“ gekennzeichnet und so in der Versuchsanlage angeordnet sein, daß sie leicht erreichbar sind.

### § 8

### Bewegliche oder ortsveränderliche Anlagenteile

(1) Bewegliche oder ortsveränderliche Versorgungsleitungen müssen ausreichende Querschnitte und genügende Festigkeit besitzen. Sie sind an den Anschlußstellen sicher und zugentlastet zu befestigen und so zu verlegen, daß sie nicht geknickt, anderweitig eingeengt oder beschädigt werden können.
(2) Anlagen, Betriebsmittel und Versorgungsleitungen, die nicht fest installiert werden können, sind so anzuordnen, daß Verkehrs- und Evakuierungswege nicht eingeengt und Personen weder behindert noch gefährdet werden. Sie sind nach Beendigung der Versuchsarbeiten unverzüglich zu beseitigen.

## IV.

## Betreiben von Versuchsanlagen

### § 9

### Aufsicht

(1) Versuchsanlagen müssen während der Versuchsdurchführung unter Aufsicht stehen. Wenn der Verantwortliche für den Versuch diese Aufsicht nicht selber ausüben kann, muß er einen Aufsichtsführenden benennen.
(2) Werden Versuchsanlagen nur durch eine Person betrieben, so gelten hier gleichzeitig die Bestimmungen über Arbeitsstätten, auf denen Werktätige allein außerhalb von Sicht- und Rufweite arbeiten.[6])
(3) Versuchsanlagen für Lehrversuche dürfen von Lernenden nur bei Anwesenheit eines Aufsichtsführenden bedient werden.
(4) Der Verantwortliche für den Versuch bzw. der Aufsichtsführende hat den ordnungsgemäßen Aufbau der Versuchsanlage zu kontrollieren, bevor diese in Betrieb genommen wird.
(5) Die Namen des Verantwortlichen für den Versuch und des Aufsichtsführenden sind an der Versuchsanlage oder an geeigneter Stelle im Versuchsraum durch Anschlag bekanntzugeben.
(6) Versuchsanlagen dürfen ohne ständige Aufsicht betrieben werden, wenn die Versuchsanlage durch selbsttätig wirkende sicherheitstechnische Einrichtungen, z. B. automatische Brandwarn- und Meldeeinrichtungen, gegen Brand- und Havariegefahren gesichert ist. Die erforderlichen Sicherheits- und Kontrollmaßnahmen sind vom Verantwortlichen für den Versuch schriftlich festzulegen. Die Anlagen müssen so aufgebaut und gekennzeichnet werden, daß sie im Gefahrenfall auch von einer nicht mit der Anlage vertrauten Person abgeschaltet werden können.

### § 10

### Belehrung und Unterweisung

Lernende sind in jedem Ausbildungsabschnitt vor Beginn der Lehrversuche über die einschlägigen Arbeitsschutz- und Brandschutzanordnungen, Arbeitsschutz- und Brandschutzinstruktionen und speziellen Verhaltensforderungen in Versuchsräumen zu belehren. Sie haben die erhaltene Belehrung im Arbeitsschutzkontrollbuch zu bestätigen. Lernende sind vor Beginn des Versuches und erforderlichenfalls auch während des Versuches zusätzlich an den Versuchsanlagen zu unterweisen und auf mögliche Gefahren aufmerksam zu machen.

### § 11

### Beseitigung von Rückständen

Vor der Versuchsdurchführung sind durch den Verantwortlichen für den Versuch Maßnahmen festzulegen, wie Rückstände aus der Versuchsdurchführung unter Beachtung der Forderungen des Umweltschutzes gefahrlos zu beseitigen sind.

§ 12

**Praktikumsversuche**

Für Praktikumsversuche sind durch den Verantwortlichen für den Versuch Bedienungsanleitungen und Forderungen für arbeitsschutzgerechtes Verhalten schriftlich festzulegen.

§ 13

**Forschungsversuche**

Bei Forschungsversuchen sind am Versuchsobjekt Abweichungen von den Bestimmungen dieser Anordnung zulässig, wenn dies zur Gewinnung wissenschaftlicher Erkenntnisse unumgänglich ist, und der Schutz von Leben und Gesundheit der Menschen durch entsprechende Maßnahmen des Arbeitsschutzes, der technischen Sicherheit und des Brandschutzes gesichert wird. Diese Maßnahmen müssen Bestandteil der Versuchsvorbereitung und Versuchsdurchführung sein; sie sind vor Beginn des Versuches vom Verantwortlichen für den Versuch schriftlich festzulegen und den am Versuch beteiligten Personen bekanntzugeben. Das Außerbetriebsetzen der Versuchsanlage und die Verhaltensweise im Gefahrenfall sind im Antihavarietraining mit den im Versuchsraum Beschäftigten zu üben.

**V.**

**Brandschutz**

§ 14

(1) In feuer- und explosionsgefährdeten Versuchsräumen ist das Rauchen verboten. Der Umgang mit offenem Feuer, Licht oder sonstigen Zündquellen ist nicht gestattet. Ist dies für den Versuch unumgänglich, sind Festlegungen zu treffen, die den geforderten Sicherheitsmaßnahmen in ihrer Wirksamkeit gleichwertig sind.
(2) Spezielle Verhaltensforderungen für den vorbeugenden Brandschutz, die Brandbekämpfung und die Evakuierung von Menschen sowie die Sicherstellung von Sachwerten, die sich durch das Betreiben von Versuchsanlagen ergeben, sind in Brandschutzanordnungen, in Brandschutzinstruktionen oder in Bedienungsanleitungen für Versuchsanlagen festzulegen.
(3) Alarmierungsmöglichkeiten für die Einsatzkräfte der Feuerwehr müssen im Versuchsraum oder in unmittelbarer Nähe vorhanden sein.
(4) Löschgeräte, Löscheinrichtungen und Löschmittel für die Brandbekämpfung müssen der Art und dem Umfang der Versuchsanlagen und Versuchsräume entsprechen.
(5) Die im Versuchsraum tätigen Personen sind über die Lage der Absperrorgane sowie Maßnahmen des vorbeugenden Brandschutzes, über die Handhabung und Einsatzmöglichkeiten der Löschgeräte, Löscheinrichtungen und Löschmittel für die Brandbekämpfung und über die Alarmierung und Evakuierung in regelmäßigen Abständen zu belehren. Die Gefahrenabschaltung, Alarmierung, Evakuierung und Brandbekämpfung sind im Antihavarietraining zu üben.

§ 15

**Übergangsbestimmungen**

Festlegungen dieser Anordnung, die Änderungen an Gebäuden oder Betriebseinrichtungen erfordern, sind im Rahmen vorgesehener Rekonstruktionen, spätestens bis zum 1. Januar 1975, durchzuführen. Bei unmittelbarer Gefährdung sind sie sofort durchzuführen.

## VI.
## Schlußbestimmungen
### § 16

Die §§ 3, 4, 7, 8, 9, 10, 14 enthalten Bestimmungen des Brandschutzes.

### § 17

(1) Diese Anordnung tritt mit ihrer Veröffentlichung in Kraft.

(2) Gleichzeitig tritt die Arbeitsschutz- und Brandschutzanordnung 430 vom 1. November 1965 — Versuchsstätten. Versuchs- und Demonstrationsanlagen — (GBl. II Nr. 110 S. 769; Ber. GBl. II 1969 Nr. 76 S. 475) außer Kraft.

---

[1]) § 1 wurde durch die ABAO 430/2, die am 1. 9. 1976 in Kraft trat, ergänzt.

[2]) Jetzt: § 20 der Arbeitsschutzverordnung — ASVO — vom 1. Dezember 1977 (GBl. I Nr. 36 S. 405), abgedruckt unter **H 01 01**

[3]) Jetzt: § 4 des Gesetzes vom 19. 12. 1974 über den Brandschutz in der DDR — Brandschutzgesetz — (GBl. I Nr. 62 S. 575)

[4]) Z. Z. gilt die Dritte Durchführungsbestimmung zur Arbeitsschutzverordnung — Schutzgüte — vom 24. Januar 1980 (GBl. I Nr. 6 S. 45)

[5]) Z. Z. gilt die TGL 30042 vom Juni 1977 — Verhütung von Bränden und Explosionen. Allgemeine Festlegungen für Arbeitsstätten

[6]) Z. Z. gilt die ABAO 8 vom 14. 5. 1971 — Allgemeine Bestimmungen über Arbeitsstätten, auf denen Werktätige allein außerhalb von Sicht- und Rufweite arbeiten — (GBl. Nr. 49 S. 376)

DDR-Standard
TGL 30060; Ausgabe Februar 1979;
verbindlich ab 1. 10. 1979
Gesundheits- und Arbeitsschutz
Brandschutz

# Schutz gegen Elektrizität

## Allgemeine sicherheitstechnische Forderungen

### 1. Allgemeines

Die in diesem Standard enthaltenen Forderungen sind in weiteren Grundlagenstandards des Gesundheits- und Arbeitsschutzes sowie des Brandschutzes und in Standards, welche spezifische Festlegungen des Gesundheits- und Arbeitsschutzes sowie des Brandschutzes enthalten, zu konkretisieren.

### 2. Isoliervermögen

2.1. Die Isolation von elektrotechnischen Anlagen und Betriebsmitteln ist in Abhängigkeit von den auftretenden Spannungsbeanspruchungen so zu bemessen und hinsichtlich ihrer Isolations- und Schutzpegel so zu koordinieren, daß Gefährdungen durch Stromeinwirkungen verhindert werden.

2.2. Isolierstoffe müssen unter Berücksichtigung der umgebungs- und funktionsbedingten Beanspruchungen das für ein gefahrloses Betreiben elektrotechnischer Anlagen und Betriebsmittel erforderliche Isoliervermögen haben.

### 3. Lichtbogenschutz

Gefährdungen durch Lichtbögen sind durch wirksame technische Maßnahmen, z. B. Feststoffisolierung, Leiterschottung, Kapselung, auszuschließen. Falls durch sicherheitstechnische Mittel Gefährdungen nicht völlig ausgeschlossen werden können, sind Verhaltensforderungen festzulegen, durch die schädigende Auswirkungen von Lichtbögen verhindert werden.

### 4. Kurzschlußstromfestigkeit

Elektrotechnische Anlagen sind so zu bemessen und elektrotechnische Betriebsmittel sind so auszuwählen, daß sie den thermischen und mechanischen Beanspruchungen des auftretenden Kurzschlußstromes standhalten. Abweichungen hiervon sind nur in begründeten, in staatlichen Standards festzulegenden Fällen zulässig.

## 5. Schutz gegen direktes Berühren

5.1. Betriebsmäßig unter Spannung stehende Teile sind so zu isolieren, abzudecken und/oder anzuordnen, daß Menschen gegen Berühren oder gefährdende Näherung geschützt sind.

5.2. Umhüllungen und Abdeckungen von Gefäßen zum Schutz gegen das Berühren betriebsmäßig unter Spannung stehender Teile

— dürfen nur mit Hilfe von Werkzeugen oder Schlüsseln entfernbar sein. Das gilt nicht, wenn das Entfernen der Umhüllungen oder Abdeckungen nur im spannungsfreien Zustand möglich ist, sowie für Arbeitsstätten, zu denen nur unterwiesene Werktätige Zugang haben, z. B. elektrotechnische Betriebsräume

— müssen, sofern das erforderlich ist, mit Vorrichtungen zum gefahrlosen Abnehmen oder Anbringen, z. B. Griffen, versehen sein.

5.3. Bei Wechselspannungen bis 50 V (Effektivwert) oder bei Gleichspannungen bis 60 V darf der Berührungsschutz entfallen, sofern nicht besondere Bedingungen, z. B. bei der Anwendung elektromedizinischer Geräte, auch bei diesen Spannungen Sicherheitsmaßnahmen erfolgen.

5.4. Muß aus Funktionsgründen von einem Berührungsschutz abgesehen werden, so ist durch Standortisolierung, isolierende Hand- und Fußbekleidung, isolierendes Werkzeug oder durch andere Schutzmittel und spezielle Verhaltensforderungen der Schutz gegen zu hohe Berührungsspannung beim Berühren betriebsmäßig unter Spannung stehender Teile zu gewährleisten.

## 6. Schutz gegen indirektes Berühren

6.1. Betriebsmäßig nicht unter Spannung stehende leitfähige Teile von elektrotechnischen Anlagen mit Spannungen, die zu einer gefährlichen elektrischen Durchströmung des Menschen führen können, müssen in eine Schutzmaßnahme gegen zu hohe Berührungsspannung einbezogen werden.

6.2. Fabrikfertige Baueinheiten und elektronische Betriebsmittel mit Netzspannungen bis 1000 V Wechselspannung oder bis 1500 V Gleichspannung, für die Schutzmaßnahmen gegen zu hohe Berührungsspannung nach Abschnitt 6.1. gefordert werden, sind nach ihrer Ausführung in bezug auf diese Schutzmaßnahmen oder nach ihren Voraussetzungen zur Durchführung derselben in Schutzklassen einzuteilen.

6.3. Schutzleiter, Erdungs- und Potentialausgleichleitungen sowie ihre Anschluß- und Verbindungsstellen sind so auszuführen und anzuordnen, daß sie unter Berücksichtigung der umgebungs- und funktionsbedingten Beanspruchungen die Wirksamkeit der Schutzmaßnahmen gewährleisten.

## 7. Schutz gegen elektrische und elektromagnetische Felder

Betriebsmittel, von denen gefährliche elektrische und/oder elektromagnetische Felder ausgehen, sind durch Abschirmungen oder ähnliche Einrichtungen so zu gestalten, daß

die höchstzulässigen Werte der Beeinflussung am Arbeitsplatz nicht überschritten werden.
Ist durch die Gestaltung der Betriebsmittel die Einhaltung der Grenzwerte nicht möglich, oder aus technologischen Gründen ein Aufenthalt im Bereich elektrischer oder elektromagnetischer Felder unvermeidbar, so sind durch andere Maßnahmen, z. B. durch Abschirmung der Arbeitsplätze oder durch Verhaltensforderungen, Gefährdungen auszuschließen.

## 8. Schutz gegen elektrostatische Aufladungen

Gefährdungen durch elektrostatische Aufladungen sind durch geeignete Maßnahmen auszuschließen, z. B.

- Vermeidung von technologischen Vorgängen, die zu elektrostatischen Aufladungen führen können,
- Wahl von Werkstoffen mit einem Oberflächenwiderstand bis $10^9$ Ohm und
- Vermeidung der Ansammlung elektrostatischer Ladungen durch Erdung von elektrischen Leitern und Menschen.

## 9. Schutz gegen Beeinflussung durch induktive, kapazitive oder galvanische Kopplung

Bei Kreuzungen und Näherungen zwischen Starkstromanlagen und

- Informationsanlagen und/oder
- metallenen Objekten, z. B. Rohrleitungen,

sowie bei Informationsübertragungen oder Starkstrom/Freileitungen sind durch induktive, kapazitive oder galvanische Kopplung auftretenden Ströme und Spannungen so zu begrenzen, und/oder die Informationsanlagen oder metallenen Objekte so anzuordnen, daß Menschen nicht gefährdet werden können.

## 10. Blitzschutz

Nach TGL 30044

## 11. Verriegelungen

11.1. Sind zum Schutz vor Gefährdungen, die durch Gestaltung der Betriebsmittel und Anlagen nicht ausgeschlossen werden können, Verriegelungen vorgesehen, so muß die Möglichkeit der Auslösung ungewollter Vorgänge oder Zustände verhindert werden.

11.2. Notschalteinrichtungen dürfen keinen ihre Funktion behinderten Verriegelungen unterliegen.

11.3. Wird bei automatischen und/oder ferngesteuertem Betrieb zusätzlich eine örtliche Steuerung angewendet, so muß Automatik und/oder Fernsteuerung bei Betrieb der örtlichen Steuerung unwirksam sein.
Der automatische und/oder ferngesteuerte Arbeitsablauf darf erst eingeleitet werden können, wenn die erforderlichen Sicherheitsbedingungen erfüllt sind.

## 12. Verhütung von Bränden und Explosionen

12.1. Elektrotechnische Anlagen und Betriebsmittel müssen so beschaffen, angeordnet und/oder geschützt sein, daß durch sie, z. B. durch Erwärmung oder Funken, keine Explosions- oder Brandgefährdung entsteht.

12.2. In Explosions- und explosivstoffgefährdeten Arbeitsstätten dürfen nur solche elektrotechnischen Betriebsmittel eingesetzt werden, die vom Hersteller dieser Betriebsmittel für den Einsatz in den genannten Arbeitsstätten zugelassen sind.

## Hinweise

Im vorliegenden Standard ist auf folgenden Standard Bezug genommen: TGL 30044
Elektrotechnik; Schutzgrade für Berührungs-, Fremdkörper- und Wasserschutz siehe TGL 15165/01
Kriech- und Luftstrecken siehe TGL 16559
Elektrotechnik; Isolationskoordination, Betriebsmittel und Anlagen mit Wechselspannung über 1 kV; Technische Forderungen siehe TGL 20445/02
—; —; Betriebsmittel und Anlagen mit Wechselspannungen bis 1000 V siehe TGL 20445 /03
Elektrotechnik, Elektronik; Schutzklassen siehe TGL 21366
Elektrostatische Aufladungen; Beseitigung von Gefahren und Betriebsstörungen infolge unbeabsichtigter elektrostatischer Aufladungen; Begriffe, Allgemeine Grundsätze siehe TGL 22061/01
Elektrotechnik, Elektronik. Einheitliches Gefäßsystem EGS; Allgemeine technische Forderungen siehe TGL 25061/02
Elektrotechnische Anlagen; Fabrikfertige Baueinheiten für Nennspannungen über 1 kV Ws; Lichtbogenschutz-Forderungen siehe TGL 26469/06
Gesundheits- und Arbeitsschutz, Brandschutz, Verhütung von Bränden und Explosionen in Arbeitsstätten siehe TGL 30042
Arbeitshygiene; Elektrische, magnetische und elektromagnetische Felder und Wellen; Mikrowellen und Hochfrequenzbereich; Begriffe, zulässige Werte der Leistungsdichte, Feldstärke, Meßmethode siehe TGL 32602/01
Elektrotechnische Anlagen; Allgemeine Errichtungsvorschriften; Allgemeine technische Forderungen siehe TGL 200-0601/02 Schutzmaßnahmen in elektrotechnischen Anlagen; Schutz gegen Berühren betriebsmäßig unter Spannung stehender Teile siehe TGL 200-0602/02

— ; Schutzmaßnahmen gegen zu hohe Berührungsspannungen an betriebsmäßig nicht unter Spannung stehenden Teilen siehe TGL 200-0602/03
Erdung in elektrotechnischen Anlagen, Grundforderungen; Bemessung, Ausführung siehe TGL 200-0603/02
ABAO 900/1 vom 28. 10. 1975 Elektrotechnische Anlagen (GBl. Sdr. Nr. 820) Arbeitsschutzverordnung — ASVO — vom 1. 12. 1977 (GBl. Nr. 36 Seite 405)

# Arbeitsschutz- und Brandschutzanordnung 900/1 — Elektrotechnische Anlagen —

vom 28. Oktober 1975
(GBl. Sdr. Nr. 820)

i. d. F. der Änderungsanordnung Nr. 1 vom 11. März 1977 (GBl. I Nr. 7 S. 57) und der Änderungsanordnung Nr. 2 vom 15. Juni 1978 (GBl. I Nr. 18 S. 230)

sowie der Änderungsanordnung Nr. 3 vom 13. Juli 1982 (GBl. I Nr. 29 S. 531)

Auf Grund des § 6 der Arbeitsschutzverordnung vom 22. September 1962 (GBl. II Nr. 79 S. 703)[1]) und des § 4 des Brandschutzgesetzes vom 19. Dezember 1974 (GBl. I Nr. 62 S. 575)[2]) wird im Einvernehmen mit den Leitern der zuständigen zentralen Staatsorgane und in Übereinstimmung mit dem Bundesvorstand des Freien Deutschen Gewerkschaftsbundes folgendes angeordnet:

## § 1 Begriffsbestimmungen

Im Sinne dieser Arbeitsschutz- und Brandschutzanordnung (im folgenden Anordnung genannt) gelten folgende Begriffsbestimmungen:

1. Elektrotechnische Anlage ist eine funktionelle Einheit aus elektrotechnischen Betriebsmitteln zum Erzeugen, Übertragen, Verteilen oder Anwenden von Elektroenergie. Zu den elektrotechnischen Anlagen zählen auch elektrotechnische Ausrüstungen von Maschinen, BMSR-Anlagen, Fernmeldeanlagen und Bahnsicherungsanlagen.
2. Elektrolyseanlage ist eine Anlage, die aus einem oder mehreren Elektrolyseuren (Elektrolysezellen) oder Schmelzflußelektrolyseöfen einschließlich der dazugehörigen Stromschienen und Hilfseinrichtungen besteht.
3. Fachmann für elektrotechnische Anlagen ist ein Werktätiger, der mindestens eine abgeschlossene Facharbeiterausbildung der Bereiche Starkstromanlagen, BMSR-Anlagen, Bahnsicherungsanlagen oder Fernmeldeanlagen hat und der auf Grund seines Fachwissens, seiner Erfahrung sowie Kenntnis der einschlägigen Bestimmungen die ihm übertragenen Arbeiten selbständig ausführen und die dabei möglichen Gefahren erkennen kann.
Hoch- und Fachschulingenieure gelten als Fachmann für elektrotechnische Anlagen, wenn ihre Studienrichtung einem der angeführten Ausbildungsberufe entspricht.
4. Verantwortlicher Fachmann ist ein Fachmann gemäß Ziff. 3, der im Besitz des Befähigungsnachweises gemäß *§ 15 der Arbeitsschutzverordnung vom 22. September 1962*[3]) ist und vom Leiter des Betriebes als Verantwortlicher für das Errichten oder Instandhalten elektrotechnischer Anlagen eingesetzt ist.
Der verantwortliche Fachmann für das Errichten von Starkstromanlagen muß mindestens

den Abschluß des Ausbildungsberufes „Elektromonteur" oder „Elektroinstallateur", für das Errichten von BMSR-Anlagen den des Ausbildungsberufes „Facharbeiter für BMSR-Technik", für das Errichten von Bahnsicherungsanlagen den des Ausbildungsberufes „Elektrosignalschlosser" oder „Signalwerker" und für das Errichten von Fernmeldeanlagen einschließlich der zugehörigen Stromversorgungsanlagen den des Ausbildungsberufes „Facharbeiter für Nachrichtentechnik" oder „Fernmeldebaumonteur" haben. Die verantwortliche Fachmann für das Errichten von Starkstromanlagen kann auch als solcher für BMSR-Anlagen eingesetzt werden.

5. Schaltberechtiger ist ein Werktätiger, der den Befähigungsnachweis „Schaltberechtigter für elektrotechnische Anlagen über 1 kV" erworben hat und dem von dem Leiter seines Betriebes bzw. beauftragten leitenden Mitarbeiter die Schaltberechtigung für bestimmte Anlagen erteilt wurde.

6. Fachkundiger Werktätiger ist ein Fachmann gemäß den Ziffern 3 und 4 sowie ein Werktätiger ohne die gemäß Ziff. 3 geforderte Qualifikation, der beim Errichten oder Instandhalten elektrotechnischer Anlagen ständig mitarbeitet und durch erhaltene fachliche Unterweisungen, gesammelte Erfahrungen und erworbene fachliche Kenntnisse in der Lage ist, Arbeiten an elektrotechnischen Anlagen fachgerecht auszuführen. Ein Schaltberechtigter, gemäß Ziff. 5, der keinen Abschluß eines Ausbildungsberufes gemäß Ziff. 3 hat, gilt als fachkundiger Werktätiger für das Bedienen von elektrotechnischen Anlagen mit Nennspannungen über 1 kV.

7. Unterwiesener Werktätiger ist ein fachunkundiger Werktätiger, der vor Arbeitsaufnahme über die Gefahren belehrt wurde, die bei unsachgemäßem Verhalten gegenüber der Anlage entstehen können.

8. Schalthandlung ist das Betätigen von Schaltgeräten sowie der Einbau oder der Ausbau von Erdungs- und Kurzschließvorrichtungen.

9. Bedienen ist das Schalten, Einstellen, Steuern und Regeln von Anlagen, das Beobachten von Betriebsmitteln, z. B. das Ablesen von Meßwerten, weiterhin das Durchführen und Aufheben von Maßnahmen zum Herstellen und Sichern des spannungsfreien Zustandes.

10. Instandhalten ist die Gesamtheit aller Maßnahmen zur Gewährleistung des Arbeits- und Havarieschutzes sowie des Brandschutzes einer elektrotechnischen Anlage. Es umfaßt die Wartung, die Revision und das Instandsetzen.

11. Revision ist eine vom Betreiber der elektrotechnischen Anlage in bestimmten Zeitabständen zu veranlassende Maßnahme zur Gewährleistung des Arbeits- und Havarieschutzes sowie des Brandschutzes einer elektrotechnischen Anlage. Sie kann mit Funktionskontrollen, Messungen, Sichtprüfungen, Prüfen der Schutzmaßnahme gegen zu hohe Berührungsspannung, Messen der Isolationswiderstände und anderen Prüfungen verbunden sein.

12. Errichten ist das Zusammenfügen einzelner elektrotechnischer Betriebsmittel zu einer elektrotechnischen Anlage. Hierzu zählt auch das Verändern bzw. Erweitern derselben.

13. Betreiber ist derjenige, in dessen Grundmittelbestand die elektrotechnischen Anlagen aufgenommen oder dem diese vertraglich zur Nutzung überlassen sind.

### § 2 Geltungsbereich

(1) Diese Anordnung gilt für Kombinate, Betriebe, Einrichtungen und Genossenschaften (nachfolgend Betriebe genannt), die elektrotechnische Anlagen zum Erzeugen, Übertragen, Verteilen und Anwenden von Elektroenergie projektieren, herstellen, errichten, betreiben, bedienen oder instand halten, soweit diese Anlagen auf Grund ihrer Spannungs- oder Stromwerte Unfälle, Havarien und Brände hervorrufen können. Für überwachungspflichtige elektrotechnische Anlagen gilt diese Anordnung in Verbindung mit der Ersten Durchführungsbestimmung vom 25. Oktober 1974 zur Arbeitsschutzverordnung — Überwachungspflichtige Anlagen — (GBl. I Nr. 59 S. 556).
(2) Die staatliche Überwachung für die in Anlage 1 genannten elektrotechnischen Anlagen erfolgt durch die Technische Überwachung der Deutschen Demokratischen Republik (nachfolgend Technische Überwachung genannt) in Form von Kontrollen und Prüfungen

- zur Erteilung von Zustimmungen zur Errichtung,
- zur Erteilung von Zustimmungen zur Inbetriebnahme,
- zur Erteilung von Typzulassungen.

Anmerkung im Gesetzblatt: Spezifizierung der Unterlagen, die der Technischen Überwachung zur Erteilung der Zustimmung zur Errichtung bzw. der Typzulassung einzureichen sind, siehe Anlage 2. Spezifizierung der Unterlagen, die der Technischen Überwachung zur Erteilung der Zustimmung zur Inbetriebnahme vorzulegen sind, siehe Anlage 3.

(3) Die Technische Überwachung führt im Rahmen ihrer staatlichen Überwachung planmäßig Kontrollen und Prüfungen beim Betreiben überwachungspflichtiger Anlagen durch und kann in diesem Zusammenhang auch an nichtüberwachungspflichtigen elektrotechnischen Anlagen Prüfungen durchführen und in deren Ergebnis Auflagen erteilen.
(4) Für elektrotechnische Anlagen, die Bestandteil fördertechnischer Anlagen sind, gelten die für fördertechnische Anlagen vorhandenen Rechtsvorschriften.
(5) Für elektrotechnische Versuchsanlagen für Lehre und Forschung gilt diese Anordnung in Verbindung mit der Arbeitsschutz- und Brandschutzanordnung 431 vom 14. August 1972 — Elektrotechnische Versuchsanlagen für Lehre und Forschung — (GBl. II Nr. 57 S. 626).
(6) Diese Anordnung findet keine Anwendung:

- für elektrotechnische Anlagen von Schiffen und Schwimmkörpern, soweit diese den Bestimmungen der DDR Schiffs-Revision und Klassifikation (DSRK) unterliegen,
- für elektrotechnische Anlagen von Flugzeugen,
- für elektrotechnische Anlagen nichtschienengebundener Kraftfahrzeuge, soweit sie nicht unmittelbar dem Antrieb dienen,
- für Fernmeldeanlagen der Nachrichtenübermittlung, sofern sich diese nicht in explosions- oder explosivstoffgefährdeten Betriebsstätten oder schlagwettergefährdeten Grubenbauen befinden.

## § 3 Allgemeine Forderungen

(1) Elektrotechnische Anlagen müssen so projektiert, errichtet, in Betrieb gesetzt, betrieben, instand gehalten und bedient werden, daß die in den Rechtsvorschriften enthaltenen Forderungen zur Gewährleistung des Arbeits- und Havarieschutzes sowie des Brandschutzes erfüllt sind.
(2) Vor Ausführen von Arbeiten an und in elektrotechnischen Anlagen hat der für diese Anlage verantwortliche Leiter des Betriebes oder dessen Beauftragter dafür zu sorgen, daß Werktätige, auch betriebsfremde, vor allen Gefahren geschützt werden, die sich aus dem Schaltzustand der Anlage oder der Technologie des Fertigungsprozesses ergeben.

## § 4 Errichten

(1) Elektrotechnische Anlagen dürfen nur von fachkundigen Werktätigen unter Leitung eines verantwortlichen Fachmannes errichtet werden. Elektrolyseanlagen dürfen auch von unterwiesenen Werktätigen unter Leitung eines vom Leiter des Betriebes beauftragten anlagenkundigen Werktätigen errichtet werden.
(2) Elektrotechnische Versuchsanlagen in Laboratorien und ähnlichen Einrichtungen zur Durchführung von Prüfungen und Versuchen dürfen nur unter Leitung eines Aufsichtführenden errichtet werden. Der Aufsichtführende muß Fachmann sein oder von dem für die Durchführung der Prüfungen und Versuche zuständigen Leiter als fachlich geeignet befunden worden sein.

## § 5 Inbetriebnahme

(1) Der Hersteller- bzw. Errichterbetrieb (nachfolgend Hersteller bzw. Errichter genannt) hat vor Inbetriebnahme einer elektrotechnischen Anlage dem Betreiber zu beschleunigen, daß die von ihm errichtete Anlage den Rechtsvorschriften entspricht, die erforderliche Schutzgüte besitzt und bereits vorhandene elektrotechnische Anlagen nicht nachteilig beeinflußt. Er hat die in den einschlägigen Rechtsvorschriften vorgeschriebenen Prüfungen, insbesondrre die der Schutzmaßnahme gegen zu hohe Berührungsspannung und das Messen des Isolationswiderstandes durchzuführen und dem Betreiber zu bescheinigen, daß die Meßergebnisse den Forderungen der Rechtsvorschriften genügen. Auf Anforderung des Betreibers sind die Meßwerte bekanntzugeben. Der Hersteller bzw. Errichter hat dem Betreiber die zum Betreiben der Anlage notwendigen Dokumentationsunterlagen zu übergeben.
(2) Die erstmalige Inbetriebnahme von errichteten oder veränderten elektrotechnischen Anlagen ist vom Errichter im Einverständnis mit dem Betreiber durchzuführen. Funktionsproben gelten nicht als Inbetriebnahme, sie sind nach Ermessen des Errichters durchzuführen. Der Betreiber kann beim Vorliegen besonderer betrieblicher Belange hierzu mit dem Errichter andere Vereinbarungen treffen.
(3) In schlagwettergefährdeten Grubenbauen sind elektrotechnische Anlagen bis 1000 V

Nennspannung vor der erstmaligen Inbetriebnahme sowie nach jeder Umsetzung von einem verantwortlichen Fachmann auf Einhaltung der Rechtsvorschriften zu kontrollieren. Über die durchgeführten Kontrollen sind schriftliche Nachweise zu führen.

### § 6 Bedienen

(1) Das Betreten elektrotechnischer und abgeschlossener elektrotechnischer Betriebsräume darf nur von fachkundigen oder unterwiesenen Werktätigen erfolgen. Für das Öffnen und Schließen abgeschlossener elektrotechnischer Betriebsräume ist die Berechtigung zur Schlüsselführung vom Betreiber der elektrotechnischen Anlage erforderlich.

(2) Elektrotechnische Anlagen in elektrotechnischen Betriebsräumen und abgeschlossenen elektrotechnischen Betriebsräumen dürfen nur von fachkundigen Werktätigen bedient werden. Darüber hinaus dürfen unterwiesene Werktätige, die im Besitz der Schlüsselberechtigung mit begrenzten Befugnissen sind, die hiermit zulässigen Bedienungshandlungen ausführen. Für Schalthandlungen in Anlagen mit Nennspannungen über 1 kV gelten die Forderungen des § 7.

(3) Für das Herstellen und Sichern des spannungsfreien Zustandes gelten die Forderungen von TGL 200-0619 „Betreiben elektrotechnischer Anlagen", Bl. 1 „Sicherheitstechnische Forderungen für Starkstromanlagen". An Elektrolyseanlagen dürfen diese Maßnahmen von unterwiesenen Werktätigen durchgeführt werden.

(4) Schmelzeinsätze mit Schraubkappen für Nennströme bis 63 A dürfen auch von fachunkundigen Werktätigen entfernt oder eingesetzt werden, wenn der Schutz gegen Berührung betriebsmäßig unter Spannung stehender Teile vorhanden ist. Niederspannungs-Hochleistungs-Sicherungen (NH-Sicherungen) in elektrotechnischen Anlagen von Lokomotiven dürfen auch von unterwiesenem Lokomotivpersonal ausgewechselt werden. Glühlampen, Leuchtstofflampen und Gasentladungslampen dürfen von fachunkundigen Werktätigen entfernt oder eingesetzt werden. Dies gilt nicht für explosions- und explosivstoffgefährdete Betriebsstätten sowie schlagwettergefährdete Grubenbaue. Hierfür gelten TGL 200-0621 „Elektrotechnische Anlagen in explosionsgefährdeten Räumen", TGL 200-0622 „Elektrotechnische Anlagen in explosivstoffgefährdeten Betriebsräumen" und TGL 200-0641 „Elektrotechnische Anlagen im Bergbau unter Tage".

(5) Der Leiter des Betriebes hat zu entscheiden, in wieweit für das Bedienen spezieller elektrotechnischer Anlagen in Produktionsstätten (Betriebsräumen) bzw. von Produktionsanlagen eine anlagenbezogene Unterweisung der Werktätigen erforderlich ist, z. B. Bedienen von Walzstraßen, Elektrolyseanlagen und Maschinen mit umfangreichen Steuerungsanlagen.

(6) Schüler an Bildungseinrichtungen für die allgemeinbildende und polytechnische Ausbildung und Teilnehmer von Erwachsenenqualifizierungen dürfen elektrotechnische Anlagen für Demonstrationszwecke nur unter Anleitung und Aufsicht der entsprechenden Fachlehrer, Dozenten bzw. betrieblichen Ausbilder bedienen. Bei Durchführung des polytechnischen Unterrichtes sind die von den dafür zuständigen zentralen Staatsorganen erlassenen Bestimmungen zu beachten.

## § 7 Schalthandlungen in elektrotechnischen Anlagen mit Nennspannungen über 1 kV

(1) Schalthandlungen in elektrotechnischen Anlagen mit Nennspannungen über 1 kV dürfen nur Werktätigen übertragen werden, die nach Ablegung einer Prüfung an einer von der Technischen Überwachung zugelassenen Bildungseinrichtung den Befähigungsnachweis „Schaltberechtigter für elektrotechnische Anlagen über 1 kV" der entsprechenden Stufe erworben haben.

Anmerkung im Gesetzblatt: Der Vordruck Befähigungsnachweis für schaltberechtigte Personen TÜ 9607 ist im Vordruckverlag Freiberg, Außenstelle Dresden erhältlich.

Der Befähigungsnachweis ist in Abhängigkeit von der Nennspannung und Art der elektronischen Anlage in folgende Stufen gegliedert:

Stufe Ia über 1 kV bis 3 kV in Gleichstrom-Fahrleitungsanlagen,
Stufe Ib über 1 kV bis 25 kV in Wechselstrom-Fahrleitungsanlagen,
Stufe II über 1 kV bis 30 kV in Schaltanlagen oder Schaltstellen,
Stufe III über 30 kV bis 110 kV in Schaltanlagen oder Schaltstellen,
Stufe IV über 110 kV in Schaltanlagen oder Schaltstellen.

Für den Erwerb der Befähigungsnachweise der Stufen III und IV ist jeweils der Besitz des Befähigungsnachweises der Stufe II Voraussetzung. Der Befähigungsnachweis Stufe IV schließt den der Stufe III ein.

Der Befähigungsnachweis ist nicht erforderlich:

- für das betriebsmäßige Ein- und Ausschalten von Leistungsschaltern und Last bzw. Leistungstrennschaltern zum Zwecke des Betreibens einzelner Verbraucher oder Transformatoren, sofern spannungsführende Teile gegen Berühren geschützt sind,
- für das Ein- und Ausschalten von Fahrleitungsschaltern in Wechselstrom-Fahrleitungsanlagen der Deutschen Reichsbahn mit einer Nennspannung über 1 kV einschließlich der Masttrenner für abgetrennte Stumpf-, Reparatur- Lade- und Lokbehandlungsgleise,
- für das Ein- und Ausschalten in Gleichstrom-Fahrleitungsanlagen über 1 kV bis 3 kV bei betrieblich festgelegten Stumpf-, Strossen- und Reparaturgleisen, die nur einseitig mittels Mastschalter bzw. Streckentrenner eingespeist werden können,
- für den Einbau und Ausbau von Erdungs- und Kurzschließvorrichtungen an der Arbeitsstelle bei Starkstromfreileitungen, wenn an allen Schaltstellen, von denen die Arbeitsstelle unter Spannung gesetzt werden kann, durch einen Schaltberechtigten kurzschlußfest geerdet und kurzgeschlossen worden ist,
- für Schalthandlungen in Prüffeldern sowie in elektrotechnischen Versuchsanlagen der Lehre und Forschung,
- für Schalthandlungen für Elektrofilteranlagen.

Derartige Handlungen bedürfen der schriftlichen Zustimmung durch den Leiter des Betriebes[4]).

(2) Die Durchführung der Lehrgänge, die erforderlichen Voraussetzungen für die Zulassung

zur Prüfung, die Bildung eines Prüfausschusses sowie der Gegenstand der Prüfung sind in der Prüfungsordnung gemäß Anlage 4 festgelegt. Das erforderliche Fachwissen ist nach den von der Technischen Überwachung herausgegebenen Rahmenlehrplänen zu vermitteln. Die gesundheitliche Tauglichkeit ist durch einen ärztlichen Untersuchungsbefund nachzuweisen. In Abständen von 3 Jahren ist die gesundheitliche Tauglichkeitsuntersuchung zu wiederholen.

Anmerkung im Gesetzblatt: Siehe TÜ-Mitteilung Nr. 343/74 „Rahmenlehrpläne für Schaltberechtigtenlehrgänge".
Für den ärztlichen Untersuchungsbefund siehe Vordruck Prüfungsunterlagen TÜ 9609 Vordruckverlag Freiberg, Außenstelle Dresden.

(3) Der Leiter des Betriebes muß Werktätigen, denen er die Durchführung von Schalthandlungen überträgt, die Schaltberechtigung anlagenbezogen erteilen und dies im Befähigungsnachweis eintragen. Er hat eine anlagenbezogene Unterweisung zu gewährleisten.

(4) Schaltanweisungsberechtigte müssen den entsprechenden Befähigungsnachweis „Schaltberechtigte für elektrotechnische Anlagen über 1 kV" besitzen. Führen diese selbst keine Schalthandlungen durch, sind Einschränkungen in bezug auf die gesundheitliche Tauglichkeit zulässig.

(5) Abweichend von Abs. 1 kann der Leiter des Betriebes in begründeten Fällen unterwiesene Werktätige mit Schalthandlungen beauftragen, wenn die Durchführung des Auftrages von Schaltberechtigten beaufsichtigt wird.

(6) Bei Verstößen gegen die einschlägigen Rechtsvorschriften kann der Leiter des Betriebes die Schaltberechtigung entziehen. Vor Wiedererteilung der Schaltberechtigung hat der Leiter des Betriebes die Eignung festzustellen.

### § 8 Belehrung

(1) Die mit dem Errichten oder Instandhalten elektrotechnischer Anlagen beauftragten fachkundigen Werktätigen sind in Abständen von höchstens 2 Monaten durch einen verantwortlichen Fachmann über die für diese elektrotechnischen Anlagen geltenden Rechtsvorschriften sowie über die möglichen Gefahren zu belehren.

(2) Schaltberechtigte sind in Abständen von höchstens 4 Monaten durch einen verantwortlichen Fachmann über die für die jeweils zu bedienenden elektrotechnischen Anlagen geltenden Rechtsvorschriften sowie über die möglichen Gefahren zu belehren

(3) Die Themen der Belehrung sowie die Namen der Teilnehmer sind in einem Arbeitsschutz kontrollbuch festzuhalten.

### § 9 Instandhalten

(1) Der Betreiber hat den Arbeits- und Havarieschutz sowie Brandschutz durch planmäßige Instandhaltung ständig zu gewährleisten.

(2) Instandhaltungsmaßnahmen dürfen nur von fachkundigen Werktätigen unter Leitung eines verantwortlichen Fachmanns vorgenommen werden.

(3) Der Umfang und die Zeitabstände für die Instandhaltungsmaßnahmen insbesondere der Wartung und Revisionen sind unter Berücksichtigung des Anlagenzustandes, der Beanspruchung, der Betriebsbedingungen und der in Betriebs- und Wartungsvorschriften des Herstellers bzw. Errichters enthaltenen Vorgaben zu ermitteln und festzulegen.
(4) Können für die Durchführung der Revisionen keine Zeitabstände ermittelt werden, sind nachfolgende Richtwerte verbindlich:

a) 1 Jahr für elektrotechnische Anlagen
   - in Kraftwerken, Stromrichter- und Umformerwerken
   - auf Tagebaugeräten, Gurtbandanlagen sowie Fahrleitungsanlagen in Tagebauen
   - der Anschluß- und Werkbahnen, insbesondere Fahrleitungs-, Signal- und Sicherungsanlagen
   - in Betriebsstätten oder Räumen, die außergewöhnlichen Einwirkungen durch Feuchtigkeit, Wärme, chemischen oder anderen nachteiligen Einflüssen ausgesetzt sind
   - in explosions- und explosivstoffgefährdeten Betriebsstätten
   - in feuergefährdeten Betriebsstätten
   - in medizinisch genutzten Räumen
   - in Warenhäusern
   - in Betriebsstätten der Landwirtschaft zur Tierhaltung und für den Umgang mit leicht brennbaren landwirtschaftlichen Erzeugnissen
   - von zerlegbaren und fahrbaren Bauten
   - auf Baustellen
   - der Triebstromrückführung und für Schutzmaßnahmen der Fahrleitungsanlagen der Deutschen Reichsbahn

b) 2 Jahre für elektrotechnische Anlagen
   - in Betriebsstätten mit industriemäßiger Produktion, die nicht unter Buchst. a aufgeführt sind
   - in Tagebauen
   - in Theatern, Filmvorführungsstätten, Fernsehstudios, Versammlungsräumen sowie Krankenhäusern, Internaten und Hotels mit jeweils über 400 Betten
   - der Straßenbeleuchtung sowie Leuchtröhrenanlagen
   - der Straßenbahnfahrzeuge, O-Busse und U-Bahnfahrzeuge sowie deren Fahrleitungsanlagen

c) 3 Jahre für elektrotechnische Anlagen
   - in Betriebsstätten, Räumen oder im Freien, Einrichtungen und Genossenschaften, die nicht unter Buchst. a oder b angeführt sind
   - des elektrifizierten Zugbetriebes der Deutschen Reichsbahn, der nicht unter Buchst. a angeführt ist, insbesondere Fahrleitungsanlagen
   - in gesellschaftlichen Bauten, die nicht unter Buchst. a oder b angeführt sind.

(5) Für elektrotechnische Anlagen der schienengebundenen Fahrzeuge der Deutschen Reichsbahn gelten für die Revisionen die Zeitabstände der Zwischen- und Hauptuntersuchungen.
(6) Für elektrotechnische Anlagen im Bergbau unter Tage gelten für die Durchführung der Revisionen die Zeitabstände gemäß der Arbeitsschutz- und Brandschutzanordnung 120/2 vom 5. Oktober 1973 — Bergbausicherheit im Bergbau unter Tage — (Sonderdruck Nr. 767 des Gesetzblattes) und der TGL 200-0641 ,,Elektrotechnische Anlagen im Bergbau unter Tage". Für übertägige elektrotechnische Anlagen dieser Bergbaubetriebe gelten für die Revisionen jeweils die Zeitabstände von gleichartigen Industrieanlagen gemäß Abs. 4.
(7) Ortsveränderliche elektrotechnische Betriebsmittel der Schutzklasse I als Bestandteile einer elektrotechnischen Anlage, die über Steckverbinder oder Schleifleitungen angeschlossen werden, sowie Verlängerungs- und Geräteanschlußleitungen sind je nach Beanspruchung, jedoch mindestens einmal innerhalb von 6 Monaten einer Revision zu unterziehen. Dabei ist insbesondere die Wirksamkeit der Schutzmaßnahme gegen zu hohe Berührungsspannung zu prüfen. Die Prüfungen sind nach TGL 200-0602 Bl. 3 ,,Schutzmaßnahmen in elektrotechnischen Anlagen" durchzuführen. Für die Revisionen nachstehend angeführter elektrotechnischer Betriebsmittel bzw. Anlagen gelten hiervon abweichend folgende Zeitabstände als Richtwerte:

a) aufgehoben
b) 1 Jahr für ortsveränderliche Elektrowerkzeuge der Schutzklasse II
c) 2 Jahre für ortsveränderliche Tischleuchten der Schutzklasse I.

(8) Für elektrotechnische Betriebsmittel der Schutzklasse I oder II, die über Steckverbinder angeschlossen werden und deren Standort nicht gewechselt wird, sowie für ortsveränderliche Betriebsmittel der Schutzklasse II, für die Abs. 7 Buchst. b nicht zutrifft, sind die Zeitabstände für die Revisionen entsprechend Abs. 3 vom Betreiber festzulegen.
(9) Über die durchgeführte Wartung sowie die Revision sind Nachweise zu führen. Diese müssen die festgestellten Mängel sowie die Ergebnisse der durchgeführten Messungen enthalten.

## § 10 Revisionsberechtigte für elektrotechnische Anlagen der Schachtfördermaschinen und für Schachtfernmeldeanlagen

(1) Die Revision für elektrotechnische Anlagen für Schachtfördermaschinen und der Schachtfernmeldeanlagen, die gemäß den Rechtsvorschriften der Bergbausicherheit Sachverständigen vorbehalten ist, darf nur von Werktätigen durchgeführt werden, die von der Technischen Überwachung hierfür als Revisionsberechtigte zugelassen sind.

Anmerkung: Siehe ABAO 120/2 vom 5. 10. 1973 — Bergbausicherheit im Bergbau unter Tage — (GBl. Sdr. Nr. 767).
In dieser Rechtsvorschrift wird Revision als Prüfung bezeichnet.

(2) Für die Revisionsberechtigten gelten darüber hinaus die Festlegungen der Sachverständigenanordnung vom 24. April 1974 (GBl. I Nr. 23 S. 245) über die personellen Voraussetzungen und die Rechte und Pflichten der Sachverständigen.

### § 11 Nachweisführung

Der Betreiber hat die Nachweise über durchgeführte Prüfungen und Kontrollen der Technischen Überwachung, die vom Hersteller bzw. Errichter übergebenen Unterlagen und Bescheinigungen gemäß Anlage 3 sowie die schriftlichen Nachweise über Instandhaltungsmaßnahmen jeweils zusammengefaßt aufzubewahren und den Kontrollorganen auf Verlangen vorzulegen.

### § 12 Übergangsregelungen

(1) Betriebe, die BMSR-Anlagen, Fernmeldeanlagen, Bahnsicherungsanlagen oder elektrotechnische Ausrüstungen von Maschinen u. ä. errichten oder instand halten, müssen spätestens 2 Jahre nach Inkrafttreten dieser Anordnung einen verantwortlichen Fachmann beschäftigen bzw. vertraglich gebunden haben.
(2) Werktätige, die Schalthandlungen an Gleichstrom-Fahrleitungsanlagen mit Nennspannungen über 1 kV bis 3 kV oder in Wechselstrom-Fahrleitungsanlagen mit Nennspannungen über 1 kV bis 25 kV durchführen, müssen spätestens 2 Jahre nach Inkrafttreten dieser Anordnung im Besitz eines Befähigungsnachweises gemäß § 7 sein.
(3) Befähigungsnachweise, die nach der *Arbeitsschutzanordnung 901 vom 29. Dezember 1952 — Schaltberechtigte Personen für elektrische Starkstromanlagen — (GBl. 1953 Nr. 36 S. 430)* erworben worden sind, behalten ihre Gültigkeit und entsprechen der Stufe II mit Ausnahme der analog zu den Stufen Ia und Ib erworbenen Befähigungsnachweise. Für den Erwerb von Befähigungsnachweisen der Stufen III und IV sind zusätzliche Prüfungen erforderlich.
(4) Bei bestehenden Anlagen muß der Betreiber unverzüglich Maßnahmen einleiten, um für die Erzielung der Schutzgüte die Forderungen dieser Anordnung optimal zu berücksichtigen.

### § 13 Inkrafttreten

(1) Diese Anordnung tritt am 1. April 1976 in Kraft.
(2) Gleichzeitig treten außer Kraft:
- die Arbeitsschutz- und Brandschutzanordnung 900 vom 20. Juli 1961 — Elektrische Anlagen — (Sonderdruck Nr. 339 des Gesetzblattes),
- die Arbeitsschutzanordnung 901 vom 29. Dezember 1952 — Schaltberechtigte Personen für elektrische Starkstromanlagen — (GBl. 1953 Nr. 36 S. 430).

## Anlage 1

zu vorstehender Arbeitsschutz- und Brandschutzanordnung

### Überwachungspflichtige elektrotechnische Anlagen

1. Anlagen mit Nennspannungen über 1 kV zum Erzeugen, Übertragen, Umformen oder Verteilen von Elektroenergie:
1.1. Energieerzeugungsanlagen
1.2. Umspannwerke
1.3. Transformatorenstationen
1.4. Stromrichter- und Umformerwerke
1.5. Schaltstationen
1.6. Eigenbedarfsanlagen und Schaltanlagen mit Nennspannungen bis 1000 V, soweit diese den Anlagenarten 1.1. bis 1.5. unmittelbar zugehörig sind
1.7. Kabelanlagen mit Nennspannungen von 110 kV und darüber
1.8. Freileitungsanlagen mit Nennspannungen von 110 kV und darüber

2. Anlagen mit Nennspannungen über 1 kV zur Anwendung von Elektroenergie:
2.1. Elektrofilteranlagen
2.2. Fest installierte Prüffelder
2.3. Lichtbogenschmelzanlagen sowie Hoch- und Mittelfrequenzschmelzanlagen
2.4. Schaltanlagen und Schutzeinrichtungen für Motoren
2.5. Ausrüstungen von Tagebaugeräten
2.6. Stromversorgungsanlagen von Sendeanlagen

3. Anlagen mit Nennspannungen bis 1000 V:
3.1. Starkstrom-, BMSR-, Fernmelde- und Bahnsicherungsanlagen in explosions- und explosivstoffgefährdeten Betriebsstätten, explosionsgeschützte elektrotechnische Ausrüstungen von Bearbeitungs- und Verarbeitungsmaschinen gemäß TGL 200 – 0655 sowie Anlagen in schlagwettergefährdeten Grubenbauen
3.2. Anlagen in Stallkomplexen ab 400 Plätze für Rinder, 1000 Plätze für Schweine bzw. Schafe in Ställen der industriemäßigen Kleintierhaltung
3.3. Anlagen in Theatern, Filmvorführungsstätten, Fernsehstudios einschließlich Notbeleuchtungsanlagen
3.4. Anlagen in Warenhäusern einschließlich Notbeleuchtungsanlagen
3.5. Anlagen in medizinisch genutzten Räumen von Krankenhäusern und Tierkliniken einschließlich Notbeleuchtungsanlagen
3.6. Anlagen oder Betriebsmittel im Bergbau unter Tage, soweit deren Einsatz erstmalig erfolgt
3.7. Notbeleuchtungsanlagen in
3.7.1. Versammlungsräumen ab 400 Sitzplätze
3.7.2. Verkaufsstellen, Messe- bzw. Ausstellungshallen mit jeweils einer Fläche von $\geqq 1000\ m^2$
3.7.3. Hotels, Ferienheimen und Internaten mit jeweils über 400 Bettenplätzen
3.7.4. Bettenstationen von Krankenhäusern

4. Anlagen an Schachtförderanlagen:
4.1. Fördermaschinen
4.2. Schachtfernmeldeanlagen

5. Anlagen und Fahrzeuge des elektrischen Bahnbetriebes:

5.1. Elektrotechnische Ausrüstungen von schienengebundenen Triebfahrzeugen der Deutschen Reichsbahn für über 65 V Wechselspannung oder über 100 V Gleichspannung

5.2. Fahrleitungsanlagen in Tagebauen, soweit diese stationär sind sowie für Grubenbahnanlagen mit Ausnahme der Grubenlokomotive

## Anlage 2

zu vorstehender Arbeitsschutz- und Brandschutzanordnung

### Spezifizierung der Unterlagen, die der Technischen Überwachung zur Erteilung von Zustimmungen zur Errichtung bzw. von Typzulassungen einzureichen sind

1. Allgemeine Angaben für alle Anlagenarten:
   - Anschrift des Betreibers der elektrotechnischen Anlage
   - Anschrift des Herstellers bzw. Errichters der elektrotechnischen Anlage
   - technische Erläuterung
   - listenmäßige Aufstellung der zur Verwendung kommenden elektrotechnischen Betriebsmittel mit Angabe ihrer technischen Daten
   - Angaben über die anzuwendende Schutzmaßnahme gegen zu hohe Berührungsspannung
   - Angabe der dem Projekt zugrunde liegenden Rechtsvorschriften
   - Nachweis der Schutzgüte sowie die Bestätigung, daß dem Projekt die zur Zeit gültigen Rechtsvorschriften zugrunde liegen.

2. Unterlagen und technische Angaben für die nachstehend aufgeführten Anlagenarten:

2.1. Elektrotechnische Anlagen mit Nennspannungen über 1 kV, einschließlich unmittelbar zugehöriger Eigenbedarfs- und Schaltanlagen für Nennspannungen bis 1000 V, der Energieerzeugung, der Umspannwerke, Transformatorenstationen, Stromrichter- und Umformerwerke sowie Schaltstationen.

2.1.1. Eine Durchschrift der Zustimmungserklärung und Stellungnahme des Energieversorgungsbetriebes bei Abnehmertransformatorenstationen oder Energieerzeugungsanlagen.

2.1.2. Nachweis der Kurzschlußfestigkeit für nichtstandardisierte elektrotechnische Anlagen. Der Nachweis muß nachstehende Angaben enthalten:
   - Anfangs-Kurzschlußwechselstrom $I''_k$
   - Stoßkurzschlußstrom $I_s$
   - Ausschaltwechselstrom $I_a$
   - Dauerkurzschlußstrom $I_k$
   - thermisch wirksamer Mittelwert des Kurzschlußstromes $I_m$
   - Kurzschlußausschaltleistung $S_a$
   - Relaiszeiten $t$
   - Angabe der Kurzschluß-Nennwerte der zum Einbau kommenden elektrotechnischen Betriebsmittel
   - zulässige thermische Belastbarkeit der Sammelschienen
   - Umbruchfestigkeit der Stützer
   - Biegebeanspruchung der Sammelschienen.

   Bei Berechnungen, die mit Rechenautomaten und nach einem programmierten und standardisierten Berechnungsverfahren durchgeführt werden, genügt die Angabe der zur Berechnung erforderlichen

Ausgangswerte und der Ergebnisse. Bei standardisierten elektrotechnischen Anlagen sind die Kurzschlußwerte des Netzes und für die diese Anlagen zulässigen Werte anzugeben.

2.1.3. Nachweis der thermischen Festigkeit der Kabel.

2.1.4. Erdungsanlage

- Angabe des Erdschlußstromes, Erdschlußreststromes bzw. des Erdkurzschlußstromes sowie des zulässigen Erdungswiderstandes
- thermische Festigkeit der Erdungsleitungen.

2.1.5. Belüftung und Klimatisierung

- Nachweis der ausreichenden Belüftung für Generatoren, Transformatoren, Umformer, Gleichrichter und Motoren. Hiervon ausgenommen sind standardisierte elektrotechnische Anlagen
- Angaben zur Klimatisierung der Räume.

2.1.6. Zeichnungsunterlagen

- Übersichtsschaltpläne für Hoch- und Niederspannungsschaltanlagen
- Stromlaufpläne für Schutzeinrichtungen und Steuerung
- Erdungsplan
- Lagepläne für Kabel und Gebäude. In dem Kabelplan oder in einem Bericht sind Kreuzungen und Näherungen anzugeben
- Grundrißzeichnung der Räume, in denen die elektrotechnischen Anlagen aufgestellt bzw. eingebaut werden, mit maßstäblicher Darstellung der einzubauenden Anlagen. Erforderlichenfalls Darstellung durch Schnittzeichnungen. Bei Freiluftanlagen ist die Umzäunung anzugeben. Hiervon ausgenommen sind standardisierte Stationen.
- Zeitstaffelpläne für Schutzeinrichtungen.

2.1.7. Beschreibung des funktionellen Zusammenhanges von Verriegelungsschaltungen

2.1.8. Angaben über Schutz- und Meßeinrichtungen

2.2. Kabelanlagen von 110 kV und darüber

2.2.1. Zeichnungsunterlagen

- Kabellageplan. Bei Kabelhäufungen eine Kabelgrabenquerschnittszeichnung mit Darstellung der Kabelanordnung
- Niveauplan der Kabeltrasse mit Angaben der Abstände bei Kreuzungen und Näherungen

2.2.2. Nachweis der thermischen Festigkeit der Kabel sowie der dynamischen Festigkeit von Kabelgarnituren und von Halterungen bzw. Befestigungen bei Einleiterkabeln

2.2.3. Angaben über Kabelschutzeinrichtungen

2.2.4. Lageplan für die Ölausdehnungsgefäße

2.3. Freileitungen mit Nennspannungen von 110 kV und darüber

2.3.1 Trassenplan der Freileitungen

2.3.2. Niveauplan für Kreuzungen und Näherungen gemäß TGL 200-0614 „Starkstrom-Freileitungen mit Nennspannungen über 1 kV“ mit Angabe der jeweiligen Abstände

2.3.3. Statische Berechnung für Freileitungen, die oberhalb einer Höhe von 400 m über NN und abweichend vom Standard errichtet werden

- Berechnung über statische Festigkeit der Trag-, Winkel- und Abspannmasten, die von einem Statiker geprüft wurde
- Nachweis der Standfestigkeit der Maste
- Nachweis der Zugfestigkeit der Leiterseile
- Berechnung des Durchhanges der Leiterseile

Bei standardisierten Freileitungen, die bis zu einer Höhe von 400 m über NN errichtet werden, genügt die Angabe der in Standards festgelegten und der vorhandenen Werte

2.3.4. Verdrillungsplan

2.3.5. Erdungsplan für die Maste

2.3.6. Unterlagen über Leitermaterial, Leiterquerschnitte, Isolatorentypen und die Art der Aufhängung der Leitungen

2.3.7. Unterlagen über Mastkopfbilder, Mastbezeichnungen und Sondertraversen sowie Bezeichnung der Stromkreise und Leiter

2.4. Elektrofilteranlagen
Zeichnungsunterlagen
- Übersichtsschaltplan
- Grundrißzeichnung der Räume und gegebenenfalls der Umzäunung
- Erdungsplan

2.5. Fest installierte Prüffelder, Schaltanlagen und Schutzeinrichtungen für Motoren, Stromversorgungsanlagen von Sendeanlagen, Lichtbogenschmelzanlagen sowie Hoch- und Mittelfrequenzschmelzanlagen
Unterlagen wie für die Anlagenart 2.1.

2.6. Elektrotechnische Starkstrom-, BMSR-, Fernmelde- und Bahnsicherungs-Anlagen in explosions- und explosivstoffgefährdeten Betriebsstätten, explosionsgeschützte elektrotechnische Ausrüstungen von Bearbeitungs- und Verarbeitungsmaschinen gemäß TGL 200-0655 sowie elektrotechnische Anlagen in schlagwettergefährdeten Grubenbauen

2.6.1. Der ausgefüllte Vordruck „Angaben für die Zustimmung zur Errichtung explosionsgeschützter elektrotechnischer Anlagen"
Anmerkung im Gesetzblatt: Der Vordruck TÜ 9618 ist erhältlich beim Vordruckverlag Freiberg, Außenstelle Dresden

2.6.2. Angaben über Kabel- und Leitungstypen, Leitermaterial und Querschnitte

2.6.3. Zeichnungsunterlagen
- Übersichtsschaltplan
- Aufstellungsplan
- Kabellageplan
- Installationsplan bei Anlagen geringen Umfangs

2.6.4. Für BMSR-Anlagen müssen die Unterlagen zusätzlich folgendes enthalten:
- Aufstellungsplan mit Darstellung der Meßstellenanordnung
- Angabe über Länge der Kabel und Leitungen bei eigensicheren Stromkreisen Schutzart (Ex)i
- Prüfbescheinigungen der einzusetzenden Betriebsmittel in Schutzart (Ex)i

2.7. Elektrotechnische Anlagen in Stallkomplexen ab 400 Plätze für Rinder, 1000 Plätze für Schweine bzw. Schafe sowie in Ställen der industriemäßigen Kleintierhaltung

2.7.1. Zeichnungsunterlagen
- Gebäudelageplan
- Übersichtsschaltplan
- Übersichtsplan für Potentialsteuererder

2.7.2. Angaben über den Schutzgrad der elektrotechnischen Betriebsmittel

2.8. Elektrotechnische Anlagen in Theatern, Filmvorführungsstätten, Filmstudios und Warenhäusern

2.8.1. Zeichnungsunterlagen
- Übersichtsschaltplan, aus dem die Aufteilung der Hauptstromkreise hervorgeht
- Übersichtsschaltplan für die Haupt- u. Unterverteilungen
- Übersichtsschaltplan für die Leuchtröhrenanlagen

2.8.2. Angabe der Kabel- und Leitungstypen, deren Querschnitte und Leitermaterial sowie der Installationsart

2.8.3. Bei Leuchtröhrenanlagen Angaben über Anordnung der Vorschaltgeräte, Leitungstypen, Verlegungsart der Leitungen

2.9. Notbeleuchtungsanlagen

2.9.1. Zeichnungsunterlagen
- Installationsplan für die Notbeleuchtungsanlage
- Übersichtsschaltplan für die Notlichtverteilung

2.9.2. Angaben wie 2.8.2.
2.9.3. Angaben über die Ersatzstromquelle und deren Leistung bzw. Kapazität, installierte Leistung und Installationsart
2.9.4. Angabe der Schaltungsart der Notlichtumschalteinrichtung gemäß TGL 200-0636
2.10. Triebfahrzeuge der Deutschen Reichsbahn
2.10.1. Zeichnungsunterlagen
- Übersichtsschaltplan
- Stromlaufplan
- Wirkschaltplan
- Bauschaltplan
- Anschlußplan
- Installationsplan

2.10.2. Angaben über Näherung zu Dampf- und Kraftstoffleitungen sowie Wärmequellen
2.10.3. Nachweise der thermischen und dynamischen Festigkeit von Stromschienen
2.10.4. Beschreibung der Verriegelungsschaltung
2.10.5. Angaben über Schutz- und Meßeinrichtungen
2.11. Stationäre Fahrleitungsanlagen in Tagebauen sowie Grubenbahnanlagen
2.11.1. Zeichnungsunterlagen
- Übersichtsschaltplan
- Streckenplan für die Fahrleitung
- Stromlaufplan für die Steueranlagen für Umschalteinrichtungen und Streckenprüfeinrichtungen

2.11.2. Unterlagen über Kurzschlußstromberechnungen mit Angabe des größten und kleinsten Kurzschlußstromwertes, der in der Fahrleitungsanlage auftritt
2.11.3. Angaben über Art und Länge der Fahrleitungsanlage, Fahrdrahthöhe über Schienenoberkante, mechanische Zugspannung, Art und Gründung der Maste sowie Kreuzungen, Näherungen und Gleisübergänge
2.11.4. Angabe der im Bahnbereich verlegten Starkstromkabel sowie der Maßnahmen zur Verhinderung von Korrosionserscheinungen oder Beeinflussungen
2.11.5. Berechnungsergebnisse über
- maximalen Betriebsstrom
- thermische Kurzschlußfestigkeit der Fahrleitungen
- thermische Kurzschlußfestigkeit der Kabel für die Einspeisung und Rückleitung
- minimalen Dauerkurzschlußstrom
- maximalen Spannungsabfall

## Anlage 3

zu vorstehender Arbeitsschutz- und Brandschutzanordnung

### Spezifizierung der Unterlagen, die der Technischen Überwachung zur Erteilung der Zustimmung zur Inbetriebnahme vorzulegen sind

1. Bescheinigung des Herstellers bzw. Errichters, daß die von ihm errichtete elektrotechnische Anlage den Rechtsvorschriften entspricht und keine nachteiligen Auswirkungen auf bereits vorhandene elektrotechnische Anlagen mit sich bringt.

2. Bescheinigung über durchgeführte Prüfungen auf Wirksamkeit der Schutzmaßnahme gegen zu hohe Berührungsspannung.
3. Bescheinigung über durchgeführte Messungen des Isolationswiderstandes der elektrotechnischen Anlage mit Angabe der Meßwerte bzw. Bescheinigung, daß die Meßwerte den Rechtsvorschriften genügen.
4. Bescheinigung über durchgeführte Prüfungen auf Wirksamkeit der Schutzrelais in elektrotechnischen Anlagen mit Nennspannungen über 1 kV und Angabe der Relaiseinstellwerte.
5. Bescheinigung über durchgeführte Prüfung auf Wirksamkeit der Überstromschutzeinrichtungen explosionsgeschützter elektrotechnischer Betriebsmittel in explosions- und explosivstoffgefährdeten Betriebsstätten. Bei Motoren der Schutzart „erhöhte Sicherheit" ist nachzuweisen, daß beim Fließen des Motorkurzschlußstromes die Abschaltung durch die Motorschutzeinrichtung vor Erreichen der Erwärmungszeit $t_e$ erfolgt.
6. Bescheinigung über durchgeführte Messungen der Induktivitäten und Kapazitäten sowie Störspannungen bei eigensicheren Stromkreisen von BMSR-Anlagen in Schutzart (Ex)i. Die Meßwerte über Induktivitäten und Kapazitäten sind den zulässigen Werten gemäß der Prüfbescheinigung für die Betriebsmittel in der Bescheinigung gegenübergestellt anzuführen oder es ist zu bestätigen, daß sie den Prüfbescheinigungen genügen. Dies gilt sinngemäß auch für die Angaben über Störspannungen.
7. Bescheinigung über durchgeführte Isolierölprüfungen.
8. Bescheinigung über durchgeführte Erdungsmessungen mit Angaben der Erdungswiderstände, wenn dieses in Rechtsvorschriften gefordert wird.
9. Bescheinigung über durchgeführte Messungen auf Einhaltung der zulässigen Schritt- und Berührungsspannungen, wenn dieses in Rechtsvorschriften gefordert wird.
10. Bescheinigung über durchgeführte Messungen der Isolationswiderstände von Transformatoren. Bei Transformatoren ab 30 kV ist anstelle der Messung des Isolationswiderstandes der Absorptionskoeffizient R 60/R 15 festzustellen.
11. Bescheinigung über durchgeführte Spannungsprüfungen der Kabel für eine Nennspannung über 1 kV.

## Anlage 4

zu vorstehender Arbeitsschutz- und Brandschutzanordnung

### Prüfungsordnung zur Erlangung des Befähigungsnachweises „Schaltberechtigter für elektrotechnische Anlagen über 1 kV"

1. Durchführung der Lehrgänge

1.1. Anmeldung zum Lehrgang

Für die Anmeldung ist der Vordruck „Prüfungsunterlagen zum Befähigungsnachweis Schaltberechtigter für elektrotechnische Anlagen über 1 kV gemäß Arbeitsschutz- und Brandschutzanordnung 900/1" zu verwenden.

Anmerkung im Gesetzblatt: Der Vordruck Prüfungsunterlagen TÜ 9609 ist erhältlich beim Vordruckverlag Freiberg, Außenstelle Dresden.

1.2. Die Anmeldung zum Lehrgang ist an eine von der Technischen Überwachung zugelassene Bildungseinrichtung zu richten.

1.3. Die Anzahl der Lehrgangsteilnehmer zum Lehrgang soll 25 nicht übersteigen. Die Lehrgangsdauer ist in den Rahmenlehrplänen festgelegt. Die territorial zuständige Inspektion der Technischen Überwachung ist von der Bildungseinrichtung über die beabsichtigte Durchführung von Lehrgängen in Kenntnis zu setzen.

Anmerkung im Gesetzblatt: Siehe TÜ-Mitteilung Nr. 343/74 „Rahmenlehrpläne für Schaltberechtigtenlehrgänge"

2. Voraussetzungen für die Zulassung zur Prüfung

2.1. Zur Prüfung werden nur Werktätige zugelassen, die das 18. Lebensjahr vollendet haben und einen ärztlichen Untersuchungsbefund vorweisen können, aus dem die Tauglichkeit zur Durchführung von Schalthandlungen in Anlagen mit Nennspannungen über 1 kV hervorgeht.

2.2. Die zur Prüfung gemeldeten Werktätigen sollen in der Regel Fachmann sein oder eine einjährige Tätigkeit in elektrotechnischen Anlagen nachweisen können und unter Aufsicht eines Schaltberechtigten Schalthandlungen in elektrotechnischen Anlagen über 1 kV durchgeführt haben.
In Sonderfällen entscheidet die territorial zuständige Inspektion der Technischen Überwachung über die Zulassung zur Prüfung.

2.3. Für Werktätige mit spezieller elektrotechnischer Ausbildung kann der Vorsitzende des Prüfungsausschusses Erleichterungen zulassen.

3. Durchführung der Prüfung
Die Prüfung erstreckt sich auf die Themen des Rahmenlehrplanes. Sie ist als schriftliche, mündliche und praktische Prüfung durchzuführen. Die Prüfung gilt als bestanden, wenn der Werktätige in den Themenkomplexen des Rahmenlehrplanes ausreichende Kenntnisse nachgewiesen hat. Das Ergebnis der Prüfung wird auf einem Zeugnis bestätigt.
Anmerkung im Gesetzblatt: Die Zeugnisvordrucke sind beim VLV Spremberg unter der Best.-Nr. 51340 erhältlich.

4. Prüfungsausschuß
Zur Durchführung der Prüfung ist vom Leiter der Bildungseinrichtung ein Prüfungsausschuß zu bilden. Der Prüfungsausschuß muß aus einem Vorsitzenden und mindestens 2 Beisitzern bestehen. Im Prüfungsausschuß hat ein Inspektor der zuständigen Inspektion der Technischen Überwachung mitzuwirken.

5. Wenn bei der Prüfung ausreichende Kenntnisse nachgewiesen wurden, wird dem Prüfungsteilnehmer von der zuständigen Inspektion der Technischen Überwachung der Befähigungsnachweis für die entsprechende Stufe ausgehändigt.

6. Wiederholung der Prüfung

6.1. Wird die Prüfung nicht bestanden, kann sie frühestens nach 3 Monaten erneut abgelegt werden. Eine dritte Prüfung ist nur nach erneutem Besuch des Lehrganges möglich.

6.2. Der Prüfungsausschuß entscheidet, ob die gesamte Prüfung oder nur ein Teil derselben zu wiederholen ist.

---

[1]) Jetzt: § 20 der Arbeitsschutzverordnung — ASVO — vom 1. Dezember 1977 (GBl. I Nr. 36 S. 405), abgedruckt unter H 01 01

[2]) Jetzt: § 4 des Gesetzes über den Brandschutz in der DDR — Brandschutzgesetz — vom 19. Dezember 1974 (GBl. Nr. 62 S. 575)

[3]) Jetzt: § 13 Abs. 1 Buchst. b der ASVO

[4]) Beachte:

**Anordnung Nr. 3**
**über die Änderung**
**der Arbeitsschutz- und Brandschutzanordnung 900/1**
**— Elektronische Anlagen —**
**vom 13. Juli 1982**

Gemäß § 20 der Arbeitsschutzverordnung — ASVO — vom 1. Dezember 1977 (GBl. I Nr. 36 S. 405) wird im Einvernehmen mit den Leitern der zuständigen zentralen Staatsorgane und in Übereinstimmung mit dem Bundesvorstand des Freien Deutschen Gewerkschaftsbundes zur Änderung der Arbeitsschutz- und Brandschutzanordnung 900/1 vom 28. Oktober 1975 — Elektrotechnische Anlagen — (Sonderdruck Nr. 820 des Gesetzblattes) folgendes angeordnet:

§ 1

Der § 7 Abs. 1 wird um folgenden Anstrich ergänzt:

„– Schalthandlungen an Wechselstrom-Fahrleitungsanlagen im Zuge der Rettungsmaßnahmen bzw. zur Abwendung von Gefährdungen in Havariesituationen durch dazu ermächtigtes Personal der Deutschen Reichsbahn. Die erforderlichen Regelungen der Deutschen Reichsbahn sowie die Ausbildungsrichtlinien sind vom Staatlichen Amt für Technische Überwachung zu bestätigen.“

§ 2

Diese Anordnung tritt am 1. September 1982 in Kraft.

# Arbeitsschutzanordnung 894/1
# — Zentrifugen —

vom 28. März 1969
(GBl. Sonderdruck Nr. 622)

i. d. F. der Anordnung über den Import und Export von Anlagen und Erzeugnissen, die einer Zustimmung zur Inbetriebnahme durch Organe der Technischen Überwachung unterliegen

vom 12. Februar 1974
(GBl. I Nr. 12 S. 110)

Auf Grund des § 6 Abs. 2 der Arbeitsschutzverordnung vom 22. September 1962 (GBl. II Nr. 79 S. 703; Ber. GBl. II Nr. 81 S. 721) in der Fassung der Zweiten Arbeitsschutzverordnung vom 5. Dezember 1963 (GBl. II 1964 Nr. 3 S. 15)[1]) wird im Einvernehmen mit den Leitern der zuständigen zentralen staatlichen Organe und dem Bundesvorstand des Freien Deutschen Gewerkschaftsbundes folgende Arbeitsschutzanordnung erlassen:

## I

## Allgemeine Bestimmungen

### § 1 Geltungsbereich

(1) Diese Arbeitsschutzanordnung gilt für alle Schleudermaschinen — nachfolgend Zentrifugen genannt — in denen die dem Füllgut anhaftenden Flüssigkeiten ausgeschleudert oder in denen durch Schleuderwirkung Flüssigkeiten verschiedener Dichten voneinander getrennt bzw. Feststoffe von der Flüssigkeit abgesetzt werden.
(2) Sie findet keine Anwendung auf

a) Zentrifugen, die vorwiegend der Formgebung dienen
b) Spinnzentrifugen.

### § 2 Einteilung

Die dem § 1 Abs. 1 dieser Arbeitsschutzanordnung unterliegenden Zentrifugen werden in nachstehende Gruppen eingeteilt:

1. Gruppe A
   a) Separatoren
   b) Becherzentrifugen
   c) Ultrazentrifugen
   d) Zentrifugen zum Abschleudern von Lacken und flüssigen Metallen
   e) Strömungs- und Schwingsiebzentrifugen
   f) Vollmantel- und Siebzentrifugen mit einem lichten Trommeldurchmesser bis 300 mm

2. Bruppe B

Vollmantel- und Siebzentrifugen mit einem lichten Trommeldurchmesser über 300 bis 600 mm und bis zu einer höchstzulässigen Drehzahl von 1500 $min^{-1}$

3. Gruppe C

alle übrigen Zentrifugen

## II

## Herstellung und Instandsetzung

### § 3 Zulassung von Betrieben zur Herstellung und Instandsetzung

(1) Die Herstellung von Zentrifugen sowie die Instandsetzung von Zentrifugentrommeln bzw. Rotoren ist nur solchen Betrieben gestattet, die über die erforderlichen Fachkräfte und Arbeitsmittel verfügen und von dem zuständigen Organ der Technischen Überwachung — nachfolgend TÜ genannt — zugelassen sind.
(2) Die Zulassung erlischt, wenn die erforderlichen Voraussetzungen nicht mehr vorhanden sind.

### § 4 Herstellung, Ausführung und Ausrüstung

(1) Werkstoffe, Berechnung, Herstellung, Ausführung und Ausrüstung der Zentrifugen müssen den zu dieser Arbeitsschutzanordnung gehörenden Technischen Grundsätzen — nachfolgend TG genannt — (Anlage) entsprechen.
(2) Soweit in den TG keine Festlegungen über Werkstoffe, Berechnung, Herstellung, Ausführung und Ausrüstung enthalten sind, gelten die allgemeinen Regeln der Technik.
(3) Die Selbstfertigung von Ersatzwellen ist nur mit Zustimmung des Zentrifugenherstellers zulässig.
(4) Veränderungen der Bauart von Zentrifugen der Gruppen A und B dürfen nur nach vorheriger Zustimmung des Herstellers, die der Gruppe C nur mit Zustimmung des zuständigen Organs der TÜ durchgeführt werden.

## III

## Betrieb, Wartung und Bedienung

### § 5 Freigabe zur Inbetriebnahme

(1) Zentrifugen der Gruppen A und B bedürfen keiner Freigabe zur Inbetriebnahme durch Organe der TÜ.
(2) Zentrifugen der Gruppe C bedürfen zur Inbetriebnahme einer Freigabe durch das zuständige Organ der TÜ, die erst nach einer von diesem Organ durchzuführenden Abnahmeprüfung erteilt wird.

(3) Die Inbetriebnahme ist an die Abstempelung des Fabrikschildes bzw. der Niete des Fabrikschildes gemäß Ziff. 8.3.3. der TG und an folgende Bedingungen gebunden:

| | |
|---|---|
| bei Zentrifugen der Gruppe A | an die Aushändigung der Bedienungsanweisung durch den Hersteller an den Betreiber |
| bei Zentrifugen der Bruppe B | an die Aushändigung der Bescheinigung über die Abnahmeprüfung durch den Hersteller an den Betreiber |
| bei Zentrifugen der Gruppe C | an die Aushändigung der Bescheinigung über die Abnahmeprüfung an den Betreiber bzw. der Typanerkennungsbescheinigung durch den Hersteller an den Betreiber, sofern die Abnahmeprüfung Bestandteil der Typanerkennung ist. |

### § 6 Wartung und Bedienung

(1) Die Betreiber haben die Zentrifugen sachgemäß zu warten und in einem betriebssicheren Zustand zu erhalten. Zentrifugen, die sich in einem gefahrdrohenden Zustand befinden, sind sofort aus dem Betrieb zu nehmen.

(2) Die Betreiber von Zentrifugen dürfen die Wartung, Bedienung und Durchführung der laufenden Revisionen nur solchen Werktätigen übertragen, die eine entsprechende Sachkenntnis besitzen.[2])

---

[1]) Jetzt: § 20 der Arbeitsschutzverordnung — ASVO — vom 1. Dezember 1977 (GBl. I Nr. 36 S. 405), abgedruckt unter H 01 01

[2]) § 7 wurde durch die AO vom 12. 2. 1974 mit Wirkung vom 8. 3. 1974 außer Kraft gesetzt.

DDR-Standard
TGL 30028/01; Ausgabe Dezember 1979;
verbindlich ab 1. 9. 1980
Brandschutz

## Ausrüstung mit Brandschutztechnik — Handfeuerlöscher und fahrbare Feuerlöschgeräte

Dieser Standard gilt nicht für den Bergbau unter Tage und für die Ausrüstung von Arbeitsstätten, in denen Sprengstoffe und Zündmittel sowie Alkalimetalle hergestellt gelagert oder verarbeitet werden.

### 1. Grundforderungen

1.1. Zur Bekämpfung von Entstehungsbränden sind Gebäude und Räume mit Handfeuerlöschern nach Abschnitt 2.1. bis 2.4. auszurüsten. Das gilt auch für mit Feuerlöschanlagen und Innenhydranten ausgerüstete Gebäude und Räume. Sind in anderen Rechtsvorschriften spezifische Festlegungen zur Art und Anzahl bereitzustellender Handfeuerlöscher getroffen, hat die Ausrüstung mit Handfeuerlöschern nach diesen Rechtsvorschriften zu erfolgen.

1.2. Die Ausrüstung von Arbeitsstätten im Freien sowie von Arbeitsmitteln mit Handfeuerlöschern und die Ausrüstung von Gebäuden und Räumen sowie von Arbeitsstätten im Freien mit fahrbaren Feuerlöschgeräten ist nach den Festlegungen in den zutreffenden spezifischen Rechtsvorschriften vorzunehmen.

1.3. Die Ausrüstung von Gebäuden und Räumen, Arbeitsstätten im Freien und von Arbeitsmitteln mit Handfeuerlöschern sowie die Ausrüstung von Gebäuden und Räumen und Arbeitsstätten im Freien mit fahrbaren Feuerlöschgeräten hat in Verantwortung der zuständigen Organe, Betriebe und Einrichtungen zu erfolgen.

1.4. Für die Erstausrüstung von neu errichteten oder rekonstruierten Gebäuden und Räumen sowie Arbeitsstätten im Freien mit Handfeuerlöschern und fahrbaren Feuerlöschgeräten ist der Investitionsauftraggeber verantwortlich.

1.5. Die Erstausrüstung von neuproduzierten Arbeitsmitteln mit Handfeuerlöschern obliegt dem Hersteller. Die Verantwortung für die Ausrüstung von importierten Arbeitsmitteln mit Handfeuerlöschern ist entsprechend den Bestimmungen zum Vertragsgesetz[1]) festzulegen.

### 2. Ausrüstungsgrundsätze

2.1. Die für die Ausrüstung erforderliche Art und Anzahl an Handfeuerlöschern sind grundsätzlich nach dem Brandgefährdungsgrad nach TGL 30042, den für die vorhandenen Brandmedien zutreffenden Brandklassen nach TGL 121-406/02 sowie der zulässigen Entfernung entsprechend der Tabelle zu ermitteln. Die zulässige Entfernung ist zu bestimmen aus der tatsächlich zurückzulegenden Wegstrecke zwischen dem Stationierungsort des Handfeuerlöschers und dem diesen zugeordneten weitentferntesten Einsatzort. In gesellschaftlichen Gebäuden und Räumen ist bei der Bestimmung der Anzahl der Handfeuerlöscher die zulässige Entfernung von maximal 25 m zugrunde zu legen. Bei der Auswahl der Art sind sowohl die vorrangig vorhandenen als auch die spezifischen Brandmedien zu beachten.

2.2. Die Anzahl der mindestens vorzusehenden Handfeuerlöscher ist aus den in den Spalten 4 bis 11 der Tabelle als geeignet gekennzeichneten Handfeuerlöschern zu bestimmen. Entsprechend der Brandklasse der vorhandenen Brandmedien sind alle in der Tabelle mit dem Zeichen „+“ aufgeführten Handfeuerlöscher für deren Einsatz geeignet. Dem Einsatz von Handfeuerlöschern mit dem Zeichen „++“ ist der Vorzug zu geben. Der Einsatz von Handfeuerlöschern mit dem Zeichen „—“ ist unzulässig. Die den Zeichen vorangestellte Ziffer gibt die Anzahl der zu stationierenden Handfeuerlöscher an.

2.3. Staubexplosionsgefährdete Arbeitsstätten sind entsprechend der Brandklasse mit Kübelspritzen auszurüsten. Die Kübelspritzen sind mit Sprüheinrichtungen zu versehen. Als Löschmittel ist Netzwasser zu verwenden.

2.4. Befinden sich in der Wegstrecke zwischen dem Stationierungsort und dem Einsatzort des Handfeuerlöschers Treppen, ist die zu überwindende Höhe dreifach in die zulässige Entfernung einzurechnen.

2.5. Festlegungen zur Ausrüstung von Arbeitsstätten im Freien sowie von Arbeitsmitteln mit der erforderlichen Art und Anzahl von Handfeuerlöschern und zur Ausrüstung von Gebäuden und Räumen sowie Arbeitsstätten im Freien mit der erforderlichen Art und Anzahl von fahrbaren Feuerlöschgeräten haben in den dafür zutreffenden Rechtsvorschriften zu erfolgen.

2.6. Beim Vorhandensein mehrerer kleiner Räume darf die Anzahl der Handfeuerlöscher nach der in der Tabelle zulässigen Entfernung festgelegt werden, wenn die Handfeuerlöscher für die in diesen Räumen enthaltenden Brandmedien geeignet sind.

2.7. Für Gebäude der Brandgefahrenklasse D und E nach TGL 10685/04 und für Räume, deren Nutzungsbedingungen die Anforderungen des Brandgefährdungsgrades BG 5 nach TGL 30042 erfüllen, kann die Ausstattung mit Handfeuerlöschern entfallen, wenn deren umbauter Raum nicht größer als 100 m$^3$ ist. Bei größeren Gebäuden und Räumen, in denen auf Grund der Nutzungsbedingungen nur geringe oder keine Möglichkeiten für die Entstehung und Ausbreitung von Bränden bestehen (z. B. Schwimmhallen) entscheiden die im Abschnitt 1.3. genannten Organe, Betriebe und Einrichtungen über die Ausstattung mit Handfeuerlöschern.

## 3. Stationierung

3.1. Das Anbringen und Aufstellen der Handfeuerlöscher erfolgt nach TGL 121-406/01.

3.2. Die Handfeuerlöscher sind gut sichtbar, jederzeit griff- und betriebsbereit anzubringen bzw. aufzustellen. Zweckmäßigerweise sollen die Stationierungsorte in Fluren sowie an Ein- und Ausgängen gewählt werden. Die Stationierungsorte sollen durch das Hinweiszeichen D 2 nach TGL 30817 gekennzeichnet werden.

3.3. Handfeuerlöscher, die im Freien stationiert sind, müssen gegen Witterungseinflüsse geschützt werden. Die Schutzeinrichtungen sind mit der Sicherheitsfarbe Rot und dem Hinweiszeichen D 2 nach TGL 30817 zu versehen.

Tabelle Bestimmung der für die Ausrüstung erforderlichen Art und Anzahl an Handfeuerlöschern

| Brand-gefähr-dungs-grad nach TGL 30042 | zulässige Entfernung m | Brand-klasse nach TGL 121-406 /02 | Handfeuerlöscher nach TGL 121-406/02 | | | | | | | |
|---|---|---|---|---|---|---|---|---|---|---|
| | | | Wasser-löscher²) | Pulverlöscher | | | Halonlöscher | | | Kohlen-dioxid-löscher |
| | | | W 10 Hi | PG 2 L | PG 6 Hi³) | PG 10 Hi³) | TFB 1,5 | HTFB 2 L | CB 2 L | $CO_2$ 6 H |
| 1 | 2 | 3 | 4 | 5 | 6 | 7 | 8 | 9 | 10 | 11 |
| 1 | 10 | A | 1 + | — | 1 + | 1 ++ | — | — | — | — |
| | | B | — | — | 1 + | 1 ++ | 2 + | 2 + | — | 2 + |
| 2 | 15 | C³) | — | — | 1 + | 1 ++ | 2 + | — | — | 2 + |
| | | D | — | — | 1 + | 1 ++ | — | — | — | — |
| | | E | — | — | 1 + | 1 + | 2 ++ | 2 + | — | 2 + |
| | | A | 1 + | 1 + | 1 ++ | 1 + | — | — | — | — |
| 3 | 25 | B | — | 1 + | 1 ++ | 1 + | — | — | — | — |
| | | C³) | — | 1 + | 1 ++ | 1 + | 1 + | — | — | 1 + |
| | | D | — | 1 + | 1 ++ | 1 + | — | — | — | — |
| | | E | — | 1 + | 1 + | 1 + | 1 ++ | 1 + | — | 1 + |
| | | A | 1 ++ | 1 + | 1 + | 1 + | — | — | — | — |
| | | B | — | 1 + | 1 ++ | 1 + | 1 + | 1 + | 1 + | 1 + |
| 4; 5 | 35 | C³) | — | 1 ++ | 1 + | 1 + | 1 + | — | — | 1 + |
| | | D | — | 1 + | 1 ++ | 1 + | — | — | — | — |
| | | E | — | 1 + | 1 + | 1 + | 1 ++ | 1 + | 1 + | 1 + |

¹) Dritte Durchführungsverordnung vom 25. März 1982 zum Vertragsgesetz — Wirtschaftsverträge über den Export und Import — (GBl. Nr. 16 S. 333)

²) In unmittelbarer Nähe von Wasserentnahmestellen dürfen anstelle von Wasserlöschern Kübelspritzen nach TGL 121-405 eingesetzt werden.

³) Metallpulver nur mit Löschbrause.

DDR-Standard
TGL-30042; Ausgabe Juni 1977;
Verbindlich
für die Inbetriebnahme neuer Arbeitsstätten und für bestehende Arbeitsstätten ab 1. 1. 1980
Für Planung und Projektierung von Arbeitsstätten verbindlich ab 1. 7. 1978
Gesundheits- und Arbeitsschutz Brandschutz

# Verhütung von Bränden und Explosionen Allgemeine Festlegungen für Arbeitsstätten

Dieser Standard gilt nicht für landwirtschaftliche und forstwirtschaftliche Nutzflächen, für Bohrtürme, für Anlagen und Arbeiten unter Tage und für Arbeitsstätten, in denen Sprengstoffe und Zündmittel hergestellt, gelagert oder verarbeitet werden sowie für die Staubexplosionsgefährdung durch Kohlen- und Koksstaub.

## 1. Begriffe

Tabelle 1

| Nr. 3 | Benennung | Erklärung |
|---|---|---|
| 1.1. | Brandgefährdung | nach TGL 30001; Kurzzeichen: BG |
| 1.2. | **Gasexplosionsgefährdung** | Gasexplosionsgefährdung, Kurzzeichen: EG; besteht in Arbeitsstätten, in denen brennbare Gase, Nebel oder Dämpfe erfahrungsgemäß unter den örtlichen und betrieblichen Verhältnissen in gefahrdrohender Menge auftreten können. |
| 1.3. | **Staubexplosionsgefährdung** | Staubexplosionsgefährdung, Kurzzeichen: EG-St; besteht in Arbeitsstätten, in denen explosionsfähige Stäube erfahrungsgemäß unter den örtlichen und betrieblichen Verhältnissen in gefahrdrohender Menge auftreten können. |
| 1.4. | **Gefahrdrohende Menge** | Eine gefahrdrohende Menge von brennbaren Stoffen im Sinne der Gasexplosionsgefährdung liegt in einer Arbeitsstätte vor, wenn durch betriebsmäßig austretende Gase, Nebel oder Dämpfe ein Brennstoff/Luft-Gemisch zu erwarten ist, das 50% der unteren Explosionsgrenze des betreffenden Stoffes erreicht oder übersteigt. Eine gefahr- |

Tab. 1 (Forts.)

| Nr. 3 | Benennung | Erklärung |
|---|---|---|
| 1.4. | **Gefahrdrohende Menge** | drohende Menge von brennbaren Stoffen im Sinne der Staubexplosionsgefährdung liegt vor, wenn in einer Arbeitsstätte so viel Staub abgelagert ist, daß die Arbeitsstätte nach vollständiger Aufwirbelung des abgelagerten Staubes von einem Staub/Luft-Gemisch mit einer Staubkonzentration $\geqq$ 50% der unteren Explosionsgrenze des betreffenden Staubes ausgefüllt wird. |
| 1.5. | **Gefährdungszone** | Gefährdungszonen sind Bereiche in Arbeitsstätten, in denen Gasexplosionsgefährdung oder Staubexplosionsgefährdung besteht. Eine Gefährdungszone hat drei Dimensionen und kann in unterschiedliche Gefährdungsgrade abgestuft werden. |
| 1.6. | **Gefährdungsgrad** | Gefährdungsgrade sind Abstufungen der Brandgefährdung oder der Gasexplosionsgefährdung. Sie dienen zur Festlegung von differenzierten Schutzmaßnahmen |
| 1.7. | **Zündquelle** | Zündquellen im Sinne der Brandgefährdung sind Energieträger verschiedenster Art, die fähig sind, durch Energieübertragung die zur Zündung eines brennbaren Systems — brennbare Stoffe und Oxydationsmittel — notwendige Temperatur hervorzurufen. Eine energiereiche Zündquelle ist z. B. die Schweißbrennerflamme, eine energiearme Zündquelle ist z. B. die Streichholzflamme. Zündquellen im Sinne einer Explosionsgefährdung sind Energieträger verschiedenster Art, die fähig sind, explosible Gemische durch Energieübertragung zu zünden. |
| 1.8. | **Stoff mit geringer Zündbereitschaft** | Stoffe mit geringer Zündbereitschaft sind Stoffe, die erst durch energiereiche oder länger einwirkende Zündquellen gezündet werden können, z. B. Ammoniak, Schmieröle, kompaktes Hartholz |
| 1.9. | **Stoff mit hoher Zündbereitschaft** | Stoffe mit hoher Zündbereitschaft sind Stoffe, die bereits durch energiearme und kurzzeitig einwirkende Zündquellen gezündet werden können, z. B. Azetylen, Benzin, Holzwolle |
| 1.10. | **Brandausbreitung** | Brandausbreitung ist die Vergrößerung eines vom Brand erfaßten Bereiches. |

Tab. 1 (Forts.)

| Nr. 3 | Benennung | Erklärung |
|---|---|---|
| 1.11. | **Große Brandausbreitung in der Anfangsphase** | Die Brandausbreitung erfolgt so schnell, daß innerhalb 1 min nach der Brandentstehung die gesamte Arbeitsstätte oder große Teile davon betroffen sind.<br>Große Brandausbreitung in der Anfangsphase liegt auch vor, wenn nach der Brandentstehung der Brand ein solches Ausmaß angenommen hat, daß die erfolgreiche Bekämpfung mit gebräuchlichen Handfeuerlöschgeräten, z. B. Handfeuerlöscher und Kübelspritze, nicht mehr möglich ist. |
| 1.12. | **Geringe Brandausbreitung in der Anfangsphase** | Die Brandausbreitung erfolgt so langsam, daß sich innerhalb 1 min nach der Brandentstehung der vom Brand erfaßte Bereich nur unwesentlich vergrößert. Eine erfolgreiche Bekämpfung mit gebräuchlichen Handfeuerlöschgeräten, z. B. Handfeuerlöscher und Kübelspritze, ist möglich. |
| 1.13. | **Explosibles Gemisch** | Ein explosibles Gemisch ist ein Gemisch von brennbaren Stoffen — Gasen, Dämpfen oder Nebel brennbarer Flüssigkeiten oder Stäuben — mit einem Oxydationsmittel — meist Sauerstoff der Luft —, in dem sich nach erfolgter Zündung der Verbrennungsvorgang selbständig fortpflanzt. |
| 1.14. | **Erfahrungsgemäß** | Erfahrungsgemäß im Sinne dieses Standards ist die sich auf gewonnene betriebliche Erfahrung stützende Auffassung über bestimmte betriebliche Probleme, solange sie nicht im Widerspruch zu den geltenden Rechtsvorschriften stehen. Die betrieblichen Erfahrungen werden z. B. von den geltenden Rechtsvorschriften, von Fachpublikationen und von der allgemeinen Betriebspraxis bestimmt. |
| 1.15. | **Örtliche und betriebliche Verhältnisse** | Örtliche Verhältnisse und die geometrischen Abmessungen und baulichen Besonderheiten einer Arbeitsstätte unter Beachtung der von der Umgebung auf die Arbeitsstätte einwirkenden Einflüsse. |

Tab. 1 (Forts.)

| Nr. 3 | Benennung | Erklärung |
|---|---|---|
| 1.15. | **Örtliche und betriebliche Verhältnisse** | Betriebliche Verhältnisse sind die in der Arbeitsstätte angewendeten Technologien sowie die Wartungs- und Instandhaltungstätigkeit unter Beachtung der vom Betriebsleiter erlassenen Anweisungen und Instruktionen |
| 1.16. | **Normalbetrieb von Arbeitsstätten** | Normalbetrieb von Arbeitsstätten im Sinne dieses Standards ist ihre Nutzung bei Einhaltung der dafür festgelegten technischen und sicherheitstechnischen Betriebsparameter und Verhaltensvorschriften. |
| 1.17. | **Störungsfall** | Störungsfall im Sinne dieses Standards ist jedes zeitlich begrenzte Ereignis, das den Normalbetrieb durchbricht und Gefahren für die Werktätigen und/oder die Produktion herbeiführen kann. Ein Störungsfall kann mit oder ohne Beschädigung oder Zerstörung von Arbeitsmitteln oder Arbeitsgegenständen eintreten. |
| 1.18. | **Sachkundiger** | Sachkundige im Sinne dieses Standards sind qualifizierte betrieblich oder behördlich anerkannte Fachkräfte, z. B. Wissenschaftler, Techniker, Meister, Facharbeiter mit Spezialkenntnissen auf den Gebieten der Brand- und Explosionsgefährdungen oder der speziell zu begutachtenden Arbeitsstätte einschließlich ihrer technischen Einrichtungen. |

## 2. Sicherheitstechnische Forderungen

### 2.1. Allgemeine Grundsätze

Der für die Planung, Projektierung, das Errichten, das Betreiben und die Instandhaltung von Arbeitsstätten jeweils zuständige Betriebsleiter hat folgende Grundsatzforderungen zu erfüllen und entsprechende Schutzmaßnahmen einzuleiten, um Brände und Explosionen zu verhüten:

— Beurteilung der Arbeitsstätten hinsichtlich Brand-, Gasexplosions- und Staubexplosionsgefährdung
— Verhinderung der Ansammlung von brennbaren Stoffen im Sinne der Brandgefährdung und/oder von gefahrdrohenden Mengen an brennbaren Gasen, Nebeln, Dämpfen

oder Stäuben im Sinne einer Explosionsgefährdung, soweit es technologisch möglich ist

— Fernhaltung von Zündquellen nach Abschnitt 2.4., wenn die Verhinderung der Ansammlung von brennbaren Stoffen im Sinne der Brandgefährdung und/oder von gefahrdrohenden Mengen an brennbaren Gasen, Nebeln, Dämpfen oder Stäuben im Sinne der Explosionsgefährdung nicht möglich oder nicht voll wirksam ist.

## 2.2. Beurteilungsgrundsätze

2.2.1. Die Eigenschaften der Stoffe, die für die Brand-, Gasexplosions- oder Staubexplosionsgefährdung charakteristisch sind, z. B. Flammpunkt und untere Explosionsgrenze, sind festzustellen.

2.2.2. Es ist festzustellen, ob Gasexplosions- oder Staubexplosionsgefährdung und welcher Grad der Brandgefährdung vorliegt. Die örtlichen und betrieblichen Verhältnisse in der Arbeitsstätte sind auf die die Gefährdung mindernden oder erhöhenden Faktoren zu untersuchen.

2.2.3. Die Gefährdungszonen sind abzugrenzen.

2.2.4. Die Gefährdungsgrade sind nach den Tabellen 2 und 3 festzulegen. Ist zwischen zwei benachbarten Gefährdungsgraden keine zweifelsfreie Entscheidung möglich, muß der höhere Gefährdungsgrad angenommen werden.
Bei Staubexplosionsgefährdung entfällt die Festlegung von Gefährdungsgraden.

Tabelle 2 Brandgefährdungsgrade

| Kurzzeichen | Erklärung |
|---|---|
| BG 1 | BG 1 liegt vor, wenn durch Stoffe mit hoher Zündbereitschaft und durch die örtlichen und betrieblichen Verhältnisse große Möglichkeiten für eine Brandentstehung gegeben sind und wenn in der Anfangsphase mit großer Brandausbreitung zu rechnen ist. |
| BG 2 | BG 2 liegt vor, wenn Stoffe mit hoher Zündbereitschaft vorliegen, die örtlichen und betrieblichen Verhältnisse für die Brandentstehung aber ungünstig sind, oder wenn die örtlichen und betrieblichen Verhältnisse für die Brandentstehung günstig sind, aber die vorhandenen Stoffe eine geringe Zündbereitschaft haben und wenn in beiden Fällen in der Anfangsphase mit großer Brandausbreitung zu rechnen ist. |
| BG 3 | BG 3 liegt vor, wenn die Möglichkeiten der Brandentstehung wie bei BG 2 vorhanden sind, jedoch die Brandausbreitung in der Anfangsphase gering ist. BG 3 liegt auch vor, wenn Stoffe mit hoher Zündbereitschaft vorliegen |

Tab. 2 (Forts.)

| Kurzzeichen | Erklärung |
|---|---|
| BG 3 | und die örtlichen und betrieblichen Verhältnisse für die Brandentstehung günstig sind, jedoch keine große Brandausbreitung in der Anfangsphase zu erwarten ist. |
| BG 4 | BG 4 liegt vor, wenn Stoffe mit geringer Zündbereitschaft vorliegen, und die örtlichen und betrieblichen Verhältnisse nur geringe Möglichkeiten für eine Brandentstehung bieten, wenn aber im Falle eines Brandes dennoch mit großer Brandausbreitung zu rechnen ist. |
| BG 5 | BG 5 liegt vor, wenn Stoffe mit geringer oder ohne Zündbereitschaft vorliegen und die örtlichen und betrieblichen Verhältnisse nur geringe oder keine Möglichkeiten für eine Brandentstehung bieten und wenn im Falle eines Brandes mit geringer Brandausbreitung zu rechnen ist. |

Tabelle 3 Gasexplosionsgefährdungsgrade

| | |
|---|---|
| EG 1 | EG 1 liegt vor, wenn die Gasexplosionsgefährdung ständig anzunehmen ist |
| EG 2 | EG 2 liegt vor, wenn die Gasexplosionsgefährdung häufig auftritt oder Ansammlungen von gefahrdrohenden Mengen an brennbaren Gasen, Nebeln oder Dämpfen über längere Zeit bestehen können. |
| EG 3 | EG 3 liegt vor, wenn die Gasexplosionsgefährdung zuweilen im Normalbetrieb vorkommt und Ansammlungen von gefahrdrohenden Mengen an brennbaren Gasen, Nebeln oder Dämpfen nur über kurze Zeiträume auftreten. |
| EG 4 | EG 4 liegt vor, wenn die Gasexplosionsgefährdung selten auftritt oder wenig wahrscheinlich ist und evtl. Ansammlungen von gefahrdrohenden Mengen an brennbaren Gasen, Nebeln oder Dämpfen sich schnell zerstreuen |

2.2.5. Die Beurteilung des Inneren der in den Arbeitsstätten befindlichen technischen Einrichtungen kann nach den Abschnitten 2.2.1., 2.2.2., 2.2.3. und 2.2.4. vorgenommen werden.

2.2.6. Der Beurteilende hat im Zweifelsfall Sachkundige heranzuziehen. Er kann die zuständige Arbeitsschutzinspektion, die Abteilungen Feuerwehr in den dem Ministerium des Innern nachgeordneten Dienststellen sowie für überwachungspflichtige Anlagen, die territorial zuständige Inspektion des Staatlichen Amtes für Technische Überwachung konsultieren.

2.2.7. Das Ergebnis der Beurteilung ist schriftlich in Form einer Gutachtenzensur Brand- und Explosionsgefährdung festzulegen und jederzeit zugänglich aufzubewahren. Es bildet die verbindliche Grundlage für alle Sicherheitsmaßnahmen bei der Planung, Projektierung, Errichtung beim Betreiben und bei der Instandhaltung zur Verhütung von Bränden und Explosionen.
Falls Arbeitsstätten zwar dem vorhandenen Stoff nach explosionsgefährdet sein könnten, es aber unter den besonderen örtlichen und betrieblichen Verhältnissen nicht sind, ist dies in einem schriftlichen Entscheid festzuhalten.

2.2.8. Bei Änderungen der Betriebsverhältnisse sind neue Beurteilungen vorzunehmen.

## 2.3. Bautechnische Forderungen

Die Projektierung und Bauausführung der Arbeitsstätten ist nach den bautechnischen Bestimmungen auf der Grundlage der Beurteilung der Brandgefährdung und der Explosionsgefährdung vorzunehmen.

## 2.4. Schutzmaßnahmen

2.4.1. Das Rauchen und der Umgang mit Feuer, offenem Licht und sonstigen Zündquellen sind bei BG 1 oder BG 2 und/oder Explosionsgefährdung verboten. Bei BG 3, BG 4 oder BG 5 entscheidet der Betriebsleiter über den Umgang mit Feuer, offenem Licht und sonstigen Zündquellen.

2.4.2. Werkzeuge, Maschinen, Fahrzeuge, Hebezeuge u. a., bei deren Benutzung betriebsmäßig Funken oder Erwärmungen entstehen können, dürfen nicht eingesetzt werden, wenn dadurch nach den örtlichen und betrieblichen Verhältnissen brennbare Stoffe oder explosible Gemische gezündet werden können.

2.4.3. Elektrotechnische Anlagen in Arbeitsstätten müssen in Abhängigkeit von der Brandgefährdung den Forderungen nach TGL 200-0625 entsprechen.
In explosionsgefährdeten Arbeitsstätten müssen die Forderungen nach TGL 200-0621 erfüllt werden.
Blitzschutzmaßnahmen sind nach TGL 200-0616/02 auszuführen.

2.4.4. Gefährliche elektrostatische Aufladungen sind durch geeignete Maßnahmen nach TGL 22061/01 zu verhindern oder gefahrlos abzuleiten.

2.4.5. Für Arbeitsstätten mit dem Gefährdungsgrad BG 1 oder BG 2 ist durch den Betriebsleiter eine Entscheidung über den Einsatz von Brandwarn- und meldeanlagen sowie über den Einsatz von Feuerlöschanlagen zu treffen.

2.4.6. In explosionsgefährdeten Arbeitsstätten darf die Oberflächentemperatur jedes dem gefahrbringenden Stoff zugänglichen nichtelektrischen Anlagenteiles maximal 80% der Zündtemperatur — bezogen auf Grad Celsius — dieses Stoffes betragen. Eine Temperaturdifferenz größer als 50 K ist nicht erforderlich.

2.4.7. In staubexplosionsgefährdeten Arbeitsstätten darf die Oberflächentemperatur von 140 °C nur dann überschritten werden, wenn spezielle Untersuchungsergebnisse dazu berechtigen.
Staubexplosionsgefährdete Arbeitsstätten sind in regelmäßigen Zeitabständen zu reinigen.

2.4.8. Es ist zu prüfen, ob zusätzlich Maßnahmen unter Berücksichtigung weiterer Kriterien, z. B. Schutz der Gesundheit und des Lebens der Menschen außerhalb der Arbeitsstätte sowie volkswirtschaftliche Bedeutung festgelegt werden müssen.

2.4.9. Die Notwendigkeit des Einsatzes ortsbeweglicher Transporteinrichtungen der Beseitigung von Störungsfällen oder der dringenden Instandsetzung kann dazu führen, daß die unter Abschnitt 2.4.1. bis 2.4.7. festgelegten Schutzmaßnahmen nicht in ihrer Gesamtheit durchgeführt werden können. Es ist daher zulässig — ausgehend von den örtlichen und betrieblichen Verhältnissen in der Arbeitsstätte — die erforderliche Sicherheit durch zeitlich und örtlich beschränkte andersartige Schutzmaßnahmen herbeizuführen, die den unter Abschnitt 2.4.1. bis 2.4.7. geforderten Schutzzielen entsprechen. Dazu ist die schriftliche Genehmigung des Betriebsleiters erforderlich.

### 2.5. Kennzeichnung

Arbeitsstätten mit BG 1 oder BG 2 und/oder Explosionsgefährdung müssen mit Sicherheitszeichen nach TGL 30817 gekennzeichnet werden.

## 3. Arbeitsschutz und brandschutzgerechtes Verhalten

Der Betriebsleiter hat entsprechend den betrieblichen Verhältnissen und dem Ergebnis der Beurteilung der Arbeitsstätte auf Brand- und/oder Explosionsgefährdung differenzierte Festlegungen zum arbeitsschutz- und brandschutzgerechten Verhalten zu treffen, wie z. B. über das Mitführen von Zündmitteln, das Befahren von Gefährdungszonen, die Benutzung von Betriebsmitteln, das Rauchen und den Umgang mit Feuer und offenem Licht und die Regelungen bei Schichtwechsel.

## Hinweise

Ersatz für ABAO 31/2 vom 22. 7. 1963 (GBl. II Nr. 70 Seite 554) Änderungen gegenüber ABAO 31/2: Vollständig überarbeitet
Im vorliegenden Standard ist auf folgende Standards Bezug genommen: TGL 22061/01; TGL 30001; TGL 30817, TGL 200-0616/02; TGL 200-0625 Bautechnischer Brandschutz siehe TGL 10685 und Vorschrift Nr. 9/74 der Staatlichen Bauaufsicht der DDR

Explosionstechnische Kennzahlen brennbarer Gase und Dämpfe siehe TGL 30020/01 bis /06
Zuverlässigkeit in der Technik; Begriffe siehe TGL 26096/01
Instandhaltung; Grundbegriffe siehe TGL 33384
ABAO 613/1 vom 30. 10. 1964 Auftragen von Anstrichstoffen (GBl. II Nr. 112 Seite 889)
ABAO 900/1 vom 28. 10. 1975 Elektrotechnische Anlagen (GBl. SDr. Nr. 820)
„Erläuterungen zur TGL 30042-GAB, Verhütung von Bränden und Explosionen" Herausgeber: VEB Komplette Chemieanlagen Dresden — Zentralstelle für Schutzgüte, Betrieb des VEB Chemieanlagenbau Staßfurt-Kombinat, Dresden 1977

DDR-Standard
TGL 30020/01; Ausgabe Januar 1976;
Verbindlich ab 1. 10. 1976
Gesundheits- und Arbeitsschutz
Brandschutz

## Explosionstechnische Kennzahlen brennbarer Gase und Dämpfe

Begriffe und Klassifizierung

Dieser Standard gilt für die Einordnung brennbarer Gase und Dämpfe in Zündgruppen, Explosionsklassen und Zündwilligkeitsgruppen sowie für die Begriffe der Explosionsbereiche, Explosionsdrücke und Mindestzündenergien.
Dieser Standard gilt nicht für solche brennbaren Gase und Dämpfe, deren explosionstechnische Kennzahlen sich nicht nach den in diesem Standard festgelegten Verfahren bestimmen lassen.

### 1. Begriffe für Zündgruppen

#### 1.1. Zündung

Als Zündung wird für die Einleitung der chemischen Reaktion eines Gas/Luft-Gemisches oder Dampf/Luft-Gemisches bezeichnet. Dabei muß die Reaktion durch Flammenerscheinungen wahrnehmbar sein. Der Zündverzug darf 5 Minuten nicht überschreiten.

#### 1.2. Zündverzug

Der Zündverzug ist die Zeit zwischen dem Beginn des Einwirkens einer Zündquelle nach völligem Einbringen der Probe bis zum Auftreten der Zündung.

#### 1.3. Zündtemperatur

Als Zündtemperatur eines Gas/Luft-Gemisches oder Dampf/Luft-Gemisches gilt die niedrigste Temperatur, bei der das zündwilligste Gemisch nach dem in TGL 30020/02 festgelegten Prüfverfahren zur Zündung kommt.
Die Zündtemperatur ist abhängig vom Prüfgerät und Prüfverfahren.

#### 1.4. Zündgruppe

Eine Zündgruppe umfaßt jene Gas/Luft-Gemische und Dampf/Luft-Gemische, deren Zündtemperatur innerhalb eines Temperaturbereiches nach Tabelle 1 liegt.

Tabelle1 Zündgruppen

| Zündgruppe | Zündung im Temperaturbereich |
|---|---|
| T 1 | > 450 |
| T 2 | > 300 ≦ 450 |
| T 4 | > 135 ≦ 300 |
| T 5 | > 100 ≦ 135 |
| T 6 | > 85 ≦ 100 |

## 2. Begriffe für Explosionsklassen

### 2.1. Explosion

Als Explosion wird eine exotherme Reaktion eines Gas/Luft-Gemisches bezeichnet, die örtlich gegenüber der Umgebung eine wahrnehmbare Temperatur- bzw. Druckerhöhung bewirkt.

### 2.2. Zünddurchschlag

Als Zünddurchschlag wird eine Explosionsübertragung durch ebene Spaltflächen von 25 mm Länge bezeichnet, bei der die Explosion im Innern eines geschlossenen Behälters die außerhalb des Behälters befindlichen Gemische zündet.

### 2.3. Grenzspaltweite

Als Grenzspaltweite eines Gas/Luft-Gemisches gilt die größte Spaltweite, bei der das zünddurchschlagfähigste Gemisch nach dem in TGL 30020/03 festgelegten Prüfverfahren keinen Zünddurchschlag mehr verursacht. Die Grenzspaltweite ist abhängig vom Prüfgerät und Prüfverfahren.

### 2.4. Explosionsklasse

Eine Explosionsklasse umfaßt jene Gas/Luft-Gemische oder Dampf/Luft-Gemische, deren Grenzspaltweite innerhalb eines Grenzspaltweiten-Bereiches nach Tabelle 2 liegt.

Tabelle 2 Explosionsklassen

| Explosionsklasse | Grenzspaltweiten-Bereich in mm bei einer Spaltlänge von 25 mm |
|---|---|
| I | > 1,0 (nur Methan) |
| IIA | > 0,9 |
| IIB | > 0,5 ≦ 0,9 |
| IIC $\frac{\text{IICa}}{\text{IICb}}$ | > 0,5 |

Die Explosionsklasse IICa gilt für Wasserstoff und andere brennbare Gase und Dämpfe. Die Explosionsklasse IICb gilt nur für Acetylen.

## 3. Begriffe für Zündwilligkeitsgruppen

### 3.1. Mindestzündstrom

Als Mindestzündstrom gilt der kleinste Strom eines induktiven Stromkreises, bei dem ein Gas/Luft-Gemisch oder Dampf/Luft-Gemisch nach dem in TGL 30020/04 festgelegten Prüfverfahren gezündet wird. Der Mindestzündstrom ist abhängig von Prüfgerät und Prüfverfahren.

### 3.2. Zündwilligkeitsgruppe

Eine Zündwilligkeitsgruppe umfaßt jene Gas/Luft-Gemische, deren Verhältnis von Mindestzündstrom eines brennbaren Gases oder Dampfes zu Mindestzündstrom von Methan in einem Bereich nach Tabelle 3 liegt.

Tabelle 3 Zündwilligkeitsgruppen

| Zündwilligkeitsgruppe | Bereich des Verhältnisses: Mindestzündstrom eines brennbaren Gases oder Dampfes zu Mindestzündstrom von Methan |
|---|---|
| I | I |
| IIA | $> 0{,}8$ |
| IIB | $\geqq 0{,}45 \leqq 0{,}8$ |
| IIC | $< 0{,}45$ |

### 3.3. Beziehungen zwischen Zündwilligkeitsgruppe und Explosionsklasse

Die Bestimmung der Zündwilligkeitsgruppe bzw. die Ermittlung der Mindestzündströme können auch für die Einstufung von brennbaren Gasen und Dämpfen in die Explosionsklassen verwendet werden. Die Kennzeichnungen der Zündwilligkeitsgruppen entsprechen den Kennzeichnungen der Explosionsklassen.
Eine Ermittlung der Grenzspaltweiten ist jedoch erforderlich, wenn das Verhältnis der Mindestzündströme zwischen 0,8 und 0,9 sowie zwischen 0,45 und 0,5 liegt.
Umgekehrt kann die Bestimmung der Explosionsklasse bzw. die Ermittlung der Grenzspaltweite für die Einstufung von brennbaren Gasen und Dämpfen in die Zündwilligkeitsgruppe verwendet werden.
Die Ermittlung der Mindestzündströme ist jedoch erforderlich, wenn die Grenzspaltweite zwischen 0,50 mm und 0,55 mm liegt.

## 4. Begriffe für Explosionsbereiche und Explosionseindrücke

### 4.1. Explosionsbereich

Der Explosionsbereich wird von der unteren und oberen Explosionsgrenze gebildet. Die untere bzw. obere Explosionsgrenze wird durch jene Gemischkonzentrationen bestimmt, bei denen ein Gas/Luft-Gemisch oder Dampf/Luft-Gemisch noch zu einer Explosion gebracht werden kann.

### 4.2. Explosionsdruck

Der Explosionsdruck ist jener Druck, der nach der Zündung eines Gas/Luft-Gemisches oder Dampf/Luft-Gemisches in einem hermetisch geschlossenen Behälter auftritt. Er ist innerhalb des Explosionsbereiches unterschiedlich groß.

### 4.3. Mittlerer Druckanstieg

Der Druckanstieg ist der Quotient von Explosionsdruck zu Druckanstiegszeit.

### 4.4. Maximaler Druckanstieg

Der maximale Druckanstieg ist der Maximalwert des Differentialquotienten der Druck/Zeit-Kurve.

## 5. Mindestzündenergie

Als Mindestzündenergie gilt die kleinste Energie eines kapazitiven elektrischen Stromkreises, dessen Entladungsfunken ein Gas/Luft-Gemisch oder Dampf/Luft-Gemisch zur Entzündung bringen.
Die Mindestzündenergie ist abhängig vom Prüfgerät und Prüfverfahren.

### Hinweise

Ersatz für TGL 14275, Ausg. 10.64
Änderung gegenüber TGL 14275:
Inhalt vollständig überarbeitet und ergänzt.
Entstanden unter Berücksichtigung der Empfehlung zur Standardisierung RS 781-71 der Ständigen Kommission des RGW für Standardisierung sowie der IEC-Empfehlung Publikation 79-8 (1969). Mit RS 781-71 besteht Übereinstimmung hinsichtlich der Klassifizierung der Zündgruppen und Explosionsklassen, mit Pulikation 79-8 hinsichtlich der Klassifizierung der Zündgruppen.
Im vorliegenden Standard ist auf folgende Standards Bezug genommen:
TGL 30020/02; TGL 30020/03; TGL 30020/04

# Sachregister

Das Sachregister enthält in alphabetischer Reihenfolge alle relevanten Schlagwörter mit den entsprechenden Fundstellen in der Sammlung.
Bei sehr umfangreichen Rechtsnormen sind zusätzlich zu den Registernummern die §§ bzw. Ziffern angegeben, unter denen die gesuchten Sachverhalte zu finden sind.
Bei einer Reihe umfangreicher Dokumente wurde aus Gründen der Erhaltung der Übersichtlichkeit des Registers auf die Aufnahme der Vielzahl der möglichen Schlagwörter verzichtet. In diesen Fällen ist den Dokumenten jeweils eine Inhaltsübersicht unmittelbar vorgeschaltet.

www.ingramcontent.com/pod-product-compliance
Lightning Source LLC
LaVergne TN
LVHW080753300926
849162LV00008BA/1807